KB238072

동아시아의
역사부정과 혐오 정동

지은이(게재순)

강성현 康誠賢, Kang Sung-hyun
성공회대학교 동아시아연구소 소장, HK+교수.

조경희 趙慶喜, Cho Kyung-hee
성공회대학교 동아시아연구소 HK+교수.

윤석준 尹錫俊, Yoon Seock-jun
성공회대학교 동아시아연구소 및 사회융합학부 정치외교학전공 조교수.

홍성수 洪誠秀, Hong Sung-soo
숙명여자대학교 법학부 교수.

권명아 權明娥, Kwon Myounga
동아대학교 한국어문학과 교수, 젠더·어팩트 연구소 소장.

김성경 金聖敬, Kim Sung-kyung
북한대학원대학교 부교수.

오영숙 吳英淑, Oh Young-suk
성공회대학교 동아시아연구소 HK+ 연구교수.

윤영도 尹泳裪, Yun Young-do
성공회대학교 동아시아연구소 HK+교수.

후쿠나가 겐야 福永玄弥, Fukunaga Genya
도쿄대학교 교양학부 부속 교양교육 고도화 기구 D&I부문 준교수.

박승호 朴承鎬, Park Seung-ho
성공회대학교 국제문화연구학 석사.

동아시아의 역사부정과 혐오 정동

초판발행 2025년 7월 31일

책임편집 조경희
지은이 강성현 · 조경희 · 윤석준 · 홍성수 · 권명아 ·
김성경 · 오영숙 · 윤영도 · 후쿠나가 겐야 · 박승호

펴낸이 박성모
펴낸곳 소명출판
출판등록 제1998-000017호
주소 서울시 서초구 사임당로14길 15 서광빌딩 2층
전화 02-585-7840
팩스 02-585-7848
이메일 somyungbooks@daum.net
홈페이지 www.somyong.co.kr

ISBN 979-11-5905-985-8 93330
정가 26,000원

2018년 대한민국 교육부와 한국연구재단의 지원을 받아 수행된 연구임 (NRF-2018S1A6A3A01080743)

성공회대학교
동아시아연구소
학술총서 ___ 5

동아시아의 역사부정과 혐오 정동

조경희 책임편집

강성현 · 조경희 · 윤석준 · 홍성수 · 권명아 · 김성경 · 오영숙 · 윤영도 · 후쿠나가 겐야 · 박승호 지음

Historical Denial and the Affective Politics
of Hatred in East Asia

포스트지구화시대 동아시아는 기억과 정체성을 둘러싼 갈등이 끊임없이 쟁점화되는 정치공간이다. 포스트 식민-냉전-지구화의 중첩된 시간성 속에서, 상이한 기원을 갖고 있는 문제들이 서로 맞물리면서 새로운 질서를 만들고 있다. 진실 이후post-truth 시대에 역사는 단지 과거의 기록이 아니라 감정의 대상이자 투쟁의 장이 되고 있다. 식민지배와 전쟁 피해자들의 기억투쟁은 동아시아에서도 반동적인 역사부정의 움직임을 낳았고, 소수자들의 인권투쟁은 신자유주의 레짐 하에서 공정성 논란과 혐오 정치를 자극했다. 역사부정과 혐오는 어느새 우리에게 익숙한 정동情動, affect이 되었고, 이 움직임들은 나날이 새로운 모습으로 갱신되고 있다.

역사부정론을 미시적으로 들여다보면, 그 핵심원리가 단순한 사실 왜곡이 아니라 특정집단에 대한 혐오의 생산에 있음을 알 수 있다. 다시 말해 역사부정은 언제나 피해 집단에 대한 혐오 감정을 기반으로 작동되고, 그에 따라 현재를 재구성하는 담론실천이라 할 수 있다. 예컨대 일본군 '위안부' 피해자에 대한 부정은 여성혐오가 핵심으로 작동되며, 제노사이드 부정은 인종차별에 의해 추동된다. 피해자의 목소리를 지우고 기억을 선별함으로써 발화자의 위치를 강화하고 새로운 감정질서를 만드는 정동-정치적 기획이다. 마찬가지로 여성, 취약계층, 탈북자, 중국인, 성소수자 등의 집단에 대해서도 낙인과 혐오를 '상식'과 '도덕감각'으로 포장하고, 마치 정당한 감정으로 치환하는 일련의 정동 정치affective politics가 끊임없이 작동하고 있다.

이처럼 역사부정과 혐오는 밀접히 연관되어 정치의 정동화, 정동의 정치화를 수행한다. 정동은 신체들 사이의 상호작용, 즉 논리와 이성에 앞선 직접적이고 신체적인 변이와 감응을 뜻한다. 감정emotion이나 정서sentiment가

주체에 속한 인지가능한 것이라 한다면, 정동은 인지나 감정보다 더 전언어적이다. 정동은 이념이나 사실보다 먼저 사람들을 움직이는 잠재적인 에너지로 작용한다. 역사부정과 혐오는 인지적이면서 동시에 보다 정동적인 차원에서 기억과 고통의 선별을 통한 감정체계를 구축한다. 검증 가능한 사실보다 더 강한 설득력을 갖는 것은 불안과 분노, 모욕감과 박탈감과 같은 정동이며, 이 감정들은 오늘날 혐오 정치를 활성화하는 연료로 쓰이고 있다. 디지털 미디어의 알고리즘은 이 정동을 증폭시키는 매개적 통로가 된다. 우리는 역사 해석의 정당성이나 사회정의를 위한 투쟁을 넘어, 정동의 주도권을 둘러싼 정치에 직면해 있다. 따라서 이 책은 역사부정과 혐오를 단순한 정치적 술책으로 보는 것이 아니라 정동적 회로에 따라 사람들의 감정을 조직하고 순환시키는 직관적이고 서사적인 힘으로 보고 접근한다.

이 책은 이와 같은 감정과 정동의 정치학을 동아시아라는 지역적 맥락에서 분석한다. 동아시아를 식민-냉전적 질서를 둘러싼 기억의 정치라는 종적시간적인 축과, 동시대 신자유주의적 감정 정치라는 횡적공간적인 축의 교차로에서 부정-혐오 정동이 작동하는 실험장으로 보고, 거기서 어떤 지식과 감정체계가 생산되고 글로벌한 정치제도와 연결되는지를 학술장과 출판물, 사회운동과 미디어의 장에서 추적한다. 나아가 부정-혐오의 정동적 회로를 전복하고, 대항적이고 대안적인 기억과 감정의 정동 정치가 확대될 가능성을 모색하고자 한다.

총 9편으로 구성된 책의 내용을 간략하게 소개하면 다음과 같다.

먼저 제1부에서는 동아시아 역사부정 담론의 형성과정을 글로벌한 네트워크 속에서 조망하고, 역사부정의 인적·제도적 기반, 수법, 프레임의 특징을 살펴본다. 제1부의 내용이 기획되었던 배경에는 2022년 논란이 되었던 하버드대학 존 마크 램지어의 논문이 있다. 일본군 '위안부'나 관동대지진 조선인학살 문제에 대한 역사부정론이 학술적 권위와 함께 널리 확산된 사실은 해당 분야 연구자들에게 커다란 충격과 위기의식을 안겨줬다. 이에 대응하는 차원에서, 동아시아에서 진행되는 역사부정론이 글로벌한 학계에서의 지식 생산과 네트워크에 의해 지탱되고 있음에 초점을 맞추고자 했다. 또한 역사부정론 대응방안으로서의 법적 규제와 관련해서 한국에서 어떤 문제점이 야기되는지에 대해서도 비판적으로 검토한다.

1장 「램지어의 역사부정론과 '램지어 구하기'의 실체」는 일본군 '위안부' 문제를 계약관계로 환원한 램지어 논문을 종합적으로 비판한다. 강성현은 램지어 논문이 업자와 '위안부' 사이의 자유계약이라는 틀로 전시 위안소 체제를 기술적·중립적으로 설명하며 강제성을 의도적으로 지우고 있다고 지적한다. 이에 더해 램지어가 증거로 제시한 문서들을 재검토하면서 그가 수행하는 자료의 선택적 인용과 탈맥락화 방식을 구체적으로 비판한다. 램지어 논문은 한국의 '반일 종족주의' 현상과도 연결된다. 한·미·일 역사부정론의 순환인용을 통한 '램지어 구하기'는 학문의 자유의 탈을 쓰고 역사적 고통과 폭력을 지우려는 정치적 프로젝트임을 적나라하게 보여주고 있다.

2장 「인종화된 지식생산과 혐오 정동의 순환」은 1장에 이어 램지어 논문의 인식 프레임과 정동적 수행성에 초점을 맞추고 있다. 램지어는 일본군 '위안부' 문제만이 아니라 재일조선인을 비롯한 일본 내 소수자에 관한 왜곡된 역사관을 반복적으로 생산해왔다. 조경희는 램지어 논문의 기저에 자유의지와 합리성을 전제로 한 미국 경제이론의 오용이 있음을 지적하면서, 그의 글이 백인·남성·중산층 중심의 '사회자본'이나 '통계적 차별'과 같은 개념을 통해 소수집단에 대한 문화적 인종주의와 피해자 책임론을 정당화 한다고 비판한다. 램지어의 글에 두드러진 이러한 특징은 미국의 아시아

지역연구와 냉전적 기억체계와도 연계되어 있다. 결론적으로 일본의 '혐한' 담론과의 공명 속에서 생산된 램지어의 텍스트가 트랜스내셔널한 혐오 정동의 순환을 일으키는 매개체 혹은 자장磁場이라는 점을 밝히고 있다.

3장「역사부정의 그림자, 사사카와 재단」은 프랑스를 무대로 일본의 민간단체가 은밀하게 수행해온 역사부정 프로젝트를 파헤친다. 일본의 A급 전범 용의자이자 대표적 우익 인사로 알려진 사사카와 료이치가 만든 사사카와 재단은 세계 각국에 관련단체를 설립하고 그 제도적 기반을 통해 일본학 혹은 동아시아학 전문가들의 학술활동을 지원하거나 통제해왔다. 사사카와 재단은 일본의 경제성장과 전후 평화적 기여를 강조하는 연구를 중점적으로 지원하고 역사부정론을 추진했을 뿐만 아니라, 이에 항의하는 연구자를 상대로 '전략적 봉쇄소송SLAPP'이라는 위협수단을 행사해 학문의 자유를 침해하고 위축시키기도 했다. 이 사례연구를 통해 윤석준은 학문의 자유가 역사부정론을 정당화하는 근거가 되는 것이 아니라, 오히려 이들의 압박으로부터 보호받아야할 가치로 자리매김 되어야 함을 강조한다.

4장「역사부정죄의 정당성 근거」는 그동안 한국에서 수차례 입법 발의된 역사부정죄에 관한 내용들을 유럽의 사례들을 참조하면서 비판적으로 검토한다. 유럽의 역사부정죄가 역사적 진실의 추구에만 근거를 두는 것이 아니라, 피해자들의 명예보호와 인간의 존엄, 차별과 혐오의 방지 차원에서 정당화되어 왔던 한편, 한국에서는 역사적 진실 추구에 초점을 맞춘 순수한 역사부정론 처벌에 치우쳐 있음을 밝히고 있다. 홍성수는 역사부정이 피해자와 후손들에게 '현재적'인 고통을 주고 폭력을 재생산할 수 있다는 점에서 규제의 필요성에 공감하면서도, 한국의 역사부정죄 논의가 형벌 중심에서 벗어나 피해자 보호와 차별·혐오 해소를 중심으로 보다 풍부하고 정교하게 재설계될 필요가 있다고 주장한다.

제1부 내용을 통해 우리는 역사부정론이 단순한 역사왜곡을 넘어 합리성과 표현의 자유라는 이름하에 정당화되고, 학계·민간재단·언론·뉴미디어를 순환하면서 글로벌한 정동 네트워크를 형성한다는 것을 알 수 있다. '램지어 이후' 사태에 대응하기 위해서는 단순한 실증주의적 비판이나 혹은 형벌주의적 접근을 넘어 구조적인 맥락 분석이 요구되는데, 그 핵심은 역사부정이 특정 피해자나 소수자에 대한 혐오를 수반하거나, 거꾸로 그것을 목적화한다는 점을 드러내는 것이라 하겠다. 따라서 역사부정죄의 내용은 혐오표현금지법이나 포괄적 차별금지법 추진과 함께 검토될 필요가 있다. 4장의 결론에서 강조하듯이 법적 규제 논의에 앞서 학술·언론·교육 영역에서의 인식과 대응이 중요하다는 것은 말할 필요도 없다.

제2부는 부정-혐오 정동이 작동, 유통되는 현장에 구체적인 포커스를 맞춘다. 오늘날 동아시아의 정치문화에서 진실을 둘러싼 논쟁은 더 이상 이성과 증거의 문제가 아니다. 누구의 주장이 공적으로 우선되어야 하는가, 어떤 고통이 공감을 얻고, 또 어떤 고통이 무시되는가, 그리고 어떤 감정이 잘 유통되는가 ― 이러한 질문들이 오늘날의 정치적 실재를 구성한다. 제2부에 해당하는 다섯 개의 장은 바로 이러한 부정-혐오의 유통과 그것에 맞서는 대안적 정동 정치의 가능성을 아래로부터 추적한다.

5장 「성폭력 부정주의의 정동적 힘과 대안적 정동 생성의 '쓰기'」는 안희정 성폭력 사건 피해자인 김지은의 저작 『김지은입니다』를 통해 민주화 세대의 정파적이고 위계적인 조직문화가 성폭력을 생산, 묵인하고 있는 구조와 체계를 날카롭게 분석한다. 권명아는 이 정동권력이 작동하는 체계를 '성폭력 부정주의'로 명명하고, 이것이 도덕적 정당성을 유지하려고 하는 집단에서 어떻게 조직적으로 만들어지는지를 드러낸다. 주로 청년과 여성이 담당하는 비정규직과 자원봉사를 외부화하는 '진보 정치' 내부의 이중 노동

구조는 성폭력 부정주의의 온상이 되고, 희생의 현장이 된다. 이 장은 특정 세대와 젠더에 대한 비판을 넘어, 적대와 혐오의 정동을 무력화하는 대안 정치의 생성 가능성을 전망한다.

6장「글로벌 대중문화와 생존자의 이야기」는 해외에서 출판된 탈북여성들의 수기 분석과 저자와의 심층 인터뷰를 통해 서구사회의 욕망을 반영한 고난 극복 서사가 생산되는 방식과 타자의 고통에 대한 연민의 정치가 작동되는 맥락을 읽어낸다. 탈북여성들의 강연과 수기의 성공은 영상 플랫폼과 출판 산업의 협업에 의해 이뤄진다. 김성경은 서구의 대필 작가들이 개입된 이들의 텍스트에 내재된 식민주의적 시선과 젠더화된 서사의 문제들을 비판하면서도, 탈북여성들이 수동적 피해자의 위치에만 있는 것이 아니라 글로벌 시장의 문화권력과 교섭하면서 행위성을 발휘하는 순간들을 포착하려고 한다.

7장「가난 혐오와 청년」은 현대사회에서 '가난'의 재현이 우리 내부의 어떤 욕망과 불안을 자극하는지를 한국 영화를 통해 낱낱이 보여준다. 오영숙은 가난을 서사의 중심에 두면서도 사람들 간의 친밀한 교류나 유대관계를 지워버리는 청년영화에서 어떤 강력한 디스토피아적 정동을 읽어낸다. '수저론'으로 거론되는 계급의 대물림을 전제로 한 낙인과 모욕, 그리고 자기혐오는 청년들의 자화상을 비추는 기제로 평범하게 등장한다. 이러한 영화적 서사의 배후에는 시대적 정동의 레짐으로서의 메리토크라시가 있다. 패배자의 마음과 가난의 정서에 모두가 익숙해지는 포스트지구화의 현실 속에서, 이 장은 개인의 능력과 의지의 강화가 아닌, 취약성의 인정과 돌봄적 관계를 통한 서사에서 대안을 모색한다.

8장「혐중의 조건과 정동 역학」은 최근 한국 사회에서 큰 파장을 일으켰던 '혐중' 현상에 정동적 차원에서접근한 내용이다. 윤영도는 혐중의 배경으로 사드 배치나 코로나 확산 등 한중관계의 악화와 중국에 대한 부정적 인식의 확산을 읽으면서도, 혐중 정서가 단지 외교갈등이나 문화충돌의 결과가 아니라 대중매체, 특히 유튜브나 틱톡과 같은 뉴미디어 플랫폼의 콘텐츠와 알고리즘에 의해 널리 상품화된 정동이라 지적한다. 혐중이 장사가 되는 이 과정은 정동 경제의 전형적인 체계를 보여준다. 이 장은 혐중의 지속이 한국사회의 민주적 공론장을 위협하고 국제적 긴장과 불신을 조장한다고 경고하면서, 뉴미디어스케이프 환경 속에서 확산되는 구조적 혐오 현상에 대한 대응을 촉구한다.

9장 「동아시아의 반동성애 / 반트랜스 담론의 초국적 유통」는 일본, 한국, 대만에서 1990년대 민주화와 글로벌 인권 담론의 확산을 배경으로 성소수자 운동이 주류화되는 한편, 이에 대한 반동으로서 종교우파 세력과 보수언론이 주도한 반동성애·반트랜스젠더 담론이 초국적으로 유통된 과정을 비판적으로 조망한다. 성소수자의 인권이 아닌 다수자 '이해'의 틀에서 만들어진 일본의 'LGBT 이해증진법' 처럼, 법과 제도에서도 백래시의 영향을 받았음을 보여준다. 후쿠나가 겐야는 성소수자의 인권 문제가 '다양성'으로 동원되거나 경제적 전략의 일환으로 탈정치화되는 일본의 현실을 우려하면서, 동시에 트랜스젠더 혐오를 매개로 보수와 리버럴, 일부 래디컬 페미니즘이 결합하는 위험한 초국적 정동 정치의 대두에 비판적으로 개입할 것을 호소한다.

성폭력 증언, 탈북여성 서사, 가난 혐오, 혐중 정서, 반동성애·반트랜스 담론 등 서로 다른 소재로 구성된 제2부의 내용에서 우리는 현재 동아시아에서 주목할 만한 정동 정치의 치열한 현장을 발견한다. 여기서 드러나는 혐오 정동의 모습은 다채롭다. 피해자의 위치를 교란하고, 공감의 자격을 제한하며, 침묵과 낙인을 상식으로 만들기도 한다. 이 장들에서 우리가 상상해

야하는 것은 혐오 정동 그 자체보다도, 그에 맞서고 흔들고 대항하는 다른 감정의 구조와 정동의 회로들이다. 타인의 고통을 듣는 감수성, 침묵을 깨는 언어, 상처를 기록하는 방식, 돌봄의 서사와 공共적인 삶의 재구성. 이 책이 추구하는 부정-혐오 이후의 정동 정치의 모습은 그와 같은 것이다.

이 책은 성공회대학교 동아시아연구소 HK+ 2단계 연구사업의 결과물이다. 본 연구소는 HK+사업의 아젠다 '포스트지구화의 정동정치와 아시아'를 효과적으로 수행하기 위해, 정동이 활발하게 작동하는 장場으로 기억·신체·공간의 세 클러스터를 설정하였다. 이 책은 식민-냉전적 질서와 재현에 초점을 맞춘 '기억 클러스터'와, 젠더와 교차성에 초점을 맞춘 '신체 클러스터'가 공동으로 기획한 융합연구의 성과다.

동아시아의 역사부정과 혐오라는 주제는 지구화 이후 세계질서 속에서 정동되는 아시아의 현장과 그 징후를 읽어내기 위해 본 연구소가 반드시 천착해야할 내용이었다. 특히 앞서 언급한 '램지어 사태'는 이 책을 기획하는 출발점이 되었다. 본 연구소 기억-신체 클러스터는 2022년에 '동아시아의 역사부정과 혐오의 정동'이라는 주제로 학술회의를 개최했고 토론자들이 제출한 논점들을 심화시키는 방향으로 책 작업을 이어갔다. 내부사정 때문에 출판까지 생각보다 오랜 시간이 걸린 것에 대한 아쉬움이 있었으나, 2024년 말 내란 사태와 그 후 일어난 일련의 사건들은 이 책의 기획내용을 재정립하고 재의미화하는 계기를 제공하기도 했다.

45년 만에 선포된 비상계엄은 사람들을 충격과 분노의 소용돌이에 휩싸이게 했다. 계엄을 '종북-반국가 세력'의 위협 탓으로 돌리는 정권의 모습을 지켜보면서, 우리는 역사부정과 혐오가 전면화된 현실정치에 일상적으로 노출되었던 사실을 새삼스럽게 확인했다. 계엄 이전부터 윤석열 정권은 국가폭력의 역사에 대한 부정을 시도해왔으며, 그 과정에서 피해자들을 방해 세력으로 몰아세웠다. 이는 단지 과거를 왜곡하는 것이 아니라, 그들의 고통과 기억을 현재의 정치적 효용을 위해 재배치하는 역사부정의 정치 그 자체였다.

계엄 선포부터 탄핵소추까지를 단 11일 만에 이뤄내고 다채로운 빛으로 광장을 채울 수 있었던 것은 시민들의 위기의식이 폭력에 대한 집합적 기억에 의해 뒷받침되었기 때문이다. '내란'이라는 단어가 환기하는 파괴와 혼란의 감정은 강력한 저항의 정동으로 이어졌다. 시민들은 광장에서 과거의 투쟁을 떠올리며 희생자들의 '생명의 빛'^{한강}을 느꼈을 것이다. 남태령과 한남동에서, 타인의 목소리의 귀를 기울이고 호응하는 공론장에서, 음식을 나누고 격려와 연대를 표현하는 관계에서, 우리는 돌봄적 민주주의와 공共적 삶의 가능성을 봤다. 이 모든 실천은 부정-혐오를 전복하는 대안적인 정동 정치의 가능성을 새롭게 열었다고 할 수 있다.

한편, 현직 대통령에게 구속영장이 발부된 2025년 1월 19일 지지자들이 지방법원 창문을 부수고 난입해 시설을 파괴하고, 경찰관을 폭행하는 일이 벌어졌던 것은 기억에 선하다. 문자 그대로의 내란을 목격하는 가운데, '대통령의 인권' '국민저항권' '119항쟁'과 같은 언어 맥락의 파괴에 충격을 받은 것은 필자만이 아닐 것이다. 자신들을 상처받은 피해자로 치환했던 그들을 어떻게 호명하고 비판할 것인가는 현재진행형의 물음으로 남아있다. 우리에게 필요한 것은 이 혐오에 반대하는 도덕적 진술보다는, 혐오에 감염되지 않고 길들지 않는 감정의 언어, 윤리의 감각이다. 우리는 한국에서 민주주의가 언제든 파괴될 수 있는 위기의 순간을 경험했고, 그 위기를 시민들이 온 몸으로 막아내는 과정을 통해 역사부정과 혐오 정치가 전복되는 순간을 경험했다. 책에서는 이 긍정적 정동의 경험에 대해 다루지 못했으나, '포스트 내란'의 정동 정치에 관한 상상과 실천을 앞으로도 이어갈 것이다.

원래 독립적인 논문으로 집필되었던 각 장의 내용은 공통적으로 동아시아의 역사부정과 혐오 정동을 고민하는데 풍부한 관점과 논거들을 제공해준다. 출판을 위해 공헌해준 필자들에게 지면을 빌려 감사의 뜻을 전한다. 책의 기획내용을 함께 고민하고 참여해주신 동아시아연구소 강성현 소장님과 윤석준, 윤영도, 오영숙 교수님들, 원고 집필을 흔쾌히 수락하고 알찬 글로 지면을 채워주신 홍성수, 권명아, 김성경, 후쿠나가 겐야 교수님들, 번역과 교정을 위해 애써주신 박승호, 최성용 선생님들에게 감사를 전한다. 늘 곁에서 용기를 실어주시는 동아시아연구소 백원담 전 소장님과 동료 교수님들, 연구보조원들에게도 감사를 전하고 싶다. 마지막으로 어려운 여건 속에서도 출판을 위해 힘써주신 이선아 편집자님을 비롯한 소명출판의 노고에 진심으로 감사드린다.

2025년 7월

필자들을 대표하여 조경희

차례

제1부 글로벌 역사부정과 혐오의 연결고리

제1장

램지어의 역사부정론과
'램지어 구하기'의 실체

「비판에 대한 답변A Response to My Ciritcs」2022을 중심으로

강성현

1. 머리말

2020년 12월 『국제 법경제학 리뷰International Review of Law and Economics』 65호 온라인판에 램지어John Mark Ramseyer의 논문, 「태평양전쟁에서의 성 계약Contracting for Sex in the Pacific War」이하 「성 계약」이 게재되었다. 일본 우익 언론 『산케이』 가 이를 보도했고 곧바로 한국과 미국에서도 관련 보도가 확산되면서 일본 군 '위안부' 문제를 부정하는 램지어의 주장이 큰 파문을 일으켰다.

「성 계약」은 램지어가 2019년 3월에 쓴 「위안부와 교수들」[1] 내용 일부를 요약했다. 그런데 이 내용조차도 알고 보니 1991년에 쓴 「일본 제국의 계약 매춘―상업적 성 산업에서의 신뢰할 수 있는 약속」에서 요약한 것이다.[2] 램

---

[1] J. Mark Ramseyer, "Comfort Women and Professors", *Harvard Law School John M. Olin Center Discussion Paper* No.995, 2019.

[2] 램지어의 1991년 논문의 논의를 요약하면 다음과 같다. 근대 일본의 법 규제(공창제)에 따라 설계된 창기 계약에서 전차금과 계약기간을 둘러싸고 포주와 창기가 각자의 이익을 추구했다. 법은 포주의 전차금 지불에 따른 창기의 채무 변제 의무를 강제했고, 이 의무를 다한 창기의 '자유폐업'을 보장했다. 가난한 농

지어는 한국 및 일본 역사 전문 연구자인 하버드대 교수 고든Andrew Gordon과 에커트Carter J. Eckert의 비판을 의식하여 "정치적, 경제적 맥락과 역사적 논쟁"을 잘 다루고 있는 것처럼 서술했다고 언급했다.[3] 그러나 「성 계약」은 최초는커녕 1991년 논문과 2019년, 2020년 페이퍼의 논의들을 그대로 갖다 썼다. 새로 추가된 게 있다면, '조선의 작부' 계약과 위안소 부분인데, 그조차도 기본 가설과 설명은 달라지지 않았다. 한국과 일본의 대표적인 공창제 연구자인 박정애와 오노자와 아카네小野沢茜가 램지어 비판을 위해 1991년 논문을 본격적으로 분석하는 이유가 여기에 있다. 그에 따르면, 램지어는 통상의 사회과학 방법과 달리 결론을 정해 놓고 가설에 따라 자료를 끼워 맞춰 사용하고 있다. 그 자료라는 것도 불완전하거나 간접 증거이고 불충분한 통계 분석인데, 그래도 그는 결론을 향해 달려갔다.[4]

램지어는 30년 전 신제도주의 경제학의 관점에서 파생된 게임이론적 계약 모델을 적용하여, 전전戰前 일본의 성산업과 '노역 계약indentured servitude contract'[5] 논의를 끌어와 전시 일본군 '위안부' 제도에 관한 "새로운 진실"을 주

가의 여성들은 '몸 팔기'를 통해 현금을 손에 넣었는데, 창기가 되어 평판상 손실을 감수해야 했던 여성들은 최대한 고수익을 얻고자 했다. 포주는 창기의 평판상 손실을 상쇄할 만큼의 전차금을 지불해야 했고, 이 비용을 회수하기 위해 창기의 최저 수입을 보장해야 했다. 이렇게 양자 간의 신뢰할 수 있는 약속 (credible commitments)에 따라 맺어진 계약에 의해 창기는 다른 직종의 노동자에 비해 고수익을 올리고 기한 내 폐업할 수 있었다. J. M. Ramseyer, "Indentured Prostitution in Imperial Japan : Credible Commitments in the Commercial Sex Industry", *Journal of Laws, Economics, and Organization*, Vol.7, 1991.

3 J. M. Ramseyer, "Contracting for Sex in the Pacific War : A Response to My Critics", *Harvard Law School John M. Olin Center Discussion Paper* No.1075, 2022, p.5.

4 박정애, 「교차하는 권력들과 일본군 '위안부' 역사−램지어와 역사수정주의 비판」, 『여성과 역사』 34, 2021, 8~16쪽.

5 '노역 계약'은 특정 기간 동안 노동자가 자유를 제한받고 고용주에게 노동력을 제공하는 계약을 의미한다. 이 계약은 17세기부터 19세기까지 북미와 유럽에

장하고 있다고 강조한다. 그러나 이러한 주장은 이미 일본과 한국의 역사부 정론자들이 오래전부터 반복해온 주장과 거의 동일하다. 그렇다면 도대체 무엇이 새로운 진실이라는 말인가? 잘 알려져 있듯, 그는 하타 이쿠히코[1999] 와 이영훈[2019]의 주장을 사실상 답습하고 있다. 일본군 '위안부'제는 공창제 의 연장으로 일본군이 요청·설립했고, 관리도 성병 관리에 국한했으며, 업 주와 '위안부' 간 자유의사에 따른 계약이 핵심이므로 그 계약에 불법적 요 소가 있더라도 그건 업주·업자의 범죄일 뿐 일본군·정부의 책임은 없었고, '위안부'의 고수익과 '자유폐업'이 가능했다는 주장 말이다.

역사부정론자들이 일본군 '위안부' 제도의 성격을 둘러싼 역사전쟁에서 상습적으로 공창제[the state-licensed prostitution, 'kousyousei']를 소환하는 것은 성노예 제를 부정하기 위해서다. 이것은 현재 일본 정부의 입장을 정확하게 반영하 는 것으로, 2021년 1월 31일『산케이』에 게재된 후쿠이 요시타카[福井義高][6]가 램지어 논문을 내세워 '위안부 = 성노예'는 하나의 설에 불과하다고 해설한 데에서도 단적으로 드러난다. 한·미·일 역사부정론자들은 위안부제는 공 창제의 확장이고, 공창제는 합법이므로, 위안부제 또한 합법이라는 삼단 논 법을 구사한다. 이런 논리 비약은 일본군 '위안부' 제도뿐 아니라 공창제에 대한 몰이해를 드러낸다. 이러한 몰이해는 국가가 치안 유지, 풍기 단속, 성 병 예방을 목적으로 성[또는 여성]의 신체을 상품으로 매매하는 '관계'와, 그에 기

서 이민자들이 이주 비용을 충당하기 위해 맺은 경우가 많았고, 일본 공창제에 서도 특정 계약 기간 동안 성매매를 강제하는 형태로 존재해 왔다. 이것을 두고 법적으로 자발적인 계약이라 주장하지만, 계약 조건이 매우 가혹하거나 자유를 극단적으로 제한하는 경우가 많아 근대적 의미의 자유로운 노동 계약이라 할 수 없다는 비판이 많다.

6   후쿠이 요시타카(아요야마가쿠인대학 국제경영대학원 교수, 전국납북일본인 구출협회 이사)는 램지어가 논문에서 감사를 표한 대표적 역사부정론자 가운데 한 명이다.

반한 '시스템'을 법적으로 관리하는 제도에 대해 비판적 인식이 전혀 없기 때문에 발생한다. 당시 공창제의 온갖 실태를 보면, 법적 '공인관리' 이면에 불법적 '묵인관리'가 횡행했다. 일본 전전 공창제는 국제법에서도 금지하는 여성과 아동의 인신매매를 조장하기 때문에 국제 사회는 물론 일본 내에서도 억압적인 성노예제로 인식했다. 일본 '내지' 공창제와 달리 식민지 조선의 공창제는 국제 사회는 물론 일본 폐창운동의 사각지대였고 그 실태는 더 억압적이고 강제적으로 착취 관리였다. 이미 한국과 일본의 식민지 공창제 연구자들은 성매매에 대한 법적 관리 제도인 공창제와, "인육시장"으로 표현된 '약취'본인 의사에 반해 폭행이나 협박을 수단으로 여성을 지배하에 두는 행위와 감언·사기유괴에 의한 인신매매 시스템이 동전의 양면이었음을 잘 지적해 왔다. 하야시 히로후미林博史, 2015는 요시미 요시아키吉見義明가 제기한 명예훼손 소송 — 자민당 중의원 사쿠라우치 후미키桜内文城가 요시미의 저작을 '날조'라고 발언한 사건 — 에서 촉발된 '성노예제란 무엇인가'라는 논쟁이, 일본군 '위안부' 제도는 물론 전전戰前 일본의 공창제를 성노예제의 관점에서 조명하는 연구들을 더욱 활발하게 만들었다고 논의한다. 이 논쟁은 국제법학자 아베 고키阿部浩己, 공창제 연구자 오노자와 아카네小野沢あかね의 의견서, 그리고 2014~2015년에 집중적으로 발표된 관련 연구들 속에서 구체화되었다. 특히 2015년 6월에 간행된 계간 『전쟁책임연구戰争責任研究』 제84호의 특집 「성노예제란 무엇인가」에 수록된 논문들이 이를 대표한다.

일본군 '위안부' 모집 요청 과정에서의 업자·업주의 역할과 그들의 관계, 군 위안소의 설립 및 관리 방식, 이른바 '위안부'의 자유계약과 자유폐업이라는 주장에 대해서도 비판이 쏟아졌다. 미국, 호주, 일본, 한국 등 여러 나라의 학계는 그의 논문을 명백한 연구 윤리 위반이자, 학술적 외양을 갖춘 일종의 사기로 판정하였다. 그러나 램지어 본인은 물론, 그를 옹호하고 나선 한국과 일본의 역사 부정론자들은 이러한 비판을 끝내 받아들이지 않았다. 이들은 "'위안부 성노예'설은 학계의 정설이 아니며, 램지어의 논문 또한 하나의 학설로서 존재할 가치가 있다"고 주장하며 이를 공공연히 반복해 왔다. 심지어 램지어는 자신의 논문에 대한 학계의 비판을 "암살미수 같은 행위"이자 "스탈린주의적 수단"이라 규정하며 선동하기도 했다.[7] 그 자리에 그와 함께 연사로 나왔던 이우연은 램지어 비판자들이 한·일 역사에 대해 하등 알지 못하는 백인들이라고 주장했다.

1년 만에 램지어는 체계적인 반론을 시도하고자 「태평양전쟁에서의 성계약─비판에 대한 답변」을 들고 나왔다. 그는 자신의 주장과 논리, 자료 분석의 실증적·해석적 방법이 수준 미달이었다고 평가한 비판자들의 작업을 거의 인정하지 않는다. 여기서 그가 상대한 건 고든과 에커트, 석지영Suk Gersen, 스탠리Amy Stanley, 셰퍼드Hannah Shepherd 등 "젊은 교수들", 요시미 요시아키吉見義明의 비판이다. 그는 하버드대 동료들, 장문의 페이퍼로 신랄하게 체계적으로 비판한 나머지 자신에 대한 "암살미수"라고 느끼게 한 "젊은 교수들", "위안부운동의 학계 유명 인사"인 일본인 남성 교수를 선정한 셈이다. 결과적으로 호주의 일본사 연구자 테사 모리스 스즈키Tessa Morris-Suzuki, 공창제와 일본군 '위안부' 문제를 평생 연구해 온 재일조선인 및 페미니스트 연구자, 무엇보다 그를 비판한 모든 한국인 연구자들이 무시되었다. 램지어에게 젠더와 식민주의 문제가 소거되어 있는 것처럼 말이다.

이와 달리, 램지어가 작성한 논문에서는 '램지어 구하기'에 나선 한국의 역사 부정론자들의 주장이 다수 인용된다. 이들 대부분은 해당 주제와 관련

7　2021년 4월 24일 일본 극우 역사부정 단체인 국제역사논전연구소(国際歴史論戦研究所)와 나데시코 액션(なでしこアクション)이 공동주최한 심포지엄 "램지어 논문을 둘러싼 국제 역사 논쟁"에 보낸 램지어의 영상 메시지에서 한 말이다.

해 학술적으로 검증된 글을 발표한 적이 없으며, 학계나 사회운동 영역에서 인정받기보다는 최근 역사 부정과 혐오 표현으로 인해 대중적으로 악명을 얻은 인사들이다. 램지어는 이들의 주장과 글을 상호 인용하거나 반복 참조함으로써, 사실과 맥락을 의도적으로 편취하는 '선별적인 역사전쟁'을 수행하고 있다. 이와 같은 사태는 돌연한 사건이 아니라, 2013년 일본 극우 역사 부정론자들이 벌인 '역사전쟁'이 미국이라는 '주전장'으로 확산된 데서 비롯된 것이며, 2019년 한국의 뉴라이트 역사 부정론자들이 출간한 『반일 종족주의』로 촉발된 한·일 극우의 '합작' 담론이 지속적으로 재생산된 결과이기도 하다.

「비판에 대한 답변」2022은 65쪽에 달하는 분량에도 불구하고, 램지어가 설정한 반박의 전선은 매우 단순하다. 그의 반론은 '위안부' 제도가 자발적인 계약에 기반했다는 주장을 반복하고, 강제연행의 존재를 부정하는 데 초점을 맞추고 있다. 구체적으로 그는 논점을 "전시 위안소에서의 계약 구조"와 "자신의 의사에 반해 총검으로 위협당하거나 강제로 동원되는 경우"라는 두 가지 프레임으로 좁혀 설정한 뒤, '위안부' 문제를 이 이분법적 구조 속에 끌어들여 강제동원과 성노예제 개념 자체를 부정하려 한다. 이 글은 우선, 이 두 프레임을 통해 구성된 그의 설명 방식, 다시 말해 문제를 규범적·정치적 쟁점이 아니라 기술적이고 중립적인 계약 구조의 문제로 환원하려는 그의 논리와 실증적 분석empirical analysis을 비판적으로 검토한다. 이어서 그는 어떤 사례들을 실증적 근거로 제시하는지 살펴보고, 특히 그가 중심적 증거로 활용한 미군 문서 분석에 대해 비판적으로 재검토함으로써, 의도적 선별, 과잉 해석, 일반화 오류, 사실 왜곡의 문제를 드러내고자 한다. 마지막으로, 이번 반론에서 드러난 그의 주장과 논리, 그리고 이를 뒷받침하는 서술 방식이 한국의 '반일 종족주의' 담론과 어떤 방식으로 연계되었는지, 가짜를

진실처럼 보이게 하는 '상호 인용' 전략과 '램지어 구하기'의 실체가 무엇인
지를 밝히고자 한다.

2. 「비판에 대한 답변」의 내용과 비판

1) 전시 위안소 계약 구조 프레임

램지어에 따르면, 비판자들은 '위안부' 계약이 없었다고 주장하거나 계
약이 정당하지 않았다고 주장한다. 이에 대해 자신의 반론의 핵심은 계약이
분명히 있었고 계약의 경제적 논리여성의 지성과 지략이 반영된 합리적 선택으로서의 계약 등에
따라 '위안부'들이 '접객service' 일을 했다는 것을 실증적 증거로 입증하는 데
있다고 논의한다. 그러나 그는 실제 '위안부' 계약서를 제시할 수는 없었지
만, 이를 대신해 "계약에 대한 역사적 증거"로서 일본 공문서에 첨부된 계약
서 표준 양식을 자기 주장의 근거로 삼는다. 또한 이 양식을 보면 일본 정부
가 일본 및 조선의 공창제를 확대하는 방식으로 "위안부제comfort women regime"
를 만들었다고 강조한다.[8] 이에 대한 증거로 그는 이바라키현 지사경찰부장가
발신한 「상하이파견군 내 육군위안소의 작부 모집에 관한 건」에 첨부된 계
약서 양식을 제시하면서 계약 조항 및 세부 조건들을 보여준다.[9]

램지어는 '위안부' 계약의 증거에만 집중한 나머지 이 통첩[10]의 생산 맥
락과 의미하는 바가 무엇인지 간과하고 있다. 이바라키현 지사의 통첩은

---

8   J. M. Ramseyer, op.cit., 2022, p.12.

9   Ibid, pp.13~15.

10   통첩은 중앙 정부나 지방 정부가 하위 부처나 기관에 특정 사항을 공지하거나
     지침을 전달하는 공식 문서다.

1938년 1월 19일 군마현 지사의 통첩에서 시작했다. 그 내용을 보면, "장병 위안을 위해 상하이 육군 특무기관의 의뢰를 받아 상하이파견군 내 육군위안소에서 일할 작부 3천 명" 모집을 위해 업자들이 서류들계약서, 승낙서, 차용증서, 계약조건을 보이고 다니면서 여성을 모집하고 있는데, "군의 의뢰 여부가 불분명하고 업자가 양속良俗에 반하는 사안을 떠벌리고 다니고 있어서" "엄중히 단속"할 것을 지시하고 있다.[11] 1938년 1~2월 모집 관련 다른 통첩들의 내용도 교차 종합하면, 위안소로 동원할 여성의 모집에 대한 일본 경찰 당국의 인식과 '작부가업酌婦稼業' 계약의 맥락이 무엇인지 짐작할 수 있다. 예컨대, 1938년 1월 25일 야마가타현 지사가 발신한 「북지파견군 위안 작부 모집에 관한 건」을 보면, "장병 위안을 위해 작부 2,500명을 모집"하는데, 업자는 "16~30세, 전차금은 500~1,000엔, 기간은 2년, 소개 수수료는 전차금의 1할을 군부에서 지급"한다고 말하고 다녔다. 이에 대해 경찰은 후방 민심에 악영향을 주고 여성의 인신매매를 방지하는 정신에 위반된다고 판단하고 있다.[12] 2월 7일 와카야마현 지사가 발신한 「시국이용 부녀유괴 피의사건에 관한 건」을 보더라도 모집업자들의 행태가 "유괴의 용의가 있어서 피의자로 심문"했고 유괴 방법을 자백했음을 확인하고 있다.[13] 다시 말해 당시 군위안소로 동원되는 여성의 계약은 유괴와 인신매매 맥락에서 이해될 수 있다. 「비판에 대한 답변」 부록 III을 보면, 램지어도 이 통첩들을 확인했는데, 놀랍게도 그의 관심은 연령, 선차금, 계약기간 용어에만 오롯이 집중해 탈맥락적으로 절취하고 있다.

---

11 「上海派遣軍內陸軍慰安所ニ於ケル酌婦募集ニ關スル件」, 女性のためのアジア
    平和国民基金 편,『政府調査從軍慰安婦關係資料集成』1, pp.11~21.
12 「北支派遣軍慰安酌婦募集ニ關スル件」, Ibid., pp.23~24.
13 「時局利用婦女誘拐被疑事件ニ關スル件」, Ibid., pp.27~33.

1937년 12월 21일 통첩 「황군장병 위안부녀의 도래에 대한 편의 공여 방안 의뢰의 건」은 단지 계약 여부를 넘어서 군 위안소 설치, 군 '위안부' 모집, 관리와 운영과 관련해 일본 군부와 정부가 어디까지 어떻게 관여했는지 보여준다. "장병의 위안 방법에 대한 여러 관계 기관의 연구"가 있었고, '가시자시키貸座敷'를 따라한 군 위안소가 전선 각지에 설치되었다고 한다. 이 위안소 설치는 상하이 영사관, 육군 무관실, 헌병대 등 여러 기관이 합의하여 추진한 것으로, 각 기관은 영업 허가 여부, '위안부'의 신원 확인과 계약 절차, 도항 및 이송, 위안소 설립, 성병 검사 등 실무를 분담하였다. '위안부' 모집은 민간 업자가 수행했으며, 일본 내에서 활동한 이 업자에게는 영사관이 신분증명서를 발급해주었다. "이미 가업부녀 모집을 위해 본국 내지 조선 방면으로 여행 중인 자"라는 문구에서 알 수 있듯, 조선도 모집 대상이었다.[14] 그러나 조선에서 모집은 구체적으로 어떻게 이루어졌는지 아직까지 일본 공문서로는 확인되지 않는다.

현지 영사관과 외무성 및 내무성 간 연락 협조 체계에서 오간 내용을 보면, 관계 당국이 군 '위안부' 모집에서 가장 신경을 썼던 것은 여성 및 아동의 매매에 관한 국제조약과 일본 내 폐창운동이었다. 내무성 경보국장이 1938년 2월 18일과 23일 발신한 「지나 도항 부녀의 취급에 관한 건」에서 "부녀 매매에 관한 국제조약의 취지에도 어긋나지 않도록" 하고 "가업계약 및 기타 제반사항을 조사하여 부녀 매매 또는 약취, 유괴 등의 사실이 없도록 특히 유의할 것"을 강조하고 있다.[15] 1938년 3월 4일 육군성이 북지나방면군 및 중지나파견군에 보낸 「군 위안소 종업부 등 모집에 관한 건」도 "모집 방법이 유괴와 비슷하여 경찰 당국에 검거 취조를 받은 자가 있어서 주

---

14 「皇軍將兵慰安婦女渡來ニツキ便宜供與方依頼ノ件」, Ibid., pp.36~44.
15 「支那渡航婦女ノ取扱ニ関スル件」, Ibid., pp.55~75.

의가 필요"하다면서 "모집 등은 파견군에서 통제하여 이것을 담당할 업자의 선정을 주도적절하게 하고 그 실시는 관계지방의 헌병 및 경찰 당국과의 연계를 긴밀히 하여" 사회 문제를 일으키지 않도록 지시하고 있다.[16]

정부는 '유의', '주의', '주도적으로 적절히 할 것'이라며 당부했지만, 그 어디에도 약취나 유괴를 저지른 업자를 엄벌에 처하라는 내용은 존재하지 않는다. 이에 대해 나가이 카즈永井和는 내무성의 통첩들이 한편으로는 '위안부' 모집과 도항을 사실상 공인하면서, 동시에 군과 위안소 간의 관계를 은폐할 것을 업자에게 의무화하는 방침이었다고 평가한다. 도쓰카 에쓰로戸塚悅朗 역시 경찰 당국이 단속을 말로는 강조하면서도, 실제로는 제국 외 지역으로의 이송을 목적으로 한 유괴 행위에 대해 처벌하지 않는 초법적 조치를 취하고 있었음을 지적한다. 그는 이를 '불처벌'의 결정이었다고 본다.[17]

식민지 조선에서는, 고노담화에 비추어 보건대, 업자의 선정부터 강제동원에 이르는 업무를 조선군 사령부가 감독하고, 모집 지역의 경찰과 지방 말단기구의 관헌도 이에 가담했다. 미국 전략첩보국Office of Strategic Services이 작성한 보고서는 "많은 조선인 여성들이 정부가 후원하는 위안소, 만주와 중

---

16 「軍慰安所從業婦等募集ニ關スル件」, 女性のためのアジア平和国民基金 편, 『政府調査從軍慰安婦關係資料集成』2, pp.3~7.

17 1937년 3월 5일, 이른바 '나가사키사건'에 대해 일본 대심원이 내린 유죄 판결은, 제국 외부로 '위안부'를 이송하는 행위가 처벌될 수 있음을 보여주는 대표적 판례였다. 이 사건은 일본 나가사키와 중국 상하이에 거주하던 일본인 10명이 공모하여 일본인 여성 15명을 유괴하고, 상하이 해군 위안소로 이송한 것이었다. 당시 경찰 당국은 이 판례를 무시할 수 없었다. 그러나 도쓰카 에쓰로戸塚悅朗는 1938년 2월 18일 내무성 경찰국의 통지와 같은 해 3월 4일 군부의 통지 이후, 경찰이 겉으로는 제국 외 지역으로의 '위안부' 이송을 규제하려는 태도를 보였으나, 실제로는 이를 처벌하지 않는 '불처벌' 원칙을 실질적으로 실행하였다고 지적한다. 동북아역사재단 편, 『식민지 조선과 일본군 '위안부' 문제 자료집II －제국외 이송유괴 사건 관계』, 동북아역사재단, 2021a, 14~16쪽.

국의 위안소로 보내지거나 '위안부대'로 활용"된다면서 "경찰이 이 조선인 여성 인신매매에 대해 묵인하고 있다"고 보고한다.[18] 또한 경성은행을 통해 군 '위안부' 동원을 위한 자금 송금에도 직접 관여했던 조선총독부가 군의 공식 요청을 받은 군 '위안부' 모집을 단속해 처벌할 가능성은 없었다.[19]

당시 언론보도를 보면, 경찰이 농촌 부녀자를 감언이설로 유괴하는 악덕 소개업자들을 단속하는 기사들이 있다.[20] 일본 극우 역사부정론자들도 이런 기사들을 근거로 들어 경찰이 불법적인 '위안부' 유괴 이송을 범죄로 보고 이를 단속했다고 주장한다. 그런데 이런 단속과 함께 같은 시기 약취 및 유괴와 인신매매에 의해 조선에서 제국 밖으로 이송된 군 '위안부'가 다수 발생한 것은 어떻게 설명할 것인가? 램지어는 '위안부' 계약이 약취나 유괴로 이루어진 것이 아니라 계약서, 승낙서 등 관련 필요 서류를 구비해 도항 및 이송이 이루어졌다고 주장하겠지만, 당시 만주 링위안 위안소 유괴 이송

---

18 Office of Strategic Services(OSS), "Implementation Study for the Over-All and Special Programs for Strategic Services Activities Based in China," RG 226, Entry UD 144, Box 29 in the U.S. NARA II., 서울대 사회발전연구소 정진성 연구팀 편, *The Allied Forces Records on the Japanese Military "Comfort Women" II*, 2019, 397, 446쪽.

19 이를 입증하는 일본군과 조선총독부 사이의 암호문이 있다. 1945년 6월 4일 작성된 암호문(S-11414)에 따르면, 칼칸(현재 장자커우) 주둔 일본군은 '위안부' 동원을 위해 7만 6천 엔을 5월 1일 몽강은행에서 경성은행으로 보냈다. 그런데 어떤 사정이 발생했는지, 일본군은 이를 돌려달라고 요청했다. 이에 대해 조선총독부 재무국장은 6월 13일 작성한 암호문(S-12382)을 통해 대장성의 규제 때문에 '위안부' 동원을 위해 보낸 자금을 지금 돌려주기 어렵지만, 해결을 위해 노력하겠다고 답을 한다. 8월 6일 조선총독부는 암호문(S-14807)을 다시 보내 일본으로부터 자금을 받았고, 5월 1일 송금된 금액의 열 배에 해당하는 자금을 현지 예금으로 풀어주겠다고 답을 하고 있다. RG 457, Entry A1 9032, Box 900, 901 in the U.S. NARA II., 위의 책, 2019, 786~794쪽.

20 예를 들면, 「악덕 소개업자가 발호, 농촌 부녀자를 유괴, 피해 여성이 백 명을 돌파한다, 부산형사 봉천에 급행」, 『동아일보』, 1939.8.31.

사건, 나가사키사건, 만주 아청 유괴사건 등 관련 재판 기록이나 대규모 유괴 조직범죄로 검거된 하윤명사건과 배장언사건 등 관련 언론 보도만 보더라도, '위안부' 제국외 이송을 위한 유괴사건이 다수 발생했음을 짐작할 수 있다. 박정애는 해군 위안소 업주 무라카미 도미오村上富雄의 행적에 주목한다. 그는 제국외 이송 유괴죄로 1937년 3월 5일 대심원에서 징역 2년 6개월의 형을 받았음에도 불구하고, 복역 중이었을 것으로 보이는 1939년부터 그 이후까지 상하이에서 위안소 '아케보노曙'를 운영했다. 그럼에도 일본군은 계속해서 그를 신뢰했고, 그는 여전히 위안소 운영자로 활동할 수 있었다. 무라카미는 1938년 3월 4일 육군성 통첩의 지시 내용을 정면으로 위반한 요건을 갖추고 있었지만, 그에 대한 제제나 처벌은 이뤄지지 않을 것으로 보인다.[21]

'위안부' 계약이 있음을 주장하기 위해 램지어는 일본 공문서뿐 아니라 '위안부' 피해자의 증언도 탈맥락적으로 부분 절취하고 왜곡했다. 그는 뉴라이트 역사 부정론자 이우연의 글을 2차 인용해 위안부가 업자와 계약조건을 명시적으로 협상한 사례로 현병숙의 증언을 '계약'이라는 틀에 무리하게 끼워 맞춘다. 그는 현병숙이 16세 때 박천에 있는 소개업자를 찾아가 최대 3년 동안 3천 원이라는 계약기간과 가격을 협상하고 부모의 승낙과 도장을 받았다고 서술한다.[22] 문제는 헌병숙의 증언 서술에 이우연의 왜곡된 해설을 뒤섞어 배치하면서 이 장면이 '위안부' 계약인 것처럼 썼다. 그러나 이 때는 1934년으로 현병숙이 소개업자를 통해 중국 진저우錦州의 유곽으로 가 '접객' 일을 했던 것이다.

이후 현병숙은 펑텐奉天의 한 여관으로 옮겨졌고, 이곳에서 군 위안소 업

---

²¹ 동북아역사재단 편, 앞의 책, 2021a, 23~24쪽.
²² J. M. Ramseyer, op.cit., 2022, p.9.

자를 만난 것으로 보인다. 그녀는 그렇게 1938년 일본군 부대를 따라 안후이성安徽省 벙부蚌埠로 이동하여 위안소에 보내졌다. 해당 부대는 안후이성과 장시성江西省에 걸쳐 격렬한 전투를 벌였고, 그녀는 그 시기 도망치고 싶어도 도망칠 수 없었던 참혹한 상황을 생생하게 증언하고 있다. 증언집에는 그녀가 아파도 소용없고 울어도 소용없는 상황 속에서 '위안부'들이 아편에 의존하다 ㅌ락하거나 자살하는 모습을 지켜보았다고 서술되어 있지만,[23] 이우연과 램지어는 이에 대해 일언반구도 하지 않는다.

국제인권레짐의 기준에 따르면, 이와 같은 상황에 처한 여성은 '강제 성매매[en]forced prostitution'의 피해자이며, 지속적인 강제성과 구조적 폭력을 고려할 때 '체계적 강간' 또는 '성노예제'의 희생자로 판단된다. 이와 관련해 이우연과 램지어는 이를 외면하고 문제의 핵심을 '계약'의 문제로 축소하며, 여성의 자발성을 강조하거나 전쟁 시기에는 군인과 민간인 모두 고통을 겪었다는 식으로 책임을 회피한다.

구체적으로 보면, 이들은 펑텐의 여관에서 위안소 업자에게 이전 전차금이 넘겨진 상황에만 주목하며, 이 전차금을 매개로 한 현병숙 몸의 '전매轉賣'를 계약이라는 형식 안에서 아무런 비판적 문제의식 없이 해석한다. 이와 관련해 이우연은 불법적 인신매매와 구별되는 '합법적 미우리身賣り'를 언급하며, 전차금은 업자 입장에서 돌려받아야 할 채권이기 때문에 무죄 판결이 일반적이었다고 주장한다. 램지어의 관점 역시 이우연의 그것과 다르지 않다.[24] 이들은 전차금을 매개로 여성을 전매한 행위를 단순 계약으로 합리화하지만, 그것은 여성들을 빚에 예속시켜 경제적 노예 상태로 몰아넣고 강제

---

23   정신대연구회,『중국으로 끌려간 조선인 군위안부들』 2, 한울, 2003.
24   이우연,「특별기고 '미우리(身賣り)'라는 계약, 매춘부와 위안부」,『펜앤드마이크』, 2021.9.26.

노동의 구조로 포획한 것이다. 더욱이 앞선 여러 사례에서도 확인되듯, 이는 명백한 인신매매임에도 불구하고, 단지 경제적 동기를 이유로 자신의 노동력을 파는 행위, 즉 '합법적 미우리'라고 근거 없이 주장할 뿐이다.

다음으로 '위안부' 계약이 정당한 계약이 아니라는 비판에 대해, 램지어는 자신이 계약을 도덕적이거나 정당한 것으로 주장한 적은 없다고 항변한다. 그는 포주나 업자에 의해 계약 과정에서 속임수나 취업 사기가 발생할 수 있었다는 점을 알고 있으며, 따라서 자신은 해당 계약이 윤리적으로 타당하다고 말한 것이 아니라는 입장을 반복적으로 강조한다. 예컨대 램지어는 이 계약이 "일종의 인신매매였으며, 일반적인 시민 사회의 정당한 계약이 아니었다"[25]는 요시미 요시아키의 비판을 언급하면서, 자신은 계약의 정당성 여부에 대해 어떠한 규범적 입장도 취하지 않는다고 주장한다.

그러나 요시미의 비판은 단순히 계약의 '정당성' 여부를 따지는 데 있지 않다. 그의 비판은 유괴와 인신매매를 계약이라는 이름으로 포장할 수 없으며, 램지어가 '계약'이라는 형식을 통해 여성의 자유의사와 지성이 반영된 합리적 선택이 이루어진 것처럼 묘사하는 논리가 얼마나 허구적인지를 지적하는 것이다. 실제로 당시 여성들이 처한 구조적 억압과 권력 불균형 속에서 체결된 계약은, 제도적 폭력을 '자유 계약'이라는 허울 아래 감추는 방식에 지나지 않았다. 식민지 조선의 여성들은 조선민사령 체계 하에서 법적으로도 계약의 주체가 될 수 없었으며, 그들에게 '자유 의사'란 제도적으로 보장되지 않았다. 그럼에도 램지어는 요시미가 언급한 "정당한 계약이 아니었다"는 표현에서 '정당한'이라는 단어만을 분리해 이를 '규범적normative' 주장으로 자의적으로 재해석하고, 이를 다시 실증적empirical이지도 기술적

---

25   J. M. Ramseyer, op.cit. 2022, p.44.

descriptive이지도 않은, 즉 학술적이지 않은 태도로 몰아붙인다. 이는 요시미의 역사적·구조적 비판을 의도적으로 왜곡하고 탈정치화하는 방식이다.

이처럼 램지어의 태도는 탈진실post-truth의 시대에 역사부정을 정당화하기 위해 실증주의를 가장하는 유사허위학문적 수법의 전형이라 할 수 있다. 그는 표면적으로는 학문적 중립성을 주장하지만, 실제로는 구조적 폭력을 지우고 억압의 관계를 개인 선택의 문제로 환원함으로써 역사적 책임을 회피하고 있다.

2) 총검으로 위협한 강제징용이라는 프레임

램지어는 비판자들이 총검으로 위협한 강제징용을 주장하면서 이를 뒷받침하는 증거가 없고 피해자 증언도 신빙성이 없다고 힘주어 말한다. 다만 모집업자의 취업사기와 업주의 학대 사례는 있을 수 있다고 인정하면서도, 업주의 취업사기 위험을 상쇄할 만한 큰 액수의 전차금을 여성이 요구한다는 식의 논리 전개가 뒤따른다.

그는 조지 힉스George Hicks(1994)에 의존한 고든2003과 에커트1996의 설명에 진실이 없다고 반박한다.[26] 힉스가 요시다 세이지吉田淸治 회고록의 조작된 이야기에 명시적으로 광범위하게 의존했기 때문에 거짓이고, 그 거짓에 의존한 게 고든과 에커트이므로 거짓이 꼬리를 물고 있다는 주장이다.[27]

하타 이쿠히코秦郁彦가 일찍부터 요시다 이야기, 특히 제주도 여성의 노예사냥에 대해 반박해 왔고, 2014년 8월 5일과 6일『아사히신문』이 특집기사를 통해 허위로 판단된 요시다 증언을 인용한 기사 16건을 취소했다는 것은 분명한 사실이다. 문제는 요시다 증언의 허위성에 대한 인정을 발판으로 역

---

26   Ibid, p.11.
27   Ibid, p.16.

사부정론자들이 물리적 폭력, 협박, 위협 강요 등 직접적 폭력이 사용된 협의의 강제동원forced mobilization이 있었음을 부정할 뿐 아니라, 어떤 행위를 따르거나 견딜 것을 강요하는 법적 시스템, 정부의 교시, 군대 상관의 명령과 같은 제도적 폭력을 의미하는 광의의 강제동원enforced mobilization의 작동조차도 부정한다는 것이다.[28] 아베 신조 총리도 집에서 여성을 물리적으로 납치하는 것만을 강제연행 용법으로 즐겨 사용했다. 요시다 증언 허위성을 내세우는 것은 '위안부' 문제에 대한 역사부정론의 만능 깔때기가 되어 버렸다.

이와 관련해 2014년 10월 2일 아사히신문사가 '위안부' 문제에 대한 자사 보도의 정당성을 검증하기 위해 설치한 제3자위원회의 활동과 보고서가 주목된다. 전 고등재판소장, 평론가, 교수, 언론인 등으로 구성된 전문가 7명이 보고서를 작성했다.[29] 그 성원인 하타노 스미오波多野澄雄 쓰쿠바대 명예교수와 하야시 카오리林香里 도쿄대 교수는, 이른바 요시다 세이지의 증언이 국내외적으로 주목받지 못했으며, 따라서 그 증언에 어떠한 권위도 부여하지 않는다고 평가하였다. 또한 요시다의 증언은 고노 담화를 뒷받침하는 근거로 채택되지 않았기 때문에, 해당 증언의 허위성을 이유로 고노 담화의 재

---

28 국제형사재판소(ICC)도 마찬가지로 'forced'와 'enforced'를 구분해 사용한다. Hyunah Yang, "Revisiting the Women's International War Crimes Tribunal in 2000 on Japanese Military Sexual Slavery from the Perspectives of Colonialism and the 'Wartime Sexual Violence'," 민주주의법학연구회, 『민주법학』 75, 2021, 110~111쪽.

29 보고서는 전문 110쪽에 국제보도 관련 별첨자료가 53쪽이며 요약본만 40쪽에 이른다. '위안부' 문제와 관련한 각 보도의 배경, 8월 특집기사의 작성 경위와 후속 조치, 칼럼 취소의 경위, 국제 사회에 미친 영향에 대해 상세히 다루었다. 요시다 증언의 허위성에 대해서는 충분한 조사 없이 기사가 게재되었고 시간이 지날수록 증언의 진위가 불분명하다는 점이 사내에서 공유됐음에도 불구하고 기사에서 요시다 증언의 언급을 줄이는 소극적인 방식으로 대응했다는 점을 지적했다. 朝日新聞社第三者委員会, 『報告書』, 2014.12.22. https://www.asahi.com/shimbun/3rd/3rd.html.

검토를 주장하는 것은 타당하지 않다고 지적하였다. 이는 요시다 증언의 영향력이 매우 제한적이었음을 명확히 한 평가였다.

램지어는 요시다 세이지의 증언이 한국인 '위안부' 강제연행 서사에 큰 영향을 끼친 것처럼 주장하지만, 한국 언론 보도를 보면 그 영향은 미미하다. 요시다의 증언은 1983년 6월 23일 한국 언론에 처음으로 간략하게 소개되었고, 그의 저서가 한국어로 번역·출간된 것은 1989년 8월이었다. 그러나 이때에도 단순한 책 소개 기사에 그쳤을 뿐, 언론의 주목을 받지는 못했다. 요시다 증언이 한국 언론에서 유의미하게 보도되기 시작한 시점은 김학순 할머니의 증언 이후인 1991년 11월부터 1992년 사이였다. 특히 1992년 1월, 첫 수요시위가 전개되는 상황 속에서 요시다의 증언이 한국 언론에 의해 일부 조명되었다.[30]

한국인 '위안부' 강제연행 이야기의 시작은 훨씬 더 거슬러 올라간다. '해방' 직후와 한국 정부 수립 직후 조선일보 기사에서도 확인된다.[31] 1963년 8월 14일 경향신문의 송건호 기명 칼럼에는 속칭 정신대, "속칭 여자공출"과 "나이 찬 처녀들을 전선으로 끌고 가 위안부로 삼"는 일 때문에 당시 조혼풍조가 있었다고 쓰는데, 이건 사실로 확인된다. 전시 체제기 유언비어 통제

---

30 1990년 1월에 시작된 윤정옥 교수의 "'정신대' 원혼의 발자취 취재기" 시리즈 세 번째 글에서 요시다 증언이 소개된 것이 한국 '위안부'운동사에 어떤 영향을 끼쳤는지 평가해 볼 필요가 있다. 그러나 램지어의 주장처럼 한국인 '위안부' 강제연행 서사가 요시다 증언의 영향으로 소급하는 건 사실 왜곡이다. 윤정옥, 「이화여대 윤정옥 교수 '정신대' 원혼의 발자취 취재기(3) 타이 핫차이」, 『한겨레』, 1990.1.19, 15쪽.

31 "중일전쟁 당시 굶주리고 배우지 못한 우리 자매들을 꼬이여 일군의 위안부대로 끄러간 사실은 아직 우리의 가슴을 여위고 있다."「매일 수십 명이 사망」, 『조선일보』 1946.3.30, 2쪽. 한국 정부 수립 직후에도 "위안부 징용"을 언급하는 기사가 있다. 「태평양전 피징용동포는 70만 미불노임 30억원」, 『조선일보』, 1948.9.14, 2쪽.

관련 조선총독부 경무국, 법무국 자료와 판결문, 그리고 언론보도 등을 보면, '위안부' 강제동원 관련 유언비어는 1938년과 1941년에 전국에 걸쳐 두드러지게 늘어났다. 일본군의 위안소 개설 지역이 확장되는 시기였다. 예를 들면, 1938년에 "군인의 위안을 위해 16세 이상 20세에 이르는 처녀 및 16세 이상 30세에 이르는 과부를 강제적으로 잡아 모아 전쟁터에 보내 낮에는 취사 및 세탁 노무를 시키고 밤에는 군인과 성적 관계를 맺게 한"다거나 "일본에서는 15, 16세 처녀 3천 명을 모집하여 전지로 보냈는데 여전히 부족해 이번에는 조선에서 조선인 처녀 약 3천 명을 징집하여 전지로 보낼 것이기 때문에 어서 결혼을 시키는 것이 좋겠다"는 유언비어가 돌았다.[32] 한일 기본조약 및 청구권협정 체결 직전인 1965년 2월 17일에는 구성서 순국선열유족회장이 "미혼 여자를 정신대라는 명목으로 납치동원하여 위안부로 만든 것" 등을 규탄하는 연재 기사를 경향신문에 실었다.[33] 이런 논조의 일본군 '위안부' 관계 기사들이 1960년대부터 1980년대에 이르는 시기 동안 보도량이 많지 않지만 분명 존재한다. 1970년대에는 '위안부' 영화·다큐멘터리 관련 기사들이, 1980년대에는 일본의 교과서 왜곡 및 '위안부' 피해자인 노수복 할머니의 이산가족 찾기 관련 기사 등이 언론에 보도되었는데, 이것만 보더라도 한국인 '위안부' 강제연행 서사는 요시다 증언과 상관없이 연원이 깊고 다양하다. 다시 말해 요시다 증언의 영향으로 한국인 '위안부' 강제연행 이야기가 만들어졌다는 램지어의 주장이야말로 허위라고 판단된다.

또한 램지어는 1979년 9월 12~27일 일본 여러 도시에서 순회 상연되었던 야마타니 데츠오山谷哲夫 감독의 다큐멘터리 영화〈오키나와 할머니 증언

---

32 동북아역사재단 편, 『식민지 조선과 일본군 '위안부' 문제 자료집 III—전시체제기 유언비어 통제 관계』, 동북아역사재단, 2021b, 16~17쪽.
33 구성서, 「일본은 대답하라(1) 호곡하는 '넋'들」, 『경향신문』, 1965.2.17, 1쪽.

종군위안부〉에 대해서 "오키나와에서 (강제되지 않은) 성매매 여성들에 관한 다큐멘터리"[34]라고 썼다. 이것만 봐도 한국 언론에서 이 영화를 어떻게 소개했는지 램지어는 전혀 모르는 듯하다.

"일본 군부가 모집한 '데이신타이'는 일본인 여자도 있었으나 이들은 대부분이 공창 출신으로 성병 경험자들이었기 때문에 '젊고 건강하며 성병과는 관계가 없는' 한국 여성을 동원하는 (야)수성을 드러냈다. 이들의 숫자는 자세한 연구가 없어 7만~20만으로 광범위하게 추정할 뿐이고 대부분은 가난한 농촌 출신들로 일본이 패전할 때까지 중국, 동남아시아, 오키나와 등지에 거의 강제로 끌려와 곤욕을 강요당한 것이다."[35]

지금까지의 논의를 종합하면, 램지어는 "전후 한국 신문들은 일본 점령 시기 동안 총검 협박으로 강제적으로 동원한 것에 대해 논의하지 않았다"[36]고 했지만, 앞서 요시다 세이지 증언 이전의 한국 언론 보도들만 확인하더라도, 램지어의 주장이 허위이고 왜곡되었다는 것을 알 수 있다.

그럼에도 불구하고 램지어는 요시다의 증언이 허위였다는 주장을 일종의 '깔때기'처럼 전방위적으로 끌어들인다. 예컨대 그는 1996년 유엔인권위원회 특별보고관 쿠마라스와미Radhika Coomaraswamy의 보고서[37]에 대해서도 "요시다의 허구적인 설명에 명시적으로 의존해" 작성되었다고 주장한다. 심

---

34 J. M. Ramseyer, op.cit. 2022, p.20.

35 「일 사회에 '정신대' 충격」, 『동아일보』, 1979.9.21, 5쪽.

36 J. M. Ramseyer, op.cit. 2022, p.20.

37 Radhika Coomaraswamy, "Report on the mission to the Democratic People's Republic of Korea, the Republic of Korea and Japan on the issue of military sexual slavery in wartime", E/CN.4/1996/53/Add.1, United Nations, 4 January 1996.

지어 사라 소C. Sarah Soh(2008)를 인용[38]하며 "요시다의 책은 국제인권운동가들과 유엔이 '위안부' 이야기를 전형적으로 구성하는 데 있어 중요한 자료로 활용되었다"고 주장한다.[39] 그러나 쿠마라스와미 보고서에 '위안부'로 연행한 노예사냥 주장과 요시다 책 인용은 29번에서 단 한 문장에 불과하고, 40번에서는 오히려 여러 문장에 걸쳐 하타 이쿠히코의 반박을 소개하고 있다. 쿠마라스와미 보고서에 대해서는 당시 관련 공문서의 발굴이 충분하지 않았던 상황에서도, 가해 병사 및 피해 생존자의 증언, 국내외 연구자, 각국 정부, 시민 단체의 입장을 종합적으로 검토한 결과물이라는 점에서, 학계 내에서는 훨씬 더 균형 잡히고 정당한 평가가 지배적이다.

더 심각한 것은 램지어가 피해 생존자들의 증언에 대해 '강제연행' 프레임 아래 일관성이 없고 말을 바꾸거나 거짓말한 것이기 때문에 객관적 증거가 될 수 없다고 주장한 점이다. 하타 이쿠히코나 사라 소 등도 일찍부터 대부분 "서구 학자"들이 피해자 증언의 신뢰성을 검증하지 않았다고 주장한다. 피해자의 기억과 말이 수미일관하지 못하다며 증언의 진실성에 흠집을 내거나 증언이 객관적 사실이 아니므로 역사 자료로 인정하지 않는다는 것이야말로 가장 전형적인 부정의 논리다. 그러면서 피해를 입증하는 증거를, 문서를 실증적으로 제시하라고 요구한다. 정말 진부하지만 성폭력 가해자와 이에 동조하는 자들의 위력 있는 공격 패턴이다.

이러한 태도는 램지어와 역사 부정론자들이 피해자 증언과 구술 연구의 학술적 방법론을 전혀 이해하지 못하고 있음을 드러낼 뿐이다. 피해자의 기억은 사건이 너무 오래전에 발생했기 때문에 불분명할 수 있으며, 관련 정

---

38 Soh, C. Sarah., *The Comfort Women : Sexual Violence and Postcolonial Memory in Korea and Japan*. University of Chicago Press, 2008.

39 J. M. Ramseyer, op.cit. 2022, p.17.

보 또한 제한적이거나 아예 존재하지 않을 수도 있다. 또한 증언과 구술은 본질적으로 구성적이며, 언제나 일관되지 않을 수도 있다. 중요한 점은 일부 '위안부' 피해 생존자들의 사례에서 보이듯, 피해자가 스스로의 기억을 형성해가는 과정이 결코 단순하거나 고정된 것이 아니라는 점이다. 많은 경우, 피해자는 자신의 고통스러운 경험을 기억으로 되살려내기 위해 부단히 노력하며, 활동가, 연구자, 그리고 공감하고 '들어주는' 시민들의 지지를 받으면서 그 경험을 점차 말과 글로 표현해 나간다. 그렇게 스스로 진실을 구성하고, 증언을 통해 고통의 기억을 의미화하는 여정을 시작하게 되는 것이다. 이 여정에서 기억이나 말이 바뀌었다면, 그것을 곧바로 '거짓말'로 낙인찍기보다는, 그러한 변화가 어떤 맥락 속에서 발생했는지 질문하고 탐구하는 것이야말로 증언과 구술 연구가 요구하는 학술적 태도이다. 다른 피해자들의 증언, 역사적 문서, 기록 자료들과의 교차 분석을 통해 그 진술의 신빙성을 검토하고 보완해가는 과정이 바로 학문적 진실성에 충실한 실천이다.

그러나 램지어는 이와 같은 태도를 철저히 외면한다. 그는 피해자들을 '거짓'이라고 단정하고, 그들의 증언을 정치적 프레임 속에 가두며 특정 진영의 음모로 치환하려 든다. 이는 일종의 매카시즘적 전략이며, 역사적 고통을 정치적 음모로 몰아가는 전형적인 부정론의 수법이다. 나아가, 자신들의 입장에 유리한 일부 증언이 있을 경우, 그것을 절취·곡해한 뒤 피해자의 목소리를 오히려 피해자 자신에게 반하는 방식으로 찬탈해버린다. 「비판에 대한 답변」에서도 이러한 방식은 반복된다. 문옥주에 이어 이번에는 현병숙의 증언이 그렇게 왜곡되고 탈취당했다.

3. 램지어의 '부정을 위한 실증적 분석' 비판

사회학자 스탠리 코언Stanely Cohen은 국가 권력이 저지른 국가폭력과 인권 침해를 부정하는 세 가지 유형을 논의한 바 있다. 첫 번째는 문자적 부정literal denial으로, 사실 그 자체를 부정하는 것이다. 사건이나 일이 아예 발생하지 않았다는 식으로 부정하는 것이다. 두 번째는 해석적 부정interpretive denial이다. 사건을 다른 방식으로 해석해 국가폭력 또는 인권침해를 부정하는 것이다. 그런 일은 일어났지만, 그 사건은 이렇게 (부정의 맥락으로) 해석되어야 한다는 방식으로 부정하는 것이다. 세 번째는 함축적 부정implicatory denial인데, 사건이 사람들에게 주는 정치적·심리적·도덕적 함의를 부정하는 것이다. 그 일은 역사적으로 일어났지만, 그런 사실이 현재나 미래에 미치는 영향을 축소하거나 무시하며, 이를 가슴 아파하거나 시급히 조치해야 할 일로 보지 않는다. 상황상 어쩔 수 없었다거나 남들도 그랬다거나 더 심한 일도 많다는 식으로 부정한다. 함축적 부정이 극단으로 치달으면 뻔뻔해진다.[40]

일본군 '위안부' 문제의 역사부정은 초기에 문자적 부정에서 시작했다가 최근에는 해석적 부정과 함축적 부정이 결합된 방식으로 전개되고 있다. 자료를 부분 절취하고 비틀거나 조작하는 수법을 동원해 의도적으로 왜곡 해석한다. 이게 어느 정도 성과를 거두면 차츰 함축적 부정을 강화시킨다. 램지어는 이를 학술적 외양으로 둔갑시키는 데 소기의 성과를 거두고 있다.

'부정의 실증주의positivism for denial'라는 개념을 제안한 임지현은 "부정론의 가장 큰 역설은 역사적 증거를 인멸한 자들이 오히려 엄격한 실증주의자를 자처한다는 데 있다"고 지적한다. 이들은 증거가 없다는 확신이 있기에, 더

40　스탠리 코언, 조효제 역, 『잔인한 국가, 외면하는 대중―왜 국가와 사회는 인권 침해를 부인하는가』, 창비, 2009, 58~62쪽.

욱 집요하게 '증거를 대보라'고 요구할 수 있는 것이다. 역사부정론자들에게 실증주의란 사실을 확인하려 하는 학문적 태도가 아니라, 오히려 "희생자들의 기억이 부정확하고 정치적으로 왜곡되거나 조작되었다는 인상을 인위적으로 만들기 위해 소환시키는" 수법일 뿐이다.[41]

램지어를 비롯한 역사부정론자들은 각종 통계와 수치를 나열하며 실증적 학문의 외양을 취하고, 이를 곧 진실이라고 주장한다. 그러나 그들은 입맛에 유리한 방식으로 자료를 선택하거나 누락하고, 또 일부 자료는 자의적으로 해석해 사실을 왜곡한다. 통계와 수치를 통해 "기본 사실"을 논하기 위해서는, 그것이 생산된 맥락에 대한 세심한 고려가 필수적이다. 그러나 누가, 어떤 목적과 정의에 따라, 자료를 수집하고 구성하였는지, 어떤 항목과 범주로 구분하는지를 포함한 통계 지식 생산의 조건과 맥락을 함께 분석해야 한다. 예컨대, 일제 식민통치 당국의 특정한 목적을 의해 생산한 통계 자료는 그 자체로 '사실'로 받아들여져서는 안 되며, 다른 비교 가능한 자료들과 교차 분석되는 가운데 비판적으로 활용되어야 한다. 그러나 역사부정론자들은 이러한 맥락을 무시한 채, 자신에게 유리한 일부 통계 수치만을 취사선택하거나, 불리한 수치를 의도적으로 누락한 채 전체 현실을 왜곡하는 수법을 사용한다. 이는 극단적인 목적론적 해석과 일반화 오류 뒤섞인 방식으로, 이미 정해진 결론을 정당화하기 위해 통계를 도구화하는 전형적인 전략이다.[42]

공문서 해석의 경우에도 문서가 나오는 전후 배경과 맥락을 비판적으로

---

41 임지현, 『기억전쟁─가해자는 어떻게 희생자가 되었는가』, 휴머니스트, 2019, 35쪽.

42 강성현, 『탈진실의 시대, 역사부정을 묻는다─'반일 종족주의' 현상 비판』, 푸른역사, 2020, 73쪽.

분석하지 않고, 문서 속에서 자기 논거로 필요한 부분의 문장과 단어만 골라서 뽑아 먹는 수법을 구사한다. 그렇게 선별한 내용을 자기 목적에 맞게 과잉 해석하고 일반화하는 오류를 범하는 것은 물론, 심지어 왜곡해 써먹는 경우도 있다. 그러나 역사부정론자들이 입에 자주 올리는 '실증적 분석'이란 건 그렇게 하는 것이 아니다. 문서 자료를 제대로 분석하려면, 문서 작성자가 누구이고, 어떤 조직에 속해 있으며, 어떤 의도와 목적으로 이 문서를 작성했는지, 이 문서에 반영된 인식과 이해 수준이 작성자 개인에 국한하는 것인지 조직 일반에 해당하는지, 이런 인식과 내용에서 이 문서의 내용을 어떻게 활용하려 했는지, 그 활용이 실행되었는지 그렇지 않았는지 등 문서 자료의 생산과 활용에 대한 맥락을 이해하고 분석해야만 한다. 그래야 문서에 기술된 정보의 가치와 타당성, 내용의 현실성 등을 평가할 수 있다.[43] 램지어의 부정의 실증주의 수법은 이런 학술적 방법론과 거리가 멀어도 한참 멀다.

지금부터 램지어의 공문서 분석을 둘러싼 부정의 실증주의 수법을 살펴보자. 지금부터는 그가 실증적 분석의 증거로 제시한 미군 문서 자료를 재검토하면서, 그의 의도된 부분 선별, 과잉 해석, 일반화 오류, 왜곡 주장의 모습을 비판적으로 드러낼 것이다.

램지어는 이 문서상 18번 답변을 근거로 1945년 4월 "세 명의 조선인 전

---

43 위의 책, 135~136쪽.

44 「해군 소속 조선 민간인 세 명에 대한 통합보고서」(목록번호 78호, 1945년 3월 28일 자, 「조선인들에 대한 특별 질문」 관련, 이하 「통합보고서」). "Composite Report on Three Korean Navy Civilians(List No.78 Dated 28 Mar 45, RE "Special Questions on Koreans)", RG 165, Entry P 179D, Box 767 in the U.S. NARAII. 국사편찬위원회, 『일본군 '위안부' 전쟁범죄 자료집 IV—일본군 '위안부' 관련 연합군 생산 사진 및 문서』, 국사편찬위원회, 2021, 375~382·692~696쪽.

쟁포로들은 강제 동원이 있었다면 그
당시 이를 확증할 증거가 반드시 있을
수밖에 없다는 점을 간접적으로 동일
하게 언급했다"고 주장한다. 그 근거로
램지어는 세 명의 포로들이 "모든 조
선인 '위안부'들은 자발적으로 나섰거
나 부모에 의해 팔려간 것이다. (…중
략…) 일본이 여성들을 직접 강제동원
했다고 하면, 노소를 불문하고 결코 참
지 못했을 것이다. 남성들은 분노하여
어떤 일이 일어나든지 상관없이 일본
인을 죽이려 했을 것이다"라고 답변했
다는 것이다.[45]

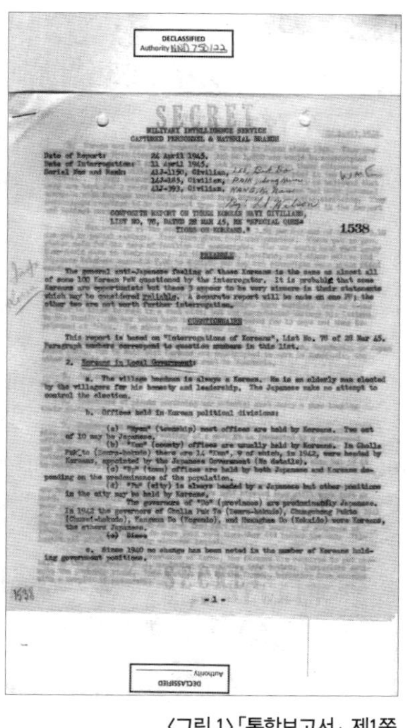

〈그림 1〉「통합보고서」 제1쪽
출처 : NARA II RG 165, Entry P 179D, Box 767

　이 답변을 평가하기 위해서는 「조선인에 대한 특별 질문들」[46] 문서의 생
산 맥락, 특히 18번 질문의 내용과 더불어 「통합보고서」를 작성한 미군 심
문관과 그의 평가, 세 명의 조선인 포로의 원 답변과 이를 평가하기 위한 정
보들에 대한 분석이 필요하다. 이 질문과 답변 문서를 찾고 세상에 공개한
것은 나와 정진성 교수서울대 연구팀, 그리고 일본의 와세다대학교 아사노 토
요미浅野豊美 교수이다. 관련 보도가 한국에서는 2015년 2월 27일 KBS 9시
뉴스에서 방송되었고, 일본에서는 2016년 6월 10일 마이니치신문이 관련
기사를 보도했다.

45　J. M. Ramseyer, op.cit., 2022, pp.20~21.

46　"Special Questions on Koreans", RG 165, Entry NM 84 177, Box 908 in the U.S.
　　NARAII. 정진성 편, 『일본군 '위안부' 관계 미국 자료』 I, 선인, 2018, 455~465쪽.

미군은 1942년 5월 15일 육해군의 합동정보센터JIC를 설치하고, 높은 정보가치를 갖고 있던 조선인 포로들을 하와이 호놀룰루 수용소→캘리포니아 엔젠 아일랜드 수용소→트래이시 수용소Camp Tracy에서 심문했고, 이후 위스콘신 맥코이 수용소Camp McCoy로 보냈다. 합동정보센터는 "최근 조선과 조선인들에 대한 특별한 관심이 활성화되고 있다"면서 포로들이 "미군과 협력해 자발적으로 참여할 수 있는지"를 고려해 분류하고 특별 질문30개 질문할 것을 당부하고 있다. 특별 질문에는 일제의 조선인 강제동원labor conscription에 대한 질문3, 5, 6번, 식량 생산과 배급 문제7, 8, 10번, 일본군으로 강제 징병한 것과 소위 '지원병 제도' 문제12, 13, 14, 15번 등을 구체적으로 묻고 있는데, 18번 질문에서 조선인들이 일본군에 의한 조선인 여성들의 '위안부' 모집 여부를 알고 있는지 질문하고 있다.[47]

램지어는 이 질문에 대해 해군 소속 조선인 민간인, 이복도, 백송근, 강기한이 답변하고 윌슨 중위가 정리해 종합적으로 작성한 것을 인용하고 있다. '위안부' 모집과 관련한 세 명 답변의 신뢰성을 평가하기 위해선 각각의 개별 심문보고서를 교차 확인할 필요가 있다. 우선 이복도의 사례를 보면, 그는 1925년 조선 경상남도 출생으로 소학교를 마친 이후, 조선을 떠나 오사카에서 5년 동안 중학교를 다녔고, 1940년 이후에는 가라후토사할린와 혼슈 지방을 여행하다가 1944년 4월에 징집된 인물이다. 그는 해군 건설대에 배속되었고 1944년 8월 4일 북마리아나제도 티니안 섬에서 포로로 붙잡혔다. 이렇게 볼 때 그는 조선인 '위안부'의 모집과 이송에 대한 정확한 사정을 알

---

47   18번 질문. 일반적으로 조선인들은 일본군이 조선 여성들을 '위안부(prostitutes)'로 삼기 위해 모집한 것에 대해 알고 있는가? 이 제도에 대한 일반적인 한국인의 태도는 어떠한가? 포로는 '위안부' 제도 때문에 발생한 불만이나 갈등에 대해 알고 있는가?

수 없었다고 판단된다.

백송근과 강기한의 개별 심문 결과는 현재로선 확인되지 않는다. 당시 특별질문은 약 100명의 조선인 포로들에게 던져진 것으로 보이는데, 현재 발굴 확인된 자료로 김기연의 심문보고서가 있다. 그는 1920년 조선 전라북도 출생으로 순창군에서 교육 받지 못하고 평생을 가족과 함께 농사를 지으며 살다가 징집된 인물이다. 그는 특별 질문의 다른 질문들에는 답변했지만, '위안부' 관련 내용은 답하지 못했다. 조선인 포로들이 군속으로 징집되기 전에 조선에서 거주했더라도 자기 주변에 '위안부'로 강제동원된 일이 없다면, 이에 대해 정확히 알기 어려웠다. 앞서 살펴보았듯, 조선총독부는 군 '위안부' 강제동원과 관련한 정보가 새어나가는 것을 철저히 차단하기 위해 이를 유언비어의 통제라는 차원으로 접근했다. 예를 들면, 1939년 9월 난징군 위안소에 갔다가 돌아온 '위안부' 당사자가 자신이 겪은 고초를 사실대로 말하는 것인데도 유언비어 죄로 처벌된 적도 있었다.[48]

포로의 답변 내용과는 별개로, 연합군번역통역부ATIS, 전시정보국OWI, 전략첩보국OSS, 동남아번역심문센터SEATIC 등 미군 정보 조직들은 일본군 포로 및 민간인 위안소 업자와 '위안부' 등에 대한 심문 자료와 노획 문서 등을 바탕으로 군 '위안부' 제도의 실상을 점차 파악해 나갔다. 특히 1944년 이후, 이들은 '위안부' 문제를 대일 심리전의 핵심 소재로 활용하기 시작했다. 그 목적은 일본 본토와 조선, 만주, 중국에 있는 조선인들에게 분노와 환멸의 감정을 유도하는 것으로, 내부적 소요와 반란이 일어나기를 기대했다. 「조선인에 대한 특별 질문들」과 조선인 포로의 답변에서 미군이 기대한 것도 바로 이러한 전략적 정보와 반응이었다. 실제로 만주와 중국 지역에서는

---

48 동북아역사재단 편, 『식민지 조선과 일본군 '위안부' 문제 자료집 III − 전시체제기 유언비어 통제 관계』, 동북아역사재단, 2021, 16~19쪽.

'위안부' 관련 내용을 활용한 대일 심리전이 삐라전단 제작·살포 및 지하 라디오방송을 통한 선전 작전 형태로 실행되었다. 예컨대, 미국 전략첩보국이 1945년 5월 작성한 보고서는 중국과 조선에서의 심리전 수행을 위한 정보와 제안을 정리한 문서로, 그 안에는 조선의 사회 상황 중 "일제치하에서의 타락degradation"과 "심리전Morale Operatons 표적으로서의 조선인들"이라는 소제목 아래 다음과 같은 내용이 서술되어 있다.

> "조선인들은 총독부가 후원하는 위안소와 많은 조선인 여성들이 만주와 중국의 위안소로 보내지거나 '위안부대'로 이용된다는 사실에 분노하고 있다. (일제) 경찰은 이러한 조선 여성들에 대한 인신매매를 묵인하고 있다."

> "조선 여성들을 '위안부대'로 대규모 동원한 것에 대한 분노."[49]

나의 요지도 간단하다. 당시 미국 정부와 미군은 조선인 '위안부' 강제동원 문제를 인식했고, 이것을 조선인을 격분시킬 심리전의 소재로 기획하고 있었다.

램지어는 이 미군 연구보고서를 '위안부' 계약 증거로 활용한다. 그가 인용한 것은 "b. 버마" 항목으로 일본군 18사단 114연대에 배속돼 고용구Goun-

---

49 OSS, op.cit., 1945, p.20·69. 서울대 사회발전연구소 정진성 연구팀 편, 『일본군 '위안부' 관계 연합군 자료』 II, 2019, 397·446쪽.

50 「연합국 최고사령관 연합군번역통역부 조사보고서 제120호 : 일본군 편의위락시설」 (이하 「조사보고서 12호」). RG 554, Entry 143(A1), Box 479 and RG 165, Entry 79, Box 342 in the U.S. NARAII. 국사편찬위원회, 『일본군 '위안부' 전쟁범죄 자료집 I―남서태평양지역 총사령부 연합국번역통역부 문서』 1, 국사편찬위원회, 2017, 352~393쪽.

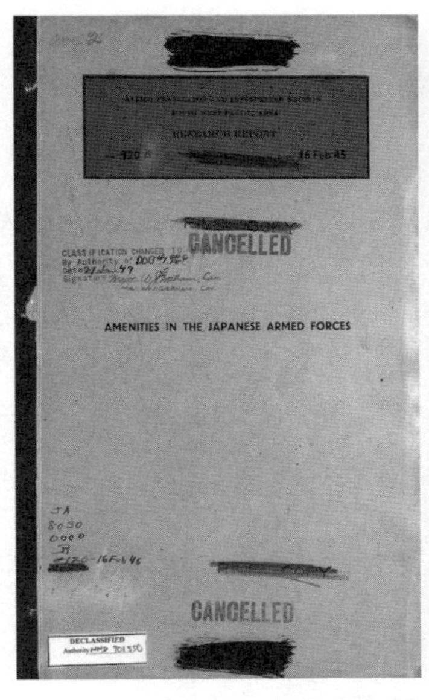 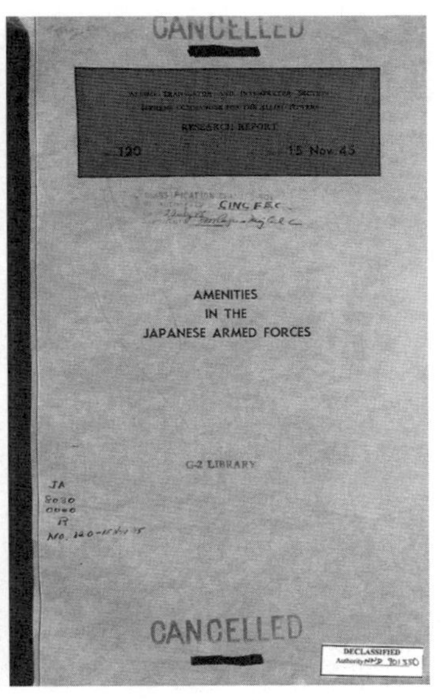

<그림 2> 1945년 2월 16일판
「조사보고서 12호」[50] 표지
출처 : NARA II RG 554, Entry 143(A1), Box
479 및 RG 165, Entry 79, Box 342

<그림 3> 1945년 11월 15일판(최종)
「조사보고서 12호」표지
출처 : NARA II RG 554, Entry 143(A1), Box
479 및 RG 165, Entry 79, Box 342

goo → 메이크틸라Meiktila → 메이묘Maymyo → 미치나Myitkyina로 이동한 쿄에이
Kyoei 위안소의 조선인 '위안부' 22명의 계약 조건에 관한 문단이다. 해당 문
서에는 전차금이 300~1,000엔, 연령은 19세에서 31세 사이였으며, 수입 배
분은 총 수입 중 50%, "무료 통행, 무료 식사, 무료 의료"가 제공된다는 내용
이 포함되어 있다.

흥미로운 점은 램지어가 이 보고서에서 다음과 같은 내용을 의도적으로
인용하지 않았다는 것이다. 즉, "통행과 의료비는 군 당국에 의해 제공되었
고, 음식은 군 보급창의 도움을 받아 위안소 업주가 구입했다. 업주는 의복,
필수품, 사치품을 터무니없이 높은 가격에 위안부에게 팔아 또 다른 수익을
올렸다"[51]는 사실을 전혀 언급하지 않는다. 나아가 램지어는 이 보고서에서

---

51 ATIS, SCAP, "AMENITIES IN THE JAPANESE ARMED FORCE(Research
Report No.120, 1945.11.15.)," p.18.

결정적인 다음의 내용을 의도적으로 외면했다.

"여성이 그녀의 가족에게 지급된 돈과 거기에 더해 이자를 모두 갚을 수 있으면, 그녀는 조선으로 돌아가는 무료 통행권을 제공받고 자유의 몸이 될 수 있었다. 그러나 **전쟁 상황으로 인해 전쟁포로 집단 중 누구든 지금까지 출국이 허용되지 않았다.** 1943년 6월 제15군 사령부는 빚을 갚은 여성들을 귀향시키려는 계획을 세웠지만, **이 조건을 충족하고 귀국을 원했던 한 위안부는 맥없이 설득당해 잔류하고 말았다.**"[52]

이와 동일한 내용은 요시미 요시아키의 비판에서도 명시적으로 지적된다.[53] 다만 그는 「동남아번역심문센터 심리전 심문회보 제2호」[이하 「심문회보 2호」]를 근거로 제시했다.[54] 그럴 수밖에 없는 것이, 이 「조사보고서 120호」의 버마 항목 전체가 「심문회보 2호」의 "9. 전방 지역에 있는 일본군 위안소" 내용을 그대로 전재한 것이기 때문이다.

그럼에도 불구하고 램지어는 알렉스 요리치[Alex Yorichi(미국 전시정보국 심리전 레도팀 소속)]가 작성한 「일본군 전쟁포로 심문보고 제49호」[이하 「요리치 보고서」][55]를 근거로 삼아 "1943년 하반기 군은 부채를 상환한 여성들이 귀국할 수 있다는 명령을 내렸"고 "일부 여성들은 조선으로 돌아가는 것이 허용되었다"고 요시

---

52 Ibid, p.18.

53 Yoshmi Yoshiaki, trans. Emi Koyama, Norma Field, and Tomomi Yamaguchi, "Response to Contracting For Sex in the Pacific War by J. Mark Ramseyer," p.14.

54 SEATIC, "SEATIC Psychological Warfare Interrogation Bulletin No.2(1944.11.30.)," p.11. RG 554, Entry 143, Box 83 in the U.S. NARAII.

55 Office of War Information(OWI) Psychological Warfare Team, "Japanese Prisoner of War Interrgation Report No.49," RG 208, Entry NC 148 378, Box 445 in the U.S. NARAII. 국사편찬위원회, 앞 자료집, 2021, 508~514쪽.

미의 비판을 반박한다. 이는 시점 불일치와 문서 출처의 맥락을 무시한 채, 선택적으로 사료를 인용함으로써 구성된 논리적 왜곡이며, 실증주의의 외양을 가장한 전략적 해석 오류라 할 수 있다. 왜냐하면, 「요리치 보고서」는 1944년 10월 1일, 쿄에이 위안소에 있었던 조선인 '위안부' 20명을 심문한 내용을 바탕으로 작성된 것으로, 시점상 램지어가 주장하는 1943년 하반기의 상황을 실증적으로 입증할 수 없기 때문이다. 더구나, 이후 1944년 11월 30일 「심문회보 2호」는 쿄에이 위안소 업주인 기타무라 에이븐Kitamura Eibun과 그의 아내에 대한 심문 내용을 바탕으로 하고 있으며, 버마 지역 내 '위안부'의 실제 자유폐업 여부에 대해서는 업주가 더 정확한 정보를 갖고 있었다는 점에서, 해당 사안의 핵심 증언 주체는 '위안부' 당사자라기보다는 위안소 운영자였던 것이다.

미국 전시정보국 심리전팀과 연합군 동남아심문번역센터는 동남아시아 전역에서 연합 활동을 연계했다. 동남아심문번역센터는 영국군 합동심문센터 인도지부CSDIC(I)와 일본계 미군 정보병 파견대의 협력으로 만들어진 정보 조직이다. 「심문회보 2호」는 합동심문센터가 생산한 '위안부' 관련 종합 보고서Consolidated Reports를 참조할 수 있었고, 무엇보다 전시정보국 심리전팀과 공동 심문을 통해 생산될 수 있었던 연구 결과물이다. "전방 지역의 일본군 위안소A Japanese Army Brothel in the forward area"에 대한 정보뿐 아니라, 쿄에이 위안소가 배속된 일본군 114연대 연대장 마루야마 대좌Colonel Maruyama에 관한 내용도 제법 상술되어 있다. 「심문회보 2호」는 「요리치 보고서」에서 다루지 않은 정보들을 다수 포함하고 있으며, 특히 두 보고서 사이에는 서술의 방식과 내용에서 차이가 존재하므로, 상호 교차적이고 종합적인 분석이 요구된다. 「요리치 보고서」가 알렉스 요리치 개인의 인식과 편견이 담긴 해석, 그리고 일부 선정적 서술이 반영되어 있다는 점에서, 그 한계를 인식한 비

교 분석이 반드시 병행되어야 한다.[56]

이러한 맥락에서 「조사보고서 120호Amenities Research Report no.120」에 버마 위안소 상황을 다룬 자료로 「요리치 보고서」가 아닌 「심문회보 2호」가 수록되어 있다는 점은 매우 시사적이다. 「조사보고서 120호」는 전쟁 막바지였던 1945년 2월 16일에 초판이 작성되었으며, 전쟁이 끝나고 11월 15일에는 수정보완판이 재작성되어 제출되었다. 이 보고서는 연합군번역통역부에 의해 작성되었고, 연합군최고사령관SCAP 맥아더 장군에게까지 보고된 매우 비중 있는 공식 문서였다.

2월 판본과 11월 판본 사이에서 가장 큰 차이는 위안소 관련 서술이다. 11월 판본에서는 위안소에 대한 기술이 대폭 강화·확대되었으며, 위안소 설치와 운영에 관한 일본군 노획 문서가 부록으로 첨부되었다. 2월 판본을 최초로 발굴한 김득중·황병주에 따르면, 해당 보고서는 당시 치열한 전투가 전개 중이던 상황에서 일본군의 구체적인 실태를 파악하고, 심리전을 비롯한 각종 군사 전략 수립에 활용하기 위한 목적으로 작성된 것이었다. 실제로 이 내용을 토대로 '위안부' 문제를 소재로 한 연합군의 선전 전단이 제작되어 살포되었던 사실이 확인된다. 반면, 11월 판본은 종전 이후 작성되었으며, 전후 처리 과정에서 필요한 정보를 제공하려는 목적이 더 컸다. 김득중·황병주는 이 보고서의 11월 판본이 연합군 최고사령부의 전범 재판 자료 준비와 관련하여 작성된 문서라는 점을 강조한다. 이 판본은 시기적으로 뉘른베르크 재판과 겹치며, 전후 국제사법 맥락에서의 의도를 함의하고

56　레도 팀 동료인 칼 요네다(Karl Yoneda)는 "본부 문관을 말할 것도 없이 기지사령부 장교까지도 '좀 읽게 해달라'고 난리가 났다. 만약 인쇄하여 발행하면 베스트셀러가 되고 요리치는 부자가 될 거라고 비웃는 소리가 높았다"고 비꼬기도 했다. カール・ヨネダ, 『アメリカ情報兵の日記』, PMC, 1989, pp.109~110.

있었다.

　물론 잘 알려져 있듯이, 도쿄재판극동국제군사재판에서는 '평화에 대한 죄'가 중심 의제로 다루어졌고, '반인도 범죄'에 해당하는 일본군의 '위안부' 문제는 거의 배제되었다. 다만, 네덜란드령 동인도 서부 보르네오 해군 위안소와 중국 구이린桂林 육군 위안소에서의 '위안부' 동원에 관한 일부 자료들이 재판에 제출된 바 있다. 이와 달리, 일본군 '위안부' 문제가 전범 재판에서 유일하게 본격적으로 다뤄진 사례는 네덜란드령 동인도 바타비아의 스마랑Semarang사건이었다. 이 사건에서는 백인 여성들이 위안소에 강제 동원되어 피해를 입었고, 이에 따라 기소와 재판이 이루어졌으며, 전모가 비교적 상세히 드러날 수 있었다. 전후 '위안부' 피해에 대한 사법적 해결의 양상에서도, 인종주의와 식민주의가 전후 냉전의 전개와 맞물려 결정적인 방식으로 작용했음을 보여주는 사례라 할 수 있다.

　다음의 미군 문서 자료들은 램지어가 인용하지도, 활용하지도 않았지만, 여성이 '위안부'로서 어떻게 전장에 동원되었고, 이후 어떻게 버려졌는지를 분명히 보여준다.

　이 문서는 미 전략첩보국이 연안 쿤화중학교에 설치된 포로 수용소에서 조선인 '위안부'들을 심문한 뒤, 1944년 4월 28일 작성한 보고서이다. 심문 대상은 총 23명으로, 중국 윈난성 쏭산松山에서 10명, 텅충騰沖에서 13명 살아남아 미·중연합군의 포로가 되었다. 심문에는 죠셉 스펜서Joseph E. Spencer 대령, 로버트 매튜 주니어Robert C. Matthews Jr. 대위, 특별정보부의 존 맥콜John McCole 일병, 조사분석부서의 스스무 카자하야Susumu E. Kazahaya 기술하사관, 그

57　「쿤밍의 조선인과 일본인 전쟁포로」(1944.4.28). RG 226, Entry A1 154, Box 185 in the U.S. NARAII. 서울대 사회발전연구소 정진성 연구팀 편, 앞의 자료집, 2019, 38~57쪽.

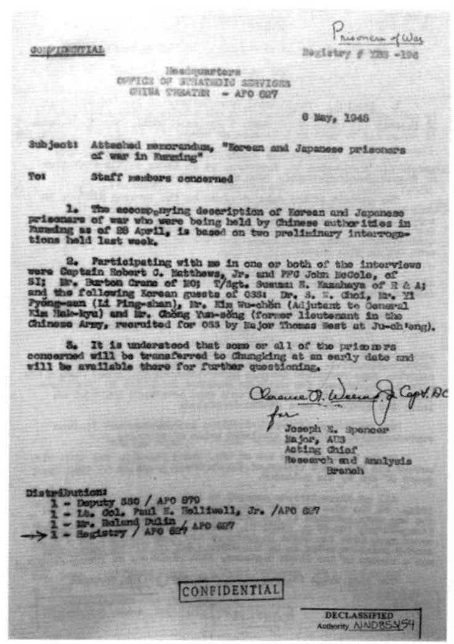

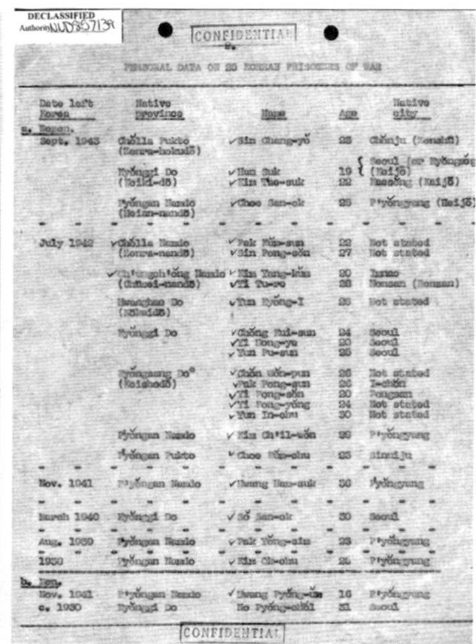

〈그림 4〉「쿤밍의 조선인과 일본인 전쟁포로」[57]
출처 : NARA Ⅱ RG 226, Entry A1 154, Box 185

〈그림 5〉 조선인 '위안부' 23명 명부
출처 : NARA Ⅱ RG 226, Entry A1 154, Box 185

리고 전략첩보국의 객원으로 파견 나왔던 조선인 최.S.W 박사, 이평산, 김우전김학규 장군의 부관, 정윤성중국군에서 중위였다가 전략첩보국 요원이 되었음이 참여했다. 보고서에는 "황남숙을 제외한 23명의 여성들은 모두 명백한 강요와 거짓된 설명misrepresentation에 의해 '위안부'가 되었다"는 사실이 명확히 기록되어 있다. 그 중 15명은 조선 내 신문에 게재된 싱가포르에 있는 일본인 공장에서 일할 여성을 구한다는 광고를 통해 모집되었고, 1943년 7월 조선을 떠났다 한다. 이들과 함께 동남아로 파견된 여성들 가운데 최소 300명이 동일한 방식으로 사기를 당한 것으로 추정된다.

이 문서는 포로가 된 조선인 '위안부'의 개인 정보 — 조선 출발일, 출신 지역, 이름, 나이 등 — 을 명단 형식으로 수록하고 있으며, 그중 박영심과 윤경애의 이름이 특히 눈에 띈다. 탁영심은 2000년 12월 도쿄에서 열린 '2000년 일본군 성노예 전범 여성국제법정'에서 자신이 '만삭의 위안부'로 촬영된 사진 속 인물임을 증언하며 확인한 바 있다. 윤경애는 2003년 북한에 생존해 있는 사실이 확인되었다.

그렇다면 박영심과 윤경애 외에 나머지 21명은 모두 조선, 즉 고향으로 돌아갈 수 있었을까? 김우전이 이 여성들을 충칭의 한국광복군에 보냈다는 사실은 알려져 있다. 하지만 당대의 현실에서 '귀환'은 결코 당연한 일이 아니었다. 자신이 '몸이 더럽혀졌다'고 인식한 여성들은 스스로 혹은 가족의 압력에 의해 고향으로 돌아가지 못하기도 했다. 설령 조선으로 돌아갔다 해도 고향에 정착하지 못한 채, 낯선 지역에서 살아가야 했던 경우도 많았다. 박영심처럼 귀향한 경우에도, '위안부'였다는 사실을 숨기며 "전전하며 살았다"고 말할 수밖에 없었던 현실은, 이들 피해자에게 전후의 귀환이 단순한 물리적 복귀가 아니라 사회적 귀환의 불가능성을 뜻했음을 상기시켜 준다.

박영심과 윤경애 등은 연합군의 포로가 되었지만, 죽음의 문턱에서 살아남을 수 있었다. 이 장면을 포착한 것으로 소위 '만삭의 위안부'로 불리는 사진[58]이 있었는데, 2017년과 2020년에는 이 사진 및 당시 상황에 대한 피해 생존자 박영심, 윤경애의 증언과 비교할 수 있는 영상 2개가 발굴되어 세상에 공개되었다.[59]

쏭샨과 텅충에서는 끝까지 사수하라는 명령과 공생공사共生共死라는 미명하에 이른바 '옥쇄' 전투가 벌어졌고, 그곳에서 '위안부' 등 민간인들이 죽은채 덩어리로 뒤섞였다. 미·중 연합군의 공격으로 인한 죽음도 있지만, 일본

58　RG 111-SC 230147(CBI-44-29969) in the U.S. NARAII.

59　2017년 7월 5일 강성현과 정진성 교수 연구팀에 의한 미군 footage film(RG 111-ADC-9706) 발굴과 18 second video clip 공개는 워싱턴 포스트 등 세계 언론에 의해 보도되었다. Adam Taylor, "An 18-second clip released by South Korea appears to offer first footage of WWII 'comfort women'," *The Washington Post* July 10, 2017. 2020년 5월 28일 Sungshan 참호에서 박영심 등이 미중연합군에 의해 포로가 되는 장면을 담은 footage film이 한국 KBS 다큐인사이트팀에 의해 공개되었다.

군에 의한 '위안부' 학살도 벌어졌다. 이런 장면을 쑹산에서는 미군 164통신 사진소대 B파견대164th Signal Photo Company Det B 소속 사진병 햇필드C. H. Hatfield가, 텅충에서는 사진병 맨워랜F. D. Manwarren이 스틸사진으로 포착했다. 이와 관련해 영상 카메라맨 볼드윈Baldwin이 촬영한 푸티지 영상footage film과 함께 미·중 연합군 문서 자료가 발굴되었는데, 그 가운데 「작전 일지 1944년 9월 15일」[60]의 내용을 간단히 소개하고자 한다. 작전 일지에 기록된 중국군 제54군의 9월 14일 18시 55분에 보고에 따르면, 텅충성이 함락되기 전날 밤인 "13일 밤 일본군이 성내에서 30명의 조선인 여성을 총살했다"고 되어 있다. 앞선 날짜의 정보 및 작전 일지에도 '위안부'의 죽음이 여러 차례 기록되어 있는데, 9월 15일 자 작전 일지는 학살의 주체와 방법이 적시되어 있다는 점에서 크게 주목된다.[61]

---

60   RG 493, Entry UD-UP 513, Box 7 in the U.S. NARAII.

61   이와 관련해 다음의 논문이 상세하게 다루고 있다. Sung Hyun Kang, "U.S. Army Photography and the 'Seen Side' and 'Blind Side' of the Japanese Military Comfort Women : The Still Pictures and Motion Pictures of the Korean Comfort Girls in Myitkynia, Sungshan and Tengchung," *Korean Journal* 59(2), pp.144~176. 조선인 '위안부' 학살 사진, 영상, 문서 자료가 공개되자, 2018년 3월부터 일본 극우 신문과 잡지(석간 후지 등)나 한국 뉴라이트 언론(미디어워치 등)은 '위안부' 학살을 부정하는 기사들을 냈다. 한국에선 2018년에 이우연과 미디어워치가, 그리고 최근에는 김병헌과 팬앤마이크가 학살 부정론을 주도적으로 조직해왔다.

4. '잘못된 만남' '반일 종족주의' 확산과 '램지어 구하기'

1) 『반일 종족주의』의 트랜스내셔널 확산과 영향

2019년 7월, 한국에서 『반일 종족주의』가 출간되었고, 같은 해 11월에는 일본어 번역판이 출간되었다. 한국에서는 불과 두 달 만에 10만 부 이상이 판매되었으며, 일본에서는 40만 부 이상이 팔리며 '우파 도서 베스트셀러' 현상으로 주목받았다.

그러나 이 책은 곧 유튜브 등 뉴미디어 플랫폼의 '역사전쟁' 콘텐츠로 전환되었고, 빠른 속도와 대량의 유통, 국경을 넘는 트랜스내셔널한 확산을 통해 한국, 일본, 미국에 걸친 역사 부정론 네트워크의 질적 심화를 촉진하고 있다. 이러한 확산은 단지 독서나 학문적 논쟁에 머무르지 않고, '조회'와 '구독'이라는 플랫폼적 행동 양식과 결합되며 '역사부정 알고리즘'의 힘에 의해 증폭되고 있다. 그 영향력과 전파 방식은 홀로코스트 부정론자들의 국제 네트워크인 '역사검토연구소Institute for Historical Review'보다도 훨씬 극적으로 보일 정도이다.

한국에서 '반일 종족주의'란 말은 책의 저자 이영훈의 신조어로, 한국인이 거짓말 문화, 벌거벗은 물질주의와 샤머니즘에 매어 있고 이웃 일본을 향해 '종족'의 적대 감정을 표출하고 있음을 주장하고 있다.[62] 『반일 종족주의』 저자들과 뉴라이트 지지자들은 식민주의와 전쟁의 피해자 위치를 거부하고 일본제국주의의 가해자 시선에 완전히 동화시키고 있는데, '친일'이 '애국'이고, 그것이 '친미'와 '반중'과 '반북'이라는 확고한 이데올로기를 갖고 있다.

---

62 이영훈 외, 『반일 종족주의』, 미래사, 20~21쪽.

‘반일 종족주의’ 현상은 한·일 역사부정론자들이 합작해 만든 거대한 ‘백래시’다. 2020년 5월 정의기억연대와 ‘위안부’ 피해자 이용수 할머니를 타깃으로 삼은 역사부정과 혐오가 넘실거렸다. 때마침 ‘5·16 군사쿠데타’를 기념해 두 번째 반일 종족주의 책인 『반일 종족주의와의 투쟁』이 출간되었다. 그 자장 아래에 있던 뉴라이트 및 극우 역사부정 세력은 이용수 할머니 기자회견을 악의적으로 이용해 정의연과 윤미향 전 대표를 공격했다. 이 사태를 보도했던 극우·뉴라이트 미디어들은 물론, 보수 언론의 프레임과 기사에서도 ‘반일 종족주의’의 언어, 논리와 수법이 재현되었다. “정대협은 그들의 공명심을 충족하기 위해, 그들의 직업적 일거리를 잇기 위해”“개인의 인생사 따윈 아무래도 좋은 것으로 팽개치고” 위안부를 “민족의 성녀로” 앞세워 시위를 벌이면서 “아무도 맞설 수 없는 전체주의적 권력으로 군림하였다”[63]는 수준의 이해와 내용이 뉴라이트·보수 언론의 기사들에서 등장했다. 그리고 이 기사들은 해당 한국 신문의 일본어 온라인판으로 거의 동시에 일본에 출고되었다. 이를 받아쓰는 일본의 극우·보수 언론은 이 사태를 윤미향, 정의연, 이용수 할머니의 문제에 국한하지 않고 일본군 ‘위안부’ 운동의 30년 역사를 부정하고 혐오하는 사실 근거들로 삼아 보도했고, 한국 보수 언론은 이를 다시 일본 특파원 칼럼 등의 형식으로 한국어로 보도하면서 결과적으로 부정과 혐오로 가득한 가짜가 진실인 것처럼 보도되는 상황이 벌어졌다.

램지어도 「위안부와 교수들」에서 정대협과 윤미향의 ‘반일’ 캠페인이 ‘친북’ 성향과 밀접한 관련이 있는 것처럼 곳곳에서 음모론적 인식을 드러낸 바 있으며, 이러한 내용은 『비판에 대한 답변』에서도 그대로 유지된다. 그는

63　위의 책, 337~338쪽.

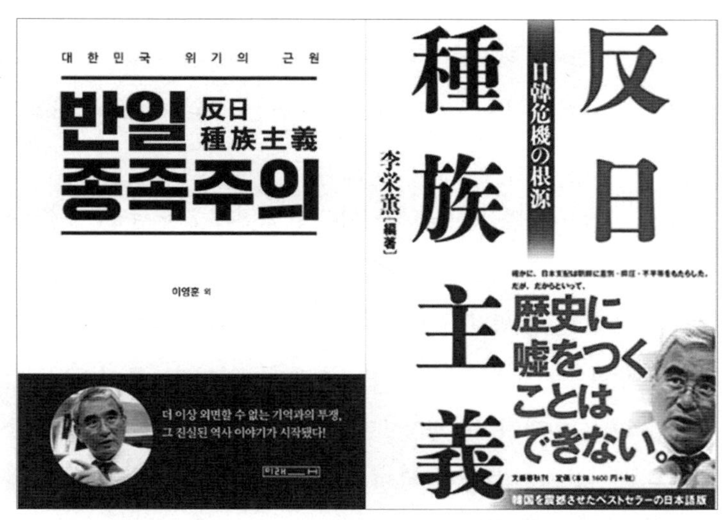

<그림 6>『반일 종족주의』한국어 판과 일본어 판 표지

2020년 사태를 반영해 윤미향의 후원금 횡령 혐의를 언급하면서,[64] 나아가 "이용수가 윤미향의 후원금 횡령을 주장하자, 윤미향이 이에 대한 복수로 이용수의 '가짜 위안부' 사실을 폭로했다"고까지 서술한다.[65] 정대협-정의연 및 윤미향과 관련한 램지어의 주장은 과잉 해석된 출처 또는 허위 출처의 한·일 간 상호 참조 또는 상호 인용에 기반하고 있으며, 사실 관계의 오류와 왜곡이 매우 빈번하다. 그럼에도 불구하고, 이번에 그는 '이용수＝가짜 위안부'라는 주장을 뒷받침하는 근거로 윤미향의 폭로를 새롭게 인용하였고, 이는 연구자로서의 기본적 자질마저 의심하게 만든다.

램지어는 윤미향의 페이스북 글을 직접 교차 검증하지 않은 채, 일본 극우 잡지『후지富士』및『하나다花田』에 실린 기사에서 나온 탈맥락적 조작과 왜곡을 그대로 인용하였다. 그는 윤미향 글의 전문을 살피지 않은 채, 일부 문장을 맥락 없이 절취하여 이용수 증언이 일관되지 않으며 허위라고 주장

---

64   J. M. Ramseyer, op.cit., 2022, p.22.

65   Ibid, p.18.

하고, 이를 "이 분야의 대부분의 학자들은 오래 전에 결론 내렸다"는 식으로 단정 지었다. 이러한 서술 방식은 학문적 검증이 아니라 정치적 낙인에 가깝다.

사실 윤미향이 회고한, 이용수 할머니와의 첫 전화 통화 장면은 '위안부' 운동에 오래 관여해온 활동가와 연구자들 사이에서는 잘 알려진 일화이다. 1992년 신고 전화를 걸었던 이용수 할머니가 "저는 피해자가 아니고, 제 친구가요"라고 말한 것은 문자 그대로 자신이 피해자가 아니라는 뜻이 아니었다. 1992년, '위안부' 피해 사실을 공적으로 증언하는 일이 얼마나 두렵고 고통스러웠는지를 고려할 때, 윤미향은 이 발화를 그런 맥락에서 기술한 것이다.

그럼에도 불구하고, 램지어를 비롯한 역사 부정론자들은 '위안부' 피해 생존자들의 증언의 진실성을 공격하기 위해, 운동을 대표하는 활동가의 말을 맥락 없이 절취하고, 그 목소리를 찬탈하였다. 이러한 시도는 끊임없이 반복되고 있다. 예컨대, 2022년 4월 6일, 한국의 대표적 역사 부정론자이자 램지어가 공개적으로 극찬한 바 있는 김병헌은, 이용수 할머니가 "직접적인 피해자가 아님에도 불구하고 위증했다"는 이유로 고발장을 제출했다. 그는 고발장에서 "피고발인의 혐의가 입증된다면 엄한 벌을 내려주시기를 바란다"고 썼는데, 이는 학문적 논쟁의 자유와는 무관하며, 오히려 성폭력 피해자를 무고죄로 고발하는 가해자의 겁박과 다를 바 없어 보인다.

2) '반일 종족주의'의 조직화와 '램지어 구하기'

2020년 1월 1일, 한국의 역사부정 세력이 조직한 '반일동상 진실규명 공동대책위원회'이하 반일동상 공대위가 제4차 위안부상 반대 집회를 처음으로 광화문 평화의 비이하 소녀상 근처에서 개최했다. 지금까지 회자될 정도로 유명한 이 집회를 상징하는 사진이 있는데, 바로 황의원미디어워치 대표, 반일동상 공대위 공동

대표과 이우연이 함께 찍힌 사진이다. 이우연 옆에서 황의원은 "위안부상 철거! 수요집회 중단!"이라는 문구가 적힌 작은 펼침막을 들고, 한 손에는 태극기, 다른 손에는 일장기를 들고 있다. '위안부' 문제를 역사 부정과 혐오의 방식으로 접근하며, '반문재인 정부 = 반북 = 반중'을 표방하고 '친일 = 친미'를 공개적으로 드러낸 뉴라이트·극우 단체들이 본격적으로 소녀상을 공격했던 집회였다.[66]

이들은 2020년 5월 12일 23차 위안부상 반대 집회를 개최하고 소녀상 앞에서 기자회견을 진행했다. 특이한 것은 '위안부 인권회복 실천연대'란 단체가 같이 했다. 이우연, 황의원, 그리고 김병헌국사교과서연구소·위안부법 폐지 국민행동 대표 등 역사부정론자의 입에서 "치욕스런 위안부 이력 속속들이 까발려 모욕 준 정대협과 여성가족부는 용서 못할 인권침해 집단"이라는 말이 나왔다. 피해생존자들을 조롱하고 모욕한 그들의 입에서 어처구니없이 피해자의 '인권'이 거론된 것이다.

그리고 2021년 '램지어 사태'가 터졌을 때, 이들의 '램지어 구하기' 활동은 한국 국내는 물론 트랜스내셔널한 역사부정의 활동 반경을 보여주었다. 니시오카 쓰토무西岡努 등 일본 역사부정론자와 연대하면서, 2월 9일 반일동상 공대위와 『반일 종족주의』 저자들이 주도해 램지어를 지지하는 공동 성명을 발표했다. 내용인 즉, 램지어 논문이 국제학술지에 투고돼 동료심사를 거쳐 게재 승인을 받았고 독창성을 인정받았는데, 학문과 무관한 외부 세력이 망언 운운하며 학술 토론을 방해하고 있으며, 이는 문화대혁명을 연상시키는 반학문적 망동이라는 것이다.[67] 2월 14일에는 황의원이 하버드대 교수

66　이들은 문재인 정부의 대일 정책의 근본이 '반일 종족주의'에 기반한 민주화 세력의 반일 역사관에 비롯되었다고 인식한다.

67　정규재·김대호·주동식·한민호·이영훈·류석춘·주익종·정안기·이우연·김

들에게 "램지어 교수의 학문적 양심은 보호받아야 한다"는 이메일을 발송했고, 2월 17일 하버드대 법대 아시아계 학생회가 주최하는 이용수 할머니의 초청 강연을 거부하라고 압박하기도 했다. "하버드대에서 열리는 가짜 위안부의 '증언 쇼'를 보이콧하십시오"라는 제목의 이메일을 교수와 학생들에게 보낸 것이었다.[68] 2월 18일에는 죠셉 이Joseph Yi와 필립 조Joe Philips 교수가 『디플로맷The Diplomat』에 램지어를 지지하는 글을 투고했다.[69] 그들은 "위안부 납치 서사에 대해 공개적으로 이의를 제기하는 소수 학자들과 활동가들은 괴롭힘을 당하고 대학에서 조사를 받거나 정부에 의해 기소된다"고 썼는데, 이 주장이 램지어에게도 큰 영향을 끼친 것으로 보인다.

실제 램지어는 「비판에 대한 답변」에서 그들의 글을 인용해 세종대 박유하 교수와 순천대 송대엽 교수를 "금기를 도전하려는 학자들은 그 대가가 놀라울 정도로 크다"고 서술했다.[70] 그러면서 그는 이 명단에 연세대 류석춘 교수도 끼워 넣는다. 그러나 허위사실 명예훼손 혐의로 고소·고발이 이루어져 재판이 진행되었다는 점은 유사해 보이지만, 박유하 사례와 달리 송 교수와 류석춘 교수 사례에는 강의실에서의 성희롱·성폭력 발언 혐의가 유죄로 인정되었는데, 그런 사람들을 금기에 도전하는 학문과 표현의 자유 투사로 꾸며주는 것은 후안무치로 보인다. 구체적으로 살펴보면, 2017년 4월 26일 송 교수는 강의 중 일본군 '위안부' 문제에 대한 허위사실을 강의하는

병헌·최덕효·황의원·김기수·이동환·김소연, "하버드대 교수의 위안부 논문, 위안부 문제에 대한 본격적 토론의 계기로 삼아야!", 2021.2.9.

68 김건휘, 「"이용수는 가짜 위안부"… 하버드 강연 방해까지」, 『MBC 뉴스』, 2021. 2.15.

69 Joseph Yi and Joe Philips, "On 'Comfort Women' and Academic Freedom," *The Diplomat*, February 18, 2021.

70 J. M. Ramseyer, op.cit., 2022, p.5~6.

데 그치지 않고 학생들에게 수차례 부적절한 성폭력 발언을 했기 때문에 순천대에서 파면되었다. 이에 불복한 송 교수가 파면처분 취소 소송을 제기하면서 재판이 진행되었다. 그 결과 광주지방법원 행정2부 재판부는 송씨의 파면처분 취소 청구를 기각했고, 대법원은 2019년 2월 징역 6개월의 실형을 판결했는데, 그 이유로 허위사실 명예훼손과 함께 "강의 중 해서는 안 될 발언을 해 학생들에게 정서적 폭력을 가했다"고 적시했다.[71] 류석춘 교수의 재판에 대해서도 민사재판, 형사재판 둘 다 진행되었고, 그 가운데 판결이 이루어진 민사재판에 주목할 필요가 있다. 민사재판은 류석춘이 대학에 징계처분1개월 정직 취소를 요구하며 낸 소송으로 진행되었다. 이에 서울행정법원 행정14부 재판부는 "위안부는 일종의 매춘" 발언을 문제 삼은 것이 아니라 강의 중 학생의 반론에 대해 "궁금하면 한번 해볼래요?"라고 한 말이 성희롱이라고 판단하고 원고 패소 판결징계 타당을 내렸다.[72] 강의 도중 일본군 '위안부'에 대한 역사부정론에 기반한 망언들은 왜 파렴치한 조롱이나 성희롱·성폭력 (발화)행위로 이어질까. 분명한 건 현재의 성매매 여성에 대한 혐

---

71 송 교수는 램지어가 쓴 것처럼 "일부 한국인이 아마도 '아마도' 위안부가 되겠다고 자원했을 수 있다"라고 말한 것이 아니라 "그 할머니들은 상당히 알고 갔어. 일본에 미친 그 끌려간 여자들도 사실 다 끼가 있으니까 따라다닌거야", "20대 여성은 축구공이라고 한다. 공 하나 놔두면 스물 몇 명이 오간다." "걸레" 등의 말을 수차례 학생들에게 했다. 장아름, 「법원 "위안부 피해자 모독 순천대 교수 파면 징계 정당, "끼가 있으니 따라다닌 것" … 학생들 가리켜 '걸레' 비하 표현도」, 『연합뉴스』, 2019.8.25.

72 재판부는 "류씨는 이 사건 발언 전후에 '위안부' 여성과 관련해 이들이 기본적으로 매춘행위에 종사한 자라는 취지의 내용을 설명했고, 학생과 질의응답 과정에서도 계속 '매춘'을 언급했을 뿐 연구행위와 관련한 언급을 한 사실이 없다"며 "류씨가 수강생들에게 '궁금하면 매출을 한번 해볼래요?'라고 한 취지로 해석되고, 이는 일반적인 사람에게 성적 굴욕감이나 혐오감을 느끼게 할 수 있는 행위로 성희롱에 해당한다"고 판단했다. 신민정, 「'위안부' 망언하며 학생 성희롱 류석춘… 법원 "징계정당"」, 『한겨레』, 2022.2.28.

오 인식을 깔고 있는 것으로 보인다.

이우연과 죠셉 이처럼 학자는 아니지만, 황의원의 활동이 역사부정론자들 중에서도 발군이다. 그는 일찍부터 신규양이라는 필명으로 미디어워치에서 이용수 할머니와 여러 피해생존자를 조롱하고 부정하는 기사들을 써왔다. 그가 미디어워치 대표와 반일동상 공대위 공동대표로서 언론과 거리에서 램지어 구하기 활동을 전방위적으로 벌이고 활약한 것은 충분히 예상할 만한 일이었다. 특히 이우연이 한국어로 번역한 니시오카 쓰토무의 책을 출간한 것도 황의원의 미디어워치였다. 일본 극우잡지의 광고라든지 니시오카 쓰토무 등의 기사를 많이 싣는 미디어워치가 어떤 돈으로 일본 역사부정론를 대표하는 책들을 출간하고, 이를 사방팔방에 증여할 수 있는지 짐작이 간다. 2021년 4월에는 니시오카 쓰토무의 '위안부' 관련 책[73]이 '램지어 구하기' 활동과 맞물려 한국어로 출간되었다. 일본 역사부정론자들도 이를 충분히 인정해준 것인지, 황의원은 이우연과 함께 일본 국가기본문제연구소 이사장 사쿠라이 요시코櫻井よしこ가 수여하는 8회 일본연구상을 공동 수상했다. 흥미로운 것은 일본 스가 총리가 '자민당 총재'의 이름으로, 그리고 하기우다 고이치萩生田光一 문부과학대신이 '자민당 중의원 의원'의 이름으로 황의원에게 축전을 보내줬다는 사실이다. 황의원이 "일본의 진정한 친구를 국제 사회에 늘려가고 싶"은 취지에서 일본연구상을 받을 만한 활약을 펼쳤기 때문에 이를 치하하고 싶었던 것이다.

반일동상 공대위가 거리의 역사부정 전위조직이라면, 이영훈·주익종이 이끄는 이승만학당과 이승만TV유튜브 채널는 역사부정론의 진지전을 수행하는 교육 미디어라 할 수 있다. 이승만학당은 2018년 6월 15일 이승만TV를

73　원저 이름은 『알기 쉬운 위안부 문제(よく わかる慰安婦問題)』다.

개설한 이후, "반일 종족주의 타파" 및 "일본군 '위안부' 문제의 진실" 강의 시리즈를 편성하였고, 이들 강의 콘텐츠 중 일부는 100만에 육박하는 조회 수를 기록하며 10만 구독으로 이어지는 등 큰 영향력을 발휘했다. 『반일 종족주의』 역시 해당 강의 콘텐츠의 원고를 바탕으로 출판되었다.

'램지어 사태'와 관련하여 이승만TV는 기존의 "반일 종족주의 타파" 시리즈에 더해, 2021년 2월 10일부터 3월 13일까지 총 11편의 한국어 및 일본어 강의를 추가로 편성하였다. 특히 2022년 3월 2일에 게시된 강의는, 램지어의 「비판에 대한 답변」이 출간된 직후 이를 해설하는 내용을 담고 있다.

날짜	강의제목	강의자	조회수
2020.2.10	하버드교수의 위안부 논문 바로 읽기	주익종	10,749
2.12	ハーバード大教授の慰安婦論文を正しく読む	주익종	20,694
2.19	위안부 계약의 증거	주익종	11,723
2.20	'慰安婦契約'の証拠	주익종	12,155
2.28	일본에선 자발적 계약이었지만, 조선에선 강제연행이라고?	주익종	5,651
2.28	日本では自発的契約だったが朝鮮では強制連行か?	주익종	15,332
3.7	고명하신 미국 교수님들의 램지어 비판을 살펴보니	주익종	10,426
3.9	有名たアメリカの教授達のラムザイヤ_の批判を見てみると…	주익종	21,817
3.12	한 '양심적' 일본학자의 램지어 비판을 살펴보니	주익종	6,642
3.13	吉見義明教授のラムザイヤ_批判を見てみると －慰安婦性奴隷論者の知的破綻	주익종	30,593
2022.3.2	램지어 교수 논문 후 1년－위안부 논의의 현재	주익종	6,768

*2022.6.12 기준 작성

*출처 : 이승만TV (https://www.youtube.com/playlist?list=PLZZEZygYteL4j4_DxNqAAiz10XOeZoUvS)

램지어 구하기로 재조직화되는 '반일 종족주의' 관련 주장과 논리는 반박하기 어렵지 않다. 이들은 반복적으로 자신들이 '기본 사실'을 말하고 있다고 주장하지만, 편향된 자료 선별과 의도된 자료 오독 및 생략, 왜곡된 전거가 많다. 이에 하나하나 실증적·해석적·구조적 분석 방법으로 교차 검토해 가며 역사부정론 주장에 얼마든지 비판적으로 반박할 수 있다. 그러나 문제는 탈진실시대 뉴미디어 세계와 양분화된 진영의 한쪽에서 역사부정과 혐오를 선동하는 주장과 수법이 쉽게 불식되지 않을 흐름으로 차츰 자리 잡아가고 있다는 점이다. 유튜브, 페이스북, 트위터 등 뉴미디어의 인공지능과 하이퍼링크 기술, 접근성 높은 플랫폼들은 한·미·일 트랜스내셔널 네트워크를 확산시키고 있다. 따라서 이에 제대로 대응하려면, 이들의 주장과 논리, 수법을 담론적으로 비판하는 데 그치지 않고, '반일 종족주의' 현상이든, '램지어 사태'든 간에 그 배경과 맥락을 분석해야 한다. 이런 의미에서 '학술적 진실성' 너머에서 아른거리는 한·미·일 역사부정과 혐오의 네트워크를 직접 겨냥하지 않고서는 이 현상·사태가 반복적으로 찾아올 것이다.

5. 결론을 대신해 램지어의 화답, 탈진실의 순환인용

램지어는 시민 단체 활동가와 학생, 페미니스트, 경제학자, 역사 연구자들이 자신의 논문을 비판하는 많은 성명과 탄원서, 논평과 페이퍼를 보면서, 무엇보다 『국제 법경제학 리뷰』에 논문 게재 철회를 촉구하고 『국제 법경제학 리뷰』가 '우려 표명Expression of Concern'을 밝히는 사태를 겪으면서, 반일 캠페인에 사로잡힌 미국 좌파 학자들과 한국의 '친북' 또는 민족주의자들이 자신을 괴롭히고 있다고 인식하고 있다. 그래서 그는 동료 평가 학술지peer-reviewed academic journals로 자신을 비판하지 않고 "내 논문에 대한 적대감"을 가지고 자신을 공격하는 것에 대해 학문의 자유를 억압하는 행태로 규정한다. 그는 이우연이 『디플로맷』에 투고한 기사가 다시 철회된 사례를 들어 "이 주제에 대한 인문학 분야에서 미국 학자들의 검열" 역시 심각하다고 지

적한다.[74]

　이런 인식은 램지어가 한국 뉴라이트 성향의 미디어워치TV유튜브채널에 보낸 "학문적 자유와 표현의 자유를 지키기 위해 싸우는 한국인들을 위해"라는 제목의 영상에서 더 뚜렷하게 나타난다.[75] 그는 학문·언론·표현의 자유 수호를 위해 싸워준 한국인들, 특히 황의원과 이우연에게 깊은 감사를 전하고 있다. 그에 따르면, 자기를 비판하는 대부분의 미국 대학 성원들은 '위안부' 연구와 관련해 과도하게 편협하고 통설과 다른 주장을 한다는 이유만으로 화가 나 자신을 처벌하겠다는 생각을 가졌다. 이런 '불관용intolerance' 행태는 자유민주주의 사회와는 전혀 양립할 수 없기 때문에 학문과 표현의 자유를 수호하기 위하여 이에 맞서 싸우는 입장으로 스스로를 위치시킨다. 그러면서 니시오카 쓰토무를 통해 자신을 도와준 한국의 학자들을 알게 되었다며 일일이 이름을 언급하고 감사의 말을 전한다.

　그가 호명한 31명의 한국인 가운데 최소한도로 학자라고 할 만한 인사를 꼽자면, 이우연, 김병헌, 이영훈, 류석춘, 주익종, 정안기, 죠셉 이호명순 7명이다. 『반일 종족주의』 저자 중 한 명을 빼고 여섯 명이 램지어에게 감사의 말을 받은 셈인데, 그 가운데 이우연, 이영훈, 주익종은 「비판에 대한 답변」에서도 상당한 비중으로 순환 인용되었다. 나머지 23명은 언론인 및 유튜버, 변호사, 뉴라이트 시민 단체 대표들이다. 대부분 심각한 역사부정과 혐오 표현으로 한국 언론에 여러 번 이름을 올렸던 인사들인데, 램지어에게는 자신을 지지하는 성명에 이름을 올린 인사들이라 그 인연이 소중했을 것이다.

74　J. M. Ramseyer, op.cit., 2022, pp.5~7.

75　J. M. Ramseyer, "For Koreans Fighting to Protect Academic Freedom and Free Speech," The MediaWatch TV, 2022.3.13, https://www.youtube.com/watch?v=Om3WuJhGN2M.

〈그림 7〉 "학문적 자유와 표현의 자유를 지키기 위해 싸우는 한국인들을 위해" 영상 캡처 이미지
(https://www.youtube.com/watch?v=7aQzOVUJ3nw&t=23s)

그가 이 한국인들에게 "총명하고 용기 있는", 그리고 "고결한 연구에 전념"하고 심각한 개인적 위험을 감수하고 용기 있게 발언하는 인사들이라고 극찬한 이유는 그런 맥락에서 이해된다. 이 영상에서조차 거짓을 진실로 탈바꿈시키는 순환인용의 수법과 한·미·일 역사부정론자 네트워킹에서 작동하는 '램지어 구하기'의 실체를 여지없이 확인할 수 있다.

지금까지 확인한 것은 반쪽짜리에 불과하다. '램지어 구하기' 이전에도, 램지어의 '수상한' 감사 네트워크와 탈진실의 순환 인용은 일본의 역사부정론자들을 중심에 두지 않고서는 그 전모를 파악하기 어렵다. 이 글에서는 후쿠이 요시타카福井義高와 니시오카 쓰토무 교수만이 매개로 언급되었을 뿐이지만, 실제로는 이들을 포함해 램지어가 반복적으로 감사 인사를 보내는 일본 레이타쿠대학교의 제이슨 모건Jason Morgan 교수, 아오야마가쿠인대학교의 기무라 마쓰히코木村幹彦 교수, 도쿄대학교의 미와 요시로三輪芳朗 교수 등의 주장과 활동 역시 조명될 필요가 있다.

특히 니시오카 쓰토무와 제이슨 모건이 소속된 레이타쿠대학교 산하 모

럴로지Moralogy 재단의 모럴로지연구소[76]의 역사연구실2021년부터 '역사연구 프로젝트' 체제로 변경의 네트워크와 활동에 주목해야 한다. 흥미로운 점은 역사연구실의 연구 활동이 역사인식문제연구소 기관지인 『역사인식문제연구』를 통해 발표되고 있다는 사실이다. 역사부정론 단체인 역사인식문제연구회와 모럴로지 연구소 내 역사연구실이 거의 비슷한 시기에 설치된 것은 우연이 아닌 것으로 보인다. 또한, 니시오카가 책임자로 있는 역사연구실이 주도한 프로젝트 중에는 일본문명연구포럼日本文明研究フォーラム이 있으며, 이 포럼의 대표는 니시오카였고, 임원으로는 램지어, 모건, 그리고 조지타운대학교 동아시아언어문화학과 학과장이자 사사카와재단 석좌 교수인 케빈 M. 도크Kevin M. Doak 등이 참여하고 있었다.[77] 이 포럼의 활동 내용을 살펴보면, 그 실체는 일본과 미국의 역사부정론자들이 연계한 하나의 조직적 네트워크로 판단된다.

주지하듯, 일본의 관민 일체화된 역사전쟁은 '주전장'인 미국과 유엔 무대로 향했고, '소녀상' 설치 및 일본군 '위안부' 문제의 교과서 서술을 방해하기 위해 외교적 압박, 사법 제소, '시민 여론'을 가장한 단체 동원, 역사부정론 주장의 선전 및 확산에 조직적인 역량을 집중해왔다. 이들은 미국 대학과 학계에까지 영향을 미치며 그 개입 범위를 확장하였다. 정부의 공공외교 예산과 기업의 기부금뿐 아니라, 모럴로지 재단과 그 산하 연구소를 통한 학술 연구 및 교육 지원은 역사부정론의 주장과 수법을 재생산하고 확산시키는 데 윤활유 역할을 해왔다. 미국인이지만 레이타쿠대학교에 교수로

---

76 한국 MBC뉴스 보도에 따르면, 모럴로지 재단(이사장 히로이케 모토다카)과 사쿠라이 요시코가 이끄는 국가기본문제연구소는 돈과 인사의 흐름으로 볼 때 긴밀히 서로 연결되어 있다. 박성호, 「제2, 제3의 램지어가 나올 수 있는 이유」, 『MBC뉴스』, 2021.4.11.

77 고일환, 「'역사왜곡 논문 양산' 램지어-일 우익 단체 접점 확인」, 『연합뉴스』, 2021.4.6.

임용된 반미·친일 성향의 제이슨 모건과 하버드대 교수 램지어의 관계는 이러한 구조를 상징적으로 드러낸다. 두 사람이 공동으로 참여한 『재팬 포워드*Japan Forward*』의 인터뷰 기사나 기고문을 보면, 서로를 띄워주고 끌어주는 방식으로 역사부정론적 시각을 하나의 신념으로 고착시키고, 그 신념에 부합하는 자료를 선별·가공하며 왜곡을 심화시켰음을 짐작할 수 있다. 앞으로 이러한 미·일 간 역사부정론의 네트워킹과 '램지어 구하기'의 실체에 대한 본격적인 연구가 이루어지기를 기대한다.

참고문헌

강성현, 『탈진실의 시대, 역사부정을 묻는다-'반일 종족주의' 현상 비판』, 푸른역사, 2020.

국사편찬위원회, 『일본군 '위안부' 전쟁범죄 자료집 I-남서태평양지역 총사령부 연합국번역통역부 문서 1』, 국사편찬위원회, 2017.

국사편찬위원회, 『일본군 '위안부' 전쟁범죄 자료집 IV-일본군 '위안부' 관련 연합군 생산 사진 및 문서』, 국사편찬위원회, 2021.

동북아역사재단 편, 『식민지 조선과 일본군 '위안부' 문제 자료집 II-제국외 이송유괴 사건 관계』, 동북아역사재단, 2021a.

동북아역사재단 편, 『식민지 조선과 일본군 '위안부' 문제 자료집 III-전시체제기 유언비어 통제 관계』, 동북아역사재단, 2021b.

박정애, 「교차하는 권력들과 일본군 '위안부' 역사-램지어와 역사수정주의 비판」, 『여성과 역사』 34, 2021.

서울대 사회발전연구소 정진성 연구팀 편, 『일본군 '위안부' 관계 연합군 자료』 II, 2019.

스텐리 코언, 조효제 역, 『잔인한 국가, 외면하는 대중-왜 국가와 사회는 인권침해를 부인하는가』, 창비, 2009.

이영훈 외, 『반일 종족주의』, 미래사.

임지현, 『기억전쟁-가해자는 어떻게 희생자가 되었는가』, 휴머니스트, 2019.

정신대연구회, 『중국으로 끌려간 조선인 군위안부들』 2, 한울, 2003.

정진성 편, 『일본군 '위안부' 관계 미국 자료』 I, 선인, 2018.

女性のためのアジア平和国民基金 編, 『政府調査從軍慰安婦關係資料集成』 1, 龍溪書會, 1997.

女性のためのアジア平和国民基金 編, 『政府調査從軍慰安婦關係資料集成』 2, 龍溪書會, 1997.

カール・ヨネダ, 『アメリカ一情報兵の日記』, PMC.

朝日新聞社第三者委員会, 『報告書』, 2014.12.22.

Coomaraswamy, Radhika., "Report on the mission to the Democratic People's Republic of Korea, the Republic of Korea and Japan on the issue of military sexual slavery in wartime", E/CN.4/1996/53/Add.1, United Nations, January 4, 1996.

Kang, Sung Hyun., "U.S. Army Photography and the 'Seen Side' and 'Blind Side' of the Japanese Military Comfort Women : The Still Pictures and Motion Pictures of the Korean Comfort Girls in Myitkynia, Sungshan and Tengchung", *Korean Journal* 59(2).

Ramseyer, J. Mark., "Comfort Women and Professors", Harvard Law School John M. Olin Center Discussion Paper No.995, 2019.

Ramseyer, J. Mark., "Indentured Prostitution in Imperial Japan : Credible Commitments in the Commercial Sex Industry", *Journal of Laws, Economics, and Organization*, 7, 1991.

Soh, C. Sarah., *The Comfort Women : Sexual Violence and Postcolonial Memory in Korea and Japan*, University of Chicago Press.

Yang, Hyunah., "Revisiting the Women's International War Crimes Tribunal in 2000 on Japanese Military Sexual Slavery from the Perspectives of Colonialism and the 'Wartime Sexual Violence'," 『민주법학』 75, 2021.

제2장

인종화된 지식 생산과 혐오 정동의 순환

램지어의 피해자 책임론 비판

조경희

1. 들어가며

존 마크 램지어^{John Mark Ramseyer} 하버드 법대 교수가 발표한 논문이 학계와 시민 사회에 큰 충격을 가져온지 4년의 시간이 지났다. 논란의 발단은 2021년 3월 최종 발행된 일본군 '위안부'에 대한 그의 논문이다. 출간되기 전부터 한국, 미국, 일본의 학계와 언론에서 큰 파장을 불러 일으켰고, 발행 후에는 상세한 반론들이 즉각 제기되었다. 국내외 여러 학술지에서 '램지어 사태'와 역사부정론에 관한 특집을 기획했고, 이에 대해 램지어가 재반론 논문을 발표하는 등 그 파장은 끝나지 않았다.[1]

---

[1] 대표적인 것으로 아래와 같은 반응들을 들 수 있다. Andrew Gordon and Carter Eckert, "Statement by Andrew Gordon and Carter Eckert concerning J. Mark Ramseyer, 'Contracting for Sex in the Pacific War'", Feburary 17, 2021; Tessa Morris-Suzuki, The "'Comfort Women' Issue, Freedom of Speech, and Academic Integrity : A Study Aid", *Japan Focus* 19(12), March 1, 2021; 김창록, 「'램지어 사태'-일본군 '위안부' 부정론의 추가 사례」, 『역사비평』 135, 2012, 174~197쪽; 김지민, 「미국 시민 사회의 일본군'위안부' 문제 인식과 램지어 논문을 둘러싼 논란」, 『역사비평』 135, 2021, 198~225쪽; 강성현, 「램지어 사태로 본 역사부정의 논리와 수법 비판」, 『황해문화』 111, 2021, 238~261쪽; 吉見義明, 「ラムザイ

이 과정에서 필자는 램지어의 간토대지진 조선인 학살과 재일조선인 문제를 중심으로 구체적인 반론을 제기한 바 있다.[2] 램지어는 일본군 '위안부' 관련 논문을 발표하기 전인 2017년부터 일본 내 대표적 소수 집단인 피차별 부라쿠민, 오키나와인, 재일조선인의 역사와 정체성을 왜곡하는 논문을 수차례 발표했고 또 이 과정에서 간토대지진 조선인 학살이나 제주 4.3과 같은 제노사이드 피해를 사실과 다르게 축소하거나 부정하기도 했다. 램지어 논문에서 빈번히 발견되는 근거자료의 누락, 부적절한 인용, 자의적 해석은 단순한 연구자의 실수를 넘어 일본의 소수 집단에 관한 역사부정을 포함한 것이라 할 수 있다.[3]

그런데 특히 한국에서는 일본군 '위안부' 관련 논문(이하, '위안부 논문')에 비해 일본 내 소수 집단에 관한 논문(이하, '소수자 논문')에 대한 관심과 문제의식이 충분히 공유되지 않았다. 다시 말해, '위안부' 문제를 둘러싸고는, 역사부정에 대항하는 트랜스내셔널한 운동의 경험이 있었기 때문에 램지어 논문의 심각한 오류를 발견할 수 있었다. 한국이나 일본뿐만 아니라 미국에서도 연구자

ヤー論文の何が問題か―日本軍「慰安婦」をめぐる"契約論"を検証する」,『世界』 944, 2021.5, 126~135쪽; 茶谷さやか,「ラムザイヤー論文はなぜ「事件」となったのか」,『世界』944, 2021.5, 118~125쪽.

2　조경희,「마크 램지어의 역사부정과 소수자 혐오―관동대지진 조선인 학살, 재일조선인, 부라쿠민 서술 비판」,『여성과역사』34, 2021, 85~121쪽; 趙慶喜,「歷史とアイデンティティの否定―朝鮮人虐殺とマイノリティ集団についてのラムザイヤー論文批判」,『女性・戦争・人権』20, 2022, 105~124쪽.

3　조경희, 위의 논문. 그 외 램지어의 재일조선인 논문에 대해서는 테사 모리스 스즈키가 상세한 반론 코멘트를 남겼고, 이지은은 민진리의『파친코』와 함께 램지어 사태를 비판적으로 고찰했다. Tessa Morris-Suzuki, "Comments on Prof. J Mark Ramseyer's Article 'Social Capital and the Problem of Opportunistic Leadership : The Example of Koreans in Japan'", May 2021; 이지은,「역사적 존재의 탈역사화, 그 '불공정'함에 대하여―'램지어 사태와『파친코』열풍에 대한 비판적 고찰」,『문학의오늘』44, 2022, 72~92쪽.

나 시민들이 '위안부' 문제를 둘러싸고 일본 우파 세력에 대응해 온 움직임이 있었기에 이만큼 비판의 목소리를 낼 수 있었다. 반면 일본의 소수 집단 문제는 일본 내 로컬 이슈로 간주되는 경향이 있는데, 사실 이 두 주제에서 드러나는 램지어의 인식론적 문제점은 서로 깊이 연결되어 있다.

따라서 이 글은 램지어의 '소수자 논문'이 그동안 학술장에서 용인되어 온 현실을 심각하게 받아들이고, 램지어의 텍스트에 공통되는 인식론적 틀과 패턴의 문제점을 드러냄으로써 이 상황에 비판적으로 개입하는 것을 목적으로 한다. 이 작업을 통해 소수 집단에 대한 그의 담론정치가 일본군 '위안부' 피해여성에 대한 왜곡과도 깊이 연결되어 있음을 밝힌다. 램지어의 논문은 내용상의 오류 차원을 넘어서 피해자나 소수자에 대한 왜곡을 포함했을 뿐만 아니라, 그런 논문이 학술적 권위를 얻고 유통되었다는 점에서 학문의 윤리와 진정성에 심각한 문제를 야기했다. 그의 피해자-소수자 재현은 인종주의와 여성혐오, 반공주의와 계급 본질주의 등과 교묘하게 맞닿아 있는데, 이와 같은 담론이 어떤 이론적 프레임에 의해 정당화되었는지가 더 충분히 규명되어야 한다. 또한 이 글은 램지어의 프레임을 검토함과 동시에 그의 글들이 발표된 사회적 맥락과 텍스트의 파급효과에 주목함으로써, 그의 인식론과 혐오 정동affect의 순환을 검토한다. 사라 아메드Sara Ahmed는 증오나 혐오의 감정이 주체나 대상의 내부에 존재하는 것이 아니라, 주체나 대상 사이의 점착된 연결sticky associaion을 통해 발생하는 것이라 했다. 다시 말해 증오나 혐오는 개개인의 심리적 상태가 아닌, 하나의 자본으로 분배, 순환됨으로써 촉발되는 정동이다. 정동은 오직 순환효과로만 생산된다.[4] 이 글은 램지어의 텍스트가 혐오 정동의 순환을 일으키는 매개체 혹은

---

4   Sara Ahmed, "Affective Economies", *Social Text* 22(2), 2004, p.120.

자장으로서, 트랜스내셔널한 힘을 발휘하고 있다는 점에 주목한다.

이 글의 구성은 다음과 같다. 2절에서는 먼저 선행 연구를 통해 램지어의 '위안부 논문'의 이론적 기반이었던 게임이론이 역사의 피해자에게 적용되는 방식을 문제 삼는다. 그의 글이 합리적인 서구 근대인이라는 주체 모델을 보편화함으로써 아시아의 식민주의 피해경험의 고유한 맥락을 부인하고 있다는 점을 밝힌다. 3절에서는 램지어의 '소수자 논문' 검토와 함께 그의 일련의 작업이 피해자-소수자에 대한 자기책임론과 문화적 인종주의를 바탕으로 하고 있음을 밝힌다. 그가 논문에서 다룬 일본의 소수 집단 중 이 글에서는 주로 재일조선인에 초점을 맞출 것이다. 재일조선인은 일본 식민지배 과정, 혹은 그 결과 일본으로 건너온 한반도 출신자와 그 후손들로, '위안부' 피해자와 마찬가지로 일본의 식민주의 책임을 상기시키는 존재다. 잘 알려진 바와 같이 최근 10년 동안 일본에서 재일조선인에 대한 헤이트 스피치가 확산되었고, 이른바 '혐한' 서적도 증가했다. 4절에서는 램지어의 글들이 발표된 사회적 맥락을 살펴보고 그의 텍스트가 일본의 '혐한' 담론과 공명함으로써 트랜스내셔널한 혐오 정동을 촉발시키는 지점을 살펴본다. 마지막으로 이 글에서 검토한 램지어의 텍스트가 일본과 한반도 사이의 탈식민적 관계를 부인하고 소수자운동과 피해자 증언을 포괄적으로 무력화하는 수행성을 갖는다고 주장한다.

2. 이론의 오용과 보편의 전유

2021년의 '위안부 논문'에서 램지어는 '위안부'가 된 조선인 여성들과 위안소 업주들 사이에 "신뢰할만한 약속credible commitment"을 통한 계약 관계가 성립했다고 주장하고, 전시 성폭력을 게임이론으로 설명했다. 그는 전쟁 이전 일본의 공창제의 계약내용이 일본군 '위안부' 제도에도 동일하게 적용되었다고 가정한다. "일본과 조선의 매춘부는 전쟁 전엔 계약 아래 일했고 전쟁 중에도 계속 계약을 맺고 일했다"는 전제 아래 그는 '위안부'들이 전쟁이라는 위험 속에서 인센티브를 제공받았고, 그 위험에 관한 정보를 인지하고 자발적으로 계약에 참여했다고 주장했다. 근거자료의 부재, 자료의 선택적 활용과 오독, 실증적이고 여성주의적인 '위안부' 연구 축적에 대한 무시 등 여러 비판이 제기되었지만,[5] 2022년 1월에 제출한 반론 논문에서도 그는 위안소를 고용주와 근로자 사이의 계약 문제로 파악하는 자신의 연구가 경제학에서는 기본임을 거듭 강조했다.[6]

램지어는 주로 경제학에서 활용되는 게임이론을 전쟁동원으로 인한 피해의 역사에 적용시켜 '위안부'를 계약에 참여하는 합리적 인간으로 보는 관점을 전면에 내세웠다. 위안소를 운영한 성매매 업자들과 '위안부'들과의 관계를 경제적 합리성으로 설명하는 그의 논문이 게임이론가들의 맹렬한 비난을 불러일으킨 것은 당연한 일이다. 게임이론가인 마이클 최를 비롯한 3,665명의 연구자들은 연명으로 성명서를 발표해 10대 소녀가 성노예가 되는 상황을 게임이론으로 정당화하는 행위가 명백한 오류임을 다음과 같이 지적했다.

5　Tessa Morris-Suzuki, The "'Comfort Women' Issue, Freedom of Speech, and Academic Integrity : A Study Aid", *Japan Focus* Volume 19(12), March 1, 2021; 김주희, 「"무엇을 더 숨길 게 있나"–'위안부' 망언의 본질주의를 넘어」, 『여성과역사』 34, 2021, 39~84쪽; 박정애, 「교차하는 권력들과 일본군'위안부' 역사–램지어와 역사수정주의 비판」, 『여성과역사』 34, 2021, 1~37쪽.

6　J. Mark Ramseyer, "Contracting for Sex in the Pacific War : A Response to my Critics," *Harvard Law School Discussion Paper* No.1075, 2022, p.3.

설사 서명된 계약이 있었다 하더라도 이 문제를 계약의 문제로 바라보는 것을 정당화하지는 못한다. '계약'이라는 언어는 인류 역사 전반에 걸쳐 강압적이고 약탈적인 관계를 가리는 역할을 해왔다. 오늘날에도 매춘 혹은 다른 형태의 노예제와, 종종 다른 나라로부터의 불법적 밀수를 포함하는 인신매매는 종종 특정한 '계약'의 형태를 수반하며, 이는 … 희생자들을 기만하고 강요하는 수단으로 이용된다.[7]

램지어는 '위안부' 여성들이 "매춘이 위험하고 가혹하다는 것을 이해"했고 "평판에 타격을 입는다는 것을 이해"했고 그만큼 충분한 보상과 임금을 받기를 원했다는 점을 강조했다.[8] 그런데 박정애가 밝힌 바와 같이 램지어의 이러한 주장은 이미 30년 전 일본 공창제에 관한 논문에서 그 원형이 제시되었고, 일부 경제학과 법학자들 사이에서 유통되었다. 다시 말하면 램지어의 '위안부 논문'은 여성주의적 관점을 통해 피해자의 증언수집에 힘 써온 과거 30년 간의 '위안부' 연구 성과를 전혀 참조하지 않은 채, 과거의 자신의 글을 "조악하게 요약"[9]하고 확장한 글이었다. 일본의 식민주의와 가부장제, 군사주의와 성폭력의 중층구조 아래 놓인 여성에게 이른바 '호모 이코노미쿠스'로서의 인간 모델을 적용시킴으로써 그는 무엇을 말하고 싶었

---

7   Alvin E. Roth and Paul Milgrom et al., "Letter by Concerned Economists Regarding 'Contracting for Sex in the Pacific War' in the International Review of Law and Economics Statements", May 11, 2021; 전홍기혜, 「10살 아동 성매매를 '자발적 계약'이라 정당화, 이게 '학문의 자유'인가―일본군 '위안부' 문제 연쇄 인터뷰 ① 마이클 최 UCLA 교수가 밝히는 '램지어 파문'의 교훈」, 『프레시안』, 2021.2.27.

8   J. M. Ramseyer, "Contracting for Sex in the Pacific War", *International Review of Law and Economics* 65, 2021, p.3.

9   박정애, 앞의 글, 14쪽.

던 것일까.

램지어의 게임이론 모델에는 공리주의나 합리적 선택이론과 같은 미국 사회과학 이론의 전통이 짙게 반영되어 있다. 자유로운 의사결정을 하는 인간이 경제적 효용을 위해 전략적으로 행동한다는 합리적 선택이론은 주체의 행위를 지나치게 합리적, 자발적인 것으로 해석한다는 점에서 특히 가치나 규범, 사회구조를 중시해온 사회학계에서 비판이 많다.[10] 예컨대 합리적 선택이론의 대표적 논자인 제임스 콜맨J. S. Coleman은 죽음밖에 남아있지 않는 상황에서는 노예 제도 그들에게 "바람직한 대안the preferred alternative"이었다고 주장해 비판을 받았다. 닐 스멜서N. Smelser는 합리적 선택이론이 "자유선택이 존재하지 않는 상황에는 적용될 수 없음"을 주장했고, 무엇보다 '자유로운 경제적 주체' 그 자체가 "특정한 문화적 가치와 제도의 복합체의 산물"임을 지적했다.[11]

합리적 선택이론의 남용 혹은 오용은 램지어 텍스트에서 명백히 드러난다. 그는 과거에 합리적 선택이론을 활용해 일본 정치와 사회를 분석하는 책을 몇 권 쓴 바 있다. 예컨대 제국주의시대 일본의 정치적 변동을 합리적 선택론으로 분석한 램지어의 공저[12]는 미국정치학회에서 상을 받을 만큼 높은 평가를 얻었지만 일본 역사학자들에게는 강한 비판을 받았다. 이토 유키오伊藤之雄는 이 책이 상식적인 자료조차 참조하지 않았고, "사료의 전후 맥락

10　太郎丸博,「社会学における合理的選択理論の伝統とその可能性」,『理論と方法』15(2), 2000, 287~298쪽.

11　Neil J. Smelser, "Can Individualism Yield a Sociology?(Reviewed Work : J.S. Coleman, *Foundations of Social Theory*, Belknap Press of Harvard University Press, 1990)", *Contemporary Sociology*, 19(6), 1990, p.781.

12　J. M. Ramseyer and Frances McCall Rosenbluth, *The Politics of Oligarchy : Institutional Choice in Imperial Japan*, Cambridge University Press, 1995.

을 이해하지 못하고 극히 일부만을 자신의 틀에 끼워서 멋대로 해석하려고 한다"면서 책 전반에 걸쳐 구체적인 반론을 제기했다.

또 이토는 보통 역사학이나 정치학에서 인간과 집단은 '이념'과 '이익' 양쪽의 영향을 받는 존재로 파악되는데, 이익 추구만을 최대 목적으로 보고 분석한 이 책이 일본 근대 사회를 이해하는 데 아무런 도움이 되지 않는다고 강하게 비판했다. 후치모토 사토시渕元哲 또한 이토의 비판을 이어가면서 비서구권의 역사이론을 연구한다면 '이성적인 서구 근대인'이라는 특정한 모델에서 자유로워야 한다고 지적했다.[13]

램지어의 다른 책[14]에 관해서는 이미 1994년에 찰머스 존슨Chalmers Johnson 등이 상세한 서평을 남겼다. 그들은 합리적 선택이론을 활용하는 램지어의 책이 미국의 특정한 문화적 맥락을 일본의 정치생활을 설명하는 데 적용하고 있다고 경고하면서 "이론을 완성하기 위해 저자들은 이제까지 알려지지 않았던 관습을 일본인의 생활의 특징이라고 억지로 발명하고 있다"고 비난했다.[15]

이 신랄한 서평은 약 30년 전 미국과 일본을 염두에 둔 것이지만 미국식 경제적 합리성 모델은 현재 더 노골적으로 아시아의 피해자와 소수자에게 확장되어 적용되었다. 일본군 '위안부'나 일본의 소수 집단이 경험한 피해와 차별 경험을 주체적 선택의 결과로 만드는 이론의 연역법은 학술적, 윤

---

13 伊藤之雄,「合理的選択モデルと近代日本研究」,『レヴァイアサン』19, 1996, 147・153・156쪽; 渕元哲,「歴史理論におけるモデルの意義の再検討」,『CUCView&Vision』51, 2021, 18쪽.

14 J. M. Ramseyer and Frances McCall Rosenbluth, *Japan's Political Marketplace*, Harvard University Press, 1993.

15 Chalmers Johnson and E.B. Keehn, "A Disaster in the Making : Rational Choice and Asian Studies," *The National Interest* 36, p.22.

리적으로 심각한 문제를 노정했다.

램지어는 자신의 연구가 규범적 주장normative claim이 아님을 거듭 강조하면서 학문적 객관성을 표방하지만, 그는 미국의 특수한 규범을 보편화함으로써 아시아의 식민주의 피해경험의 고유한 맥락을 부인하고 있다. 김은경이 "'위안부' 여성의 고통 따위는 안중에도 없는" 램지어의 태도를 스피박의 말을 빌려 "인가된 무지"라고 표현한 것처럼,[16] 램지어는 개별적인 피해경험과 대면할 필요가 없는 보편적이고 초월적인 위치에서 역사를 말한다. 이것은 의도적인 무관심이라 할 수 있다. 보편성을 전유하면서 상대를 타자화하는 그의 정치적 수사학은 그가 요시미 요시아키吉見義明나 석지영Jeannie Suk Gersen의 반론을 학술적이지 않는 '도덕적 선언moral pronouncements'으로 보거나, 한·일 양국의 '위안부' 연구를 '초민족주의hyper-nationalism' 혹은 '반일 캠페인anti-Japan campaign'으로 불러 폄하하는 것에도 잘 드러난다.[17]

과학과 합리성을 내세워 아시아의 피해 역사를 바라보는 램지어의 텍스트는 보편 / 특수, 주체 / 객체 이분법의 해체와 서구적 근대성의 극복을 지향해온 탈식민주의 담론을 무시하고 자기완결적인 서구중심주의로 회귀하고 있다. 서구중심적 지식생산 패턴이 미국을 중심으로 한 지역 연구area studies의 풍토와 체계 속에서 확립된 것이라는 점은 종종 지적되어 왔다. 사카이 나오키酒井直樹의 말대로 지역 연구는 원래 "서양the West 연구자가 비서양the Rest의 특수 지역을 관리·통치"하기 위한 지식을 생산하는 식민주의적 학문이었고 그 지식의 향유자는 늘 그 지역의 주민들이 아닌 '우리 서양인'들이었다.[18] 말하자면 지역 연구는 특정 지역에 관한 전문적인 지식을 생산하는

---

16   김은경, 「"인가된 무지"와 전략적 무시가 낳은 참사, '램지어 사태'에 대한 관견」, 『역사연구』 41, 2021, 13쪽.
17   J, M. Ramseyer, op.cit., 2022, p.4·6·7.

것뿐만 아니라 그 음화Negative Image로서 '서양'의 자기획정을 위한 지식을 생산한다. 램지어는 '위안부' 피해자들에 대한 왜곡된 지식생산을 통해 서구적 합리성을 체현하는 자신의 위치를 생산하고 있는 것이다.

미국의 사회과학과 지역 연구에 내재된 이러한 비대칭성이 국가안보와 통치성을 지탱하는 냉전적 지식으로 재생산되어 왔다는 점도 중요하다. 오경환의 연구사 정리에 따르면 가치중립적이고 수학적인 경제학 이론으로 보이는 게임이론도 "양극적 냉전질서에 대한 현실주의적 대응의 일환으로 등장했으며 냉전적 합리성의 재구성뿐 아니라 이후 신자유주의 경제 질서 구성에 핵심적인 역할을 했다."[19] 3절에서 보는 것처럼 이와 같은 미국식 합리성 모델의 일방적 적용은 '소수자 논문'에서도 형태를 바꾸고 나타난다. 단선적인 경제발전을 전제로 한 냉전적 지식 프레임으로서의 근대화론 대신 램지어가 강조하는 것은 사회자본social capital 개념이다. 램지어는 자본주의적 근면, 신뢰와 감시 등을 하나의 표준화된 지표로 삼고 일본과 한국, 그리고 아시아의 소수 집단을 위계화하고 인종화한다. 3절에서는 '소수자 논문'에 초점을 두고 그 특징을 살펴본다.

---

18 酒井直樹, 「『失われた20年』と帝国の喪失－ポスト・コロニアルな条件と日本研究の将来」, 국제심포지엄 〈失われた20年と日本研究のこれから(2015.6~7)・失われた20年と日本社会の変容(2015.11.13)〉, 92・94쪽; 酒井直樹, 「アジアという借りて来た指標－文明論的転移と植民地的近代」, 『跨境／日本語文学研究』8, 2019, 29쪽.

19 오경환, 「냉전사 연구의 궤적－정통주의에서 담론적 전회에 이르기까지」, 『史叢』95, 2018, 18쪽.

3. 피해자 책임론과 문화적 인종주의

램지어는 2017년 이후 하버드대 로스쿨 웹사이트에서 디스커션 페이퍼 Discussion Paper 형식으로 일본의 부라쿠민, 오키나와인, 재일조선인들의 역사와 관련된 논문 총 5편을 발표했고 그중 일부는 정식 학술논문으로 게재되었다.[20] 램지어의 논문에는 관동대지진 조선인학살, 제주4·3, 재일조선인의 역사 등에 관한 명백한 오류가 기재되었고, 소수 집단에 대한 왜곡된 시각이 포함되었다.[21] 이 절에서는 그의 텍스트에서 피해자 책임론과 문화적 인종주의의 성격을 비판적으로 읽어낸다.

먼저 그는 일본의 소수 집단을 하층계급 underclass 으로 보고, 그들이 사회자본이 결여된 집단임을 집요하게 서술했다. 사회자본론은 1990년대 이후 시민들의 자발적 사회참여나 커뮤니티의 지속가능성을 추구하는 맥락에서 도입된 이론이다. 그가 인용한 로버트 퍼트넘 Robert D. Putnam 의 정의에 따르면 사

---

20 다음과 같은 글이 있다. J. Mark Ramseyer and Eric B. Rasmusen, "Outcaste Politics and Organized Crime in Japan : The Effect of Terminating Ethnic Subsidies"(Harvard Law School John M. Olin Center Discussion Paper No.932, 2017.), *Journal of Empirical Legal Studies*, 2018, pp.192~238; J. Mark Ramseyer, "On the Invention of Identity Politics : The Buraku Outcastes in Japan"(*Harvard Public Law Working Paper* No.18~45, 2018.), *Review of Law & Economics* 16(2), 2020, pp.1~95; "Privatizing police : Japanese police, the Korean massacre, and private security firms", Harvard Law School John M. Olin Center Discussion Paper No.1008, 2019; "A Monitoring Theory of the Underclass : With Examples from Outcastes, Koreans, and Okinawans in Japan", Harvard Law School John M. Olin Center Discussion Paper No.1043, 2020; "Social capital and the problem of opportunistic leadership : the example of Koreans in Japan", *European Journal of Law and Economics* 52, 2021.

21 Ramseyer, op.cit., "Privatizing police", 2019, pp.7~9; Ramseyer, "A Monitoring Theory of the Underclass", op.cit.,2020, pp.14~18. 이에 관한 자세한 내용은 조경희, 앞의 글, 2021, 참조.

회자본이란 사람들의 협조행동을 활성화함으로써 사회의 효율성을 개선하는 신뢰와 규범, 네트워크의 총체를 말한다.[22] 사회자본론은 천연자원과 물적, 인적 자본만이 아니라 사회규범이나 신뢰의 네트워크 또한 경제발전의 중요한 요소로 보는데, 주로 미국에서는 개발사업을 추진하는 맥락에서 적극적으로 쓰여졌다는 점에서 친자본적 요소가 강하다.[23] 이 맥락에서 사회자본이란 선진국과 개발도상국, 혹은 주류 집단과 비주류 집단 사이의 구조적 불평등의 해명보다는 선진국화, 주류화를 위한 표준화된 프로그램을 뜻하게 된다. 예컨대 백인, 중산층, 고학력, 기독교인의 생애과정에서 공유되고 축적되어 온 사회자본을 일반화하고, 그 결과 비선진국이나 소수 집단의 고유한 문화와 커뮤니티 형태는 사회자본이 결여된 것으로 부정적으로 평가되는 것이다.

램지어의 '소수자 논문'은 이와 같은 사회자본론이 빠지기 쉬운 편향성에 대한 고려 없이 서구의 주류 집단에서 공유되는 사회자본을 직접적으로 아시아의 소수 집단에 적용했다. 그는 사회자본을 "적절한 행동 규범을 서로에게 적용하기 위해 정보에 대한 접근과 집단적 처벌을 활용하는 능력"으로 정의한다. 그러면서 일본의 소수 집단은 "사회적 연결이 없고 종교적 헌신이 약하며 무계획적인 가족 관계" 속에서 살고 있어 다른 구성원들과 약속을 지키거나 서로를 감시할 능력, 즉 사회자본이 결여되어 있다고 말한다. 따라서 그들은 사적 이익을 챙기는 '기회주의적 리더'에 의해 착취되고 결

---

22 로버트 D. 퍼트넘, 안청시 역, 『사회적 자본과 민주주의』, 박영사, 2006.

23 1980년대에 이 개념을 도입한 피에르 부르디외(Pierre Bourdieu)의 경우 사회적 불평등과 문화적 차이의 재생산에 대한 비판적인 관점을 포함했던 반면, 콜맨이나 퍼트남을 비롯한 미국의 논자들은 인간의 자본적 가치에 주목하는 기능주의적인 관점을 보였다. 이 점에 대해선 김상준, 「부르디외, 콜만, 퍼트남의 사회적 자본 개념 비판」, 『한국사회학』 38(6), 2004, pp.63~95.

과적으로 빈곤, 범죄, 마약, 가족 해체와 같은 부정적 요소를 강화시킨다는 것이 그 논지다.[24] 그는 '범죄 엘리트'와 같은 말을 쓰면서, 일반적으로 공동체 내부에서 발생할 수 있는 부정과 부패를 소수 집단의 고유한 문제인 것처럼 독자들을 오도한다.

램지어는 또한 소수 집단이 겪는 차별을 주류 사회의 합리적 선택과 통계적 차별statistical discrimination로 설명한다. 예컨대 재일조선인들의 "부족한 업무 능력" 때문에 일본의 고용주들은 그들을 피했고, 또 낮은 일본어 능력과 비위생성 때문에 집주인이 그들을 기피했다고 한다.[25] 그의 논리에서 차별은 주류 집단의 정당방위와 다름없다. 소수 집단의 경제적 취약성이나 사회적 주변성은 전적으로 그들 스스로의 부패한 문화에 기인하는 것으로 서술된다. 이처럼 램지어의 텍스트의 기본 바탕에는 전형적인 피해자 책임론이 깔려있다. 이와 관련해서 램지어는 다음과 같이 쓰고 있다.

> 피해자를 비난하는 것. 어떤 이유 때문에 많은 학자들이 주저하는 길이다. 주류 집단은 소수 집단의 낮은 교육 투자, 높은 폭력 범죄율, 덜 화목한 가족이라는 이유로 소수 집단을 차별한다고 가정하자. 이러한 수준은 소수 집단의 구성원들이 의도적으로 취한 선택을 반영하고 있다. 그들이 교육에 덜 투자하기로 선택했기 때문에 다수가 소수를 차별한다. 그들이 폭력 범죄에 가담하기로 결정했고 결혼 전에 자녀를 갖기로 선택했다.
>
> 이 논리는 분명히 피해자 비난이라는 반박을 불러일으킨다. (이 문제는) 젊은 다니엘 패트릭 모이니한Daniel Patrick Moynihan(1965)이 아프리카계 미국인 가족에 대한 백악관 기밀보고서 초안을 작성한 1960년대 초로 거슬러 올라간

---

24 Ramseyer, op.cit., "A Monitoring Theory of the Underclass", 2020, p.5·8.
25 Ibid., pp.18~19.

다. 모이니한은 그들이 거의 붕괴 직전이었고 곧 심각한 결과를 초래한다고 예측했다.[26]

흥미롭게도 램지어는 1960년대 아프리카계 미국인들의 빈곤과 일탈의 원인을 "흑인 가족의 악화deterioration of Negro family", 즉 노예제시대부터 이어진 문화적 규범의 문제로 파악한 미 상원의원 다니엘 모이니한을 언급하면서 피해자들에게 책임을 돌리는 것을 사람들이 얼마나 무자비하게 공격했는지 상기시킨다. 이 유명한 보고서가 사회학계에서 오랫동안 비판의 대상이 되었던 것은 그것이 열악한 교육 제도와 경제적 기회 부족이라는 구조적 요인보다는 흑인들의 문화와 관습에 빈곤의 원인이 있다는 인식을 각인시켰기 때문이었다.

야샤 몽크Yascha Mounk는 '모이니한 보고서'가 "빈곤의 문화"와 "개인적 책임"을 반드시 연결시킨 것은 아니었음에도 불구하고, 이 논쟁 이후 "정치적 맥락에서 문화를 언급하는 것은 특정 세대 미국의 사회학자들에게는 거의 터부가 되었다"고 지적하고 있다.[27] 램지어는 동정 어린 어투로 모이니한을 수차례 언급하면서, "누군가가 '피해자를 비난'하는 것처럼 보일 때 모두 반사적으로 이 문제를 피하는 경향이 있다"고 불만을 토로한다.[28] 피해자를 터부시하는 서술에 주목해본다면 램지어의 '소수자 논문'은 미국의 인종논쟁 ethnic dispute, 즉 1960년대 이후 소수 집단의 반차별투쟁, 적극적 차별시정조치와 정치적 올바름Political Correctness을 둘러싼 논쟁에 대한 그의 오래된 불만

---

26 Ramseyer, op.cit., 2021, p.5.

27 Yascha Mounk, *The Age of Responsibility : Luck, Choice, and the Welfare State*, Harvard University Press, 2017; ヤシャ・モンク / 那須耕介, 栗村亜寿香 譯, 『自己責任の時代－その先に構想する、支えあう福祉国家』, みすず書房, 2019, p.68.

28 Ramseyer, op.cit., "A Monitoring Theory of the Underclass", 2020, p.8.

이 반영된 것으로 읽을 수 있다.[29]

　반인종주의와 반차별운동 '이후'에 등장한 램지어의 (재)인종화된 지식생산은 물론 생물학에 기반한 고전적 인종주의와는 결이 다르다. 이와 관련해 에티엔 발리바르^{Etienne Balibar}가 30년 전에 지적한 새로운 인종주의의 특징을 다시 상기해 볼 수 있다. 발리바르는 1980년대 후반 유럽에서 나타난 외국인 배제정책을 정당화하는 움직임을 둘러싸고 새로운 인종주의가 문화적으로 구축되고 있음을 지적했다.

　그에 따르면 새로운 인종주의는 "그 지배적 테마가 생물학적 유전이 아니라 오히려 문화적 차이의 환원불가능성인 인종주의다. 또 이 인종주의는 언뜻 보면 어떤 특정 집단이나 인민들^{peuples}이 다른 집단이나 인민들보다 우월하다고 가정하는 것이 아니라 오히려 '단순히' 경계(선)의 소멸의 해로움'만'을, 생활방식과 전통의 양립 불가능성'만'을 가정하고 있는 인종주의이다".[30] 이것은 탈냉전기 글로벌한 유동성의 증가로 촉진된 다문화주의와 차이의 정치를 거꾸로 뒤집어 차이를 자연화, 본질화한다. 이때 "문화도 자연으로서 기능할 수 있으며, 특히 개인과 집단을 선험적으로 하나의 계보, 즉 불변적이고 범접할 수 없는 기원에 의한 결정론에 감금해 버리는 방식으

29　램지어의 피해자 책임론은 인종 문제나 역사 문제에 한정되지 않는다. 고야마 에미(小山エミ)에 따르면 램지어의 과거 논문에는 일본 사회의 '혼외자' 차별 피해자나 금융기관의 금리 사기 피해자를 구제한 일본사법 판결을 비판하는 내용도 있다. 고야마는 사법적 권리 회복을 부정하고 인권을 경시하는 배경에 백인 남성 중심주의와 백인 지상주의의 문제가 있음을 지적하고 있다. 小山エミ, 「『ラムザイヤー論文騒動』の背景にある白人至上主義」, 『週刊金曜日オンライン』, 2021.4.22.

30　에티엔 발리바르·이매뉴얼 월러스틴, 김상운 역, 『인종, 국민, 계급―모호한 정체성들』, 두번째테제, 2022, 71~72쪽.

로 기능할 수 있다"는 것이다.[31]

지금은 결코 새롭지 않은 문화적 인종주의에 추가할 점이 있다면 그것은 소수 집단의 하층적인 계급성이 결코 숙명이 아니라 그 공동체의 능력과 행위의 결과라는 자유주의적인 믿음이라고 할 수 있다. 이 믿음은 21세기 신자유주의시대를 거쳐 문화의 사회구조적 조건보다 개개인의 선택과 주체성을 강조하는 자기책임론으로 귀결되었다. 이 담론에서는 문화적 차이에서 오는 불평등은 오로지 차이의 권리를 주장하는 소수 집단이 스스로 감당해야 할 몫이 된다. 램지어식으로 말한다면 일본의 소수 집단은 "자기파괴적 self-destructive" 문화와 행동방식을 스스로 '선택'했고, 따라서 주류 사회의 차별을 불러일으키는 것도 스스로의 '책임'이라는 것이다.

발리바르는 "총체적 사회현상으로서의 인종주의" 혹은 "인종주의 복합체"가 지식인들에 의해 합리화되고 이론화된다는 점을 강조했다.[32] 타자성에 관한 지식, 담론, 실천의 복합체로서의 인종주의는 정동을 조직화하면서 대중들과 소통한다. 램지어의 '소수자 논문'은 많은 페이지를 소수 집단의 부정적인 문화적, 행동적 특징을 나열하는 것에 할애함으로써 문화적 인종주의를 학술적으로 수행하고 있다. 사회자본 개념도 소수 집단의 선택에 의한 문화적 차이를 고정시키고, 계급적 재생산을 정당화하는 근거로 쓰이고 있다. 이것은 소수 집단의 반인종주의와 정체성 정치의 대한 반동으로 등장했다는 점에서 (재)인종화된 지식생산의 현장이라 할 수 있다.

램지어의 텍스트는 합리성과 자율성을 추구해온 서구적 보편주의가 차

---

31 위의 책, 73쪽.

32 Etienne Balibar, "Is There a 'Neo-Racism'?", Etienne Balibar and Immanuel Wallerstein, *Race, Nation, Class : Ambiguous Identities*, trans. Chris Turner, Verso, 1991, pp.18~19.

이에 대한 불안과 불관용으로 귀결되는 지점을 잘 보여준다. 인종주의적 실천은 앞서 본 것처럼 늘 서구중심적 주체에 대한 욕망과 연결되어 있다는 점에서 자기참조적이다. 사라 아메드가 짚은 것처럼 "타자에 대한 부정적 애착의 열정은 '백인'이라는 기표의 반복과 함께 상상된 주체에 대한 긍정적 애착으로 재정의"된다. 혹은 혐오를 느낀다는 것은 결국 "자신이 거부한 것에 의해 영향을 받는to be affected" 것을 의미한다.[33] 램지어 텍스트는 경계선을 넘는 타자에 대한 거부 반응의 산물이며, 혐오 정동이 순환되는 자장으로서, 자신의 위치를 확인하고 재생산하는 수행성을 갖고 있다.

4. '반일'이라는 낙인과 '혐한'의 순환

위에서 본 램지어의 문화적 인종주의는 소수 집단의 투쟁의 역사 및 정체성 형성에 대한 부인과 동전의 양면을 이루고 있다. 주지하는 바와 같이 부라쿠는 근세 이후 신분차별의 대상이 된 특정지역 및 집단으로 일본의 대표적인 인권 문제로 자리잡아 왔다. 오키나와는 근대 초기 일본에 의해 지배된 소수민족으로, 현재까지도 대부분의 미군기지가 집중되는 등 포괄적인 구조적 차별을 겪고 있다. 또 일본 식민지배의 과정에서, 혹은 그 결과 일본으로 이주한 재일조선인들은 전후 일본 사회에서 탈식민 권리투쟁을 계속해 왔다. 소수 집단은 신분차별, 지역차별, 민족차별 등 구조적 불평등에 대항하는 투쟁을 통해 자신들의 역사와 문화, 정체성을 계승하고 커뮤니티를 활성화시켜 왔다.

---

33 Sara Ahmed, op.cit., p.118; Sara Ahmed, *Cultural Politics of Emotion*, Edinburgh University Press, 2014, p.86.

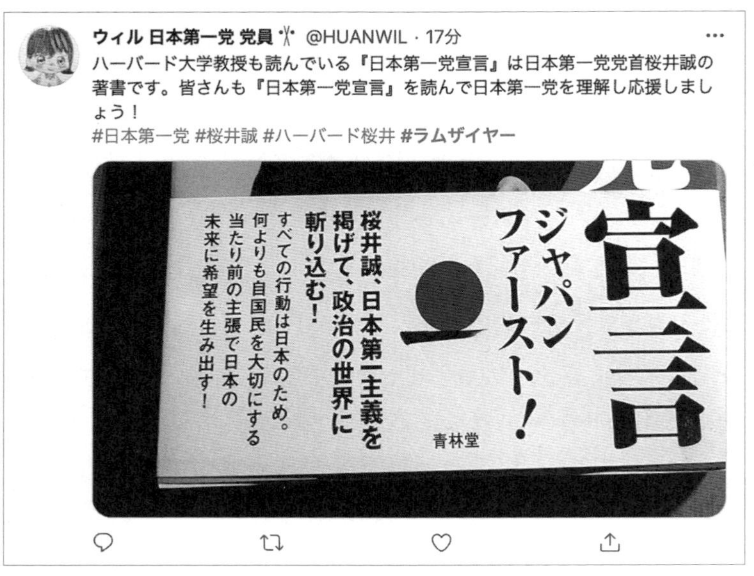

〈그림 1〉 하버드대학 교수도 읽고 있다며 사쿠라이의 책을 선전하는 글

이에 대해 램지어는 에스닉한 경계 그 자체를 의미 없는 것으로 부인하면서 소수 집단의 정체성 정치를 무효화한다. 그에 의하면 소수 집단의 에스니시티ethnicity는 일본의 공산주의자들이 집단이익을 위해 발명한 허구적 정체성fictive identity이다.[34] 집단적 정체성이 재구성되거나 변해간다는 상식적인 해석의 수준을 벗어나, 그는 소수 집단이 자신들의 이익을 위해 원래 있지도 않았던 에스니시티를 날조했다고 보는 것이다. 램지어의 텍스트에서는 인권의 평등과 문화적 차이를 동시에 추구해온 탈식민주의나 다문화주의의 축적에 대한 무지, 무시, 반발을 쉽게 찾을 수 있다.

그가 주로 표적으로 삼는 것이 일본군 '위안부' 피해자 (및 지원자)와 재일조선인이라는 점은 우연이 아닐 것이다. 전후 일본에서 탈식민적 민족운동을 전개해온 재일조선인과 1990년대 이후 증언을 통한 기억투쟁을 펼친

---

34 Ramseyer, op.cit., "A Monitoring Theory of the Underclass", 2020, p.11.

'위안부' 피해자 및 지원단체를 '반일' 세력으로 묶어서 적대시하는 것은 이미 일본에서 익숙한 방식이기도 하다. '위안부' 부정론과 한반도 출신자에 대한 혐오 발언hate speech은 최근 십여 년간 일본에서 심각한 사회 문제가 되었다. '재일특권을 용납하지 않는 모임在日特権を許さない市民の会'재특회의 영향과 '혐한' 출판물의 활성화, 그리고 이 담론을 쉽게 접할 수 있게 된 정보환경 변화는 램지어의 논문 집필과 무관하지 않다. 램지어는 특히 재일조선인 현대사를 서술한 부분에서 일본 관료출신자들의 수기, 『산케이 신문』을 비롯한 우파 저널리즘, 학술적 가치가 없는 혐한 서적과 개인 블로그까지 자의적으로 활용하고 있다.[35] 그는 재일조선인을 식민지 시기 일본으로 건너간 한반도 출신자가 아닌 "정치적으로 선별된 이민", 즉 해방 후 이승만 정권 하에서 일본으로 도피한 "공산주의자 난민들"로 보고, 일본에 정착한 이들이 가장 "취약한 동포들"을 목표로 삼고 장악했다고 쓰고 있다.[36] 학문적 글쓰기를 벗어난 표현의 남발은 혐한 담론과의 연결을 쉽게 상상하게 한다.

일본에서 가장 유명한 인종차별주의자인 재특회 전 대표 사쿠라이 마코토桜井誠의 책까지도 인용하는 램지어의 무분별함은 일본 우파들의 호의와 사명감까지 불러일으켰다. 『산케이 신문』의 영어 사이트 Japan Forward는 램지어와 그 지지자들의 기사를 적극 실었고, 일본 우파 정치인, '위안부' 부정론자, 혐한론자들도 SNS를 통해 램지어의 권위를 적절히 활용했다. 재특회의 사쿠라이가 만든 '일본제일당日本第一党' 당원들은 그의 책이 램지어의

35　余命プロジェクトチーム, 『余命三年時事日記』, 青林堂, 2015; 坂東忠信, 『在日特権と犯罪』, 青林堂, 2016; 桜井誠, 『日本第一党宣言』, 青林堂, 2017; 産経新聞取材班, 『朝鮮大学校研究』, 産経新聞出版, 2017; 菅沼光弘, 『ヤクザと妓生が作った大韓民国』, ビジネス社, 2019. 등이 있다.

36　Ramseyer, op.cit., "A Monitoring Theory of the Underclass", 2020, p.27; Ramseyer, op.cit., 2021, pp.14~18.

글에 인용된 것을 자랑스럽게 소개하면서 '#하버드 사쿠라이'라는 해시태그를 걸었고(그림 1)참조, 자민당 참의원의원 야마다 히로시山田宏는 "일본 정부는 램지어 교수를 부당한 집단폭력에서 지켜야 한다. 외무성과 함께 대응하겠다"고 썼다.[37] 일본의 주류언론에서는 애당초 램지어 사태를 제대로 보도하지도 않았지만, 램지어는 어느새 온라인 공간에서 한국인들에게 박해받는 용감한 교수로 재현되었다.

그런데 일본법학 전공자인 그가 2016년경부터 일본 소수 집단에 관한 논문을 연달아 집필했던 것은 여전히 여러 의문을 낳게 한다. 주목해 볼 만한 사실은 2016년 일본에서 인권3법으로 불리는 헤이트스피치해소법ヘイトスピーチ解消法, 부라쿠차별해소추진법部落差別解消推進法, 장애인차별해소법障害者差別解消法이 시행되는 등 부분적인 반차별법 제도화가 이뤄졌다는 점이다. 2016년에 인권삼법 제정은 2020년 도쿄올림픽 개최를 앞두고 국내 인권상황 개선을 요구받은 결과였다. 올림픽 개최국은 인권과 다양성을 보장하도록 국제적으로 의무화되기 때문이다.

동시에 일본 국내적인 상황도 무시할 수 없다. 특히 헤이트스피치해소법은 해마다 심각해진 혐한 시위에 대한 사법적 대응과 지자체에서 규제하는 움직임들이 법제화로 이어진 것으로,[38] 비록 벌칙과 금지 조항은 없지만 혐

---

37   고야마 에미(小山エミ)의 포스트(https://twitter.com/emigrl/status/1364033451880
      378373) 및 야마다 히로시의 포스트(https://twitter.com/yamazogaikuzo/sta-
      tus/1359042126827323393) 참조.

38   2014년 교토조선학교를 공격한 재특회에 대해 최고법원은 "악질한 인종차별"
      이라는 판결을 내렸고, 경찰청은 처음으로 재특회를 "극단적인 배외주의 단체"
      로 지목하고 그들의 위법행위 단속을 시작했다. 같은 해 유엔 자유권규약위원
      회가 일본 정부에 대해 혐오표현을 비롯한 포괄적인 차별금지 대책을 요구하는
      권고를 내렸다. 2016년 오사카에서는 혐오표현에 반대하는 조례가 제정되기도
      했다. 이른바 '카운터스'로 불리는 대중적인 반혐오운동의 확산 또한 주목할 만

한 시위를 억제하는 장치로 기능하고 있다. 거리에서의 혐한 시위와 혐오 발언이 서서히 축소되는 한편, 인종주의자들은 거꾸로 언론의 자유를 탄압받은 피해자라는 위치를 전유하기 시작했다. 혐한 서적 시장은 그 후에도 축소되지 않았고, 합법적 영역에서 혐한 담론은 여전히 활성화되고 있다. 즉 합법적 영역에서 '피해자'로 거듭난 혐한 세력을 램지어는 인용했고, 그들 또한 램지어를 적극적으로 활용했다. 램지어는 일본의 우파와 혐한 세력을 향해 말하고 있고, 일본 우파들 또한 램지어의 권위를 활용해 트랜스내셔널한 청중을 향해 발화하고 있다. 이들은 서로 마주치면서 혐오 정동을 촉발하고 순환시켰다.

램지어와 일본의 우파, 혐한 세력이 집착하고 공격하는 대상은 한마디로 '반일'이다. '반일'이라는 기호는 과거사나 인권 문제를 말하는 사람들에게 무한 확장되면서 혐오 정동을 작동시킨다. 상대방에게 침묵을 강요하거나 저항담론을 약화시키는 낙인효과를 갖는다. 즉 '반일'은 식민-냉전-신자유주의 질서에 순응적이지 않는 이들에 대한 공격의 언어임과 동시에 균질화된 국민 정체성을 위한 방어의 언어다. 특히 이들이 '반일'을 이끄는 세력으로 간주하는 시민 단체와 활동가들에 대한 혐오는 반공주의와 연결되면서 지나치게 적대적으로 표현된다. 예컨대 램지어는 "위안부 문제는 적극적인 공적 토론을 권장하는 국가의 '마지막 터부'"라고 하면서, 정체불명의 개인 블로그를 인용해 한국정신대문제협의회 (및 정의기억연대)를 "한국인 공산주의자들이 조직한 것으로 보이는 단체"라고 낙인찍고, 그들이 '위안부'들의 공개발언을 통제하고 있다고 쓴다.[39] 피해자를 무력화하고 지원 단체를 악

___

한 실천이다.

39 Ramseyer, op.cit., 2022, p.5·22. 그가 근거로 제시하는 것은 Korea Institute of History라는 이름의 개인 블로그다.

마화하는 전형적인 재현방식이다. 오늘날 일본만이 아니라 한국이나 미국에서도 '반일'을 공격하는 이 기묘한 상황은 일본에 관한 미국의 지식생산과 유통, 이를 지탱하는 한미·일 우파 네트워크의 강화를 시사한다.[40]

램지어는 소수 집단에 대한 차별의 원인이 그들 스스로에게 있음을 마치 '일본의 대리인'의 위치에서 말한다. 그가 2018년 아베 정부 시기에 일본학에 대한 공헌을 이유로 훈장을 수여받았다는 사실[41]은 램지어와 일본 정부와의 우호적 관계를 추측하게 하지만, 그의 텍스트의 파급효과는 일본 정부와의 특수 관계를 벗어난 더 광범위한 것으로 봐야할 것이다. 즉 미국 중심의 냉전적 위계질서에 대한 회귀 욕망, 탈식민주의와 다문화주의에 대한 반발, 피해자와 소수자 인권운동에 대한 냉소, 탈진실시대 역사부정과 혐오. 램지어의 텍스트는 이 모든 문화적 반동 현상의 산물로서 자리매김되어야할 것이다.

5. 맺으며

인종화된 지식–정동의 자장磁場으로서의 램지어 텍스트

지금까지 램지어의 텍스트에 공통된 인식론적 프레임을 비판적으로 검토했다. 이 글에서는 게임이론, 사회자본론, 통계적 차별과 같은 사회과학 개념과 이론이 일본과 한국의 역사 문제에 일방적으로 적용되는 방식과 그

---

40 이에 대해서는 제1장을 참조하라.

41 훈장수여는 천황의 국사행위 중의 하나로, 내각부의 설명에 따르면 전달은 관계부서 장관이 진행하지만 "모든 수상자는 훈장을 착용하고 배우자 동반으로 천황폐하에 배알(拜謁)한다". 일본 내각부 홈페이지 https://www8.cao.go.jp/shokun/seidogaiyo.html

편향성을 검토했고, 또 피해자 책임론과 문화적 인종주의를 특징으로 하는 램지어의 지식생산이 '위안부 논문' 이전에 나온 '소수자 논문'에 적나라하게 반영되어 있음을 밝혔다. 또한 램지어의 논문이 발표된 사회적 맥락을 살펴보고 일본 내 혐한 담론과의 정동적 연결의 흔적을 살펴보았다. 램지어의 논문에서 공통적으로 발견되는 '학술적' 특징은 미국의 맥락에 특화된 합리적 주체 혹은 백인 중산층의 사회규범을 보편적 모델로 설정한 다음 아시아의 피해자와 소수자의 역사를 그 틀에 끼워 맞추고 왜곡한다는 점에 있다. 거꾸로 말하면 그는 소수 집단을 기회주의적이고 결핍된 공동체로 재현함으로써 보편의 위치를 전유하고 서구적 주체화를 수행하고 있다.

램지어의 인종주의는 지역일본 혹은 아시아, 계급하층, 젠더여성이 혼합된 복합체의 모습을 띠고 있다. 그는 미국의 사례가 "인종 정치에 대한 솔직한 논의를 극도로 어렵게 만들기 때문"에 오히려 일본의 소수 집단의 사례를 통해 "더 자유로운 토론"을 시도한다고 쓰고 있다.[42] 즉 램지어는 미국의 사회적 맥락에서 허락되지 않는 담론정치를 일본군 '위안부', 재일조선인, 부라쿠, 오키나와와 같은 일본과 한반도의 사례를 통해 전개하고 있다. 일본의 하층민으로서의 소수 집단은 이론을 적용해 자신의 보편성을 증명하는 대상이자 소재인 셈이다.

램지어의 일본 연구의 수행성을 이해하는 데 있어 요네야마 리사米山リサ의 다음 지적은 매우 중요하다. 램지어의 일본 연구는 미국에서의 적극적 시정조치affirmative action 철폐 요구나 '문화전쟁'[43]에 대한 백래시와 강력히 연

42　Ramseyer, op.cit., "A Monitoring Theory of the Underclass", 2020, p.2.

43　미국의 문화전쟁(Culture Wars)은 인종과 성, 종교와 도덕과 관련된 진보−보수 사이의 근본적인 사회 갈등 혹은 가치관의 대립을 일컫는다. 공민권운동, 낙태의 권리와 성소수자의 권리, 총기소지 문제 등이 주로 쟁점이 되는 주제들이다.

결되어 있고, 이를 둘러싼 답답함과 적의를 일본을 통해 표명하는 이른바 "트랜스내셔널한 복화술"이라는 것이다. 요네야마에 따르면 미국의 일본 연구는 미국 점령을 경험한 전후 일본을 긍정적으로 그림으로써 자신들에게 바람직한 냉전 동맹국으로 일본을 자리매김하는 효과를 발휘해 왔고, 현재까지도 미·일 간에서 서로가 서로의 기억을 은폐하는 "망각의 공범 관계"가 강고하게 유지되고 있다.[44] 이 지적은 램지어에게 위안부 문제나 소수자 문제가 미국의 인종 문제에 대한 적대와 반발을 풀어내기 위한 '대리전장'이되고 있다는 것을 시사하고 있고, 아시아의 역사 문제와 소수 집단의 정체성 문제가 미국에서 아무도 모르는 사례로 소비되어 확산될 위험성을 보여주고 있다.

마지막으로, 이 글에서 검토한 내용을 토대로 램지어 텍스트의 수행성과 시사점을 다음과 같이 정리할 수 있다. 첫째로, 램지어의 텍스트는 한반도와 일본의 탈식민적 관계에서 일본의 책임을 부인하고, 소수자운동과 피해자 증언을 포괄적으로 무력화한다. 이들에 관한 왜곡된 지식생산을 통해 서구적 합리성을 체현하는 자신의 위치 또한 생산하고 있다. 둘째로, 램지어의 텍스트는 일본의 우파 및 혐한 담론과 연결되면서 트랜스내셔널한 혐오정동을 촉발시킨다. 지역, 계급, 젠더 차별이 결합된 인종주의의 자장으로서 램지어 텍스트는 탈진실시대 지식생산의 불온한 징조를 보여준다. 한편 램지어의 인종화된 지식생산이 미국의 지역 연구의 인식론적 한계와 어떻게 연관되는지 향후 더 깊이 연구될 필요가 있다. 미·일 간 '망각의 공범 관계'

44　米山リサ, 「ラムザイヤー論文の〈腹話術〉と北米・知の生産のポリティクス」, 『世界史研究所』, 2021.11.1. 고야마 에미 또한 미국에서 여성과 소수자들의 권리 획득에 불만을 품는 백인 남성 연구자들이 일본에 "바람직한 인종, 젠더 질서"를 발견하고 그것을 예찬하는 구도가 있음을 지적하고 있다. 小山エミ, op.cit.

에 한국도 참여하면서 신냉전적 위계질서가 현실화되고 있는 현재, 지식생산과 현실정치의 상호의존적인 수행성에 더더욱 주목할 필요가 있다. 미국 지역 연구의 지식생산 구조와 패턴, 그 정치적 효과를 검토하는 것은 램지어 사태가 일깨운 중요한 시사점이자 향후 과제다.

참고문헌

김상준, 「부르디외, 콜만, 퍼트남의 사회적 자본 개념 비판」, 『한국사회학』 38(6), 2004, 63~95쪽.

강성현, 「램지어 사태로 본 역사부정의 논리와 수법 비판」, 『황해문화』 111, 2021, 238~261쪽.

김은경, 「"인가된 무지"와 전략적 무시가 낳은 참사, '램지어 사태'에 대한 관견」, 『역사연구』 41, 2021, 13~27쪽.

김주희, 「"무엇을 더 숨길 게 있나"―'위안부' 망언의 본질주의를 넘어」, 『여성과역사』 34, 2021, 39~84쪽.

김지민, 「미국 시민사회의 일본군'위안부' 문제 인식과 램지어 논문을 둘러싼 논란」, 『역사비평』 135, 2021, 198~225쪽.

김창록, 「'램지어 사태'―일본군"위안부" 부정론의 추가 사례」, 『역사비평』 135, 2012, 174~197쪽.

로버트 D. 퍼트넘, 안청시 역, 『사회적 자본과 민주주의』, 박영사, 2006.

박정애, 「교차하는 권력들과 일본군 '위안부' 역사―램지어와 역사수정주의 비판」, 『여성과역사』 34, 2021, 1~37쪽.

에티엔 발리바르·이매뉴얼 월러스틴, 김상운 역, 『인종, 국민, 계급―모호한 정체성들』, 두번째테제, 2022.

오경환, 「냉전사 연구의 궤적―정통주의에서 담론적 전회에 이르기까지」, 『史叢』 95, 2018, 1~34쪽.

이지은, 「역사적 존재의 탈역사화, 그 '불공정'함에 대하여 ― '램지어 사태와 『파친코』 열풍에 대한 비판적 고찰」, 『문학의오늘』 44, 2022.

전홍기혜, 「10살 아동 성매매를 '자발적 계약'이라 정당화, 이게 '학문의 자유'인가―[일본군 '위안부' 문제 연쇄 인터뷰 ①] 마이클 최 UCLA 교수가 밝히는 '램지어 파문'의 교훈」, 『프레시안』, 2021.2.27. https://www.pressian.com/pages/articles/2021022713203943835

조경희, 「마크 램지어의 역사부정과 소수자 혐오―관동대지진 조선인 학살, 재일조선인, 부라쿠민 서술 비판」, 『여성과역사』 34, 2021, 85~121쪽.

伊藤之雄, 「合理的選択モデルと近代日本研究」, 『レヴァイアサン』 19, 1996.

小山エミ, 「『ラムザイヤー論文騒動』の背景にある白人至上主義」, 『週刊金曜日オンライン』, 2021.4.22. https://www.kinyobi.co.jp/kinyobinews/2021/04/22/news-87/5/

桜井誠, 『日本第一党宣言』, 青林堂, 2017.

産経新聞取材班, 『朝鮮大学校研究』, 産経新聞出版, 2017.

坂東忠信, 『在日特権と犯罪』, 青林堂, 2016.

酒井直樹, 「理論的であることと西洋の場所」, 『社会思想史研究』 23, 1999.

酒井直樹, 「『失われた20年』と帝国の喪失－ポスト・コロニアルな条件と日本研究の将来」, 국제심포지엄〈失われた20年と日本研究のこれから(2015.6~7)・失われた20年と日本社会の変容(2015.11.13).

酒井直樹, 「アジアという借りて来た指標－文明論的転移と植民地的近代」, 『跨境 / 日本語文学研究』 8, 2019. pp.21~37.

太郎丸博, 「社会学における合理的選択理論の伝統とその可能性」, 『理論と方法』 15(2), 2000, pp.287~298.

茶谷さやか, 「ラムザイヤー論文はなぜ「事件」となったのか」, 『世界』 944, 2021.5.

趙慶喜, 「歴史とアイデンティティの否定－朝鮮人虐殺とマイノリティ集団についてのラムザイヤー論文批判」, 『女性・戦争・人権』 20, 2022, pp.105~124.

渕元哲, 「歴史理論におけるモデルの意義の再検討」, 『CUCView&Vision』 51, 2021. pp.16~23.

モンク, 『自己責任の時代－その先に構想する'支えあう福祉国家』, ヤシャ/ 那須耕介, 栗村亜寿香 역, みすず書房, 2019.

余命プロジェクトチーム, 『余命三年時事日記』, 青林堂, 2015.

菅沼光弘, 『ヤクザと妓生が作った大韓民国』, ビジネス社, 2019.

米山リサ, 「ラムザイヤー論文の〈腹話術〉と北米・知の生産のポリティクス」, 『世界史研究所Research Institute for World History』, 2021.11.1, https://riwh.jp/category/news/

吉見義明, 「ラムザイヤー論文の何が問題か－日本軍「慰安婦」をめぐる"契約論"を検証する」, 『世界』 944, 2021.5.

Ahmed, Sara., "Affective Economies", *Social Text* 22(2), 2004.

Ahmed, Sara., *Cultural Politics of Emotion, Edinburgh University Press*, 2014.

Balibar, Etienne., "Is There a 'Neo-Racism'?", Etienne Balibar and Immanuel Wallerstein, *Race, Nation, Class : Ambiguous Identities, translation of Etienne Balibar* by Chris Turner, Verso, 1991, pp.17~28.

Gordon, Andrew. and Carter Eckert, "Statement by Andrew Gordon and Carter Eckert concerning J. Mark Ramseyer, 'Contracting for Sexin the Pacific War'", Feburary 17, 2021., https://dash.harvard.edu/handle/1/37366904

Johnson, Chalmers. and E.B. Keehn, "A Disaster in the Making : Rational Choice and

Asian Studies", *The National Interest* 36, 1994, pp.14~22.

Mounk, Yascha, *The Age of Responsibility : Luck, Choice, and the Welfare State*, Harvard University Press, 2017.

Morris-Suzuki, Tessa., "Comments on Prof. J Mark Ramseyer's Article 'Social Capital and the Problem of Opportunistic Leadership : The Example of Koreans in Japan'", May 2021, http://chwe.net/irle/morris_suzuki_social_capital.pdf

Morris-Suzuki, Tessa., "The 'Comfort Women' Issue, Freedom of Speech, and Academic Integrity : A Study Aid", *Japan Focus*, 19(12), March 1, 2021., https://apjjf.org/2021/5/MorrisSuzuki.html

Ramseyer, J. Mark., and Eric B. Rasmusen, "Outcaste Politics and Organized Crime in Japan : The Effect of Terminating Ethnic Subsidies" (Harvard Law School John M. Olin Center Discussion Paper No.932, 2017), *Journal of Empirical Legal Studies*, 2018.

Ramseyer, J. Mark., "Privatizing police : Japanese police, the Korean massacre, and private security firms", Harvard Law School John M. Olin Center Discussion Paper No.1008, 2019.

Ramseyer, J. Mark., "On the Invention of Identity Politics : The Buraku Outcastes in Japan" (Harvard Public Law Working Paper No.18~45, 2018.), Review of Law & Economics Vol.16 Issue.2, 2020, pp.1~95.

Ramseyer, J. Mark. "A Monitoring Theory of the Underclass : With Examples from Outcastes, Koreans, and Okinawans in Japan", Harvard Law School John M. Olin Center Discussion Paper No.1043, 2020.

Ramseyer, J. Mark., "Social capital and the problem of opportunistic leadership : the example of Koreans in Japan", *European Journal of Law and Economics* 52, 2021.

Ramseyer, J. Mark., "Contracting for Sex in the Pacific War," *International Review of Law and Economics*, 65, 2021.

Ramseyer, J. Mark., "Contracting for Sex in the Pacific War : A Response to my Critics," Harvard Law School John M. Olin Center Discussion Paper No.1075, 2022.

Ramseyer, J. Mark. and Frances McCall Rosenbluth, *Japan's Political Marketplace*, Harvard University Press, 1993.

Ramseyer, J. Mark. and Frances McCall Rosenbluth, *The Politics of Oligarchy : Institutional Choice in Imperial Japan*, Cambridge University Press, 1995.

Roth, Alvin E. and Paul Milgrom et al., "Letter by Concerned Economists Regarding "Contracting for Sex in the Pacific War", May 11, 2021. http://chwe.net/irle/letter/index.shtml

Smelser, Neil J., "Can Individualism Yield a Sociology?(Reviewed Work : J.S. Coleman, Foundations of Social Theory, Belknap Press of Harvard University Press, 1990)", *Contemporary Sociology*, 19(6), 1990.

제3장

역사부정의 그림자, 사사카와 재단

프랑스–일본 사사카와 재단의 학술 연구 재정지원 활동 및 전략적 봉쇄소송 사례를 중심으로[1]

윤석준

1. 들어가며

미국에서 존 마크 램지어John Mark Ramseyer로 대표되는 역사부정론자들이 자신의 학술적 활동에 대한 문제 제기에 대해 학문의 자유라는 이름으로 스스로를 정당화하려는 시도가 있어 왔다면, 프랑스에서는 역사부정을 정당화하기 위해서 이에 대해 비판적 문제 제기를 하는 학자에게 전략적 봉쇄소송Strategic Lawsuit Against Public Participation(SLAPP)을 제기해 학문의 자유를 억압하는 시도가 있어 왔다. 2009년 프랑스–일본 사사카와 재단la Fondation Franco-Japonaise, dite Sasakawa(FFJDS)이 파리정치대학시앙스포의 일본학 연구자인 카롤린 포스텔–비네Karoline Postel-Vinay 박사에게 재단 창립자의 명예를 훼손했다는 이유로 제기한 소송이 그 대표적 사례였다.

이 사건의 중심에는 제2차 세계대전 A급 전범 용의자였던 극우주의자 사

---

1 본 원고는 필자의 논문(「역사부정을 위한 '당근과 채찍'―프랑스-일본 사사카와 재단의 학술 연구 재정 지원과 전략적 봉쇄소송 사례 분석」, 『한국과 국제사회』 9(1), 2025, 623~649쪽)을 수정 및 보완한 것입니다.

사카와 료이치笹川良一라는 인물이 있다. 그는 전후 일본 정치권 및 야쿠자와 긴밀히 협력하면서 경정 도박사업을 통해 막대한 부를 축적한 뒤에 그 재력을 바탕으로 일본은 물론 전 세계 주요국들에 수십 개의 민간재단을 설립했다. 그리고 이러한 민간재단들을 통해서 일본이나 동아시아를 연구하는 학자들의 학술 활동에 재정지원을 하면서 그의 어두운 과거 행적을 포함한 일본의 과거사 문제에 대한 역사수정주의적 시각이 자리잡기에 적합한 학술 생태계 조성에 주력해 왔다. 이 사건의 경우도 생전 사사카와 료이치에 대해 제기되어온 여러 역사적 사실을 부정하는 과정에서 일어난 일이었다.

역사부정론이 학문의 자유라는 미명하에 스스로를 정당화해온 사례는 그동안 꾸준히 논의되어 왔으나, 역사부정론이 오히려 학문의 자유를 공세적으로 억압한 사례에 대한 논의는 상대적으로 미진했다. 1996년에 영국에서 데보라 립스타트Deborah Lipstadt가 홀로코스트 부정론자에게 명예훼손 소송을 당한 사건은 큰 주목을 받았지만, 이는 개인 간의 법적분쟁과 역사적 진실 공방의 틀 안에서 제한적으로 이해되었다.[2] 반면 프랑스에서 발생한 사례는 역사부정론이 학술 연구 재정지원이라는 유인 수단은 물론 SLAPP라는 위협 수단을 통해 영향력을 확장한 주목할 만한 사례이다. 특히 최근 10

---

2   데보라 립스타트(Deborah Lipstadt) 소송사건은 1996년 영국에서 홀로코스트 부정론자 데이비드 어빙(David Irving)이 립스타트와 그의 출판사 펭귄 북스를 상대로 명예훼손 소송을 제기한 것이다. 이 소송은 립스타트가 저서에서 어빙을 "위험한 홀로코스트 부정론자"로 지칭하고 반유대주의적 역사 왜곡자로 비판한 것에서 비롯되었다. 영국 법체계의 특성상 명예훼손 소송에서 피고가 주장의 진실성을 입증해야 했기에, 립스타트 측은 방대한 증거자료를 통해 어빙의 의도적인 역사 왜곡을 증명했고, 2000년 법원은 어빙의 청구를 기각하며 립스타트의 승소를 선고했다. 이 사건은 단순한 법적 승소를 넘어 홀로코스트의 역사적 사실성을 재확인하고 학문적 진실성과 연구윤리의 중요성을 확립한 이정표적 판례가 되었으며, 2016년 영화 〈나는 부정한다(Denial)〉로도 제작되었다.

여 년간 전 세계적으로 극우의 영향력이 증대되는 상황에서, 이 사례는 역사부정 활동의 공세적 전환을 보여주는 징후로서 체계적이고 심층적인 분석이 요구된다.

이 글은 일본 민간재단의 은밀하고 조직적인 역사부정 활동을 체계적으로 분석하고자 한다. 특히 학술 연구 재정지원을 통한 역사수정주의 담론의 형성은 물론 비판적 학자를 겨냥한 SLAPP 방식의 적극적 활용 양상에 주목한다. 이를 위해 2009년 프랑스의 FFJDS가 파리정치대학의 카롤린 포스텔-비네 박사를 상대로 제기한 SLAPP사건을 심층 사례 연구 대상으로 삼는다. 이에 우선 민간재단이 역사부정에 영향을 미치는 제도적 영향력과 그 구체적인 수단으로서 학술 연구 재정지원 및 SLAPP에 대한 학술적 논의를 검토하고자 한다. 그리고 이어서 사사카와 료이치와 그가 설립한 민간재단에 대한 역사적 배경을 문헌 연구를 통해 고찰하고, FFJDS의 SLAPP의 사례를 소송 과정에서 제출된 증거자료와 법원 판결문을 중심으로 분석하고자 한다.

2. 역사부정과 민간재단의 제도적 영향력

1) 민간재단의 제도적 영향력

역사부정Historical Denial은 과거 사실에 대한 단순한 오류나 망각을 넘어, 역사적 진실을 의도적이고 조직적으로 왜곡하는 것을 의미한다. 기존 사회과학 분야 연구들은 이러한 역사부정을 주로 개인이나 집단의 이데올로기적 동기와 수사적 전략 분석에 초점을 맞추어 왔다. 립스타트는 역사부정론자들이 수정주의적 역사학revisionist history이라는 학문적 객관성의 수사를 활용하여 자신들의 주장을 정당화하는 방식을 분석했고, 비달-나케Pierre Vidal-Naquet

는 역사부정론자들의 학술적 위장 기법을 증거 부정, 의도적 오해, 출처 조작, 표현의 자유의 남용 등으로 체계화했다.[3] 그러나 이러한 기존 연구들은 새롭게 부상하고 있는 제도화된 형태의 역사부정, 특히 민간재단을 통한 체계적이고 조직적인 역사부정의 양상을 설명하는 데는 한계가 있다.

민간재단의 제도적 영향력에 대해서는 디마지오와 파월Paul J. DiMaggio and Walter W. Powel의 신제도주의 이론이 중요한 분석틀을 제공할 수 있다.[4] 이들은 강제적coercive, 모방적mimetic, 규범적normative 동형화라는 세 가지 메커니즘을 통해 조직이 정당성을 획득하고 영향력을 행사하는 과정을 설명했는데, 이는 민간재단이 어떻게 공익적 외관을 통해 자신들의 활동을 정당화하는지를 이해하는 데 유용한 시각을 제공한다. 보다 구체적으로 호바스와 파월Agnes Horvath and Walter W. Powell과 라이히Rob Reich는 민간재단의 거액 기부자들의 관심사나 신념에 따라 특정 연구 분야에 자금이 집중 지원되고 이것이 특정 방법론이나 접근방식에 대한 선호로도 이어져서 궁극적으로 연구의 다양성과 독립성을 저해할 수 있음을 분석했다.[5]

이러한 제도적 영향력에 주목할 때 민간재단을 통한 역사부정은 일반적

---

3   Deborah E. Lipstadt, Denying the Holocaust : The Growing Assault on Truth and Memory, Penguin Publishing Group, 1994; Pierre Vidal-Naquet, Assassins of Memory, Columbia University Press, 1993.

4   Paul J. DiMaggio and Walter W. Powell, "The Iron Cage Revisited : Institutional Isomorphism and Collective Rationality in Organizational Fields", *American Sociological Review*, 48(2), 1983, pp.147~160.

5   Agnes Horvath and Walter W. Powell, "Contributory or Disruptive : Do New Forms of Philanthropy Erode Democracy?", in Rob Reich, Chiara Cordelli & Lucy Bernholz, eds., Philanthropy in Democratic Societies : History, Institutions, Values, University of Chicago Press, 2016, pp.87~122; Rob Reich, "On the Role of Foundations in Democratic Societies", in Rob Reich, Chiara Cordelli & Lucy Bernholz, eds., Philanthropy in Democratic Societies : History, Institutions, Values, University of Chicago Press, 2016, pp.64~86.

으로 세 가지 차원의 기반을 공통적으로 갖고 있는 경우가 많다. 첫째, 스코트W. Richard Scott가 제시한 제도적 정당성의 세 차원 — 규범적normative, 인지적cognitive, 규제적regulative — 을 모두 활용하는 것이다. 공익 증진이라는 명분으로 사회적 정당성을 확보하고, 전문가 집단을 동원하여 인지적 정당성을 획득하며, 법적 지위를 통해 규제적 정당성을 확보한다.[6] 둘째, 푸코의 규율 권력 개념을 발전시킨 파워Michael Power의 분석처럼 재정적 지원이 검증의 의례rituals of verification를 통해 은밀한 통제 메커니즘으로 작동하는 것이다.[7] 셋째, 메이어와 로완John W. Meyer and Brian Rowan이 지적한 것처럼 제도화된 활동에서는 조직이 사회적 정당성을 확보하는 것을 중요하게 여기면서 외부의 가치나 평가 기준에 민감하게 반응하는 경향이 있다.[8]

이러한 제도적 특징에 기반한 민간재단을 통한 역사부정은 기존과는 다른 새로운 도전을 제기한다.

첫째는 학문의 자유에 대한 도전이다. 알바흐Philip G. Altbach가 지적한 바와 같이 학술 재정지원은 미묘한 자기 검열subtle self-censorship을 통해서 학술 연구의 자율성을 침해하는 구조적 문제를 야기한다.[9] 민간재단이 학술 연구나 장학사업의 재정적 지원을 매개로 활동하는 경우에는 대부분 직접적이고 강제적인 검열이 아니라 간접적이고 자발적인 검열의 형태로 영향력이 작

---

6   W. Richard Scott, Institutions and Organizations : Ideas, Interests, and Identities, SAGE Publications, 2013.

7   Michael Power, The Audit Society : Rituals of Verification, Oxford University Press, 1999.

8   John W. Meyer and Brian Rowan, "Institutionalized Organizations : Formal Structure as Myth and Ceremony", American Journal of Sociology, 83(2), 1977, pp.340~363.

9   Philip G. Altbach, "Academic freedom:International warning signs", International Higher Education, 2001, pp.2~4.

동하게 된다. 이러한 경우 지원 대상이 되는 해당 학술 및 문화 영역의 소수 이해관계자들을 제외하면 외부에서는 이러한 성격이나 문제를 인지하기 쉽지 않다. 그래서 사회적 비판으로부터 자유로워지고 이에 수용자들도 스스로 도덕적 면죄부를 부여하는 경우가 많다.

둘째는 제도적 대응의 어려움이다. 브룬손Nils Brunsson의 조직적 위선organizational hypocrisy 개념이 보여주듯이 재단의 공식적 목적과 실제 활동 사이의 괴리를 규제하는 것은 쉽지 않다.[10] 역사부정에 직간접적으로 영향을 미치는 민간재단은 설립 단계부터 자선사업 혹은 학술 및 문화 지원 활동을 주로 표방하는데, 그러한 활동 과정 중 일부로서 특정한 목적성을 지닌 사업이나 지원이 이루어지는 경우가 많다. 특히 자선사업이나 학술 및 문화 활동 지원을 하는 재단들의 경우 긍정적인 이미지를 지속적으로 축적해온 경우가 많기 때문에, 실제 활동에서 일부 표면적 목표와 다른 의도가 드러나는 일이 있더라도 이에 대한 비판적 시각의 관용도가 상대적으로 높은 편이다.

셋째는 초국적 확산의 문제이다. 드로리Gili S. Drori의 논의처럼 글로벌화된 조직 네트워크를 통한 영향력 확산은 개별 국가 차원의 대응을 어렵게 만든다.[11] 오늘날 민간재단의 활동 영역이 초국가적으로 확대되면서, 다양하고 복잡한 네트워크 속에서 행위자들이 서로 연결되어 있는 경우가 많다. 그 결과로 이러한 네트워크 안에서 행위자들의 역할이 분담되는 경우도 있고, 국경을 초월하는 네트워크를 통해서 급속도로 담론을 확산시키는 데도 유리하다. 이러한 이유로 특정한 국가에 있는 재단의 활동에 대한 문제 제기

---

10   Nils Brunsson, The Organization of Hypocrisy : Talk, Decisions and Actions in Organizations, Wiley, 1989.

11   Gili S. Drori, "Institutionalism and Globalization Studies", The Sage handbook of organizational institutionalism, 2008, pp.449~472.

나 개별 국가 차원의 제도적 통제만으로는 이러한 영향력 확산에 실질적으로 대응하는 데 근본적인 한계가 있다.

그동안 이와 같은 민간재단의 제도적 영향력은 주로 재정적 지원이라는 수단을 통해 작동해 왔으나, 이 글이 주목하는 프랑스 사례는 SLAPP라는 새로운 전략적 도구를 활용하여 영향력을 확대하려 했다는 점에서 차별성을 갖는다. 이는 단순히 재정적 지원을 넘어 학문적 자유를 직접적으로 위협하는 시도로 해석될 수 있으며, 역사부정 활동의 진화된 형태를 보여준다. 따라서, 본격적인 사례 연구에 앞서, 학술 연구 재정지원과 SLAPP이 학문 생태계에 미치는 영향에 대한 기존의 학술적 논의를 심층적으로 검토하여, 민간재단의 역사부정 활동의 다층적인 전략과 그 함의를 보다 명확히 규명하고자 한다.

2) 학술 연구 재정지원과 전략적 봉쇄소송

학술 연구에서 재정지원 의존성Funding dependency은 대학을 중심으로 한 연구기관이나 학자가 연구 활동을 수행하는 데 필요한 자금을 특정 출처에 의존하는 정도를 의미한다. 일반적으로 특정한 자금 제공처의 비중이 커질수록 그 영향력도 커지게 되는데, 이는 결국 연구를 수행하는 학자나 연구기관이 자금 제공처의 의도나 가치관으로부터 일정한 영향을 받는 결과를 가져온다. 특히 이러한 자금 제공처가 국가나 공적 행위자가 아니라 민간 행위자일 경우에 우려는 더욱 커진다. 이러한 재정 지원 의존성에 대한 고민은 1980년대 이후 미국 대학들을 중심으로 본격적으로 대두되었다. 신자유주의적인 대학 운영 전략 및 정책의 영향으로 대학이 민간기업으로부터 연구 자금을 조달하는 비중이 증가하면서, 이러한 연구 자금 의존성이 결국 연구 활동에 대한 민간기업의 영향력 증대, 특정 분야나 연구주제의 편향성,

그리고 궁극적으로 학문적 자율성을 침해하고 있다고 지적해 왔다.[12]

특히, 연구 자금의 상당 부분을 특정 민간재단에 의존하는 경우, 연구 방향, 주제 선정, 연구 결과 해석 등 연구의 전 과정에서 자금 제공 재단의 영향력을 받을 가능성이 커진다. 실제로 보크Derek Bok는 하버드 대학 총장으로서의 경험을 바탕으로 대학의 재정적 자율성과 학문의 자유 간의 관계를 심도 있게 분석했는데, 그의 연구에 따르면 민간 기금이 학술 연구의 방향과 결과에 크게 영향을 미치고 학문의 자유를 침해하는 사례도 증가하는 것으로 나타났다.[13] 또한, 모리스-스즈키Tessa Morris-Suzuki는 일본의 우익 성향 단체들이 역사 해석과 기억의 정치에서 수행하는 역할을 분석했는데, 그의 연구에 따르면 이들은 학술 연구 지원이라는 형식을 통해 특정한 역사 해석을 장려하거나 억제하는 전략을 구사한다.[14] 그리고 세라핌Franziska Seraphim도 일본의 전후 보수 세력들이 어떻게 전쟁 기억을 재구성하고 이를 제도화하는지 분석하면서, 다양한 학술 연구 지원을 통해 이러한 기억의 재구성 과정에 적극적으로 개입하고 있음을 보여주었다.[15]

이러한 맥락에서, 일본 민간재단의 학술 지원은 단순히 연구 활동을 촉

---

12   Sheila Slaughter and Larry L. Leslie, Academic Capitalism : Politics, Policies, and the Entrepreneurial University, Johns Hopkins University Press, 1997; Henry Etzkowitz, Andrew Webster, Christiane Gebhardt and Branca Terra, Capitalizing Knowledge : New Intersections of Industry and Academia, State University of New York Press, 2000; David Edwards and J. Rogers, American Professors : A National Resource Imperiled, Harvard University Press, 2016; Hans Peter De Jong, Neo-liberalism and Academic Freedom, Routledge, 2017.

13   Derek Bok, Universities in the Marketplace : The Commercialization of Higher Education, Princeton University Press, 2003.

14   Tessa Morris-Suzuki, The Past Within Us : Media, Memory, History, Verso, 2005.

15   Franziska Seraphim, War Memory and Social Politics in Japan, 1945~2005, Harvard University Asia Center, 2006.

진하는 기능만을 수행하는 것은 아니다. 오히려 특정한 역사관을 지향하는 민간재단의 재정지원은 학문적 연구의 방향성을 왜곡시키고, 궁극적으로는 학문의 자유를 심각하게 훼손할 가능성을 내포하고 있다. 특히, 역사부정론과 같은 논쟁적인 주제의 연구 영역에서 민간재단의 자금 지원은 더욱더 민감한 문제로 이어질 수 있다. 이는 겉으로는 학술 지원의 형태를 띠고 있지만, 실제로는 특정한 정치적 목적을 달성하기 위한 '다크 머니dark money'의 역할을 수행하며, 학문 생태계의 다양성을 훼손하고 특정한 역사관을 강화하는 결과를 초래할 수 있다.[16] 결국, 민간재단의 학술 지원은 연구자들에게 연구 기회를 제공하는 긍정적인 측면과 동시에, 자금 제공자의 입맛에 맞는 연구를 유도하고 학문적 자율성을 침해할 수 있는 양면성을 지니고 있음을 간과할 수 없다.

한편, SLAPP는 일반적으로 공익적 사안에 대한 비판적 의견을 개진하거나 공공 활동에 참여하는 개인이나 단체를 상대로 제기되는 소송으로, 소송 자체의 승소보다는 소송 제기를 통해 상대방에게 위축 효과를 주고 비판 활동을 중단시키거나 억압하려는 의도를 가진 소송을 의미한다. SLAPP은 법적 근거가 약하거나 소송 요건을 충족하지 못하는 경우가 많기 때문에 소송을 제기하는 측의 승소 가능성이 낮은 경우가 많다. 그럼에도 불구하고 소송을 제기하는 이유는 법적인 승소보다는 상대방에게 소송 부담을 가중시키는 데 목적을 두고 있다. 소송 방어 과정에서 변호사 선임료, 소송 준비 시간 등 상당한 직간접적 비용이 발생하는데, 이는 소송을 제기당한 측의 활동을 위축시키는 주요 요인이 된다. 또한 소송 진행 과정은 장기간 소요되는 경우가 많아, 소송 당사자는 심리적 스트레스, 사회적 평판 훼손 등의 부

16　Jane Mayer, Dark Money : The Hidden History of the Billionaires Behind the Rise of the Radical Right, Doubleday, 2016.

가적인 어려움을 겪게 된다.

SLAPP의 핵심적 작동 기제는 위축 효과Chilling Effect로, 이는 단순히 개별 소송 당사자를 넘어 잠재적 비판자들의 발화와 행동까지 억제하는 광범위한 영향력을 행사한다. SLAPP 소송을 당한 당사자는 물론 다른 잠재적 비판자들조차도 이러한 소송 과정에서의 재정적 및 심리적 부담을 직간접적으로 경험하고 나면 비판적 주장이나 활동을 하는데 스스로 위축되는 경우가 많다, 이처럼 SLAPP은 소송 남용의 한 형태이며, 표현의 자유와 공론의 장을 훼손하는 심각한 문제점을 야기한다. 그동안 SLAPP의 소송 주체들은 주로 민간기업, 정부 및 공공기관, 부유한 유명인사 등인 경우가 많았고, 그 소송 대상은 시민 및 시민 단체, 언론, 내부고발자 등인 경우가 많았지만, 최근에는 소송 대상에 학자 및 연구자인 경우도 점진적으로 증가하는 경향을 보여 이에 대한 우려의 목소리가 높아지고 있다.

이러한 맥락에서, 사사카와 료이치가 설립한 민간재단의 사례는 민간재단을 통한 역사부정의 전형적인 양상이 새롭게 진화하고 있음을 보여준다. 특히 프랑스에서 발생한 SLAPP사건은 전략적 봉쇄소송의 위축효과Chilling Effect of SLAPP가 어떻게 학문의 자유를 위협하는지를 보여주는 중요한 사례이다. 프링과 캐넌George Pring and Penelope Canan의 연구는 SLAPP가 단순한 법적 수단을 넘어 제도화된 침묵institutionalized silence을 강요하는 위협의 메커니즘으로 작동함을 보여준다.[17] 이러한 맥락에서 프랑스-일본 사사카와 재단 관련 사례를 심층 분석하여, 제도화된 역사부정 메커니즘의 다양화된 수단을 이해하고 이에 대응하기 위한 논의의 토대를 마련하고자 한다.

---

17 George Pring and Penelope Canan, Slapps : Getting Sued For Speaking Out, Temple University Press, 1996.

3. 사례 연구 프랑스–일본 사사카와 재단 소송사건

1) 역사부정의 그림자, 사사카와 료이치

1899년 오사카 지역에서 출생한 사사카와 료이치는 만 19세가 되던 1918년에 일본 제국 해군에 입대해 비행대 조종사로서 2년간 복무하였고, 군에서 제대한 이후에는 고향으로 돌아와 곡물 유통업을 하면서 경제적 성공을 거두게 된다. 그는 이 무렵부터 흑룡회黑龍會라는 일본의 초국수주의적 극우 단체에서 활동을 시작하는데, 1931년에는 국수대중당国粹大衆党이라는 전체주의 정당을 새롭게 창당해 당 총재에도 오르게 된다. 흑룡회는 1930년대 일본에서 정치폭력의 배후 세력으로서 정치인 테러 및 암살을 자행했고, 국수대중당은 1940년대 중국에서 일본 제국 해군의 비호 하에 중국인들을 대상으로 각종 폭력적 약탈행위를 일삼았다.[18]

그는 평소 이탈리아의 파시스트 베니토 무솔리니Benito Mussolini를 존경해왔는데, 이러한 배경으로 당시 국수대중당 당원들은 이탈리아 파시스트당의 제복을 닮은 검은 셔츠의 국방복을 착용했다. 그리고 그는 1935년 비리와 폭력 혐의로 체포되어 감옥에서 수년간 복역하고 출소한 직후에 직접 비행기를 몰고 이탈리아까지 가서 무솔리니를 만나고 오기도 했다.[19] 그는 일본 제국의 침략전쟁 내내 군에 적극 협력하면서 이권을 챙겼다. 국수대중당 창당 직후에는 총 22대의 비행기를 구매해서 소규모 민간 비행대를 조직한 뒤 만주사변 당시 일본군의 물자 공수 업무를 담당했고, 태평양전쟁 기간에는 중국 내 일본제국 해군 군납 이권에도 개입해서 상당한 부를 쌓

---

18 Richard J, Samuels, Machiavelli's Children : Leaders and Their Legacies in Italy and Japan, Cornell University Press, 2003.

19 Le Monde, "M.Sasakawa, un patriote en noir et blanc", 1988b.

게 된다.[20]

그는 이러한 군의 비호 하에 쌓아온 재력을 기반으로 1942년 국회의원에 당선되어 정계에 공식 입문하게 되고, 일본의 패전 무렵 권력 재편기에는 다양한 정치 세력과 협력을 타진하면서 정치적 입지를 다지게 된다. 그러나 그는 2차 세계대전이 끝나고 극동국제군사재판International Military Tribunal for the Far East(IMTFE) 특별 포고령에 의해서 A급 전범 용의자로 전격 체포되어 스가모 감옥巢鴨拘置所에 수감된다. 이후 도교전범재판 과정에서 스가모 감옥에 수감된 60여 명의 A급 전범 용의자들 중 28명이 기소되어 사형 및 종신형에 처해졌는데, 사사카와 료이치를 포함한 일부 용의자들은 3년여 수감생활 후에 불기소 처분을 받는다.[21]

당시 스가모 감옥에는 일본 정치권 실력자인 기시 노부스케岸信介, 와 정치 폭력배로 악명이 높던 코다마 요시오児玉誉士夫 등도 사사카와 료이치와 함께 수감생활을 했는데, 이들 역시 모두 불기소 처분을 받았다.[22] 당시 전범 재판 관련 문서들을 연구한 학자들에 따르면 이들의 기소 혐의는 대체로 인정되었던 것으로 나타났는데, 그럼에도 불구하고 이들이 당시 불기소된 것은 미군정 및 정보 당국이 향후 반공운동 등 일본 국내 정치 여러 측면에서 전범들과 협조하는 것이 전제되었다고 보는 시각이 지배적이다. 사사카와 료이치에게는 이 스가모 감옥에서 맺은 이들과의 인연이 향후 일본 정치권의 비호 하에 막대한 부를 축적하고 영향력을 키워가는 토대가 된다.[23]

---

20   Richard J, Samuels, op.cit., p.243.

21   Le Monde, op.cit., 1988b.

22   기시 노부스케는 스가모 감옥 출소 이후 일본 총리(1957~1960)를 역임했으며, 훗날 그의 외손자인 아베 신조安倍晋三도 일본 총리(2012~2020)를 역임한다.

23   Philippe Pons, Misère et crime au Japon : Du XVIIe siècle à nos jours, Gallimard, 1999, pp.245~246.

출소 후 사사카와 료이치는 1950년에 일본 정치권이 모터보트경주법을 제정하는 시점에 맞추어 사단법인 모터보트경주연합회 창설을 주도하여 경정사업 이권을 선점한다. 그리고 1962년에는 재단법인 일본선박진흥회日本船舶振興会를 설립하여 회장으로 취임하고 경정 도박사업 이익으로 막대한 부를 축적하기 시작한다. 1960~70년대 일본선박진흥회의 한해 총수입은 일본의 매년 국방비 규모와 맞먹을 정도였다. 이 무렵 과거 스가모 감옥에 함께 있었던 기시 노부스케는 일본 총리가 되어 정치권의 중심이 되었고, 코다마 요시오는 야쿠자와 연계된 정치폭력의 핵심으로 활동했고, 사사카와 료이치는 경정 관련 도박사업을 통해 축적한 부로 이들을 도우며 긴밀히 협력해 왔다.[24]

사사카와 료이치는 경정 사업 이권을 통해 형성한 막대한 재력을 바탕으로 전후 일본 사회에서 급속히 영향력을 키워갔다. 그는 일본 우익 정치인들을 재정적으로 후원하거나, 정부 관료들의 퇴직 후 생계를 챙기면서 정관계에서 영향력을 확대해 갔다.[25] 그리고 질병, 고아, 장애 등 사회복지 영역에 상당한 금액을 기부하고, 학술 연구기관과 비영리 단체를 재정적으로 후원하면서 사회적 평판도 쌓아갔다. 1960~70년대에는 한국의 통일교 문선명 총재와 긴밀히 협력하여 세계반공주의연맹World Anti Communist League(WACL)을 주도하면서 그 영향력을 동아시아로 확대해 갔으며, 국제적 차원의 인도주

24　Susan Carpenter, "The DNA of Japan's Post-War Political System : Ultra-Conservative to the Core," ed. Susan Carpenter, Japan's Nuclear Crisis : The Routes to Responsibility, Palgrave Macmillan UK, 2012. pp.108~142; David E. Kaplan and Alec Dubro, Yakuza : Japan's Criminal Underworld, University of California Press, 2012, pp.175~177.

25　Le Monde, "La richissime fondation Sasakawa est mise en cause par le Parlement", 1994.

의적 자선 사업들도 하나둘씩 전개해가면서 활동 무대를 점차 전 세계로 넓혀나갔다.[26]

2) 재정지원을 통한 역사부정의 국제화

1980년대 들어와 사사카와 료이치는 서구에서 여전히 자신을 A급 전범 용의자로 규정하고 있는 것과 관련해서 자신의 과거 행적을 희석시키고 일본의 전쟁범죄를 축소 또는 왜곡하는 데 도움이 되는 활동이나 인사들에 대한 체계적인 지원을 시작한다. 1986년 사사카와평화재단笹川平和財団, Sasakawa Peace Foundation의 설립은 그러한 활동의 본격적 시발점이었다. 그는 사카카와평화재단을 통해 다양한 자선 활동을 전개하면서 세계 곳곳에서 자신에게 우호적 인사들의 네트워크를 구축해나간다. 그리고 1997년에는 동경재단東京財団, Tokyo Foundation을 설립하여 일본의 식민지배를 정당화하고 전쟁범죄를 부정하는 역사수정주의적 연구 지원에 본격적으로 나서게 된다.

그리고 기존 일본선박진흥회를 일본재단日本財団, Nippon foundation으로 명칭 변경한 후에 이후 연이어 설립되는 사사카와 관련 재단들의 본부 역할을 수행하도록 했다. 일본재단은 2022년 기준 약 3조원의 자산을 보유하고 매년 약 6,000억 원 이상의 기금 수입 및 지출 규모를 유지하고 있는데, 이는 일본의 모든 공익재단들 중에서 연간 기금 수입 및 지출 규모로는 1위, 자산 규모로는 2위에 해당된다.[27] 일본재단, 사사카와평화재단, 동경재단 이외에도 환경, 사회, 스포츠, 해양, 문화, 과학 분야 등 다양한 영역에서 국내외적

---

26 Paula Daventry, Sasakawa : The Warrior for Peace, the Global Philanthropist. Else-
vier, 2014.

27 Japan Foundation Center, "資産総額上位100財団", https://www.jfc.or.jp/bunse-
ki-top/rank_asset/rank_asset2022/

으로 약 20여 개의 사사카와 관련 재단들이 설립되어 운영되는데, 이는 전 세계적으로도 유례없을 정도의 규모를 갖춘 민간재단 그룹을 조직해 운영해온 것이다.[28]

이러한 사사카와 관련 재단들의 해외 학계 지원은 사사카와 료이치의 과거 행적이나 일본의 전쟁범죄에 대한 역사수정주의적 시각이 서구 학계에 자리잡는 데 큰 기여를 해왔다. 대표적으로 2010년 컬럼비아대출판부에서는 '안토니오 그람시의 『옥중수고』'를 연상시키는 제목의 '사사카와 료이치의 『스가모 일기*Sugamo Diary*』'라는 책이 출판된다.[29] 이 책은 사사카와 료이치가 제2차 세계대전 종전 직후 A급 전범 용의자로 체포되어 수감된 기간 동안 옥중에서 작성한 서신문 등을 모아 영어로 출판한 것인데, 이 서신문이 영국의 대학에서 연구되고 미국의 대학 출판부에서 출판되는 모든 과정에서 일본재단을 필두로 하는 사사카와 재단들의 재정적 뒷받침이 있었다.[30]

그리고 동경재단은 『난징대학살－사실과 허구*The Nanking Massacre : Fact versus Fiction*』라는 도서의 영어판 번역 및 해외 보급에 주도적인 역할을 했다.[31] 슈도 히가시나카노東中野 修道라는 극우성향의 역사학자가 저술한 이 책은 중일전쟁 기간 동안 일본 제국이 군대를 동원해 최소 20만 명의 중국인을 학살한 난징대학살과 관련해 "난징에서 일본에 의한 학살은 존재하지 않았다"라는 극단적인 역사부정론에 기반해 있다. 당초 일본어로만 출판되었던 이 책

---

28 그리고 사사카와 료이치의 사후에는 그의 장자인 사사카와 료헤이(笹川 陽平)가 이 재단들을 모두 물려받아 그 활동을 계속 이어가고 있다.

29 Sasakawa Ryôichi, Sugamo Diary, Columbia University Press, 2010.

30 Karoline Postel Vinay and Mark Selden, "History on Trial : French Nippon Foundation Sues Scholar for Libel to Protect the Honor of Sasakawa Ryōichi", The Asia Pacific Journal, 2010.

31 Higashinakano Shudo, The Nanking Massacre : Fact versus Fiction : A Historian's Quest for the Truth, Sekai Shuppan, 2005.

은 해외에서 일본에 대한 편향된 견해와 오해를 바로잡는다는 명분을 내세운 동경재단의 지원 하에 영어로 번역되어 전 세계 주요국 수천여 개의 대학 및 공공 도서관에 보급되었다.

사사카와 료이치는 이러한 민간재단을 통한 해외 활동을 한층 더 강화하기 위해 유럽과 미국 지역을 중심으로는 국가별 별도의 재단도 설립해 왔다. 1984년 스웨덴에 스칸디나비아-일본 사사카와 재단The Scandinavia-Japan Sasakawa Foundation(SJSF), 1985년 영국에 대영 사사카와 재단The Great Britain Sasakawa Foundation(GBSF), 1990년 프랑스에 프랑스-일본 사사카와 재단과 미국에 미국 사사카와 평화재단The Sasakawa Peace Foundation USA(SPFUSA)을 설립했다. 그리고 1995년에는 일본재단이 한국의 연세대에 한일협력기금을 설립하려다가 반발에 부딪히자 그 이듬해 교외에 재단법인 아시아연구기금Asia Research Fund을 설립했다.

이러한 사사카와 관련 해외 재단들은 주로 학술 연구 재정지원을 매개로 해외 현지의 유수 대학들과 우호적 관계를 구축하고, 일본 과거사 관련 학술 연구를 수행하는 학자들과 학문 후속세대들을 지원해 왔다. 이러한 지원 활동 과정을 통해서 균형 잡힌 시각이라는 명목 하에 전쟁범죄를 상대화하는 연구가 장려되고 일본의 전쟁책임을 축소하는 연구가 가능한 학술환경을 조성하는 데 기여해 왔다. 이러한 학술 및 문화 활동 지원에서 주로 평화, 국제이해, 문화교류 등의 수사적 표현을 사용하면서, 이것이 학문적 다양성과 개방성에 기여하는 비정치적 활동임을 강조해 왔다. 하지만 해외 현지 학계를 중심으로 이들이 역사부정의 배후 역할을 수행하는 것에 대한 비판 및 견제가 꾸준히 이어져 왔다.[32]

---

32 Jeff Kingston, "Japanese Revisionists' Meddling Backfires", Critical Asian Studies, 51(3), 2019, pp.437~450; Karoline Postel-Vinay, "The West and the Dissemina-

3) 프랑스-일본 사사카와 재단의 전략적 봉쇄소송

1990년 프랑스에 설립된 프랑스-일본 사사카와 재단FFJDS은 그 설립 이전부터 프랑스 사회에서 논란이 있었다. 1988년에 일본재단의 전신인 일본선박진흥회가 파리국립음악원CNSM에 100만 달러의 기금을 통해 예술가들을 지원하는 계획을 추진하자 논란이 일기 시작했고, 이어서 프랑스에 사사카와의 이름을 붙인 민간재단 설립 움직임이 구체화되자 관련 학계 및 시민사회를 중심으로 문제 제기가 이어지게 된다.[33] 이에 당시 프랑스 관계 당국은 신설되는 재단 명칭에 사사카와라는 이름을 사용하지 않는다는 조건으로 1990년에 재단의 출범을 허용했다.[34] 그 결과, 당시 관보에는 '프랑스-일본 재단'이라는 공식 명칭하에 사사카와라는 이름은 속칭으로만 병기되었다.[35]

그러나 2000년대 들어와 FFJDS는 조용히 사사카와라는 이름을 재단 명칭 맨 앞에 넣고 활동하기 시작했다. 이 무렵부터 FFJDS는 프랑스 대학과 연구기관에 일본학 연구 및 문화교류를 위한 재정 지원을 하면서 프랑스 내 일본의 과거사 관련 연구에 직간접적으로 영향력을 미쳐 왔다. 특히 학술 연구의 경우 일본 제국주의와 전쟁범죄에 대한 비판적 연구보다는 일본의 경제적 성장과 전후 평화적 기여를 강조하는 연구에 대한 선택적 연구비 지원을 통해서 사실상 재정 지원을 조건화해 왔다. 그리고 장기 프로젝트인

---

tion of Japanese Historical Revisionism", Routledge Handbook of Trauma in East Asia, Routledge, 2023.

33　Le Monde, "L'automne des échanges franco-japonais", 1988a.

34　Le Monde, "Le passé de criminel de guerre du père d'une fondation franco-japonaise au coeur d'un procès à Paris", 2010b.

35　Secrétariat Général du Gouvernement. "Décret Du 23 Mars 1990 Portant Reconnaissance d'une Fondation Comme Établissement d'utilité Publique." Légifrance. https://www.legifrance.gouv.fr/jorf/id/JORFTEXT000000167799

경우에는 중간평가를 통해서 연구 방향성을 일정 정도 통제해 왔다. 그 결과로 이러한 연구비 지원을 통해 성장한 우호적인 연구자들이 프랑스 학계 및 문화계에 다수 포진하게 된다.

2005년 사사카와 관련 재단들이 난징대학살에 관한 역사부정론에 기반한 도서의 해외 홍보 및 보급에 적극적으로 나서게 되면서, 이들의 활동에 대한 프랑스 학계와 시민 사회의 경계심도 고조되기 시작했다. 그러한 가운데 2008년 프랑스-일본 수교 150주년을 기념하여 프랑스의 유력 싱크탱크인 국제관계연구소Institut Français des Relations Internationals(IFRI)가 FFJDS와 프랑스 외교부의 공동 후원으로 행사를 계획하게 되자 프랑스 학자들이 이에 강력하게 문제를 제기했다. 프랑스 내 일본학 및 동아시아학 연구자 60여 명이 공동 성명문을 발표하고 프랑스 정부가 전쟁범죄에 대한 역사부정의 배후에 있는 FFJDS와 함께 수교기념 행사에 참여하면 안 된다는 견해를 공개적으로 천명했다.[36]

당시 프랑스 외무부장관은 사회당 소속의 '국경 없는 의사회' 출신 베르나르 쿠슈네르Bernard Kouchner였는데, 그는 이러한 학자들의 문제 제기를 심각하게 받아들여 당시 외무부가 FFJS와 공동 후원을 하려했던 이 행사에 참여하지 않기로 결정을 내렸다. 그런데 그로부터 1년이 지난 2009년에 FFJDS가 당시 공동 성명문을 준비한 학자들 중 가장 주도적인 역할을 수행한 한 명을 지목해서 법적 대응에 나서면서 논란은 다시 재점화됐다. FFJDS가 당시 서명운동을 주도했던 파리정치대학시앙스포의 카롤린 포스텔-비네 박사 개인을 상대로 사사카와 료이치의 명예를 훼손했다며 SLAPP를 제기한 것이다.[37]

---

36 Karoline Postel Vinay, and Mark Selden, op.cit.
37 Le Monde, op.cit. 2010b.

이에 대해 프랑스 정치학회l'Association Française de Science Politique와 프랑스 일본
학회la Société Française des Etudes Japonaises는 학문의 자유를 침해하는 행위라고 비
판하는 성명을 내면서 공동 대응에 나섰다.[38] 프랑스 정치학회는 "60여 명
의 학자들이 학술적 관점에 기반해 함께 준비한 공동 성명문을 문제 삼으면
서 단 한 명에게 본보기로 소송을 거는 것은 프랑스에서 전례가 없던 학술
적 자유를 억압하는 행위"라고 비판의 목소리를 높였다. 프랑스 일본학회도
"사사카와 료이치의 극우 행적은 학계에서 학술적 논의를 통해 충분히 검증
되어 온 사실이며 이에 대한 이견이 있다면 학술적 논의를 통해서 해결해야
한다"고 지적했다.[39]

프랑스에서 일어난 사사카와 관련 재단의 SLAPP에 대한 학계의 비판은
유럽 대륙을 넘어 전 세계로 확산하여 수많은 동료 학자들이 이에 항의하는
탄원서에 서명했다. 그리고 한국에서도 이와 관련된 내용이 언론을 통해 보
도되면서, 사사카와 관련 재단의 영향력에 대한 학계와 사회의 경각심이 환
기되는 계기가 되었다.[40] 또한 유럽에서 비판적 학자들의 입을 막는 SLAPP
에 맞서 학문의 자유를 보호하기 위해서 '국경 없는 학자회Chercheurs sans fron-
tières - Free Science'라는 학자들의 NGOs가 결성되기도 하였다.[41] 결국 2년여 동
안 법적 논쟁이 이어지고, 마침내 2010년 9월 프랑스 법원은 "카롤린 포스
텔-비네 박사가 FFJDS 설립자인 사사카와 료이치의 과거 전쟁범죄 연루

---

38 Association Française de Science Politique. "Communiqué de l'AFSP du 24 sep-
    tembre 2010 en soutien à Karoline Postel-Vinay", https://www.afsp.info/associa-
    tion/publications/communiques/

39 Le Monde, op.cit. 2010b.

40 윤석준, 「프랑스 학자들, 일본 극우 재단과 싸우다」, 『한겨레21』 817호, 2000,
    47~50쪽.

41 윤석준, 「국경없는 학문의 장을 위하여」, 『한겨레21』, 853호, 2001, 한겨레신문
    사, 2001, 50~53쪽.

의혹을 제기한 것은 선의에 기반하여 그 진술에도 충분한 근거들이 있기에 이는 표현의 자유의 범위 내에 있다고 판단하여 명예훼손이 성립되지 않는 다"라는 판결을 내린다.[42]

4) 법원 판결을 통한 역사적 사실 확인 및 표현의 자유 보장

FFJDS가 제기한 이 SLAPP 과정을 통해서 그동안 논란이 되었던 사사카 와 료이치의 과거 행적에 대한 역사적 사실 관계가 프랑스 법원에 제출되고 판결문에도 인용된 여러 증거 자료들을 통해서 확인되었다.[43] 프랑스 법에 서 사실적시 명예훼손은 벌금형에 처할 수 있는 범죄가 되지만 그 성립요건 을 다소 엄격하게 정하고 있는 바, 해당 진술이 정당한 목적을 위해서 신중 한 표현 방식을 채택했을 경우에는 악의적 의도보다는 선의로 행동했다고 간주되어 명예훼손이 성립되지 않는다. 특히 프랑스 법원은 학문적 활동에 있어 충분한 학술적 근거를 가지고 수행한 진술에 대해서는 그동안 명예훼 손보다는 표현의 자유에 초점을 맞추어 판결해 왔다.[44]

이러한 맥락에서 프랑스 법원은 카롤린 포스텔-비네 박사가 사사카와 료 이치와 관련하여 공개적으로 발언한 내용에 대해, "법원이 역사적 논쟁을 해결하거나 현대 정치사와 관련하여 양측이 주장하는 사실의 정확성에 대 해 판결할 권한은 없다"라고 전제하면서도, "다만 법원의 임무는 명예훼손

---

42 Le Monde, "La justice française déboute la fondation Sasakawa", 2010a.

43 Tribunal de Grande Instance de Paris. "Judgment of 22 September 2010-Case No. : 09/04019." https://www.concernedhistorians.org/content_files/file/le/184.pdf

44 Olivier Beaud, "Academic Freedom in France : A Concept Neglected and Liberties under Threat", Ivo De Gennaro, Hannes Hofmeister and Ralf Lüfter, eds., Academic Freedom in the European Context : Legal, Philosophical and Institutional Perspectives, Springer International Publishing, 2022, pp.205~240.

적 진술을 한 피고가 자신의 진술을 정당화할 만한 충분한 증거를 가지고 있었는지 여부를 평가하는 것"이라고 강조했다. 이에 따라 법원은 피고 측이 제출한 방대한 역사적 사료와 학술적 자료를 검토했으며, 이를 바탕으로 FFJDS가 명예훼손의 구체적 사유로 제기한 진술의 주요 논점들에 대해 카롤린 포스텔-비네 박사가 이를 정당화할 충분한 증거를 갖추고 있었는지를 평가했다.[45]

프랑스 법원의 판단에서 가장 중요한 논점 중 하나는 카롤린 포스텔-비네 박사가 사사카와 료이치를 A급 전범 용의자라고 진술한 부분이었다. 이에 대해 FFJDS는 사사카와가 전범이 아니었으며, 실제로 유죄 판결을 받은 적도 없으므로 해당 발언이 허위 진술에 기반한 명예훼손이라고 주장했다. 그러나 법원은 판결문에서 카롤린 포스텔-비네 박사가 제출한 역사적 사료와 학술적 문헌을 근거로, △사사카와 료이치가 극동국제군사재판에서 A급 전범 혐의로 체포되었으며, △파시스트 활동을 포함한 극우 활동에 가담해 왔고, △침략 행위를 옹호하며 미국에 대한 증오를 조장하는 등 민주주의를 위협하는 인물로 인식되었다는 점을 확인할 충분한 증거가 있다고 판시했다.[46]

법원에서 증거로 인정된 자료에 따르면, 사사카와 료이치는 1945년 12월 11일 "전범으로 체포"되었으며, 같은 해 12월 4일 작성된 그의 기소 영장에 "그는 전쟁 전 가장 활발한 파시스트 조직가이자, 동아시아 정복 정책을 강력하게 주장한 인물이며, 침략, 국수주의, 미국에 대한 증오를 조장하는 운동의 지도자이다. 또한, 민주주의에 위협이 될 가능성이 있는 조직에서 활동하고 있어 체포되어야 한다"고 명시되어 있다. 또한, 1947년 10월 28일 맥

---

45 Philippe Mesmer, "Un fantôme nommé Sasakawa", 2010. L'Express. https://www.lexpress.fr/monde/asie/un-fantome-nomme-sasakawa_919456.html

46 Le Monde, op.cit., 2010a.

아더 장군은 사사카와 료이치를 "일본 전체주의와 침략 정책을 발전시키는 데 있어 군대 외부에서 가장 악질적인 범죄자 중 한 명"으로 평가하며, "A급 전쟁범죄 용의자로 구금되어 도쿄 국제군사재판소에서 재판을 받아야 한다"라고 권고한 기록도 남아 있다.[47]

이에 법원은 "카롤린 포스텔-비네 박사가 제출한 증거들을 고려할 때, 사사카와 료이치를 A급 전범 용의자로 언급할 만한 충분한 자료를 근거로 했으며, 이를 통해 표현의 자유를 정당하게 행사한 선의가 충분히 소명되었으므로 악의적인 명예훼손이 성립되지 않는다"고 최종 판결했다.[48] 오히려 이 소송 과정에서 사사카와 료이치가 야쿠자와 같은 폭력 조직과 깊이 연계되어 있다는 사료와 증거들이 다수 제시되었으며, 이들 역시 법원에서 증거로 채택되어 판결문에도 일부 인용되었다. 그 결과, FFJDS가 제기한 SLAPP 소송의 의도와는 달리, 사사카와 료이치의 부정적인 과거 행적이 오히려 프랑스 사회에 더욱 각인되는 역효과를 불러왔다.

사사카와 료이치의 영향력이 깃든 프랑스 내 공익재단 FFJDS가 비판적인 학자를 상대로 제기한 SLAPP 소송에서, 프랑스 법원이 학문의 자유를 우선시하는 판결을 내린 것은 역사 부정에 대한 법적 판단의 의미를 재고찰하게 하는 중요한 사례다.[49] 이번 사건에서 프랑스 법원은 학자의 연구 활동이 갖는 공익적 가치와 학문의 자유 보호의 필요성을 인정했지만, 이를 역사적 사실의 진위를 사법적으로 확정하는 판단으로 해석하기는 어렵다. 법원의 역할은 역사적 사실을 결정하는 것이 아니라, 학문 연구의 자유를 보장하는 제도적 틀을 마련하는 데 있다고 보아야 한다. 이러한 맥락에서, 프

---

47   Tribunal de Grande Instance de Paris. op.cit.

48   Tribunal de Grande Instance de Paris. op.cit.

49   Olivier Beaud, op.cit., pp.205~240.

랑스 법원의 판결은 역사부정에 대응할 수 있는 최소한의 법적 안전 장치가 작동한 사례로서 의미를 갖는다.

4. 나오며

이 글은 프랑스-일본 사사카와 재단이 카롤린 포스텔-비네 박사를 상대로 제기한 SLAPP사건을 심층적으로 분석함으로써, 일본의 과거사에 대한 역사부정이 학문의 자유를 공세적으로 억압하는 새로운 양상을 조명하였다. 특히 사사카와 료이치라는 인물이 일본 국내외에서 구축한 민간재단 네트워크와 이를 통해 역사수정주의를 국제적으로 확산시키려는 전략을 분석하며 프랑스에서 발생한 SLAPP를 이러한 맥락 안에서 바라볼 필요가 있음을 보여주었다. 프랑스 사례는 역사부정론자들이 학문의 자유를 방패막이 삼아 자신들의 입장을 정당화하는 데서 더 나아가, 이제는 역으로 학문의 자유를 위축시키는 수단으로 SLAPP를 활용하기 시작했다는 점에서 주목할 만하다.

다행히도 프랑스 법원은 이번 사건에서 사사카와 료이치가 설립한 민간재단이 제도적 기반과 법적 수단을 동원하여 학문의 자유를 제약하려는 시도에 제동을 걸고, 학문의 자유와 표현의 자유를 보호하는 판결을 내렸다. 법원은 역사적 사실 관계를 직접 판단하지는 않았지만, 학술적 근거에 기반한 비판적 문제 제기가 정당한 학문 활동의 범주에 속한다는 점을 분명히 했다. 이는 향후 유사한 SLAPP사건에 대한 중요한 선례가 될 것이며, 학문의 자유를 보호하는 법적 안전장치로서도 의미를 갖는다. 또한 이러한 판결 이 단지 한 국가의 사법적 관점에서 단순히 개인의 권리 보호를 넘어 역사부정의 국제적 대응 방안을 모색하는 출발점으로서도 중요한 함의를 지닌다.

이 사건에 대한 프랑스 법원의 판결이 보여주듯, 학문의 자유는 역사부정론자들의 주장을 정당화하는 근거가 아니라 오히려 이들의 압박으로부터 보호받아야 할 가치라는 점에서, 향후 학문의 자유에 대한 법적 보호를 강화하는 방향으로 제도적 보완이 이루어져야 할 것이다. 이러한 맥락에서 이 글은 역사부정론의 새로운 양상과 이에 대한 제도적 대응 방안을 이해하는 데 기여할 수 있을 것이다. 다만, 이 글이 프랑스의 단일 사례에 초점을 맞추고 있다는 점에서, 향후 다른 국가들의 유사 사례들과의 비교 연구를 통해 보다 포괄적인 이해를 도모할 필요가 있다. 또한, 민간재단을 통한 역사부정의 영향력이 학계 전반에 미치는 파급효과에 대해서도 보다 체계적인 후속 연구가 필요하다.

참고문헌

윤석준, 「프랑스 학자들, 일본 극우 재단과 싸우다」, 『한겨레21』. 817호, 2000, 47~50쪽.

______, 「국경없는 학문의 장을 위하여」, 『한겨레21』 853호, 2001, 50~53쪽.

Altbach, Philip G, "Academic freedom : International warning signs", International Higher Education, 2001, pp.2~4.

Association Française de Science Politique. "Communiqué de l'AFSP du 24 septembre 2010 en soutien à Karoline Postel-Vinay", https://www.afsp.info/association/publications/communiques/

Beaud, Olivier., "Academic Freedom in France : A Concept Neglected and Liberties under Threat", Ivo De Gennaro, Hannes Hofmeister and Ralf Lüfter, eds., Academic Freedom in the European Context : Legal, Philosophical and Institutional Perspectives, Palgrave Critical University Studies, Cham : Springer International Publishing, 2022, pp.205~240.

Bok, Derek., *Universities in the Marketplace : The Commercialization of Higher Education*, Princeton University Press, 2003.

Brunsson, Nils., *The Organization of Hypocrisy : Talk, Decisions and Actions in Organizations*, Wiley, 1989.

Carpenter, Susan., "The DNA of Japan's Post-War Political System : Ultra-Conservative to the Core", ed., Susan Carpenter, *Japan's Nuclear Crisis : The Routes to Responsibility*, Palgrave Macmillan UK, 2012. pp.108~142.

Daventry, Paula., *Sasakawa : The Warrior for Peace, the Global Philanthropist*, Elsevier, 2014.

De Jong, Hans Peter., *Neo-liberalism and Academic Freedom*, Routledge, 2017.

DiMaggio, Paul J. · Walter W. Powell, "The Iron Cage Revisited : Institutional Isomorphism and Collective Rationality in Organizational Fields", *American Sociological Review*, 48(2), 1983, pp.147~160.

Drori, Gili S., "Institutionalism and Globalization Studies", *The Sage handbook of organizational institutionalism*, 2008, pp.449~472.

Edwards, David. · J. Rogers, *American Professors : A National Resource Imperiled*, Harvard University Press, 2016.

Etzkowitz, Henry. · Andrew Webster, *Christiane Gebhardt and Branca Terra*, Capitalizing Knowledge : New Intersections of Industry and Academia, State University of New York Press, 2000.

Horvath, Agnes.·Powell, Walter W, "Contributory or Disruptive : Do New Forms of Philanthropy Erode Democracy?", in Rob Reich, Chiara Cordelli and Lucy Bernholz, eds., *Philanthropy in Democratic Societies : History, Institutions, Values*, University of Chicago Press, 2016, pp.87~122.

Japan Foundation Center, "資産総額上位100財団", https://www.jfc.or.jp/bunseki-top/rank_asset/rank_asset2022/

Kaplan, David E. and Alec Dubro, Yakuza : Japan's Criminal Underworld, University of California Press, 2012.

Kingston, Jeff., "Japanese Revisionists' Meddling Backfires", Critical Asian Studies, 51(3), 2019, pp.437~450.

Le Monde, "L'automne des échanges franco-japonais", 1988a, https://www.lemonde.fr/archives/article/1988/11/10/l-automne-des-echanges-franco-japonais_4115363_1819218.html

_________, "M.Sasakawa, un patriote en noir et blanc", 1988b, https://www.lemonde.fr/archives/article/1988/11/10/m-sasakawa-un-patriote-en-noir-et-blanc_4115360_1819218.html

_________, "La richissime fondation Sasakawa est mise en cause par le Parlement", 1994, https://www.lemonde.fr/archives/article/1994/06/15/japon-la-richissime-fondation-sasakawa-est-mise-en-cause-par-le-parlement_3820699_1819218.html

_________, "La justice française déboute la fondation Sasakawa", 2010a, https://www.lemonde.fr/asie-pacifique/article/2010/09/23/la-justice-francaise-deboute-la-fondation-sasakawa_1415068_3216.html

_________, "Le passé de criminel de guerre du père d'une fondation franco-japonaise au coeur d'un procès à Paris", 2010b, https://www.lemonde.fr/asie-pacifique/article/2010/06/22/le-passe-de-criminel-de-guerre-du-pere-d-une-fondation-franco-japonaise-au-coeur-d-un-proces-a-paris_1376788_3216.html

Lipstadt, Deborah E., *Denying the Holocaust : The Growing Assault on Truth and Memory*, Penguin Publishing Group, 1994.

Mayer, Jane., *Dark Money : The Hidden History of the Billionaires Behind the Rise of the Radical Right*, Doubleday, 2016.

Meyer, John W.·Brian Rowan, "Institutionalized Organizations : Formal Structure as Myth and Ceremony", *American Journal of Sociology*, 83(2), 1977, pp.340~363.

Morris-Suzuki, Tessa., *The Past Within Us : Media, Memory, History*, Verso, 2005.

Philippe Mesmer, "Un fantôme nommé Sasakawa", 2010. L'Express. https://www.lexpress.fr/monde/asie/un-fantome-nomme-sasakawa_919456.html

Pons, Philippe., *Misère et crime au Japon : Du XVIIe siècle à nos jours*, Gallimard, 1999.

Postel-Vinay, Karoline., "The West and the Dissemination of Japanese Historical Revisionism", *Routledge Handbook of Trauma in East Asia*, Routledge, 2023.

Postel Vinay, Karoline. · Mark Selden, "History on Trial : French Nippon Foundation Sues Scholar for Libel to Protect the Honor of Sasakawa Ryōichi", *The Asia Pacific Journal*, 2010. https://hal-sciencespo.archives-ouvertes.fr/hal-03612154

Power, Michael., *The Audit Society : Rituals of Verification*, Oxford University Press, 1999.

Pring, George. · Penelope Canan, Slapps : Getting Sued For Speaking Out, Temple University Press, 1996.

Reich, Rob., "On the Role of Foundations in Democracies", in Rob Reich, Chiara Cordelli and Lucy Bernholz, eds., *Philanthropy in Democratic Societies : History, Institutions, Values*, University of Chicago Press, 2016, pp.64~82.

Ryôichi, Sasakawa., *Sugamo Diary*, Columbia University Press, 2010.

Samuels, Richard J., *Machiavelli's Children : Leaders and Their Legacies in Italy and Japan*, Cornell University Press, 2003.

Seraphim, Franziska., *War Memory and Social Politics in Japan, 1945~2005*, Harvard University Asia Center, 2006.

Scott, W. Richard., *Institutions and Organizations : Ideas, Interests, and Identities*, SAGE Publications, 2013.

Secrétariat Général du Gouvernement, "Décret Du 23 Mars 1990 Portant Reconnaissance d'une Fondation Comme Établissement d'utilité Publique." Légifrance. https://www.legifrance.gouv.fr/jorf/id/JORFTEXT000000167799

Shudo, Higashinakano., *The Nanking Massacre : Fact versus Fiction : A Historian's Quest for the Truth*, Sekai Shuppan, 2005.

Slaughter, Sheila. and Larry L. Leslie, *Academic Capitalism : Politics, Policies, and the Entrepreneurial University,* Johns Hopkins University Press, 1997.

Tribunal de Grande Instance de Paris. "Judgment of 22 September 2010 – Case No. : 09/04019." https://www.concernedhistorians.org/content_files/file/le/184.pdf

Vidal-Naquet, Pierre., *Assassins of Memory*, Columbia University Press, 1993.

제4장

역사부정죄의 정당성 근거

한국의 역사부정죄 논의에 대한 비판적 검토[1]

홍성수

1. 들어가며

역사적 진실을 부인하거나 역사를 왜곡하는 발언을 처벌할 수 있을까? 바로 '역사부정죄'의 문제이다. 흔히 유럽의 홀로코스트 부정죄로 알려진 역사부정죄는 한국 사회에서도 이미 여러 차례 논쟁의 대상이 된 바 있고, 수차례 입법이 추진된 바 있다. 2005년 일본 전쟁범죄에 관한 역사적 사실을 날조하는 행위를 처벌하는 법안을 시작으로 반인륜범죄, 민주화운동, 5·18민주화운동, 천안함사건, 6·25전쟁 등과 관련하여 역사를 왜곡하는 항행위를 법안들이 발의된 바 있으며, 이 중 5·18민주화운동을 부정하는 행위를 처벌하는 법이 입법되어 시행 중이다.

그런데 역사부정행위를 처벌하는 것은 결코 간단한 문제가 아니다. 역사에서 확고부동한 '진실'이 과연 존재하는지에 대한 근본적인 의문부터, 역

---

1   이 글은 홍성수, 「역사부정죄의 정당성 근거─한국 역사부정죄 법안에 대한 비판적 검토」, 『법학논총』 39(1), 전남대 법학연구소, 2019에 기반하고 있으며, 〈성공회대학교 동아시아연구소 국제학술해외─역사부정과 혐오의 정동〉(2022년 6월 3일), 〈일본군'위안부'피해자 보호법 개정을 위한 국회 토론회〉(2022년 8월 26일)에서 발표된 바 있다.

사부정을 처벌한다고 해서 역사부정행위가 근절되지 않는다는 현실적인 문제, 표현의 자유와의 충돌 문제, 역사적 진실은 사상의 자유시장에서 논쟁으로 해결할 문제라는 자유주의의 반론까지 역사부정죄에 대한 비판적 문제제기가 있기 때문이다.

이러한 비판에도 불구하고 역사부정을 처벌하는 입법을 하기 위해서는 치밀한 정당화가 필요하다. 역사부정에 대한 도덕적, 윤리적 비판을 넘어, 형사처벌의 정당성에 대한 충분한 논거가 확보되어야 하는 것이다. 하지만 그동안의 입법과정이나 법안의 내용들을 살펴보면 입법취지도 모호하고 법안 자체의 완성도도 그리 높지 않아 보인다. 시민 사회나 학계의 논의도 척박한 수준이다. 이러한 상황에서 역사부정죄의 입법취지를 꼼꼼하게 검토하고, 역사부정죄 입법이 정당화되기 위해서는 어떤 전제조건이 마련되어야 하는지 살펴볼 필요가 있다. 이를 위해 아래에서는 먼저 역사부정죄의 의의를 전반적으로 살펴보면서 특히 유럽에서 역사부정죄가 제정된 이유와 목적을 검토하고[2장], 이를 바탕으로 그동안 한국에서 발의되었던 역사부정죄 법안들의 문제들을 검토한다[3장]. 그리고 마지막으로 한국에서 역사부정죄 논의가 발전해 나가려면 무엇이 더 필요한지를 살펴보는 것으로 결론을 맺도록 하겠다.

2. 역사부정죄 개관

1) 역사부정죄의 의의와 현황

'역사부정죄crime of historical denialism'는 '역사적 사실을 부정하는 표현'을 범죄화하고 처벌하자는 것이다. 이 처벌법은 '역사적 기억에 관한 법memory law'

의 하나로 분류되기도 한다. 역사적으로 중요한 범죄행위를 기억하는 것은 그 국가의 근간을 이루는 헌법적 가치이며, 그 기억을 사회에 체계적으로 뿌리박게 만드는 것이 바로 역사적 기억에 관한 법의 기능이다.[2] 이러한 역사적 기억에 관한 법에는 진상규명위원회 설립을 위한 법, 기념재단을 설립을 위한 법, 기념일을 제정하는 법 등 다양한 형태가 있으며, 역사부정을 처벌하는 법은 그중 가장 강력한 대응이라고 할 수 있다.[3]

역사부정죄라고 해서 역사부정행위 일반을 처벌 대상으로 삼는 것은 아니며, 반인륜범죄 등 중대한 인권침해사건에 대한 역사적 진실을 부인하거나 왜곡하는 것을 처벌한다.[4] 그래서 '역사적인 잔혹행위 부정에 관한 법law against the denial of historical atrocities'이라고도 불리며, 유럽에서는 특별히 '홀로코스트 부정holocaust denial' 또는 '제노사이드 부정genocide denial'을 처벌하는 것으로 입법화되어 왔다.[5] 여기서 '부정denial'이란 반인륜적 범죄를 정당화하거

---

2 Emanuela Fronza, "The Criminal Protection of Memory : Some Observations about the offense of Holocaust Denial", Ludovic Hennebel and Thomas Hochmann, eds., *Genocide Denials and the Law*, Oxford University Press, 2011, p. 156.

3 David Fraser, "'On the Internet, Nobody Knows You're a Nazi' : Some Comparative Legal Aspects of Holocaust Denial on the WWW", Ivan Hare and James Weinstein, eds., *Extreme Speech and Democracy*, Oxford University Press, 2009, p.512.

4 이재승, 「기억과 법-홀로코스트 부정」, 『법철학연구』 11(1), 2008, 224쪽.

5 이와 관련한 상세한 연구로는 Ludovic Hennebel and Thomoa Hochmann, eds., *Genocide Denials and the Law*, Oxford University Press, 2011; Robert Kahn, *Holocaust Denial and the Law : A Comparative Study*, Palgrave Macmillan, 2014; Guenter Lewy, *Outlawing Genocide Denial : The Dilemmas of Official Historical Truth*, University of Utah Press, 2014; Emanuela Fronza, *Memory and Punishment : Historical Denialism, Free Speech, and the Limits of Criminal Law*, Asser Press/Springer, 2018 참조. 국내 연구로는 이재승, 위의 논문, 223~252쪽; 김희정, 「역사적 사실을 부인하는 행위에 대한 제재법률의 헌법적 정당성」, 『고려법학』 67, 2012, 75~113쪽; 김희정, 「역사부정규제법제의 헌법적 정당성-홀로코스트 부정을 중심으로」, 고려대 석사논문, 2008 참조.

나justification/billigen, 부인 또는 왜곡하는 것negation/leugnen 또는 평가절하하거나 사소한 것으로 취급하는 것trivialization/verharmlosen 등을 포함한다.[6] 생각 자체를 처벌하는 것은 아니며, 그러한 생각이 '표현'될 때 규제 대상이 된다.

역사부정죄를 두고 있는 국가들은 주로 유럽에서 찾아볼 수 있다. 2007년 유럽이사회Council of Europe는 회원국들에 종교적·인종적 혐오 선동의 처벌을 요구하는 결의와 협약을 채택한 바 있으며,[7] 오스트리아, 벨기에, 체코, 프랑스, 독일, 리히텐슈타인, 리투아니아, 룩셈부르크, 폴란드, 포르투갈, 루마니아, 슬로바키아, 스위스 등 18개 유럽국가와 이스라엘에 홀로코스트나 제노사이드 부정을 처벌하는 법이 있다고 알려져 있다.[8]

2) 역사부정죄의 정당화 근거

그렇다면 유럽에서 역사부정을 처벌하는 법을 제정하고 운용하고 있는 이유는 무엇일까? 앞서 언급했듯이, 역사부정죄는 법에 명시된 특정한 역사적 사실에 대한 부정을 처벌한다. 그 특정한 역사적 사실은 주로 반인륜

---

6   아래에서는 이를 통칭하여 '부정'이라고 말한다.

7   Council Framework Decision 2008/913/JHA of 28 November 2008 on combating certain forms and expressions of racism and xenophobia by means of criminal law. 유럽연합의 역사부정죄 대응에 대해서는 Lauren Pech, "The Law of Holocaust Denial in Europe : Toward a (qualified) EU-wide Criminal Prohibition", Ludovic Hennebel and Thomoa Hochmann, eds., *Genocide Denials and the Law*, Oxford University Press, 2011. pp.185~234 참조; 국제법상 역사부정죄에 대해서는 E. Fronza, op.cit., chapter 2.

8   서유럽국가 중에서는 이탈리아와 영국이 역사부정죄가 없는 나라다. 하지만 영국이나 이탈리아도 증오선동을 처벌하기 때문에 증오선동에 해당하는 역사부정행위는 처벌된다. 세계 각 국의 역사부정죄 현황에 대해서는 Martin Imbleau, "Denial of the Holocaust, Genocide, and Crimes Against Humanity, A Comparative Overview of Ad Hoc Statutes", Ludovic Hennebel and Thomoa Hochmann, eds., *Genocide Denials and the Law*, Oxford University Press, 2011, pp.235~278 참조.

적인 범죄행위이다. 예컨대, 나치에 의해 자행된 홀로코스트나 특정 시기의 제노사이드를 명시하고 있는 경우도 있고, 국제법상 반인륜범죄 행위[9]를 대상으로 삼는 쪽우도 있다. 그래서 역사부정에 관한 입법에는 '홀로코스트 부정에 관한 법laws against holocaust denial' 또는 '제노사이드 부정에 관한 법laws against genocide denial'이라는 표제가 널리 사용되어 왔다.

특정한 역사적 사실에 대한 부정을 처벌하는 것에는 특별한 이유가 있다. 역사적 사실에 관한 논쟁은 사상의 자유시장에 맡겨야 하지만, 예외적으로 이 특정한 역사적 사실을 부정하는 것만큼은 처벌해야 한다는 분명한 필요성이 있어야 역사부정죄가 정당화될 수 있다. 다음에서는 정당화 논거로 제시될 수 있는 것들을 차례로 살펴보도록 하겠다.

(1) 진실 논거 – 역사적 진실의 추구

역시부정죄가 필요한 이유로 가장 먼저 생각해 볼 수 있는 것은 역사적 진실의 추구다. 역사부정은 곧 "진실과 기억에 관한 공격assault on truth and memory"[10]이며, 역사부정죄는 이에 맞서 진실과 기억을 지키고 역사 왜곡을 저지한다. 이때 법은 공식적으로 특정한 역사적 진실을 승인하고 그 외의 이견을 표출하는 것을 허용하지 않는다는 점에서 일종의 표현적expressive 기능을 담당한다.

---

9   보통 반인륜범죄로는 국제형사재판소의 관할대상 범죄인 집단살해죄(crime of genocide), 인도에 반하는 죄(crime against humanity), 전쟁범죄(war crime), 침략범죄(crime of aggression) 등이 포함된다.

10   Deborah Lipstadt, *Denying the Holocaust : The Growing Assault on Truth and Memory*, Penguin, 1994.

(2) 피해자 논거 – 생존 피해자와 후손들의 명예 보호

반인륜적 범죄행위의 피해자와 피해자의 가족, 그리고 그 후손들의 명예를 보호하는 것도 역사부정죄의 취지 중 하나다.[11] 역사부정죄의 대상인 반인륜적 범죄행위는 조직적, 집단적, 체계적으로 자행된 구조적 폭력이며 그 피해 범위 또한 광범위하고 지속적이다. 피해자의 정신적 고통과 피해는 현재진행형이며, 그 해악은 충분히 입증 가능한 것이기도 하다.[12] 역사부정죄는 이러한 해악을 치유해야 한다는 취지에서 입법되는 것이다. 예컨대, 대표적인 역사부정죄인 독일의 역사부정죄가 "피해자의 존엄을 침해하는 방법"으로 역사부정이 수행되어야 한다는 요건독일형법 130조 4항을 두고 있는 것은 그러한 차원에서 이해될 수 있다.[13]

물론 기존의 명예훼손죄나 모욕죄를 적용하여 처벌함으로써 피해자의 명예를 보호할 수도 있다. 하지만 피해자 개인이 개별적으로 소송을 제기하고 구제를 받는 것은 쉽지 않은 일이며, 법리상 집단 명예훼손이나 집단 모욕을 인정받는 것도 상당히 까다로운 일이다.[14] 또한 역사부정행위가 진화

11　Ludovic Hennebel and Thomoa Hochmann, "Introduction : Questioning the Criminalization of Denials", *Genocide Denials and the Law*, Ludovic Hennebel and Thomoa Hochmann, eds., Oxford University Press, 2011, pp.xIiii-Ii 참조.

12　예컨대, "아우슈비츠 가스실에서 죽은 사람은 없다"는 진술은 유태인에 대한 차별과 폭력을 선동하는 것으로 연결될 수 있으며, 홀로코스트 부정죄는 바로 이 문제를 해결하기 위한 것임을 주장하는 D. Fraser, op.cit., pp.519~520·536~537 참조.

13　독일의 역사부정죄의 보호법익은 공공의 평온과 함께 희생자와 관련된 개인의 존엄이라는 것이 다수 견해이다. 김재윤, 「5·18민주화운동 부인에 대한 형법적 규제 방안」, 『법학논총』 35(2), 전남대 법학연구소, 2015, 234~235쪽 참조.

14　5·18민주화운동 부정과 관련하여 이 점을 지적하는 김재윤, 위의 논문, 227~233쪽 참조. 일반적으로 집단 명예훼손, 집단 모욕죄 성립의 난점에 대한 연구로는 김봉수, 「'집단표시에 의한' 모욕죄의 성립논리에 대한 검토」, 『형사법연구』 23(4), 2011, 113~134쪽; 송승현, 「집합명칭에 의한 모욕죄의 성립논리」,

해 나가면서 피해자를 직접 목표로 삼기보다는 역사를 부정하는 방법으로 간접적으로 피해자를 공격하는 경우에 명예훼손죄나 모욕죄는 쉽게 무력화된다. 이러한 문제를 일거에 해결하기 위해서는 역사부정행위 자체를 처벌함으로써 피해자를 보호하는 방법을 생각해볼 수 있다. 명예훼손이나 모욕이 범죄화되어 있지 않은 국가들이라면 이러한 방법이 더욱 설득력을 가질 수 있을 것이다.

(3) 인간존엄 논거 – 인간존엄의 침해

역사부정이 국제질서와 헌정질서의 근간인 인간존엄을 침해한다는 점도 역사부정죄를 정당화할 수 있다. 홀로코스트나 반인륜적 범죄행위를 부정하는 것은 이러한 행위가 정당했다고 주장하는 것과 다름없으며, 이는 곧 국제질서와 헌정질서의 근간인 '인간존엄'을 부정하는 행위로 간주한다. 예컨대, 홀로코스트는 인류 역사성 최악의 반인륜적 범죄행위였고, 그에 대한 반성으로 유엔이나 유럽연합처럼 인권 및 평화를 지향하는 국제질서와 세계인권선언 등의 국제규범이 탄생했다. 홀로코스트 부정은 이러한 국제질서와 국제규범에 정면으로 도전하는 것이나 다름없는 것이다. 더 나아가 반인륜적 범죄행위를 부정하는 것은 반인륜적 범죄행위를 조장하는 것으로 이어질 수 있으며 이는 국제질서와 국제규범에 대한 중대한 위협으로 간주할 수 있다. 독일 역사부정죄의 경우독일형법 130조 3항, "공공의 평온을 교란하기에 적합한 방법으로"라는 구성요건이 적시되어 있는데, 이것은 역사부정행위가 국가가 지향하고 보호하려고 하는 정치적 환경을 침해한다는 점을 감

『홍익법학』 17(1), 2016, 775~808쪽; 이용, 「집단표시에 의한 명예훼손죄와 모욕죄」, 『법조』 64(4), 2015, 45~94쪽; 이정기, 「명예훼손 소송에 있어 '집단표시' 문제에 대한 탐색적 연구」, 『언론과 사회』 23(3), 2015, 53~93쪽 등 참조.

안한 것이다.[15] 국가는 반인륜적 범죄행위에 대한 부정을 허용해서는 안 되며 반인륜적 범죄가 반복되지 않도록 해야 하는데, 역사부정죄는 바로 이러한 국가적 의무를 이행하기 위한 하나의 방법으로 이해될 수 있다.

(4) 차별 논거 – 소수자 차별로서의 혐오표현

역사부정죄를 정당화하는 또다른 논거는 역사부정이 소수자에 대한 차별을 조장·선동하는 혐오표현hate speech이라는 것이다. 혐오표현이 무엇인지에 관해서는 여러 논의가 있지만, 대체로 소수자에 대한 차별과 편견을 조장하거나 멸시, 모욕, 위협하는 행위, 그리고 차별, 적의, 폭력을 선동하는 표현 등을 통칭하는 말이라고 할 수 있다.[16] 혐오표현은 소수자에 대한 차별과 폭력을 선동하는 표현으로서, 소수자에 대한 차별을 조장하거나 공고화, 정당화한다는 점에서 사회에 큰 해악을 끼친다. 역사부정죄의 대상이 되는 범죄행위는 이러한 소수자 혐오·차별 문제와 관련되어 있다.

이것은 피해자 논거의 연속선상에 있다. 즉, 역사부정행위가 생존 피해자

---

15 김재윤, 위의 논문, 235쪽 참조.

16 혐오표현 개념으로는 유럽평의회 각료회의의 권고에 나오는 "반유대주의, 제노포비아, 인종적 증오를 확산시키거나 선동하거나 고취하거나, 정당화하는 모든 형태의 표현 또는 소수자, 이주자, 이주 기원을 가진 사람들에 대한 공격적인 민족주의, 자민족중심주의ethnocentrism, 차별, 적대 등에 의해 표현되는 불관용에 근거한 다른 형태의 증오"라는 개념 정의가 널리 알려져 있다. Council of Europe Committee of Ministers, *Recommendation No. R (97) 20 of the Committee of Ministers to Member States on "Hate Speech"*, October 30, 1997. 한국의 연구 중에서는 "소수자에 대한 편견 또는 차별을 확산시키거나 조장하는 행위 또는 어떤 개인 / 집단에 대해 그들이 소수자로서의 속성을 가졌다는 이유로 멸시, 모욕, 위협하거나 그들에 대한 차별, 적의, 폭력을 선동하는 표현"이라는 정의가 가장 포괄적으로 혐오표현을 개념정의하고 있다. 홍성수, 『말이 칼이 될 때 – 혐오표현이란 무엇이고 왜 문제인가』, 어크로스, 2018; 『혐오표현 리포트』, 국가인권위원회, 2019.

들에 가하는 피해도 문제지만, 그것이 피해자들이 속한 집단에 대한 차별로 연결된다는 점에 주목해야 한다는 것이다.[17] 예컨대, 홀로코스트 부정은 유대인 생존 피해자들에게 해악을 끼침과 동시에 유대인 집단에 대한 차별로 이어질 수 있다. 제노사이드는 단순히 많은 숫자의 사람을 살해한 것만 문제가 되는 것이 아니라, 인종, 민족, 이념 등을 이유로 특정 인구 집단을 말살한 것이다.[18] 이러한 제노사이드는 우발적이거나 일회적인 사건이 아니라 특정 집단에 대한 차별이라는 역사적 배경을 가지고 있다. 그래서 대량학살 행위 이후에도 그 역사적 배경은 완전히 사라지지 않으며, 가해자 등을 처벌해도 문제가 다른 형태로 언제든지 재발하는 경우가 있을 수 있다는 것이다.[19] 이런 상황에서 제노사이드를 옹호하거나 그 사실을 부정하는 발언은 여러 해악을 야기한다. 이러한 발언은 (제노사이드까지는 아니더라도) 특정 인구 집단에 대한 차별을 정당화하거나 조장할 수 있으며, 심지어 제노사이드를 하겠다거나 하자는 의지와 선동으로 작용할 수 있다. 그런 점에서 역사

---

17 Robert Kahn, "Holocaust Denial and Hate Speech", *Genocide Denials and the Law*, ed. by Hennebel and Hochmann, Oxford University Press, 2011. pp.106~107.

18 일명 제노사이드 협약이라고 알려져 있는 〈집단살해죄의 방지와 처벌에 관한 협약(Convention on the Prevention and Punishment of the Crime of Genocide)〉에서는 집단살해를 다음과 같이 정의하고 있다 (2조).
    "협약에서 집단살해라 함은 국민적, 인종적, 민족적 또는 종교적 집단을 전부 또는 일부 파괴할 의도로서 행하여진 아래의 행위를 말한다.
    - 집단구성원을 살해하는 것
    - 집단구성원에 대하여 중대한 육체적 또는 정신적인 위해를 가하는 것
    - 전부 또는 일부에 육체적 파괴를 초래할 목적으로 의도된 생활조건을 집단에게 고의로 부과하는 것
    - 집단 내 출생을 방지하기 위하여 의도된 조치를 과하는 것
    - 집단의 아동을 다른 집단으로 강제적으로 이동시키는 것"

19 그러한 점에서 역사부정이 혐오표현으로서의 성격을 갖는다는 지적으로 이재승, 『국가범죄－한국 현대사를 관통하는 국가범죄와 그 법적 청산의 기록』, 앨피, 2010, 574~575쪽; 김희정, 앞의 글, 2012, 103~106쪽.

부정죄는 혐오표현, 특히 그중에서도 차별, 적의, 폭력을 선동하는 혐오표현의 일종으로 간주된다.[20] 즉 역사부정죄는 역사부정행위가 차별과 혐오로 이어질 수 있기 때문에 역사부정을 처벌하는 것이다.[21]

그래서 유럽이나 국제 사회에서는 혐오표현과 홀로코스트 부정을 같은 맥락에서 다루곤 한다. 홀로코스트 부정이 단순한 역사 왜곡이 아니라, 그 자체로 '차별행위'로 간주하는 것이다. 홀로코스트가 혐오표현과 연동되어 있다는 점은 국제규범과 각국의 관련 법규에서도 쉽게 확인될 수 있다. 대표적인 역사부정죄인 독일형법 130조의 국민선동죄Volksverhetzung의 경우에도 1항과 2항에서는 "일부 주민", "민족적·인종적·종교적 집단" 또는 "민족성에 의하여 분류된 집단"에 대한 증오의 선동에 대한 처벌규정을, 3항과 4항에서는 나치 범죄에 대한 부정을 처벌규정을 두고 있다.[22] 1항과 2항이 혐

---

20 많은 문헌들이 역사부정죄를 혐오표현의 관점에서 접근하고 있다. Robert Kahn, "Cross-Burning, Holocaust Denial, and the Development of Hate Speech Law in the United States and Germany", *University of Detroit Mercy Law Review* 83, 2006; R. Kahn, op.cit., 2014; Raphael Cohen-Almagor, "Holocaust Denial is a Form of Hate Speech", *Amsterdam Law Forum* 2(1), 2009, pp.33~42; Tessa McKeown, "False Historical Discourse in Modern Society", Victoria University of Wellington Legal Research Paper, Student/Alumni Paper No. 29, 2015; G. Lewy, op.cit., p.155 등 참조.

21 R. Kahn, op.cit., 2011, p. 94.

22 독일형법 130조는 다음과 같다 (번역은 법무부, 『독일형법』, 2008 참조).
제130조【국민선동】① 공공의 평온을 교란하기에 적합한 방법으로 다음 각 호의 1에 해당하는 행위를 한 자는 3월 이상 5년 이하의 자유형에 처한다.
1. 일부 주민에 대한 증오심을 선동하거나 그에 대한 폭력적·자의적 조치를 촉구하는 행위
2. 일부 주민을 모욕 또는 악의로 비방하거나 허위사실에 의하여 명예를 훼손함으로써 인간의 존엄을 침해하는 행위
② 다음 각 호의 1에 해당하는 자는 3년 이하의 자유형 또는 벌금형에 처한다.
1. 일부 주민, 민족적·인종적·종교적 집단 또는 민족성에 의하여 분류된 집단에 대한 증오심을 선동하거나 이들에 대한 폭력적·자의적 조치를 촉구하거나,

오표현을 규율하고 3항과 4항이 역사부정을 규율하는 조문 구조 자체가 혐오표현과 역사부정을 자연스럽게 연결시키고 있는 것이다. 유럽연합의 '형사법에 의한, 인종주의와 외국인혐오의 특정 형태 및 표현 방지에 관한 기본 결정'[23] 1조에서도 (a)항과 (b)항은 인종, 피부색, 종교, 혈통 또는 출신 국적 및 민족에 따라 규정된 집단 또는 그 일원에 대한 혐오표현을, (c)항과 (d)항에서는 역사부정을 규정하고 있다. 특히 역사부정죄를 규정할 때는 단순히 반인륜범죄에 대한 부정이 아니라, "인종, 피부색, 종교, 혈통 또는 민족적, 인종적 기원에 따른 어떤 집단이나 그 구성원들을 향하여", "그 집단이나 그 집단 구성원에 대한 폭력 또는 증오를 선동하는 방법으로"라는 구절을

일부 주민 또는 위 집단을 모욕 또는 악의로 비방하거나 허위사실에 의하여 명예를 훼손함으로써 인간의 존엄을 침해하는 것을 그 내용으로 하고 있는 문서(제11조 제3항)에 관하여 다음과 같은 행위를 한 자

a) 반포행위

b) 공연히 전시, 게시, 상영하거나 기타 그 접근을 용이하게 하는 행위

c) 18세 미만자에게 제공, 양여하거나 기타 그 접근을 용이하게 하는 행위

d) 위 문서 또는 이를 통하여 만들어진 제작물을 a 내지 c에 의한 방법으로 사용하거나 타인의 사용을 가능하게 하기 위하여 제조, 취득, 인도, 보관, 공여, 광고, 선전, 수입 또는 수출하는 행위

2. 제1호에 규정된 내용의 표현물을 방송, 미디어 또는 전신을 통하여 반포한 자

③ 국가사회주의(나치) 지배 하에서 범하여진 국제형법 제6조 제1항에서 규정된 종류의 행위를 공공의 평온을 교란하기에 적합한 방법으로 공연히 또는 집회에서 승인, 부인, 고무한 자는 5년 이하의 자유형 또는 벌금형에 처한다.

④ 공연히 또는 집회에서 국가사회주의(나치)의 폭력적·자의적 지배를 승인하거나 찬양하거나 정당화함으로써 피해자의 존엄을 침해하는 방법으로 공공의 평온을 교란한 자는 3년 이하의 자유형 또는 벌금형으로 처벌한다.

⑤ 제2항은 제3항 및 제4항에 규정된 내용의 문서(제11조 제3항)에도 준용된다.

⑥ 제86조 제3항은 제2항의 경우 및 제5항과 관련하여 제2항을 적용하는 경우 및 제3항 및 제4항의 경우에 준용한다.

23 Council Framework Decision on Combating Certain Forms and Expressions of Racism and Xenophobia by Means of Criminal Law, 2008/913/JHA of 28 November 2008.

삽입함으로써 역사부정을 혐오표현 (특히 증오선동[24])의 일종으로 보고 있음을 분명히 하고 있다.[25] 게소법loi Gayssot으로 알려진 프랑스의 역사부정죄도 인종, 민족, 종교에 기반한 차별행위의 일종으로 반인륜적 범죄행위에 대한 부정을 처벌한다.[26]

혐오표현이 물리적 폭력으로 나아갈 가능성이 있어 문제가 되는 것처럼 역사부정행위도 더 중대한 폭력으로 나아갈 수 있다는 점에서 문제가 된다.

---

24 증오선동에 대해서는 김지혜, 「차별선동의 규제—혐오표현에 관한 국제법적·비교법적 검토를 중심으로」, 『법조』 64(9), 2015, 36~77쪽; 이주영, 「혐오표현에 대한 국제인권법적 고찰—증오선동을 중심으로」, 『국제법학회논총』 60(2), 2015, 195~227쪽 참조.

25 〈형사법에 의한, 인종주의와 외국인혐오의 특정 형태 및 표현 방지에 관한 기본결정〉
제1조 각 회원국은 다음의 고의성 있는 행위가 처벌될 수 있도록 필요한 조치를 취해야 한다.
(a) 인종, 피부색, 종교, 혈통 또는 출신 국적 및 민족에 따라 규정된 집단 또는 그 구성원에게 공개적으로 폭력과 증오를 선동하는 행위
(b) 유인물, 이미지, 기타 자료의 공개적 보급 혹은 배포를 통한 위 (a)에서 언급한 행위의 구성
(c) 인종, 피부색, 종교, 혈통 또는 민족적, 인종적 기원에 따른 어떤 집단이나 그 구성원들을 향하여, 국제형사재판소에 관한 규정 6, 7, 8조에 정의된 제노사이드, 인도에 반한 죄, 전쟁범죄 등을 공개적으로 용인하거나 부정하거나 극도로 사소하게 만드는 것으로서, 그 행위가 그 집단이나 그 집단 구성원에 대한 폭력 또는 증오를 선동하는 방법으로 수행되는 경우
(d) 인종, 피부색, 종교, 혈통 또는 민족적, 인종적 기원에 따른 어떤 집단이나 그 구성원들을 향하여, 1945년 9월 8일 런던 협정 부속 국제군사법원 헌장 6조의 범죄들을 공개적으로 용인하거나 부정하거나 극도로 사소하게 만드는 것으로서, 그 행위가 그 집단이나 그 집단 구성원에 대한 폭력 또는 증오를 선동하는 방법으로 수행되는 경우

26 Julie C. Suk, "Denying experience : holocaust denial and the free speech theory of the state", *The content and context of hate speech : rethinking regulation and responses*, eds., Michael Herz and Peter Molnar, Cambridge University Press, 2012, pp.150~151·158~159.

실제로 1990년대 이후 서유럽 내의 신나치와 극우 세력의 득세하면서 이들이 직접적인 폭력에도 가담하기 시작했으며, 동구권이 붕괴되는 과정에서는 민족적·종교적 분쟁의 성격을 띤 내전이나 제노사이드가 발발하기도 했다.[27] 이러한 물리적 폭력의 가능성에 대한 우려가 1990년대 홀로코스트 부정을 처벌하는 법제가 도입된 하나의 이유였다고 할 수 있다. 표현의 자유에 대한 제한은 해악 발생의 가능성과 연결되었을 때만 가능하다는 일반적인 원칙(예컨대 명백-현존 위험의 원칙)에 비추어 본다면, 홀로코스트 부정은 실제로 폭력으로 이어진 경우가 많았고 따라서 그 표현만으로도 임박한 위험을 창출한다고 볼 수 있을 것이다.[28] 홀로코스트 부정죄의 국제법적 근거로 제시되는 〈시민적·정치적 권리에 관한 국제규약〉 제20조 제2항의 "차별, 적의, 폭력을 선동하는 민족적, 인종적, 종교적 증오의 고취는 법률로써 금지된다"는 규정이나 〈인종차별철폐협약〉 제4조[29] 역시 물리적 폭력의 가능성을 염두에 둔 것으로 해석될 수 있다.

역사부정을 혐오표현의 일종으로 간주한다면 역사부정의 처벌을 정당화할 수 있는 여지가 더 커진다. 혐오표현에 대한 형사처벌은 (여전히 찬반 논란이 있긴 하지만) 역사부정죄에 비해서는 상대적으로 더 풍부한 정당화 논거들이 오랫동안 논의되어 왔기 때문이다.[30] 세계적으로도 역사부정죄보다는 혐

---

27 이재승, 앞의 글, 2008, 230쪽 참조.

28 이러한 해석으로는 박경신, 『표현·통신의 자유─이론과 실제』, 논형, 2013, 20~21쪽 참조.

29 제4조 ⒜ 인종적 우월성이나 증오, 인종차별에 대한 고무에 근거를 둔 모든 관념의 보급 그리고 피부색이나 또는 종족의 기원이 상이한 인종이나 또는 인간의 집단에 대한 폭력행위나 폭력행위에 대한 고무를 의법처벌해야 하는 범죄로 선언하고 또한 재정적 지원을 포함하여 인종주의자의 활동에 대한 어떠한 원조의 제공도 의법처벌해야 하는 범죄로 선언한다.

30 규제찬성론으로 제레미 월드론, 홍성수·이소영 역, 『혐오표현, 자유는 어떻게

오표현을 금지하는 법이 더 광범위하게 제정된 상태다.[31]

3) 역사부정은 현재의 문제다

결국 역사부정죄를 정당화할 수 있는 의미 있는 논거는 피해자 논거, 인간존엄 논거, 차별 논거 등이라고 생각된다. 진실 논거로는 역사부정죄가 수많은 중요한 역사적 사실 중에서 특정한 역사적 사건에 관한 진실 왜곡만을 처벌하는 이유가 설명되지 않는다. 역사부정죄를 두고 있는 국가들의 입법례를 보면 진실 논거가 역사부정죄의 목표인 것처럼 보이는 측면이 있고 종종 그렇게 적용되는 사례도 발견되지만, 실제로, 유럽에서 역사부정죄가 제정된 이유로 제시되는 것은 위의 세 가지 정당화 논거라고 볼 수 있다.[32] 이 세 가지 논거가 진실 논거와 뚜렷하게 구분되는 점은 바로 '현재성'이다. 역사부정이 피해 관련자들에게 고통을 주고, 인간존엄을 부정하며, 차별을 조

해악이 되는가?』, 이후, 2017; 혐오표현 규제 찬반에 관한 자세한 논의는 홍성수, 「혐오표현의 규제―표현의 자유와의 충돌을 피하기 위한 규제대안의 모색」, 『법과사회』 50, 2015, 287~336쪽 참조.

31 혐오표현에 대한 형사처벌 조항을 두고 있는 나라로는 유럽의 오스트리아, 독일, 벨기에, 불가리아, 프랑스, 핀란드, 그리스, 헝가리, 체코, 덴마크, 아이슬란드, 에스토니아, 아일랜드, 라트비아, 리투아니아, 몰타, 룩셈부르크, 네덜란드, 노르웨이, 폴란드, 루마니아, 포르투갈, 스페인, 스웨덴, 영국, 슬로베니아, 미주 지역의 브라질, 캐나다, 콜롬비아, 멕시코, 우루과이, 그 외 지역으로 뉴질랜드, 러시아, 터키, 우크라이나, 호주(일부 주) 등이 있다. Article 19, "Responding to Hate Speech Against LGBTI People (Policy Brief)", 2013, Annex : Domestic Prohibitions of Hate Speech; European Union Agency for Fundamental Rights (FRA), "Hate Speech and Hate Crimes against LGBT Persons" (http://fra.europa.eu/sites/default/files/fra_uploads/1226-Factsheet-homophobia-hate-speech-crime_EN.pdf) 참조.

32 독일 역사부정죄에서 보호법익이 "역사적 진실"이라는 견해가 있지만 다른 법익의 보호를 위한 수단으로 이해된다는 지적으로 김재윤, 앞의 글, 2015, 234쪽 참조.

장한다는 것은, 역사부정이 단순히 과거사에 관한 문제가 아니라 현재에도 살아 숨 쉬고 있는 문제임을 잘 보여준다. 법정에서 역사적 진실 여부를 다투는 것은 부적절한 일이지만, 그것이 과거가 아닌 현재의 문제라면 지극히 정상적이고 자연스러운 일이다. 역사부정죄는 바로 그러한 현재적 문제를 다루는 법적 조치일 때 그 정당성을 획득할 수 있다. 현재적 위험이 충분히 입증된다면 표현의 자유와의 충돌 문제도 자연스럽게 해소된다. 현재의 명백한 해악을 금지하고 제재를 가하는 것은 표현의 자유를 보호받지 못하는 경우로 인정될 수 있기 때문이다.

3. 한국 역사부정죄법에 대한 평가

1) 역사부정죄 법안 발의 현황

한국에 역사부정죄를 도입하자는 논의는 꽤 오래전부터 있었다. 최초의 역사부정죄 법안은 일제 식민지배를 옹호하는 발언이 문제 되자 2005년 8월에 발의된 '일제강점하 민족차별 옹호행위자 처벌법안'2005.8.12, 원희룡 의원 대표 발의이다.[33] 그 이후에도 지속적으로 역사부정죄 법안들이 제출되어 왔는데, 이를 정리해 보면 다음의 〈표 1〉과 같다.

---

[33] 한승조 고려대 명예교수가 일본 우익잡지에 기고한 일제 식민지배는 축복'이라는 요지의 글과 지만원 씨가 '(일본에) 먹힐 만하니까 먹혔다'고 발언한 것이 그 배경이 되었다고 한다. 정운현, 「'일제 찬양–독립운동 폄훼' 발언, 처벌 가능할까」, 『오마이뉴스』, 2013.9.10.

〈표 1〉 한국의 역사부정죄 법안[34]

관련 역사	법안	처벌 대상	비고
일제 식민지배	일제강점하 민족차별 옹호행위자 처벌법안 (2005.8.12, 원희룡의원 등 12인)	- 일본 전쟁·전쟁범죄를 찬양·정당화하는 내용으로 역사적 사실을 날조하여 유포 - 친일반민족행위를 찬양·정당화하는 내용으로 역사적 사실을 날조하여 유포 - 독립운동과 관련된 행위를 비방하거나 관련 역사적 사실을 날조하여 유포 - 순국선열, 애국지사 및 강제동원 피해자에 대한 명예훼손	임기 만료 폐기
일제 식민지배	일제 식민지배 옹호행위자 처벌 법률안 (2014.6.20, 이종걸 의원 등 16인)	- 일제의 조선인 학살, 강제징용, 성노예 강요에 대한 사실을 부인 - 순국선열, 애국지사 및 강제동원 피해자에 대한 명예훼손	임기 만료 폐기
	일본제국주의의 식민통치 및 침략전쟁 등을 부정하는 개인 또는 단체의 처벌 등에 관한 법률안 (2014.8.14, 홍익표 의원 등 11인)	- 독립운동을 비방하거나 관련 역사적 사실을 날조하여 유포하는 과거사 왜곡 - 친일 찬양·정당화하는 내용으로 역사적 사실을 날조하여 유포 - 순국선열 등에 대한 명예훼손	임기 만료 폐기
	형법 일부개정법률안 (2024.6.27, 김용만 의원 등 11인)	- 친일반민족행위를 정당화하는 내용 선전·선동	

---

34 이 외에도 '국가유공자 등 예우 및 지원에 관한 법률 일부개정법률안'(2013.6.3,
최민희의원 대표발의)와 '5·18민주유공자예우에 관한 법률 일부개정법률
안'(2013.6.3, 최민희 의원 대표발의)은 "사실을 왜곡하여 공연히 허위의 사실
을 적시하거나 신문, 잡지 또는 라디오, 기타 출판물에 의하여 이 법의 적용대상
자들의 명예를 훼손한 자는 5년 이하의 징역 또는 3천만원 이하의 벌금에 처하
고 다른 법률에 우선하여 이 법을 적용한다"는 조항을 추가한다는 내용을 담고
있어서 국가유공자와 유족들의 명예훼손 처벌이 목적이긴 하나, 사실 왜곡, 허
위사실 적시 등을 구성요건으로 하고 있어 역사부정죄의 성격을 일부 갖고 있
다. 또한, 일제 관련 역사왜곡행위를 하는 공무원의 공직 임용을 금지하는 법안
도 발의된 바 있다. '헌법부정 및 역사왜곡행위자 공직임용금지 등에 관한 특별
법안'(2024.8.28, 김용만 의원 외 169인; '공공기관의 운영에 관한 법률 일부개
정법률안'(2024.8.22, 윤호중 의원 등 16인).

관련 역사	법안	처벌 대상	비고
일본군 '위안부'	일제하 일본군위안부 피해자에 대한 보호·지원 및 기념사업 등에 관한 법률 일부개정법률안 (2021.8.13, 인재근 의원 등 10인)	- 일본군위안부 문제에 대한 허위 사실 유포	철회
	일본군위안부 피해 진상규명 및 명예회복에 관한 특별법안 (2020.6.17, 양기대 의원 등 38인)	- 일본군'위안부'로 동원된 사실과 관련하여 공연히 사실(+허위의 사실)을 적시함으로써 피해자(+사망한 피해자)의 명예를 훼손 - 일본군'위안부'의 운용 및 피해 실태를 공개된 집회 또는 출판물, 신문, 방송, 인터넷, 사회연결망서비스 등의 매체를 통하여 정당한 근거 없이 왜곡 또는 부인	임기 만료 폐기
	일제하 일본군위안부 피해자에 대한 보호·지원 및 기념사업 등에 관한 법률 일부개정법률안 (2020.7.31, 전주혜 의원 등 10인)	- 일본군'위안부' 피해자를 모욕·비방하거나 일본군위안부 강제 동원에 대하여 왜곡·날조 또는 허위사실 유포	철회
	일제하 일본군위안부 피해자에 대한 보호·지원 및 기념사업 등에 관한 법률 일부개정법률안 (2022.7.6, 이해식 의원 등 10인)	- 일본군'위안부' 문제에 대한 허위 사실 유포	임기 만료 폐기
일본군 '위안부'	일제하 일본군위안부 피해자에 대한 보호·지원 및 기념사업 등에 관한 법률 일부개정법률안 (2022.11.10, 김상희 의원 등 28인)	- 일본군'위안부' 피해에 대한 허위 사실 유포	임기 만료 폐기
	대일항쟁기 여자근로정신대 피해자에 대한 보호·지원 및 기념사업 등에 관한 법률안 (2023.4.20, 권인숙 의원 등 12인)	- 강제동원 피해여성근로자에 대한 허위 사실 유포	임기 만료 폐기
	일제하 일본군위안부 피해자에 대한 보호·지원 및 기념사업 등에 관한 법률 일부개정법률안 (2024.8.13, 서영교 의원 등 64인)	- 일본군위안부 피해에 대한 허위 사실 유포	
	일제하 일본군위안부 피해자에 대한 보호·지원 및 기념사업 등에 관한 법률 일부개정법률안 (2024.09.10, 김용만 의원 등 10인)	- 일본군위안부에 대한 허위 사실 유포	
	일제하 일본군위안부 피해자에 대한 보호·지원 및 기념사업 등에 관한 법률 일부개정법률안 (2024.8.6, 김선민의원 등 17인)	- 일본군위안부 피해에 대한 허위 사실 유포	

관련 역사	법안	처벌 대상	비고
반인륜범죄 및 민주화운동	반인륜범죄 및 민주화운동을 부인하는 행위의 처벌에 관한 법률안 (2013.5.27, 김동철 의원 등 24인)	- 반인륜범죄(친일반민족행위, 헌정질서파괴범죄, 집단살해)에 대한 부인·찬양 - 민주화운동에 대한 부인·왜곡·날조	임기 만료 폐기
제주 4·3사건[35]	제주4·3사건 진상규명 및 희생자 명예회복에 관한 특별법 전부개정법률안 (2017.12.19, 오영훈 의원 등 60인)	- 제주4·3사건의 진실을 부정·왜곡하여 희생자와 유족들의 명예를 훼손	임기 만료 폐기
제주 4·3사건	제주4·3사건 진상규명 및 희생자 명예회복에 관한 특별법 일부개정법률안 (2018.8.21, 박광온 의원 등 11인)	- 제주4·3사건에 대한 비방·왜곡·날조 - 희생자·유족 또는 제주4·3사건 관련 단체 모욕·비방 - 제주4·3사건 관련 허위사실 유포	임기 만료 폐기
	제주4·3사건 진상규명 및 희생자 명예회복에 관한 특별법 일부개정법률안 (2019.3.21, 위성곤 의원 등 23인)	- 제주4·3사건에 대해 부인·비방·왜곡·날조 또는 허위사실 유포	임기 만료 폐기
	제주4·3사건 진상규명 및 희생자 명예회복에 관한 특별법 일부개정법률안 (2023.3.9, 송재호 의원 등 20인)	- 제주4·3사건의 진상조사 결과를 부인 또는 왜곡하거나 제주4·3사건에 관한 허위의 사실을 유포하여 희생자, 유족 또는 유족회 등 제주4·3사건 관련 단체의 명예를 훼손	임기 만료 폐기
	제주4·3사건 진상규명 및 희생자 명예회복에 관한 특별법 일부개정법률안 (2024.6.18, 정춘생 의원 등 15인)	- 공연하게 희생자나 유족을 비방할 목적으로 제주4·3사건의 진상조사 결과 및 제주4·3사건에 대한 허위 사실 유포	
5·18 민주화운동	5·18민주화운동 등에 관한 특별법 일부개정법률안 (2013.6.3, 최민희 의원 등 19인)	- 5·18에 관한 사실 왜곡, 허위사실 적시로 5·18유공자(유족, 가족)의 명예훼손	임기 만료 폐기
	5·18민주화운동 등에 관한 특별법 일부개정법률안 (2016.6.14, 김동철 의원 등 15인)	- 5·18을 부인·왜곡·날조하는 행위	임기 만료 폐기

---

35 〈제주4·3사건 진상규명 및 희생자 명예회복에 관한 특별법〉에는 2020년 전부개정 때 다음과 같이 허위사실 유포를 금지하는 내용이 추가되었으나, 벌칙 조항은 포함되지 않았다; 제13조 누구든지 공공연하게 희생자나 유족을 비방할 목적으로 제주4·3사건의 진상조사 결과 및 제주4·3사건에 관한 허위의 사실을 유포하여 희생자, 유족 또는 유족회 등 제주4·3사건 관련 단체의 명예를 훼손하여서는 아니 된다.

관련 역사	법안	처벌 대상	비고
5·18 민주화운동	5·18민주화운동 등에 관한 특별법 일부개정법률안 (2016.6.1, 박지원 의원 등 38인)	- 5·18을 비방·왜곡·사실 날조 행위	임기 만료 폐기
	5·18민주화운동 등에 관한 특별법 일부개정법률안 (2016.7.20, 이개호 의원 등 41인)	- 5·18을 비방·왜곡·날조 - 5·18 관련자·단체를 모욕·비방하는 행위 - 5·18 관련 허위사실 유포	임기 만료 폐기
	5·18민주화운동 등에 관한 특별법 일부개정법률안 (2018.8.21, 박광온 의원 등 11인)	- 5·18에 대한 비방·왜곡·날조 - 5·18 유공자 (유족), 5·18 관련 단체에 대한 모욕·비방 - 5·18 관련 허위사실 유포	임기 만료 폐기
5·18 민주화운동	5·18민주화운동 등에 관한 특별법 일부개정법률안 (2019.2.13, 이석현 의원 등 24인)	- 5·18 가치의 부인·폄하 - 5·18과 관련한 사실의 날조 또는 거짓의 사실 유포	임기 만료 폐기
	정보통신망 이용촉진 및 정보보호 등에 관한 법률 일부 (2019.2.15, 천정배 의원 등 16인)	- 5·18에 대한 허위, 비방, 왜곡, 날조 (정보통신망을 통한 불법정보에 포함)	임기 만료 폐기
	5·18민주화운동 등에 관한 특별법 일부개정법률안 (2019.2.22, 이철희 의원 등 166인)	- 5·18민주화운동에 대해 부인·비방·왜곡·날조 또는 허위사실 유포	임기 만료 폐기
	5·18민주화운동 등에 관한 특별법 일부개정법률안 (2020.10.27, 이형석 의원 등 174인)	- 허위사실을 유포하여 5·18민주화운동을 부인·비방·왜곡·날조	수정 가결 (2020.12.9)
주요 현대사	역사왜곡방지법안 (2021.5.13, 김용민 의원 등 12인)	- 공연히 일본제국주의의 우리나라에 대한 폭력적·자의적 지배 또는 그 지배하에서 범하여진 폭력, 학살, 인권유린을 찬양·고무·선전하거나 이에 동조 - 3·1운동, 4·19민주화운동, 일본제국주의의 우리나라에 대한 폭력적·자의적 지배 또는 그 지배하에서 범하여진 폭력, 학살, 인권유린 및 이에 대항한 독립운동에 관한 사실을 왜곡하거나 이에 동조 - 공연히 일본제국주의를 찬양·고무·선전할 목적으로 일본제국주의를 상징하는 군사기 또는 조형물을 사용	임기 만료 폐기

관련 역사	법안	처벌 대상	비고
주요 현대사	역사왜곡금지법안 (2020.6.1, 양향자 의원 등 31인)	- 공연히 일제강점기 전쟁범죄, 5·18민주화운동 또는 4·16세월호참사 등에 관한 역사적 사실 부인 또는 현저히 축소·왜곡 또는 허위 사실 유포 - 공연히 일제강점기 전쟁범죄, 5·18민주화운동 또는 4·16세월호참사 등에 관한 허위의 사실을 적시하여 독립유공자, 전쟁범죄 피해자, 5·18민주화운동 희생자 또는 4·16세월호참사 피해자 등의 명예를 훼손 - 공연히 일제강점기 전쟁범죄, 5·18민주화운동 또는 4·16세월호참사 등에 관하여 독립유공자, 전쟁범죄 피해자, 5·18민주화운동 희생자 또는 4·16세월호참사 피해자 등을 모욕 - "일제 식민통치 옹호 단체"에 내응(內應)하여 그 단체의 활동을 찬양·고무, 선전하거나 동조	임기 만료 폐기
천안함 사건[36]	천안함 생존 장병 지원 등에 관한 특별법안 (2020.7.28, 한기호 의원 등 21인)	- 천안함 폭침에 대한 역사적 사실을 부인·비방·왜곡 또는 허위사실 유포	임기 간료 폐기
	천안함 폭침사건 등에 관한 특별법안 (2021.6.29, 장제원 의원 등 12인)	- 천안함 폭침에 대한 허위 사실 유포	임기 만료 폐기
	천안함 피격사건 피해구제 및 지원 등을 위한 특별법안 (2021.11.5, 신원식 의원 등 42인)	- 천안함 피격에 대한 역사적 사실을 부인·비방·왜곡 또는 허위사실 유포	임기 만료 폐기
	천안함 피격사건 피해구제 및 지원 등을 위한 특별법안 (2024.6.28, 구자근 의원 등 11인)	- 천안함 피격사건에 대한 역사적 사실을 부인·비방·왜곡 또는 허위사실 유포	수정 가결
6·25전쟁	참전유공자 예우 및 단체설립에 관한 법률 일부개정법률안 (2020.6.12, 박완수 의원 등 12인)	- 6·25전쟁에 대하여 왜곡 또는 허위사실 유포	임기 만료 폐기

---

36 〈천안함 피격사건 피해구제 및 지원 등을 위한 특별법〉은 법안에는 천안함 사
실 왜곡을 처벌하는 조항이 있었으나, 2024년 제정법안은 벌칙 조항이 삭제된
채 통과되었다.

관련 역사	법안	처벌 대상	비고
6·25전쟁	참전유공자 예우 및 단체설립에 관한 법률 일부개정법률안 (2019.2.27, 박완수 의원 등 11인)	- 6·25전쟁에 대하여 왜곡 또는 허위사실 유포	임기 만료 폐기
	6·25전쟁 납북피해 진상규명 및 납북피해자 명예회복에 관한 법률 일부개정법률안 (2020.11.27, 김석기 의원 등 14인)	- 허위사실을 유포하여 6·25전쟁의 역사적 사실을 부인·왜곡·날조	임기 만료 폐기
	6·25전쟁 특별법안 (2021.6.24, 정진석 의원 등 60인)	- 6·25전쟁에 대한 허위 사실 유포	임기 만료 폐기

그렇다면 이들 법안을 한국판 "역사부정죄"라고 할 수 있을까? 그리고 역사부정죄로서 정당화될 수 있을까? 일단 대부분의 법안이 유럽의 역사부정죄의 영향을 받았음을 쉽게 확인할 수 있다. 실제로 김동철 5·18 법안과 김동철 민주화운동 법안, 이종걸 법안의 제안 이유에는 독일, 프랑스, 오스트리아 등 다수의 유럽 국가가 나치의 만행을 부인하거나 옹호하는 행위를 처벌하고 있다는 점이 언급되어 있다. 한국의 역사부정죄 도입 필요성을 소개하는 언론 기사에서도 '유럽에서는 역사부정을 처벌한다'는 것이 중요한 논거로 제시되곤 한다.[37] 그렇다면 과연 유럽식 역사부정죄와 같은 차원에서 한국의 법안들이 정당화될 수 있을까?

2) 한국 역사부정죄 법안의 입법 취지와 정당화 논거

(1) 진실 논거 - 역사적 논란의 해소

한국의 역사부정죄 법안들은 특정한 역사적 사건의 사실 관계를 부인, 왜

---

[37] 「5·18 왜곡 지만원도 오스트리아였으면 징역형 받았다」, 『미디어오늘』, 2013. 5.22. 2019년 2월 국회의원들의 5·18 폄훼 발언이 문제가 되자 한국판 반나치법으로 대응한다는 주장이 제기되었으며, 이때 근거로 제시된 것도 독일의 역사부정죄였다. 「홍영표 '중대한 역사왜곡 처벌···한국판 반나치법 만든다'」, 『한겨레신문』, 2019.2.11.

곡, 날조, 찬양, 정당화하는 행위를 금지하고 처벌하고 있다는 점에서 유럽
의 역사부정죄와 유사한 외양을 갖추고 있다. 이 법안들은 부정할 경우 처
벌 대상이 되는 역사적 사건들을 다음과 같이 제시한다.

- 일제 식민지배 옹호 관련 법안 : 일본의 전쟁범죄, 친일반민족행위, 독립
  운동, 조선인 학살, 성노예 강요, 강제동원 피해여성근로자에 대한 사실
- 반인륜범죄 및 민주화운동 부정 관련 법안 : 반인륜범죄친일반민족행위, 헌정질
  서파괴범죄, 집단살해, 민주화운동2·28대구민주화운동, 3·15의거, 4·19혁명, 6·3한일회담 반대운
  동, 3선개헌 반대운동, 유신헌법 반대운동, 부마항쟁, 광주민주화운동 및 6·10항쟁 등
- 5·18광주민주화운동 부정 관련 법안 : 5·18광주민주화운동
- 제주4·3사건 부정 관련 법안 : 제주4·3사건
- 역사왜곡방지법안 : 일본제국주의전쟁범죄, 폭력, 인권유린 등, 3·1운동, 4·19민
  주화운동, 세월호참사 등
- 천안함사건 관련 법안 : 천안함 피격사건
- 참전 유공자 관련 법안과 6·25전쟁 관련 법안 : 6·25전쟁

이들 법안은 대개 해당 역사적 사건에 대한 사실 왜곡이 심각한 사회 문
제로 대두되자 그에 대한 대응으로 추진된 것이다. 일제 옹호 처벌 법안들은
2000년대 들어 일본의 극우화와 이에 편승한 한국의 일제찬양행위를 규율
하기 위해 마련되었고,[38] 5·18민주화운동 부정 관련 법안들이나 민주화운동
부인 관련 법안은 2010년대 들어 보수 인터넷 매체나 인터넷 커뮤니티 등에
서 5·18 및 민주화운동 왜곡이 심각해지자 이에 대응하기 위하여 추진된 것
이다. 실제로 법안 제안 이유를 보면, "일제강점하에서 자행된 민족차별과 침
탈행위를 부인하고 이를 정당시하거나 비호 내지 옹호하는 일부 몰지각한

언동"원희룡 법안, "역사적 사실의 왜곡·날조가 도를 넘어섰는데도 처벌이 미약한 실정"김동철 5·18 법안, "일부 세력들에 의한 비방, 사실 왜곡·날조 및 유포 등의 행위"박광온 4·3사건 법안, "5·18민주화운동을 비방하거나 왜곡, 날조하는 정보가 정보통신망을 통해 유통되고 있음"천정배 법안, "악의적 의도를 가지고 5·18민주화운동을 왜곡하거나 허위사실을 유포하고 선동하는 행위가 끊이지 않고 있음"이석현 법안, "일제의 폭력적·자의적 지배나 그 지배하에 일어난 범죄를 찬양하는 행위, 항일독립운동이라는 숭고한 가치를 거짓으로 훼손하고 모욕하는 행위, 욱일기 등 일본제국주의 상징물을 사용하는 행위가 빈번히 발생함에 따라 국민적 공분이 점차 커지고 있는 상황"김용민 법안, "일제의 강제징용이나 일본군위안부의 존재를 부인하거나 전쟁범죄를 미화하고, 5·18민주화운동에 관해서는 북한군개입설을 주장하는 등 역사적 사실을 왜곡하여 폄훼하거나, 4·16세월호참사 등에 관해서는 사회적 참사 피해자에 대하여 이유 없이 모욕을 가하는 등의 일이 빈번하게 발생하고 있음"양향자 법안 등 역사에 대한 왜곡행위를 처벌할 수 있는 법적 근거 등이 언급되어 있다.

그리고 이러한 혼란과 갈등을 해소하기 위해 역사부정행위를 처벌하고자 하는 의도가 법안의 '제안 이유'에 담겨 있다. "불필요한 사회적 논란과 갈등을 해소하고자 하는 것"박지원 법안, "역사적 왜곡을 방지"이개호 법안, "올바른 역사인식"원희룡 법안, "올바른 역사의식을 고취"양향자 법안, "역사에 대한 왜곡행위를 처벌할 수 있는 법적 근거"김용민 법안, "역사의 진실과 민족의 정통성을 확인하기 위한 목적으로"김용만 법안 등, "대한민국의 역사를 올바로 자리매김하려는 것임"김석기 법안, "국민의 올바른 역사관 정립과 인권증진에 이바지하려는 것"전주

---

38 특히 일제 식민지배 옹호행위자 처벌 법률안(이종걸 의원 대표발의)은 당시 문창극 국무총리 후보자의 친일옹호발언을 문제 삼으며 발의되었다. 의원실에서는 스스로 "문창극법"이라고 명명하기도 했다.

혜 법안 등의 문구들은 한국의 역사부정죄 법안이 역사부정죄의 첫 번째 정당화 논거인 '역사적 진실의 추구'에 기반을 두고 있음을 잘 보여준다.

하지만 앞서 언급했듯이 역사적 진실의 추구만으로는 역사부정죄가 정당화되기 어렵다. 역사부정죄가 정당화되기 위해서는 추가적인 정당화 논거가 필요하지만 이에 관련해서는 충분한 논의가 진행되지 못했고 법안에도 이 점이 거의 반영되지 못했다.

또 다른 문제는 유럽국가의 역사부정죄에서 문제 삼고 있는 역사적 사실은 법적 청산과정을 통해 그 진실이 법정에서 가려진 경우가 대부분이라는 점이다. 그런데 한국의 역사부정죄 법안 중 그러한 의미에서 법적 확인이 이루어진 것은 5·18광주민주화운동 정도이다.[39] 법적 청산이 끝나지 않은 사건에 대하여 역사부정죄가 적용될 경우 운용 과정에서 더욱 많은 혼란을 야기할 가능성이 크다.

(2) 피해 관련자의 명예 보호

유럽식 역사부정죄를 정당화하는 또 다른 논거는 생존 피해자와 후손들의 문제다. 피해 관련자들에 대한 추가 피해를 막고 명예와 권리를 보호하기 위해 역사부정행위를 처벌해야 한다는 것이다. 한국의 역사부정죄 법안을 살펴보면, "순국선열 및 애국지사와 강제동원된 피해자를 모욕하거나 그들의 명예를 훼손하는 행위"원희룡 법안, "순국선열 또는 애국지사로서 이미 사망한 자의 명예를 훼손하는 행위"이종걸 법안, "순국선열 등에 대한 명예훼손"홍익표 법안, "민주유공자 또는 유족 및 가족의 명예를 훼손하는 행위"최민희 법안,

---

39　이재승, 「홀로코스트 부인―자유로운 표현에서 인도에 반한 범죄, 전쟁범죄까지」, 『5·18민주화운동 33주년 기념 학술토론회―역사 왜곡 시도와 대응 방안 모색』, 전남대, 2013.5.15, 85쪽.

"5·18 관련자·단체를 모욕·비방"이개호 법안, "관련자 및 유족 또는 5·18민주화운동 관련 단체를 모욕·비방"박광온 5·18 법안, "희생자·유족 또는 제주4·3사건 관련 단체를 모욕·비방"박광온 4·3사건 법안, "희생자와 유족들의 명예를 훼손"오영훈 법안, "피해자와 그 유족의 고통을 치유"양향자 법안, "천안함 피격사건 관련 장병 명예훼손 행위에 대한 규제 필요성"신원식 법안 등의 구절은 이 법안들의 입법취지가 피해 관련자의 명예 보호임을 알 수 있게 해준다.

다만 유럽 역사부정죄가 주로 피해자의 현재적 고통에 주목하고 있는 반면, 한국의 일부 법안에는 순국선열, 애국지사 등 이미 사망한 인물들의 명예가 언급되어 있다는 점에서 차이가 있다. 현재성이라는 측면에서 본다면 정당화되기 어려운 부분이 있는 것이다.[40] 또한 일부 법안은 피해자 문제와 무관하게 역사적 진실 왜곡 행위 자체를 규제하고 있는 경우도 있다.

한국의 경우 명예훼손과 모욕이 범죄화되어 있고 사자 명예훼손죄까지 있어 개인이나 단체가 특정되면 현행 형법으로도 이미 처벌이 가능하기 때문에, 이들 법안은 기존의 법을 확대, 강화하려는 목적이라고 봐야 한다. 개인과 단체가 특정되지 않은 표현이나 피해자에 관련한 역사적 사실을 왜곡함으로써 간접적으로 피해자를 모욕하는 행위 등에까지 처벌 범위를 확대하고 처벌 수위를 높이는 것이 목적이다. 이러한 현행법의 공백을 메우는 것을 위한 것이 분명하다면, 역사부정죄가 정당화될 수 있을 것이다. 하지만 역사부정죄 입법 과정에서는 이러한 문제들이 충분히 논의되지는 못했다.

(3) 인간존엄의 보장

유럽 역사부정죄의 중요한 논거인 인간존엄 침해는 한국의 법안에서는

40　반면, 5·18 관련 법안과 4·3 관련 법안의 경우 피해자의 현재 고통이라는 측면에서 달리 볼 수 있는 여지가 있다.

거의 언급되어 있지 않다. 인간존엄 대신에 주로 헌법의 정신이나 국가의 정체성을 언급한 경우가 많은데, 제안 이유 등에 나오는 '헌법 이념의 수호'[원희룡 법안], '자유민주적 기본질서의 수호'[김동철 민주화운동 법안], "헌법의 존립"[김동철 민주화운동 법안], "헌법과 국가의 정체성"[이종걸 법안], "대한민국임시정부의 법통을 계승하고 있는 헌법 정신"[홍익표 법안], "애국·애족정신의 본보기"[박지원 법안], "대한민국 민주주의 발전에 크게 기여했을 뿐만 아니라 유네스코 세계기록문화 유산에 등재됨으로써 우리의 역사만이 아니라 세계의 민주화에 큰 영향을 끼친 역사"[이개호 법안], "우리나라 민주주의의 근간"[이석현 법안], "3·1운동, 4·19민주이념을 계승한다는 헌법 전문에도 불구하고"[김용민 법안] 등이다. 인권이나 인간존엄이 언급된 사례로는 "인권증진에 이바지하려는 것"[전주혜 법안], "전쟁범죄와 사회적 참사 피해자들의 인권과 존엄"[양향자 법안]을 언급하고 있다.

해당 역사적 사건이 우리 헌정질서에서 중요한 의미를 갖는다는 점이 강조되어 있는 것이지만, 유럽 역사부정죄에서처럼 인간존엄이 헌법정신의 근간이며 이를 부정하는 행위가 헌정질서를 부정하는 것이라는 점이 확인되어 있지는 않다. 입법 과정에서도 어떤 역사적 사실에 대한 부정을 처벌함으로써 헌정질서를 지킬 것인지가 풍부하게 논의되지는 못했다.

만약 이런 식으로 역사부정죄가 제정된다면 왜 하필 그 역사적 사건의 부정만을 처벌 대상으로 삼아야 하는지가 모호해진다. 왜냐하면 자유민주적 기본질서, 헌법정신, 민주주의와 관련하여 의미 있는 역사적 사건의 목록은 법안에 언급된 것 이외에도 얼마든지 더 추가될 수 있을 것이다. 다른 중요한 역사적 사건에 대한 부정은 처벌하지 않고 굳이 왜 법안에서 제시된 특정한 역사적 사건의 부정만이 처벌 대상이 되는지가 논증되어야 한다는 것이다. 만약 이 부분의 논증이 부실하게 될 경우, 역사부정죄의 대상이 되는 역사적 사건의 목록이 계속 확장될 수 있다는 문제가 있다.[41]

(4) 소수자 차별로서의 혐오표현 금지

소수자 차별의 현재성은 유럽식 역사부정죄의 중요한 정당화 근거이지만, 한국의 역사부정죄 법안에서는 이러한 문제의식을 찾기 어렵다. 예컨대, 일제 찬양 관련 법안 제정과정에서 유공자 등 관련자들이 사회에서 소외되고 배제된 차별을 받고 있다는 점이 깊게 논의되지 않았다. 반인류범죄, 민주화운동, 5·18민주화운동, 제주4·3사건 등에 관한 법안 발의 과정에서도 마찬가지다. 직접적인 관련자들에 대한 혐오와 차별은 물론이고, 관련자들과 동일한 속성을 가진 인구 집단 전체에 대한 혐오와 차별이 진지하게 논의된 적은 거의 없다. 나치 깃발을 드는 것만으로 처벌하는 이유는 그 행위가 나치를 옹호하는 것을 넘어 소수자에 대한 현재적 차별·폭력의 옹호로 이해되기 때문이다. 한국에서 역사부정죄가 정당화되기 위해서는 역사적 진실을 왜곡하는 행위에 그러한 위험이 있는지에 더 논의되어야 한다는 얘기다.

(5) 순수한 역사부정죄?

한국의 역사부정죄 법안의 성격을 파악하기 위해, 독일 학계에서 역사부정죄를 '단순 부정einfache Auschwitzleugnung, bare denial'과 '가중 부정qualifizierte Aus-chwitzleugnung, aggravated denial'으로 구분하고 있음을 참조할 필요가 있다.[42] 전자가 '홀로코스트는 없었다'는 식으로 역사적 사실을 단순히 부정하는 것이라면, 후자는 인종, 민족 등 소수자 집단을 특정해서 차별하고 모욕·비난하는 경우로서 '유대인들이 독일재정을 파탄 내기 위해 홀로코스트 신화를 조작

---

41 실제로 유럽의 역사부정죄도 홀로코스트 등 특정 사건에서 반인류범죄 전체 등으로 그 대상 목록이 확대되었다는 문제를 경사길 논증(slippry sloper)으로 지적하는 G. Lewy, op.cit., pp.162~163 참조. 같은 취지의 우려로 R. Kahn, op.cit., 2011, pp.92~94 참조.

42 L. Hennebel and T. Hochmann, op.cit., pp.xviii~xx 참조.

했다'는 식의 발언이 대표적이다. 한국의 경우에 적용해 본다면, 전자의 예는 '5·18은 북한군이 주도했다' 정도가 될 것이고, 후자의 예로는 '5·18은 북한에 나라를 팔아넘기려 한 빨갱이 매국노들이 저지른 사건이다'를 생각해볼 수 있다. 실제로 유럽의 역사부정죄는 원래 현실적 해악 가능성이 있는 가중 부정을 처벌하는 쪽에 가까워 왔으나 점점 단순 부정에까지 처벌 범위가 확장되어 왔다. 실제로는 단순 부정이라고 해도 해악의 정도가 무조건 낮은 것이 아니라서, 이 둘을 기계적으로 구분하여 위계를 설정하는 것은 쉽지 않은 일이다. 게다가 이러한 점을 악용하여 단순 부정에 해당하는 표현을 교묘하게 활용하는 행위자들이 등장했고, 이런 행위까지 처벌하려다 보니 처벌되는 범위가 확장될 수밖에 없었던 측면도 있다. 만약 단순 부정까지 처벌하는 역사부정죄라면 남용의 위험도 크고 표현의 자유와의 충돌 문제도 자연스럽게 제기될 수밖에 없다.

그런데 한국의 역사부정죄 법안 추진과정에서는 유럽식 역사부정죄에서처럼 인간존엄의 훼손 문제는 거의 언급된 바 없고, 소수자 차별 문제와의 연결 지점은 찾아볼 수 없다. 상당수의 법안에 피해자 명예 회복이 입법취지로 언급되어 있기는 하지만, 현행 명예훼손죄, 모욕죄가 있음에도 불구하고 특정 역사 왜곡과 관련된 특정한 피해자에 대해서만 명예회복을 강화해야 하는지는 분명하지 않다. 결국, 한국의 역사부정 관련 법안들은 인간존엄 훼손이나 소수자 차별 문제와 무관하며 '진실 추구'를 주된 목적으로 삼고 있다는 의미에서, 역사부정 그 자체를 처벌하여 역사 왜곡을 바로 잡기 위한 '순수한' 역사부정죄에 가깝다고 평가할 수 있을 것이다.

3) 5·18역사부정 입법과 역사부정죄의 미래

그동안 발의된 역사부정죄 법안의 처벌 대상 중 유일하게 조금 다른 성격이 있다고 판단되는 것은 5·18역사부정죄 법안이다. 이 법은 2020년 12월 9일 수정 가결되어서, 역사부정죄 법안 중 유일한 현행법이기도 하다. 5·18 광주민주화운동에 대한 역사왜곡은 다른 역사왜곡과는 다른 성격을 가지고 있기 때문이다. 첫째, 역사왜곡의 양상이 조직적이고 정치적이다. 인터넷에서 찾아볼 수 있는 5·18 왜곡 게시물의 분량 자체가 압도적일 뿐만 아니라 질적으로도 매우 교묘하다. 2010년대 초반에 시작되었지만 10년 넘게 상당 기간 지속되고 있기도 하다. 역사적 평가의 차이나 학술적 이견이라기보다는 사실 그 자체를 왜곡하고 있는 경우가 많다. 법과 판결에 의해 공식적으로 진실로 굳어진 사항에 대해서도 지속적으로 왜곡이 계속되고 있다. 그리고 수차례 정치인들이 가세해서 불을 지펴왔다는 점도 중요한 특징이다.

둘째, 피해자 집단과 그에 미치는 영향도 다른 측면이 있다. 5·18에 대한 부정은 5·18 생존 피해자와 유족 등 관련자들, 그리고 호남에 대한 차별 문제와 연결되어 있기 때문이다.[43] 역사부정죄의 정당화 논거 중 피해자 논거와 차별 논거를 떠올리게 되는 대목이다.[44] 실제로 5·18 유공자들이나 관련자들이 지금도 고통받고 있다는 여러 실증 자료들이 제시되어 왔으며,[45]

---

[43] 5·18 왜곡을 변형된 지역주의와 두 개의 국민 프로젝트의 일환으로 이해하는 오승용, 「5·18민주화운동 왜곡의 기원과 쟁점」, 『5·18민주화운동 33주년 기념 학술토론회─역사 왜곡 시도와 대응 방안 모색』, 전남대, 2013.5.15, 17~18쪽 참조.

[44] 다만, 홀로코스트 부정이 나치의 부활을 이야기하는 것과 다름없다는 식의 논리가 적용되기는 어려워 보인다. 5·18 왜곡행위가 군사쿠데타를 획책하거나 군이 시위를 진압하고 시민들을 학살하는 행위를 유도하거나 조장한다고 보긴 어렵기 때문이다.

[45] 2006년 5·18기념재단이 발표한 '5·18민주유공자 생활실태 및 후유증실태 조사 연구 보고서'에 따르면 피해자, 그 가족 및 유족 등 관련자 중 45.3%가 '월 가구소득 100만원 이하'라고 답했고, 유공자 중 41.6%가 외상후 스트레스 장애로 진단될 수 있는 가능성을, 부상자 집단의 64.5%가 외상후 스트레스 장애 가능성을 보였다. 「5·18피해자 40%이상 최저생계 못미쳐」, 『연합뉴스』, 2006.3.1; 또

5·18 피해자들의 고통은 현재적인 것으로 이해될 수 있다.[46] 또한 5·18광주민주화운동에 대한 역사 왜곡은 지역감정과 호남차별의 맥락과 맞닿아 있어 직접적인 피해 관련자 집단을 넘어 혐오와 차별을 야기하는 문제이기도 하다.[47] 이와 같은 논점들이 충분히 논증된다면 5·18광주민주화운동에 대한 부인은 유럽식 역사부정죄처럼 일종의 혐오표현금지법으로서 정당화될 가능성이 열리게 되고,[48] 앞서 언급한 역사부정죄의 네 가지 정당화 요소를 충족시킬 수도 있을 것이다.[49] 그렇다면 2020년 12월 9일 국회를 통과한

다른 연구에서도 전체 조사 대상자 113명 가운데 29명(25.7%)이 외상후 스트레스 장애로 진단되었다는 결과가 나왔다. 신혜랑 외, 「광주민주화운동 피해자들의 외상후 스트레스 장애─서울 / 경기 및 전남 지역 거주자를 대상으로」, 『사회정신의학』 16(2), 2011, 57~65쪽; 그 외의 관련 연구로 오수성·신현균, 「5·18 피해자들의 생활스트레스, 대처방식, 지각된 사회적 지지와 외상후 스트레스, 심리건강 간 관계」, 『한국심리학회지─임상』 27(3), 2008, 595~611쪽 참조.

46　5·18 부정이 피해자와 유가족들에 대한 사회유해적 행위임을 지적하는 김재윤, 「5·18민주화운동 부인죄 도입의 필요성과 헌법적 정당성」, 『민주주의와 인권』 16(2), 2016, 47쪽 참조.

47　생존자 피해 문제에 집중한다면, 5·18 역사부정죄는 형법이나 특별법보다는 〈5·18민주유공자예우에 관한 법률〉에 포함하는 것(벌칙조항 신설)이 바람직할 수도 있을 것이다. 이러한 제안으로 김재윤, 앞의 글, 2015, 246쪽; 김재윤, 앞의 글, 2016, 56쪽 참조.

48　그런 점에서 역사부정 발언을 증오표현에 해당하는 경우로 한정해야만 합헌적일 수 있다는 주장으로 최규환, 「일제 식민역사의 청산과 역사부정」, 『헌법 연구』 2(2), 2015, 122쪽 참조. 이 경우에도 '증오선동'에 해당하는 행위만을 규제할 수 있을 것이다. 혐오표현의 유형을 ① 차별적 괴롭힘 ② 차별표시 ③ 공개적인 멸시·모욕·위협 ④ 증오선동 등으로 구분하고, 이 중 형사처벌이 가능한 유형을 '증오선동'으로 제시하는 홍성수 외, 앞의 보고서 참조.

49　비슷한 취지에서, 다른 민주화운동과는 달리 5·18은 피해자 및 유가족의 명예훼손과 지역적 편견 조장이라는 특별한 문제가 있으며, 따라서 역사부정죄의 규제 대상은 5·18민주화운동에 한정해야 한다는 주장으로 김재윤, 앞의 글, 2015, 244~245쪽 참조; 5.18역사부정죄가 이 논문에서 언급한 4가지 정당화 요소를 모두 충족시킨다는 주장은 김정호, 「5·18 허위사실 처벌법이 필요한 이유」, 『한겨레신문』, 2020.12.21.

5·18 역사부정죄법[50]이 과연 그런 모습으로 입법되어 시행되고 있을까?

〈5·18민주화운동 등에 관한 특별법〉

제8조(5·18민주화운동에 대한 허위사실 유포 금지) ① 다음 각 호의 어느 하나에 해당하는 방법으로 5·18민주화운동에 대한 허위의 사실을 유포한 자는 5년 이하의 징역 또는 5천 만원 이하의 벌금에 처한다.

1. 신문, 잡지, 방송, 그 밖에 출판물 또는 「정보통신망 이용촉진 및 정보보호 등에 관한 법률」 제2조 제1항 제1호에 따른 정보통신망의 이용

2. 전시물 또는 공연물의 전시·게시 또는 상영

3. 그 밖에 공연히 진행한 토론회, 간담회, 기자회견, 집회, 가두연설 등에서의 발언

② 제1항의 행위가 예술·학문, 연구·학설, 시사 사건이나 역사의 진행 과정에 관한 보도를 위한 것이거나 그 밖에 이와 유사한 목적을 위한 경우에는 처벌하지 아니한다.

당초 이형석 법안에 있던 문구인 "허위사실을 유포하여 5·18민주화운동을 부인·비방·왜곡·날조"[51]라는 표현이 "허위의 사실을 유포"로 간명하게 바뀌었으며, 표현의 방식을 전파성이 높은 몇 가지 표현 형태로 한정하고,

---

50 5·18민주화운동 등에 관한 특별법 일부개정법률안(2020.10.27, 이형석 의원 등 174인) 등이 수정가결된 것이다. 이 법안은 2019년 2월 22일 더불어민주당, 민주평화당, 정의당 당론으로 발의된 〈5.18민주화운동 등에 관한 특별법 일부개정법률안〉과 유사한 법안이다.

51 제8조(5·18민주화운동 부인·비방·왜곡·날조 및 허위사실 유포 등의 금지) ① 다음 각 호의 어느 하나에 해당하는 방법으로 허위사실을 유포하여 5·18민주화운동을 부인·비방·왜곡·날조한 자는 7년 이하의 징역 또는 7천만원 이하의 벌금에 처한다.

예술·학문, 연구·학설, 시사사건이나 역사의 진행 과정에 관한 보도 등의 경우에 대한 예외 규정을 둔 것은 역사부정죄가 무분별하게 적용되지 않도록 하는 안전장치로서 의미가 있다고 할 것이다. 하지만 여전히 피해자 논거, 인간존엄 논거, 차별 논거 보다는 진실 논거에 기반한 법이라는 점을 부정하기는 어렵다고 생각된다.[52] 피해자 논거, 인간존엄 논거, 차별 논거와의 관련성이 가장 높았던 5·18 역사부정죄법이 진실 논거에 기반한 순수한 역사부정죄 형태로 제정된 것은 유감스러운 일이다.

이렇게 5·18역사부정죄가 5·18의 특수성이 강조되지 않은 채 순수한 역사부정죄에 가까운 형태로 입법되다 보니, 다른 역사적 진실에 대해서도 법의 보호가 필요하다는 주장이 나오는 것은 불가피했다. 왜곡을 막아야 할 중요한 역사의 목록은 끊임없이 추가될 수 있기 때문이다.[53] 실제로 5·18 역사부정죄 입법 이후 일본군위안부, 강제동원 피해여성근로자, 친일반민족행위, 4·16세월호참사, 제주4·3사건, 3·1운동, 4·19민주화운동, 6·25 전쟁, 천안함사건 등 현대사의 중요한 문제들에 대한 왜곡을 처벌하는 법안이 연달아 발의되었다.[54] 5·18 역사 왜곡은 이미 법으로 처벌하고 있는데, 다른 중요한 역사적 진실에 대한 왜곡은 처벌하면 안 되는 이유가 있을까? 이 질문에 답하지 못하는 한, 처벌 대상의 목록이 계속 확장되는 것을 막기

---

52 다만, 2019년 법안을 발의했던 이철희 의원은 법안 취지를 인간존엄, 소수자보호, 사회통합 등을 법안 취지로 설명한 바 있는데, 이는 차별 논거를 연상케 한다. 지금까지 추진되었던 역사부정죄 관련 법안과 비교할 때 취지와 내용 면에서 진일보한 것으로 평가될 수 있다고 생각된다. 「5.18 부인·날조하면 7년 이하 징역…여야, '한국판 홀로코스트 부인죄' 공동 발의」, 『뉴스한국』, 2019.2.22.

53 홍성수, 「'5·18 왜곡' 처벌을 위한 전제 조건」, 『한겨레신문』, 2019.12.13.

54 필자는 2019년 이 글의 초안이 처음 발표되었을 때는 '보수진영에서 이승만이나 박정희에 대한 역사적 사실을 왜곡하는 행위를 처벌하는 법을 제정하자고 주장할 수 있을 것'이라는 우려를 표명한 바 있다.

어려울 것이다.

결국 역사부정죄의 정당화를 위해서는 피해자 논거, 인간존엄 논거, 차별 논거 등이 좀 더 많이 논의되어야 한다. 이것은 역사부정죄의 현재성에 관한 논거이기도 하다. 단순히 과거 사실을 부정하고 왜곡하는 것이 문제가 아니라, 피해 관련자들의 고통을 가중하고, 인간존엄이라는 헌법정신을 파괴하며, 집단으로서의 소수자를 차별한다는 점에서 현재성을 가진 문제라는 점에서 역사부정죄는 정당화될 수 있다.

특히 유럽의 역사부정죄가 소수 집단에 대한 증오의 선동과 차별이며 일종의 혐오표현이라는 점에서 제기되었다는 점[55]이 좀 더 구체적으로 논의될 필요가 있다. 실제로 홀로코스트 부정이 혐오·차별과 연결되어 있다는 점은 홀로코스트 부정을 단순한 역사부정·왜곡과 구분할 수 있게 해주며, 역사 왜곡행위에 대한 단죄가 무분별하게 확장되는 것을 막는 중요한 역할을 한다. 혐오표현에 대한 규제 논거들은 비교적 탄탄하게 마련되어 있기 때문에, 역사부정이 혐오표현이라는 점이 확인되면 정당화될 여지가 더 커지는 것이다. 하지만 한국의 법안들을 보면 일부가 피해자 논거를 거론하고 있을 뿐, 인간존엄 논거와 차별 논거가 거론된 법안을 찾아볼 수 없다. 입법 과정에서도 거의 논의되지 않은 쟁점이다.[56]

---

[55] 김희정, 앞의 글, 2012, 100~101쪽.

[56] 추가로 기존 법안은 여러 가지 법리적 문제도 적지 않았다. 이에 대한 지적으로는 법무부, 「법률안 검토의견(일제 식민지배 옹호행위자 처벌법률안 의안 제10932호)」, 2014; 한국형사정책연구원, 「일제 식민지배 옹호행위자 처벌법률안 검토의견서」, 2014 참조. 심지어 몇몇 법안은 "5·18민주화운동을 부인·비방·왜곡·날조"(이형석 법안), "국가의 존립이나 자유민주적 기본질서를 위태롭게 한다는 정을 알면서"(김용민 법안) 등 긴급조치나 국가보안법에서 표현의 자유를 억압하기 위해 삽입된 문구와 유사한 규정을 담고 있다. 법안이 얼마나 안이하게 추진되었는지를 보여주는 징표라고 할 만하다.

4. 평가와 전망

위에서 살펴본 것처럼 유럽식 역사부정죄는 주로 피해자 논거, 인간존엄 논거, 차별 논거를 중심으로 정당화되어 왔지만, 한국의 역사부정죄 법안의 경우에는 이러한 논거들이 거의 논의되지 않은 채 단순 역사부정을 처벌하는, 이른바 순수한 역사부정죄에 가까운 형태로 추진되어 왔다. 5·18광주민주화운동의 경우 역사부정죄의 정당화 논거를 충족시킬 가능성이 있는 대상이었지만 이에 대한 충분한 논의 없이 입법이 진행되었다. 중요한 역사적 진실이기 때문에 그 왜곡을 막기 위해 형사처벌이 필요하다면, 그 역사적 진실의 목록은 앞으로도 계속 늘어날 가능성이 높다. 실제로 최근까지 역사적 진실의 부정을 처벌하는 입법안들이 속속 발의되고 있는 상황이다.

앞으로 역사부정죄에 대해서는 피해자들의 특별한 고통, 인간존엄과 헌정질서, 그리고 역사부정의 표적대상인 특정 인구 집단이 과거로부터 그리고 현재에도 차별받고 소수자 집단이기 때문에 특별한 조치가 필요하다는 사실 등이 충분히 논의되어야 한다. 또한 피해자에 대한 기존의 법적 구제로는 불충분한 것인지도 충실히 검토되어야 한다. 특히 역사부정으로 고통받는 인구 집단이 우리 사회의 정상적인 구성원으로 자유롭고 평등한 권리를 누리기 위해서는 불가피하게 특정한 역사부정발언을 제한할 필요성이 있다는 점이 논증되어야 할 것이다.[57] 형법의 최후수단성보충성 원칙이라는 법치국가의 대원칙은 역사부정에 대한 대응에서도 예외가 될 수 없다. 마지막으로, 소수자 집단의 차별 문제에 대한 체계적인 입법도 부재하고, 혐오표

---

[57] 그런 취지에서 소수자에 대한 증오 선동과 전쟁 선동, 인도에 반한 범죄, 제노사이드, 헌정파괴범죄 등을 나란히 처벌 대상으로 포함하고 있는 법안(올바른 기억을 확립하기 위한 법률)을 제시한 이재승, 앞의 글, 2013, 85~87쪽 참조.

현금지법도 제정되어 있지 않은 상황에서, 역사부정죄의 입법이 더 중요하고 선차적인 문제인지도 생각해봐야 할 것이다.

마지막으로 역사부정죄의 정당화 요건이 충족되더라도 여전히 생각해볼 문제들이 있다. 사실 유럽에서도 역사부정죄는 다양한 비판에 직면해 있다. 대표적인 것으로 국가가 역사적 사실에 대한 판단을 독점하는 것에 대한 기본적 문제제기와 표현의 자유 침해 문제,[58] 사실 / 의견, 사실 / 가치 차이의 모호함에 따른 규제의 난점,[59] 처벌로 문제가 해결될 수 없다는 규제의 효과성 문제[60] 등이 언급되어 왔다.[61] 또한 혐오표현이든 역사부정이든 형사처벌이 최후의 수단이어야 함은 아무리 강조되어도 지나치지 않다. 실제로 유럽 국가들이 역사부정 문제 해소를 위해 역사부정죄에만 의존하고 있다고 오해해서는 안된다. 교육, 자율규제 등 다양한 비형사적 규제방안들이 끈질기게 시행되어 왔으며, 이러한 방법들이 더욱 근본적인 해법이라는 점에는 의

---

58 G. Lewy, op.cit., p. 164; 역사가 결국 '구성된 과거'일 수밖에 없다는 점에서 역사적 사실에 대한 논란을 단죄하는 것의 인식론적 문제에 대해서는 이소영, 「기억의 규제와 '규제를 통한 기억하기'?—홀로코스트 부정(Holocaust denial) 규제 법제와 사회적 기억의 구성」, 『법학연구』 21(4), 2013, 419~420쪽; Soyoung Lee, "'Taking laughter seriously' : the politics of memory in regulating jokes on Korea's colonial/dictatorial past", *Asia Europe Journal* 15(3), 2017, pp.299~318 참조.

59 E. Fronza, op.cit., pp.125~156 참조.

60 이재승, 앞의 책, 570~571쪽; 5·18 역사부정죄 입법 이후의 집행 현실에 대한 비판적 고찰은 임재성, 「역사왜곡죄라는 입법적 사건에 대한 범죄사회학적 소고—5·18 및 4·3 특별법을 중심으로」, 2024년 6월 28일 제주대 4·3융합전공 학술대회 참조.

61 역사적 진실을 법의 일도양단식 접근으로 해결할 때 벌어지는 다양한 문제에 대해서는 이소영, 앞의 글, 405~430쪽; 이소영, 「역사부정 규제를 둘러싼 기억의 정치—518왜곡처벌 법안 관련 논의를 중심으로」, 『법과사회』 61, 2019, 157~184쪽; 이소영, 「탈냉전 시기 유럽의 기억전쟁과 법의 개입」, 『법학연구』 62(1), 전북대 법학연구소, 2020, 1~29쪽 참조.

심의 여지가 없다.[62] 형사처벌은 역사부정에 대응하기 위한 여러 방법의 하나일 뿐이라는 점도 잊어서는 안 된다. 그런 점에서 한국의 역사부정 관련 논의가 역사부정죄 도입으로 지나치게 집중되고 있는 것은 문제가 아닐 수 없다.

62　역사부정 문제의 해결을 위해 형사처벌보다는 적극적이고 형성적인 조치가 필요함을 주장하는 이재승, 앞의 책, 575~576쪽; 교육과 언론을 통한 해법의 중요성을 제시하는 L. Hennebel and T. Hochmann, op.cit., p. xxxvii; G. Lewy, op.cit., chap. 9; Kenneth Lasson, "Defending Truth : Holocaust Denial in the Twenty-First Century", in *Genocide Denials and the Law*, ed. by Hennebel and Hochmann, Oxford University Press, 2011, pp.48~154; Joint Submission by the Special Rapporteur on Freedom of Opinion and Expression, the Special Rapporteur on Freedom of Religion or Belief, and the Special Rapporteur on Racism, Racial Discrimination, Xenophobia and Related Intolerance, "Expert Workshop on the Prohibition of National, Racial or Religious Hatred", Vienna, 9~10 February 2011, p.15 참조. 혐오표현에 대한 형사처벌의 기본적 문제점과 형성적 규제의 필요성을 제안하는 홍성수, 「혐오표현의 규제 ─ 표현의 자유와의 충돌을 피하기 위한 규제대안의 모색」,『법과사회』 50, 2015; 홍성수, 「혐오표현의 해악과 개입의 정당성 ─ 금지와 방치를 넘어서」,『법철학연구』 22(3), 2019 참조.

참고문헌

국내논저

김봉수, 「'집단표시에 의한' 모욕죄의 성립논리에 대한 검토」, 『형사법연구』 23(4), 2011.

김재윤, 「5·18민주화운동 부인죄 도입의 필요성과 헌법적 정당성」, 『민주주의와 인권』 16(2), 2016.

______, 「5·18민주화운동 부인에 대한 형법적 규제 방안」, 『법학논총』 35(2), 전남대 법학연구소, 2015.

김지혜, 「차별선동의 규제－혐오표현에 관한 국제법적·비교법적 검토를 중심으로」, 『법조』 64(9), 2015.

김희정, 「역사적 사실을 부인하는 행위에 대한 제재법률의 헌법적 정당성」, 『고려법학』 67, 2012.

______, 「역사부정규제법제의 헌법적 정당성－홀로코스트 부정을 중심으로」, 고려대 석사논문, 2008.

박경신, 『표현·통신의 자유－이론과 실제』, 논형, 2013.

송승현, 「집합명칭에 의한 모욕죄의 성립논리」, 『홍익법학』 17(1), 2016.

신혜랑·김학렬·박상학·이문인·이진·정성윤·오현정·김상훈, 「광주민주화운동 피해자들의 외상후 스트레스 장애－서울/경기 및 전남 지역 거주자를 대상으로」, 『사회정신의학』 16(2), 2011.

오수성·신현균, 「5·18 피해자들의 생활스트레스, 대처방식, 지각된 사회적 지지와 외상후 스트레스, 심리건강 간 관계」, 『한국심리학회지－임상』 27(3), 2008.

오승용, 「5·18민주화운동 왜곡의 기원과 쟁점」, 『5·18민주화운동 33주년 기념 학술 토론회－역사 왜곡 시도와 대응 방안 모색』, 전남대, 2013.5.15.

이소영, 「탈냉전 시기 유럽의 기억전쟁과 법의 개입」, 『법학연구』 62(1), 전북대 법학연구소, 2020.

______, 「역사부정 규제를 둘러싼 기억의 정치－518왜곡처벌 법안 관련 논의를 중심으로」, 『법과사회』 61, 2019.

______, 「기억의 규제와 '규제를 통한 기억하기'?－홀로코스트 부정(Holocaust denial) 규제 법제와 사회적 기억의 구성」, 『법학연구』 21(4), 2013.

이용, 「집단표시에 의한 명예훼손죄와 모욕죄」, 『법조』 64(4), 2015.

이재승, 『국가범죄－한국 현대사를 관통하는 국가범죄와 그 법적 청산의 기록』, 앨피, 2010.

이재승, 「홀로코스트 부인―자유로운 표현에서 인도에 반한 범죄, 전쟁범죄까지」, 『5·18민주화운동 33주년 기념 학술토론회―역사 왜곡 시도와 대응 방안 모색』, 전남대, 2013.5.15.

______, 「기억과 법―홀로코스트 부정」, 『법철학연구』 11(1), 2008.

이정기, 「명예훼손 소송에 있어 '집단표시' 문제에 대한 탐색적 연구」, 『언론과 사회』 23(3), 2015.

이주영, 「혐오표현에 대한 국제인권법적 고찰―증오선동을 중심으로」, 『국제법학회 논총』 60(2), 2015.

임재성, 「역사왜곡죄라는 입법적 사건에 대한 범죄사회학적 소고―5·18 및 4·3 특별법을 중심으로」, 2024년 6월28일 제주대 4·3융합전공 학술대회.

제레미 월드론, 홍성수·이소영 역, 『혐오표현, 자유는 어떻게 해악이 되는가?』, 이후, 2017.

최규환, 「일제 식민역사의 청산과 역사부정」, 『헌법연구』 2(2), 2015.

홍성수, 「'5·18 왜곡' 처벌을 위한 전제 조건」, 『한겨레신문』, 2019.12.13.

______, 「역사부정죄의 정당성 근거―한국 역사부정죄 법안에 대한 비판적 검토」, 『법학논총』 39(1), 전남대 법학연구소, 2019.

______, 「혐오표현의 해악과 개입의 정당성: 금지와 방치를 넘어서」, 『법철학연구』 22(3), 2019.

______, 『말이 칼이 될 때―혐오표현이란 무엇이고 왜 문제인가』, 어크로스, 2018.

______, 「혐오표현의 규제―표현의 자유와의 충돌을 피하기 위한 규제대안의 모색」, 『법과사회』 50, 2015.

기사

「5·18 허위사실 처벌법이 필요한 이유」, 『한겨레신문』, 2020.12.21.

「'일제 찬양―독립운동 폄훼' 발언, 처벌 가능할까」, 『오마이뉴스』, 2013.9.10.

『혐오표현 리포트』, 국가인권위원회, 2019.

「5·18 부인·날조하면 7년 이하 징역…여야, '한국판 홀로코스트 부인죄' 공동 발의」, 『뉴스한국』, 2019.2.22.

「5·18 왜곡 지만원도 오스트리아였으면 징역형 받았다」, 『미디어오늘』, 2013.5.22.

「5·18피해자 40%이상 최저생계 못미쳐」, 『연합뉴스』, 2006.3.1.

「홍영표 '중대한 역사왜곡 처벌…한국판 반나치법 만든다'」, 『한겨레신문』, 2019.2.11.

국외논저

Article 19, "Responding to Hate Speech Against LGBTI People (Policy Brief)", 2013.

Council Framework Decision 2008/913/JHA of 28 November 2008 on combating certain forms and expressions of racism and xenophobia by means of criminal law.

Council Framework Decision on Combating Certain Forms and Expressions of Racism and Xenophobia by Means of Criminal Law, 2008/913/JHA of 28 November 2008.

Council of Europe Committee of Ministers, *Recommendation No. R (97) 20 of the Committee of Ministers to Member States on "Hate Speech"*, October 30, 1997

European Union Agency for Fundamental Rights (FRA), "Hate Speech and Hate Crimes against LGBT Persons" (http://fra.europa.eu/sites/default/files/fra_uploads/1226-Factsheet-homophobia-hate-speech-crime_EN.pdf)

Fraser, David, "'On the Internet, Nobody Knows You're a Nazi' : Some Comparative Legal Aspects of Holocaust Denial on the WWW", Ivan Hare and James Weinstein, eds., *Extreme Speech and Democracy*, Oxford University Press, 2009.

Fronza, Emanuela, *Memory and Punishment : Historical Denialism, Free Speech, and the Limits of Criminal Law*, Asser Press/Springer, 2018.

______________, "The Criminal Protection of Memory : Some Observations about the offense of Holocaust Denial", Ludovic Hennebel and Thomas Hochmann, eds., *Genocide Denials and the Law*, Oxford University Press, 2011.

Hennebel, Ludovic and Hochmann, Thomoa, "Introduction : Questioning the Criminalization of Denials", *Genocide Denials and the Law*, Ludovic Hennebel and Thomoa Hochmann, eds., Oxford University Press, 2011.

_____________________________________ eds., *Genocide Denials and the Law*, Oxford University Press, 2011

Joint Submission by the Special Rapporteur on Freedom of Opinion and Expression, the Special Rapporteur on Freedom of Religion or Belief, and the Special Rapporteur on Racism, Racial Discrimination, Xenophobia and Related Intolerance, "Expert Workshop on the Prohibition of National, Racial or Religious Hatred", Vienna, 9~10 February 2011.

Kahn, Robert, *Holocaust Denial and the Law : A Comparative Study*, Palgrave Macmillan, 2014.

__________, "Holocaust Denial and Hate Speech", *Genocide Denials and the Law*, ed. by Hennebel and Hochmann, Oxford University Press, 2011.

__________, "Cross-Burning, Holocaust Denial, and the Development of Hate Speech Law in the United States and Germany", *University of Detroit Mercy Law Re-*

view 83, 2006.

Lasson, Kenneth, "Defending Truth : Holocaust Denial in the Twenty-First Century", in *Genocide Denials and the Law*, ed. by Hennebel and Hochmann, Oxford University Press, 2011.

Lee, Soyoung, "'Taking laughter seriously' : the politics of memory in regulating jokes on Korea's colonial/dictatorial past", *Asia Europe Journal* 15(3), 2017.

Lewy, Guenter, *Outlawing Genocide Denial : The Dilemmas of Official Historical Truth*, University of Utah Press, 2014.

Lipstadt, Deborah, *Denying the Holocaust : The Growing Assault on Truth and Memory*, Penguin, 1994.

Martin Imbleau, "Denial of the Holocaust, Genocide, and Crimes Against Humanity, A Comparative Overview of Ad Hoc Statutes", Ludovic Hennebel and Thomoa Hochmann, eds., *Genocide Denials and the Law*, Oxford University Press, 2011.

McKeown, Tessa, "False Historical Discourse in Modern Society", Victoria University of Wellington Legal Research Paper, Student/Alumni Paper No. 29, 2015.

Pech, Lauren, "The Law of Holocaust Denial in Europe : Toward a (qualified) EU-wide Criminal Prohibition", Ludovic Hennebel and Thomoa Hochmann, eds., *Genocide Denials and the Law*, Oxford University Press, 2011.

Raphael Cohen-Almagor, "Holocaust Denial is a Form of Hate Speech", *Amsterdam Law Forum* 2(1), 2009.

Suk, Julie C., "Denying experience : holocaust denial and the free speech theory of the state", *The content and context of hate speech : rethinking regulation and responses*, eds., Michael Herz and Peter Molnar, Cambridge University Press, 2012.

제2부

부정-혐오의 유통과 대항 정동

제5장

성폭력 부정주의의 정동적 힘과
대안적 정동 생성의 '쓰기'

권명아

1. '민주화 세대'와 성폭력과 일상이 된 파괴적 변용

광역지방자치 단체^{이하 광역 단체}에서 벌어진 일련의 성폭력 사태를 계기로 '민주화 세대'와 성폭력에 대한 논란이 끊이지 않는다. 이런 논란은 가해자와 피해자 편으로 극단적으로 나뉘어 대립하는 양상을 보이며 지속하고 있다. 언론 매체나 소셜 미디어 등 담론 공간에서는 이를 '극단적인 진영 대립' 문제로 다루고 있고 이런 현상이 이른바 '조국 사태' 이후 등장한 한국 사회의 고질적 문제라고도 비판한다. 한국 사회에 최근 들어 이런 식의 진영 대립이 팽배하게 된 것에 관해서는 SNS 담론 생산의 문제나, 세대 간의 간극, 자신의 주장만을 고집하는 반지성주의적 독단 등 다양한 원인이 논의된 바 있다. 광역단체장에 의한 성폭력사건은 거대한 이슈로 소용돌이쳤고 매번 조직문화 개선, 586세대의 성 인지 감수성, 강경한 대응책 등이 해결해야 할 긴급한 사안으로 제시되었으나 막상 제대로 된 변화는 거의 없다. 이 연구는 이른바 '진보정치 집단' 출신의 광역단체장의 성폭력사건에 대한 담론

공간의 논의를 비판하고 이 사태를 역사적이고 이론적인 분석 대상으로 다루기 위한 문제틀을 제시하고자 한다. 이를 위해 이 연구는 다음 네 가지의 연구 목표를 중심으로 논의를 진행하고자 한다.

첫 번째로 안희정 성폭력사건 피해자인 김지은의 저작인 『김지은입니다』[1]에 대한 해석을 통해 민주화 세대의 지배적 정동과 정동 정치가 성폭력을 산출하는 조직 구조를 어떻게 구성하고 재생산하는지를 밝힌다. 민주화 세대가 청년기 운동권 문화에서 만들었던 정파주의와 조직 보위는 이데올로기이자 특정한 정동 체계로 오늘날 이들 세대 집단의 지배적 정동 구조의 주요 부분을 이룬다. 이러한 정동 체계가 정당 조직과 광역단체장 조직으로 이어지는 과정은 국가기구의 '민주화' 과정이기도 했으나, 국가 조직과 공공 영역이 정파적으로 재구성되는 무한 연쇄로 이어졌다. 이런 조직 구도에서 김지은과 같은 여성 비정규직은 정파의 '외부자'포함인 동시에 배제가 된다. 특히 이런 정파 조직이 지방 정부로 이어지면서 광역 단체 조직은 '조직 보위'로 뭉친 내부, 포함되면서 동시에 배제된 집단, 갈등하는 적대적 공존자인 기존 행정 집행 전문가기존 공무원 집단로 분열적으로 구성된다. 이런 조직 구도는 성폭력의 구조적 원천이자, 사상 유례가 없는 '국가조직 주도형 2차 가해'가 생산되는 구조적 원천이기도 하다. 또한 이런 분열적 구조로 인해 성폭력사건에 대한 책임을 기관과 집단별로 서로에게 전가하는 무책임주의가 발생한다. 광역단체장 성폭력사건의 여러 사례에서 단체장에 대한 관리 감독 자체가 사각지대가 되는 점 또한 이와 무관하지 않다.

두 번째로는 진보 집단 출신 정치인이 중심이 된 광역 단체 조직 구도의 노동 착취 구조는 신자유주의 경제 구조에서도 매우 이례적으로 신분제에

---

1   김지은, 『김지은입니다―안희정 성폭력 554일간의 기록』, 봄알람, 2020.

가까운 노예화에 기반하고 있음에 주목하고자 한다. 이른바 '진보 집단 출신 정치인'이 광역단체장인 광역 단체의 조직 구조는 고위 직급과 정규직, 남성으로 이뤄진 내부자 집단과 주로 청년과 여성에게 할당된 비정규직, 아르바이트, 자원봉사로 이뤄진 외부자 집단으로 나뉘어 있다. 이런 조직 구조는 이중노동시장 이론에서 논의하는 이중 구조의 특성을 고스란히 반복한다. 즉 이런 조직 구조는 지방 정부와 정당 조직 같은 공공 영역에서 이중 노동시장구조가 어떻게 특수한 형식으로 만들어지고 문제를 만드는지를 보여주는 사례로 분석할 필요가 있다. 일련의 광역단체장 성폭력사건에 대해서 이 연구는 이 사건들이 특정 개인의 '성 인지 감수성'의 문제에서 비롯된 것만이 아니라, '민주화' 세대 정치 집단이 구축한 정치 조직 구조의 산물이라는 점에 주목하고자 한다. 특히 운동권의 정파주의와 공공기관을 잠식한 노동의 이중 구조화가 결합한 특수한 조직 구조의 폭력성과 밀접한 관련이 있다는 점을 규명하고자 한다. 공공부문 비정규직 문제 해결^{정규직 전환을 포함한}은 문재인 정부의 대표 공약이자 정책이었다. 그러나 막상 문재인 정부의 주요 공공기구와 국가기구는 비정규직 착취의 매우 특수하고도 문제적인 방식을 반복하고 정당화했다.

세 번째로는 광역단체장 성폭력사건은 현재 이른바 '진보 정치'를 표방하는 집단의 '노동'에 대한 분열적이고 이중적인 태도와도 밀접한 관련이 있다는 점에 주목하고자 한다. 또 이른바 '진보 정치' 집단은 젠더와 계급, 성 평등과 노동을 서로 상이한 행위 주체와 집단에게 할당하여 분할 통치하는 방식을 지속하고 있다.[2] 성폭력 부정주의는 이런 정치 공학에 의해 강화되

---

2 이른바 '진보 집단'이 노동과 젠더를 대립적으로 구별하면서 젠더가 아닌 노동이 중심이 되어야 한다는 논지는 문재인 정부 들어서 더욱 강해지고 있다. 광역단체장 성폭력사건에 대해 성폭력을 부정하고 피해자를 공격하거나 음모론, 진

고 때로는 동원된다.

　마지막으로 이른바 진보 집단의 정파주의와 민주화 세대의 정동을 한국 사회를 극단적인 진영 대립으로 몰고 가는 주요 원인으로 살펴보고자 한다. 운동권 시절에서 민주화시대를 거치면서 민주화 세대는 '헌신'과 '열정', 자부심, 주인의식 등이 아로새겨진 민주화 세대 고유의 정동 체계를 구성했다. 이러한 정동 체계에는 민주주의의 적을 향한 맹렬하고도, 대타적인 우월감이 또렷하게 새겨져 있다. 적을 향한 우월감은 정파주의적인 조직 보위의 신념과 쌍을 이룬다. '조국 대전'을 징후로 하여 "민주주의의 적"은 "비판 세력"으로 확대되었고, 성폭력을 부정하는 방법으로 비판 세력에 대한 조직 보위의 정동적 힘을 강화하고 쇄신하는 연쇄 속에서 발생한다. 민주주의의 적을 향한 우월감과 신념에 찬 조직 사랑의 열정은, 비정규직 성폭력 피해자 여성과 지지 단체, 페미니즘, 청년, 비정규직으로 상징되는 '새로운' 정치 세력에 대한 집단적 부인의 정치를 추동하는 정동으로 변용되었다. 게다가 이런 식의 정파적인 조직 보위의 정동 체계는 항상 자기 정파에 유리한 결과를 생산하지 않는다. '조국 대전' 당시 서초동 집회는 검찰 지지 세력의 '맞불 집회 전략'에 맞물려, 오히려 지지 기반을 완전히 상실했던 보수 정당을 회생시키는 결과로 이어졌다.[3] 이런 점에서 '극단적인 진영 대립'을 조직

영론을 주장하는 이른바 진보 집단의 태도는 이러한 인식 구조와 관련이 깊다. 이에 대해서는 권명아, 「젠더·어펙트 연구에서 연결성의 문제—데이터 제국의 도래와 '인문'의 미래」, 동아대 젠더·어펙트 연구소 편, 『약속과 예측』, 산지니, 2021, 25~169쪽)에서 자세하게 다루었다.

3　필자는 선행 연구에서 이른바 '맞불 시위'는 2000년대 초반부터 한국 사회에 형성된 전형적인 한국형 헤이트 스피치임을 규명한 바 있다. "특히 미디어는 극우 정치 세력과 기득권 집단의 이해 관계를 대변하면서 "맞불시위"라는 '중립적인' 명명을 반복하면서 인권과 기본권에 대해 요구하는 집단은 '과도하고', '이기적이고', '자기주장만 하는' '반대 의견을 존중하지 않는' 극렬한 집단으로 매

하고 재생산하고 정당화하는 행위 주체는 바로 이러한 민주화 세대의 정파적 정동 체계이다. 이들은 공공기관을 정파적으로 장악하고, 노동시장에서 높은 임금과 보호 체계, 좋은 승진 조건을 지닌 1차 노동시장을 장악하고 있다. 이들이 '민주화 세대'인지는 모르겠지만, 더는 민주적인 세대는 아니다. 게다가 이들 세대의 정파적 정동 체계는 국가 기구와 시민 사회 전반에서의 공공성의 부재와 노동시장의 이중 구조화를 비가시화하고, 이를 '정파'의 문제로 환원하고 정당화한다. 민주화 세대는 세계를 '적과 우리'로 분할된 적대 진영으로 느낀다. 진심으로 그렇게 느낀다는 점에서 그들은 완벽하게 정파적으로 배타적인 세계를 정동적 현실affective reality로 사는 것이다. 헌신과 사랑과 열정으로 가득한 이 정파-친구로 구성된 정동적 현실을 살아가는 민주화 세대에게 이들을 기득권이자 성폭력 가해 집단이라고 '공격'하는 이

도되었다. 이런 과정을 통해서 노동운동이나 민주화운동에 대한 말 그대로 '혐오'는 널리 퍼졌다. 이 시대에 '민주화'를 차별표현으로 사용하기 시작한 일베가 등장한 것은 우연이 아니다. 한국에서 "시위=민주화"라는 등식이 오래 성립되어 왔고 극우파 시위는 미군정기(1945~1948) 이래 거의 존재하지 않았다. 그러나 민주화 이후 특히 이명박, 박근혜 정권 시기에 극우파적인 주장이 파시즘이나 극우파가 아닌 '하나의 의견'이라고 정당화하는 흐름이 강해졌고, 이는 한국에서 헤이트 스피치가 번성하는 것과도 흐름을 같이 했다. 세월호 유족의 '단식 투쟁'에 대한 '맞불시위'로 일베가 진행한 '폭식 투쟁'은 헤이트 스피치가 집단적이고 조직적으로 거리로 나선 분기점이 되었다. 또 성소수자에 대한 증오선동은 대규모의 조직적이고 집단적인 헤이트 스피치 집회임에도 불구하고 '맞불시위'라는 이름으로 '법적으로 허가받은' 집회로 몇 년째 이어져 오고 있다. 최근 등장한 페미니즘에 '반대'하는 '맞불시위'나 반동성애 '맞불 집회'는 단지 '반대 의견을 표명하는' 것이 아니라, 이처럼 이른바 '민주화'에 대한 증오선동이 고조되었던 시기 구축된 헤이트 스피치의 담론 집성체(corpus)의 산물이다. 즉 이는 한국 사회에서 2000년대 초반부터 형성된 증오선동의 역사적 산물인 것이다. 따라서 "맞불 시위"는 "단순히 이견을 표명하는" 표현의 한 형식이 아니라, 한국 사회에 특유한 증오선동의 전형적 형식이다." 권명아, 「한국과 일본에서의 반헤이트 스피치운동과 이론에 대한 비교 고찰—차별의 역사적 구조와 표현의 자유에 대한 논의를 중심으로」, 『여성문학연구』, 45, 2018, 538~562쪽.

들의 존재는 터무니없이 비현실적이다. 왜냐하면 이들에게 비정규직, 불안정 고용, 노예노동의 노동 현실과 그 연장에서 일상의 공포로 자리 잡은 성폭력의 위험성은 그야말로 가상의 공포이기 때문이다.

모든 게 적과 내 편으로 나눠진, 그토록 정파적인 세계야말로 우리가 사는 정동적 현실이다. 그리고 그 정동적 현실에서 공적 합리성, 공공성은 연기처럼 사라지고 있다. 과거의 그 언젠가 민주-화를 추동하는 정동이었던 정파적 정동은 지금 이곳에서 공적 합리성, 공공성, 시민성, 평등과 같은 민주적인 모든 것을 잠식하는 정동이 되고 있다. 민주-화 세대의 민주-화는 국가 기구에 대한 정파적 지배가 되었고 공공 영역은 모두의 것이 아닌 정파의 몫으로 배타적으로 할당되고 있다. 나아가 공공성을 담보해야 할 시민 단체, 정부를 견제할 민간 기구, 인권 단체와 언론, 지식계, 법조계 등이 앞서 논한 국가 기구에 적극적으로 포섭된 결과, 이들 정파적 지배 집단의 권력을 감시할 공적 기구는 거의 남아있지 않다고 해도 과언이 아니다.

『김지은입니다』에서 비정규직 계약 공무원 김지은이 대선 캠프 자원봉사자가 되었다가, 충남도지사 수행비서가 되었다가, 성폭력 피해자가 되었다가, 사상 초유의 성폭력 부정주의 공격의 사냥감이 되었다가, 직장을 잃었다가, 아무도 모르는 세계로 숨어들었다가, 노동자가 될 권리를 외롭고도 외롭게 외치게 되는 이 모든 이행의 과정은 바로 이러한 정파적 정동이 생성해낸 '너무나 일상적인' 파괴적 변용 과정이다.

2. 성폭력 부정주의 정동에 대항하는
　　대안 정동 생성의 쓰기

이 연구의 주요한 목표 중 하나는 『김지은입니다』를 한국 사회에서 성폭력 부정주의가 어떻게 집단적으로 조직되는가를 공개적으로 '증언'한 정치적 텍스트로 해석하고 자리매김하는 일이다. "안희정 성폭력 고발 554일간의 기록"이라는 부제가 붙어있지만, 이 책은 특정 사건의 기록과 개인의 경험을 담은 것만은 아니다. 성폭력과 권력형 성폭력이 결국 차별적 구조의 문제라는 건 이제 많은 사람이 받아들이고 논의하고 있지만, 그 구조가 어떤 구조인가에 대한 논의는 여전히 원론적이다. 모든 살아남은 자의 증언은 정치적이지만, 때로 어떤 증언은 한 세계를 돌이킬 수 없이 뒤엎는다. 여성운동가 김학순의 증언이 그러했듯이. 김학순의 증언 이후 '우리 모두'는 '위안부 문제'를 모르던 시절로 돌아갈 수 없다. 마찬가지로 『김지은입니다』라는 증언 이후, '우리 모두'는 민주화 세대에 대해 더 이상 이전과 같은 담론, 감정, 표정조차도 지을 수 없다.[4]

---

[4]　특정 시대 젠더 정치의 역사성을 드러내는 글쓰기와 읽기의 정치성에 대한 연구는 페미니즘 연구에서 꽤 많은 연구사가 축적되어 있다. 문학, 글쓰기, 서사의 역사성과 독서와 읽기의 정치성을 페미니즘 관점에서 재구축한 연구 또한 다양하다. 본고 역시 페미니즘 연구가 쌓아온 그간의 논의를 이어받으면서 역사성과 당대성을 결합하고자 한다. 페미니즘 연구에서 특정 시대의 젠더 정치를 상징하는 글쓰기와 읽기의 관계성을 연구한 최근의 연구는 다음과 같다. 관련 연구사는 페미니즘 문학 연구에서 너무나 방대하기 때문에 최근 논의로서 1970년대 이후를 다룬 연구에 한정하면 다음과 같다.
　　이선미는 1970년대 젠더 정치의 역사성을 드러낸 텍스트로 박완서의 『휘청거리는 오후』를 분석하고 기존 연구에서 '대중성'으로 평가된 '여성 독자'의 존재성과 정치성을 재해석하였다. 이선미, 「'여성'의 사회적 해석과 1976년의 박완서 소설―『휘청거리는 오후』의 대중성을 중심으로」, 『현대문학의 연구』 51, 2013, 571~611쪽.

『김지은입니다』는 성폭력 피해자에 연대하는 저항의 거점으로, 여러 방식으로 정치적 의미를 획득하였다. 박원순 전 서울시장 성폭력 피해 고발사건 이후 진실 규명과 피해자 연대의 의미로『김지은입니다』를 읽는 저항적 독서운동이 다양하게 일어났다. 이 연구에서는『김지은입니다』를 여성·비정규직 노동자가 학연과 운동권 네트워크가 결합해서 구축된 정파 조직이 관리자와 상급자로 자리 잡은 정부 조직에서 경험한 노동 착취와 성차별 구조에 대한 기록으로 읽어나가려 한다.『김지은입니다』는 물론 이런 의도나 목표를 미리 갖고 집필된 텍스트는 아니다. 오히려 사상 초유의 '국가 기구 주도의 2차 가해'에 노출된 피해자 김지은이 이 사태를 견디며 연대자들에 의존하면서 가까스로 진실을 규명하고, 다시 일할 권리를 되찾고자 하는 애절한 사투의 결

김은하는 1980년대 젠더 정치와 박완서 소설의 상관성, 그리고 여성 독자의 읽기의 정치성의 관계를 규명한 바 있다. 김은하,「여성들의 정치 혁명과 페미니스트 팸플릿으로서 글쓰기―박완서의 1980년대 여성해방소설을 중심으로」,『여성문학연구』45, 2018, 7~36쪽.

최근 연구에서 페미니즘 글쓰기와 읽기의 정치성에 대한 논의는『82년생 김지영』을 중심으로 상당히 축적되었다. 대표적으로는 허윤의 연구를 들 수 있다. 또『82년생 김지영』현상을 2015년에서 2016년 사이의 특이성으로 살펴본 정고은의 논의도 흥미롭다. 정고은,「2015~2016년 페미니즘 출판 / 독서 양상과 의미」,『사이間SAI』22, 2017, 167~198쪽; 허윤,「광장의 페미니즘과 한국문학의 정치성」,『한국근대문학연구』19, 2018, 123~151쪽.

안희정 전 지사의 성폭력을 고발한 김지은을 공격하는 증오 선동이 이어지자 '독자들'은『김지은입니다』를 읽고 인증하는 저항적 독서 행위를 이어갔다. 그런 점에서『김지은입니다』는 글쓰기와 읽기에 대한 페미니즘 정치 실천에서 매우 징후적이고 중요한 텍스트이다.『82년생 김지영』이 '소설' 형식으로 출간되고 영화화도 되면서 '문학적' 측면이나 '문화적' 측면에서 다양한 논의가 이어진데 비해『김지은입니다』에 대해서는 페미니즘 이론에 기반을 둔 해석이 그다지 진행되지 못하였다. 이는『김지은입니다』가 성폭력 피해에 대한 증언 서사라는 점과도 관련된다. 그런 점에서 본 연구는 그간 페미니즘 문학 연구에서 축적된 페미니즘 읽기―쓰기의 정치성에 대한 연구와 증언 서사 연구의 방법을 결합하고 확장하여『김지은입니다』를 분석하고자 한다.

과물이라 하겠다. 더 간명하게 말하자면 살기 위해서는 쓰는 수밖에 없었다.[5]

부산성폭력상담소에서 주관한 「2019년도 2차 피해 사례 분석 및 법정 내 2차 가해 근절을 위한 제언」에는 성폭력 2차 가해 집단과 가해 유형, 피해 사례가 자세하게 분석되어 있다. 이 연구에 의하면 성폭력 2차 피해 가해자는 가해자 변호사[199/50], 학내와 사내 기관 및 주변인[49], 가해자 가족[25] 등이 주를 이룬다.[6] 안희정사건은 기존의 성폭력 2차 피해 사례와는 비교가 안 되는 초유의 사례로 논의된다.[7] 무엇보다 성폭력을 부정하는 2차 피해 가해

---

5 이런 맥락에서 본고는 그간 진행된 노동자 글쓰기와 여성 노동자 글쓰기의 어긋남을 살펴본 연구사의 궤적을 이어받고 있다. 또한 여성 노동자 글쓰기를 과거 한 시대를 풍미한 '노동자 수기'에 대한 역사적 연구에 한정하지 않고, 지금, 이곳에서의 노동과 젠더 정치의 문제에 개입하는 연구로 이어가고자 한다. 문학사의 맥락에서 노동자 글쓰기와 여성 노동자 글쓰기의 어긋남과 관계성을 살핀 연구는 다음과 같다.

김양선, 「70년대 노동현실을 여성의 목소리로 기억 / 기록하기 - 여성문학(사)의 외연 확장과 70년대 여성노동자 수기」, 『여성문학연구』 37, 2016, 7~38쪽; 배하은, 「흔들리는 종교적·문학적 유토피아 - 1970~1980년대 기독교 사회운동의 맥락에서 살펴 본 노동자 장편 수기 연구」, 『상허학보』 56, 2019, 401~443쪽; 안지영, 「'여공'의 대표 (불)가능성과 민주주의의 임계점 - 1970~1980년대 여성-노동자들의 수기를 중심으로」, 『상허학보』 55, 2019, 381~420쪽; 오자은, 「'문학 여공'의 글쓰기와 자기 정체화」, 『한국근대문학연구』 19, 2018, 7~52쪽.

6 부산성폭력상담소 편, 「2019년도 2차 피해 사례 분석 및 법정 내 2차 가해 근절을 위한 제언」, 부산성폭력상담소 토론회 자료집, 2019, 14~15쪽.

7 김효영, 「미투운동에서 객관적 진실의 딜레마 - 안희정사건 관련 담론에 대한 비판적 분석」, 연세대 석사논문, 2018. 김효영은 이 논문에서 안희정 성폭력사건과 관련한 여러 행위 주체의 대응 방식과 담론 구조를 비판적으로 분석한 바 있다. 먼저 "안희정 측은 성폭력 생존자에게 '피해자다움'을 요구하는 등 '전형적인 피해자'의 정체성을 규정했다. 또한 사회운동 단체의 '성적 자기결정권' 담론을 끌어와 재해석함으로써 권력 문제를 배제했다. 이러한 담론의 전유는 성폭력 책임을 생존자에게 돌리는 데 기여했다. 한편, 생존자 측은 안희정사건을 '위계·권력에 의한 성폭력'으로 규정하며 직장에서의 '노동권'과 '성차별' 문제가 상호 교차하는 지점에 위치시켰다. 가해자 측에서 권력 문제를 비가시화하고 배제했다면, 생존자는 권력 차이를 강조했다. 또한 2차 피해를 호소하며 생

자 집단과 동원 네트워크가 기존의 2차 피해 가해 방식의 규모를 초과한다. 정파 조직을 중심으로 시민 사회, 정부, 언론, 학계, 법조계, 온라인 네트워크 등 사상 초유의 조직적 네트워크를 통해 작동하는 전무후무한 거대한 2차 가해 집단이 출현했다. 또 기존의 정파 조직을 기반으로 한 인적 네트워크를 지지자 온라인 네트워크, 다양한 정동-기술적 네트워크로 동원하는 완전히 새로운 폭력이 출현했다.

존자들과의 연대를 통해 정치계 전반의 '구조적 성폭력' 해결을 촉구하는 담론을 구성해냈다. 사회운동 단체는 구조적 성폭력과 2차 가해, 편파적인 보도를 비판하고 가해자 처벌과 법·제도 마련을 촉구했으며 생존자들에 대한 연대와 지지를 주된 담론으로 구성했다"(122쪽).

또한 사법기관과 미디어가 '객관성'을 표면적으로 내세우면서 실제로는 주관적이거나 정치적 이해 관계가 투영된 경우가 많았다고 비판한다. 즉 "사법기관은 가해자와 생존자 양측에 발언의 기회를 동등하게 제공하고, 이를 객관적·가치 중립적인 태도로 관찰하는 '공정한 재판관'에 자신을 위치시킴으로써 판결의 정당성을 확보하려는 담론 전략을 보였다. '정치적 중립성', '객관성'의 원칙을 통해서 궁극적으로는 '실체적 진실'에 이르는 것을 목표로 했다. 이에 '감정'과 '사실'을 대립시키고 '사실'을 강조했으며 '감정적'이라 판단되는 진술을 제지하는 방식으로 객관성 규범을 실천하고자 했다. 하지만 담론분석 결과에 따르면, 사법기관에서 객관성 규범을 추구하는 것과는 별개로 재판관의 신념과 주관이 재판에 개입된 것으로 나타났다. 정조를 언급하거나, 전형적인 성폭력 피해자상을 규정하는 등 여성들에 대한 문화적 신념들을 포함하고 있는 것이 그 예이다. 또한 '정조' 개념에서 '성적 자기결정권'으로 전환되는 역사적 맥락을 검토하며 사회운동 단체의 담론들을 수용하는 듯했지만, '권력'에 대한 담론은 비가시화하는 등 가해자 측의 담론과 유사한 형태를 보였다. 한편, '죄형법정주의' 담론을 끌어오는 방식으로 '객관성'을 추구하면서도 법조항, 법해석 속에 내재된 신념들과 법률을 판단하는 재판관의 위치에서 비롯된 신념들에 대해서는 검토하지 않는 것으로 나타났다. 그 결과 법조항과 재판관 속에 깃든 신념의 문제는 검토되지 않은 채 '당연시'되었다." 미디어 보도 역시 "각 신문사가 어떠한 정치적 이해 관계를 가지는지, 젠더를 중요하게 고려하는지 등에 따라 표상되는 담론들에 차이가 존재했다. 남성 동성 사회에서 정치적 이해 관계를 지니는 보수신문, 진보신문은 미투운동으로 인한 정치적 타격을 주목하고 있었다는 점에서 유사했다"(123쪽).

안희정 조직에는 기자 출신과 연설 작성자들이 있었다. 글을 쓰고 스토리를 구성하고 언론을 다루는 데 능숙한 사람들이다. 그들은 문자를 상황 상황에 편집하여 있지도 않은 일들을 추측하며 그것이 어떤 증거인 양 말했다. 조직에 있는 한 살 많은 선배에게 보낸 문자들을 교묘히 혼란스럽게 붙여 안희정과 보낸 문자처럼 글을 써서 내보내기도 했고, 이를 그대로 받아 적은 언론사는 '안희정 오빠'라는 기사 제목을 붙여 오보를 냈다. 현재는 기사 제목이 정정되었지만, 이미 확산된 보도는 주워 담을 수가 없다. 블로그로, 유튜브로, 트위터 등으로 공유되고 재가공되었다. 미투 직후에는 한 언론사가 공무 중 안희정을 수행하던 영상에 나온 나의 모습을 마지막 피해 당일 CCTV 장면처럼 빨간색 동그라미를 쳐서 내보냈다. "얼굴을 꼿꼿이 쳐들고 있는 게 피해자가 맞느냐"는 수많은 악플에 시달렸다. 어떻게 그 장면이 그 언론사에 CCTV 영상처럼 노출되었던 것인지 참으로 의심스럽다. 그 후로 2년 가까운 시간이 지났지만, 언론사의 사과나 정정보도는 찾을 수 없고, 그 가짜 빨간 동그라미 CCTV 캡처본은 온라인상에 붉은 상흔처럼 남아 있다.

여론전을 통해 '성폭력'의 사실은 사라지고, 그 자리에 '불륜'이라는 자극적인 소설들만 돌아다녔다. 안희정의 성폭력 범죄를 증명하는 데 있어 핵심적인 증거는 따로 있었다. 그런 자료들이 재판에서 증거로 다루어졌고 판결문에 인용되고 유죄 판결을 이끌어낸 것이다. 그러나 재판은 비공개였다. '불륜'이 성공하자, 기세에 이어 사법부를 공격했다. 합리적이고 공정한 판결에 의문을 제기하는 언동들이 2심 재판부를 비난했다. 일부 언론들도 "같은 사안, 다른 판결"이라며 "피해자 말이면 다 믿는 성 인지 감수성"이라고 기사를 썼다. 추가 증거와 추가 증인 진술에 피고인 진술까지, 그 외 모든 점에서 1심과 2심은 엄연히 다른 재판이었다. 그저 공소 제기된 범죄가 같을 뿐이다.

성폭력 범죄에서 가해자 측, 특히 가해자의 가족들, 직장 동료들의 2차 가해는 이런 식으로 비슷하게 이루어진다고 들었다. 보통 재판 과정에서 피해자 신상 털기, SNS 털기, 메신저 털기 등은 놀랍지 않은 일이라고 한다. 가해자가 첫 번째로 하는 작전이라는 것이다. 하지만 나의 경우는 2차 가해, 2차 피해의 아주 대표적·기록적 사례로 꼽힐 정도로 그 심각성이나 피해가 너무 크다고 했다. 전에 없는 2차 가해와 2차 피해, 이것이 강의 주제나 연구 케이스가 되는 것에 대해, 웃어야 할지 울어야 할지 모르겠다. 다만 내가 소망하는 일은 나의 사례를 통해 앞으로 나와 같은 피해자가 나오지 않는 세상을 만드는 것이다.[8]

조직 보위와 지도자 수호를 위해 국가 기구, 미디어, 대중 선동, 정보 조작 매크로, 가짜 뉴스 등을 총체적으로 동원하는 이런 방식은 '성폭력 2차 가해'의 통상적 방식과도 다르다. 이와 유사한 가장 익숙한 사례는 세월호 피해자에 대한 국가 주도의 증오 정치 정도를 들 수 있으며, 광주 학살 유족에 대한 국가 주도의 증오 정치도 이와 유사하다고 하겠다. 이는 대중 정치 레벨에서 작동하는 소수자 차별 증오 정치의 방식과도 규모나 강도가 비교할 수 없을 정도로 심각한 것이다. 사상 초유의, 유례가 없는 규모와 강도로 피해자 공격이 진행되었고 지금도 진행 중이다.

이런 사상 초유의 '성폭력 2차 가해'는 기존의 성폭력 2차 가해와 공통점도 보이지만 여러 면에서 차이를 보인다. 이른바 '조국 사태'와 안희정 사건,

---

8 "위험의 순간들을 가정해 비교했다. 나는 쉽사리 결정하지 못했다. 안희정의 네트워크는 어디에도 다 닿아 있다고 생각했다. 나만이 나를 보호하고 지킬 수 있다고 생각했다. 쥐도 새도 모르게 숨어 사는 게 상책이었다. 그래서 팔찌는 정중히 거절했다. 돌이켜보면 아직까지는 잘한 결정이라고 생각한다." 김지은, 앞의 책, 177~178쪽.

박원순 전 서울 시장사건, 오거돈 전 부산 시장사건 등 이른바 진보 정당 정치인과 관련된 사건이 이어지면서 이 사례를 '진보 집단'을 공격하는 적대 진영의 공작 정치로 보고 '진보 집단'을 방어해야 한다는 담론 구조가 확고해지고 있다. 진보 집단을 방어해야 한다는 담론 구조가 형성되면서 성폭력사건을 공작이나 음모, 거짓, 혹은 사실 관계가 확인되지 않은 증거가 불충분하고 해석의 여지가 다양한 사례로 여기는 담론 구조 역시 더욱 공고해지고 있다. 이런 담론 구조에서 성폭력사건은 진보 집단에 대한 적대 세력의 공격일 뿐이며 성폭력은 존재하지 않거나 과장되거나 사실 관계가 모호하다거나 음모론의 산물로 환원된다. 즉 이런 담론 구조에서 성폭력사건 자체를 부인하는 방식은 다양한 하위 담론을 통해서 더욱 강화된다. 이처럼 성폭력을 부인하는 방식은 부정주의negationism의 부인의 정치학politics of denial의 새로운 형태로 살펴볼 수 있다. 본고에서는 이를 성폭력 부정주의라는 개념으로 정립하고자 한다.

잘 알려져 있듯이 부정주의는 홀로코스트에 대한 부정을 근간으로 한다. 또 홀로코스트 부정주의는 부인의 정치학을 통해 다양한 지점으로 확산되었다. 한국의 위안부 담론에서 부인주의가 확산되는 과정을 연구한 김명희에 따르면 부인주의는 역사 수정주의와 같은 과거사 문제만이 아니라 기후 위기 부인주의에 이르기까지 다양한 형태로 확산 변용되고 있다.[9] 또 김명

---

9   "여기서 부인주의(denialism)란 역사적 사실을 부인하는 이데올로기적 사조 및 담론 체계를 일컫는 것으로 1980년대에 홀로코스트의 존재를 부정하는 입장을 말하는 '홀로코스트 부인(Holocaust denial)에 기원을 갖고 있다(Gleberzon, 1984). 이 사례에서 역사 수정주의와 부인주의는 긴밀히 얽혀 있다. 이를테면 제노사이드가 발생했다는 것을 부정하는 것은 역사적 사건의 재구성과 기억의 전면적인 수정을 요구하기에, 역사 수정주의의 메커니즘은 곧 부인(denial)의 기술이라 해도 과언이 아니다.(허시, 2009, 63쪽 참고). 그리고 최근 부인주의의 용법은 불편한 진실을 회피하기 위해 과학적 근거가 충분한 사실을 사실

희는 "부인론자들은 실로 많은 동기에 의해 움직이지만 이론의 극단적인 고립에 구애받지 않고, 오히려 이러한 고립을 지배적인 정설에 대항하는 지적 용기의 표시이자 정치적 올바름이라고 간주하면서 종종 자신을 갈릴레오에 비교하기도 한다." 또한 이러한 부인주의가 한국에서 전면화되고 있다는 점은 일본군 '위안부' 문제뿐 아니라, 5·18 부인주의가 확대하는 상황에서도 확인된다. "이러한 현상은 — 언뜻 개별사건으로 보이는 — 인권침해사건들을 가로지르는 동시대적 부인contemporary denial의 구조가 존재하며, 한국판 부인론의 시대가 도래하고 있는 국면을 감지케 한다. 최근 몇 년간 발생한 세월호 참사, 정부의 폭력 진압, 군내 성폭력 / 가혹행위 등의 사례에서 드러난 사회적 부인 구조는 폭력의 은폐와 정당화에 핵심적인 역할을 하고 있으며, 부인 주체와 부인 패턴도 유사한 방식으로 반복되고 있다."[10]

진보 집단 방어를 내세운 성폭력 부정주의는 기존의 부인주의와 구별되는 새로운 특성을 보이기도 한다. 이는 뒤에서 살펴볼 것이다. 한편 성폭력 부정주의는 기존의 부인주의의 전형적 특성을 반복하기도 한다. 일련의 사건에서 반복되는 성폭력 부정주의에서 성폭력을 부인하는 수사적 장치는 기존의 부인주의의 수사 장치의 기본 패턴을 따른다.

이 아니라고 주장하는 사조를 지칭하면서 공중 보건과학 분야로도 확장되고 있다. 그 개념 구축에 큰 기여를 한 호프나글(Hoofnagle) 형제에 따르면, 부인주의는 '수사적 논증'의 도입을 통해 과학적 합의가 존재하는 문제를 부정하는 것을 궁극적인 목표로 하는 접근법이다. 따라서 맥락과 동기가 무엇이든 부인주의에 직면했을 때, 이를 인지하는 것은 대단히 중요하다(Diethelm & Mckee, 2009:2). 부인의 언술과 화법, 인식론적 기제에 대한 학문적 해명은 인권침해사건에서 반복적으로 등장하는 가해자 / 지지자의 부인 행동과 그 수사적 장치를 판별함으로써, 답보상태에 있는 논쟁을 보다 합리적인 방향으로 전환해갈 수 있기 때문이다." 김명희, 「일본군 '위안부' 문제와 부인(denial)의 정치학」, 『한국여성학』 33, 2017, 240쪽.

10 위의 글, 241쪽.

김명희는 특히 인권사회학자 코언의 연구를 바탕으로 부인의 유형을 세 가지로 정리했다. ① 문자적 부인literal denial은 가장 단순한 부인 방법으로 사실 관계 자체를 부정하는 전면적 부인을 말한다. "아무 일도 일어나지 않았다"거나 진실이 아니라고 주장하는 것이다. ② 해석적 부인interpretive denial은 사실 관계가 밝혀져 부인이 어려워질 경우, 기본 사실은 인정하되 거기에 적용되는 해석을 달리하여 사건을 새로운 범주에 포함시키는 것이다. 해석적 부인에는 잔인한 행위에 중립적 지위를 부여하고 현실을 가리며 무해해 보이도록 하는 '완곡어법의 사용', 공인된 인권 담론에서 도출된 법률용어를 사용하여 변명하는 '법형식주의', 위계질서 상의 부인·순응·필요성·분할을 이용한 '책임의 부인', '예외적 사건의 주장'이 있다. ③ 함축적 부인impli-catory denial은 사건의 존재는 인정하지만, 이를 정당화·합리화하는 것으로 어떤 사건에 따라오는 심리적·정치적·도덕적 함의를 부정하거나 축소한다. 정의의 주장, 불가피함, 피해자 존재 부인, 손해의 부인, 맥락화, 유리한 방식으로의 비교가 있다.[11]

부인주의를 유형적으로 분석하는 코언의 틀을 빌어 살펴보자면 한국 사회에 확대되고 있는 '차별 부인주의'는 문자적 부인의 전형이라 하겠다. 여성이나 소수자를 존중하면 남성이나 주류 집단이 차별받는다는 역차별론[12],

---

11   위의 글, 244쪽.

12   파시즘 증오정치의 역사를 살펴보면 역차별론은 역사적으로 파시즘이 체제화되었던 전간기(제1차 세계대전과 제2차 세계대전 사이)에서부터 현재까지 반복되어 등장한다. 역차별론은 이른바 신자유주의시대에 등장한 새로운 담론이라기보다 근대 파시즘 정치의 산물로서 신자유주의 패러다임 속에서 반복되거나 변용되는 것으로 이해할 필요가 있다. 나치즘은 당대 지배적이었던 인종차별주의에 대한 비판적 논의를 전유해서 '유대인의 세계 재패설과 아리안 인종의 위기'라는 반유대주의를 구축했다. 나치의 반유대주의는 유대인, 집시 등 "당시 인종적인 소수자로 여겨진 집단과 지배적 주류 인종인 아리안 인종 사이의 권력 관계

트랜스젠더 부정론, 젠더 부정론,[13] 여성 차별 부정이나 성차별 자체를 부정하고 음모론 등으로 환원하는 논의가 전형적이다. 성폭력 피해 고소인을 변호하는 변호사를 무고죄로 고발한 최근의 사례도 이런 맥락에서 징후적이다. 또 성폭력 고소사건에 대해 "무죄 추정 원칙"을 강조하는 논의 역시 이러한 해석적 부인과 문자적 부인이 결합된 담론 방식이라고 할 수 있다. 또 성폭력사건 관련하여 진실 규명보다 '애도의 윤리'에 대한 논의가 확산된 과정은 '도덕적 함축'애도의 윤리이라는 수사 장치가 성폭력을 부정하는 부인의 수사 장치로 기능할 수 있다는 점을 잘 보여준다. 박원순 전 시장사건에서 성폭력 고소인을 '피해자'가 아니라 '피해 호소인'으로 불러야 한다는 식의 주장은 함축적 부인의 수사 장치라고 할 수 있다.

안희정사건은 이러한 성폭력 부정주의가 구성되는 역사적 원천이기도 하다. 또 『김지은입니다』는 이러한 성폭력 부정주의 형성의 담론 구조, 정동 정치를 추적하고 분석한 텍스트이다. 또한 『김지은입니다』를 통해 우리는 '모든 쓰기'가 희생자에 속한다고 하는, 글쓰기의 소수자성에 대한 논의

를 전도하여 차별받는 주류 인종인 아리안인과 특권을 지닌 소수 집단인 유대인이라는 도식을 구성한다." 이런 전도를 통해서 반유대주의가 구성된다. 반유대주의는 당대의 반인종차별주의 논의를 역차별론으로 전도한 것이다. 난민 반대 선동이 위협하는 난민과 위협받는 국민이라는 도식을 통해 난민과 '국민' 사이의 실제적인 권력과 위계, 소수자성을 전도하는 것은 전형적이다. 여성과 남성, 트랜스젠더 여성과 생물학적 여성의 관계에 대해서 역차별을 주장하는 증오 선동 역시 동일한 전도를 반복한다. 이에 대해서는 권명아, 「신냉전 질서의 도래와 혐오 발화 / 증오 정치 비교역사 연구」, 『역사문제연구』 20, 2016, 11~45쪽 참조.

13 젠더 부정론과 이 연장에 있는 트랜스젠더 부정론은 이론적인 젠더차별 철폐주의나 젠더 너머(post gender) 논의와는 구별할 필요가 있다. 젠더 부정론은 젠더 용어를 사용하는 건 남성과 여성으로 구별된 양성 체제를 부정하면서 성소수자를 옹호하는 '동성애 옹호'라고 주장하거나 젠더를 생물학적 여성 정체성을 부정하는 개념으로 환원하는 논의 방식을 지칭한다. 이에 대한 자세한 논의는 권명아, 앞의 책, 2021 참조.

를 프리모 레비에서 김학순에 이르는 생존자 서사의 정치성을 확인할 수 있다.[14] 더 나아가 생존자의 쓰기란 부인주의의 정동에 맞선 대안 정동 형성의 정동 정치가 부대끼는 행위성과 정치성의 맥락에서 해석되어야 함을 새롭게 논의해나갈 것이다. 성폭력 피해 고발, 즉 미투 고발이 김지은의 첫 번째 말하기였다면 『김지은입니다』는 사상 초유의 2차 가해에 대응하고 견디며 자기를 지키기 위한 두 번째 말하기이다.

> 살기 위해 선택했던 첫 번째 말하기가 극심한 고통을 주었기에 한참을 주저했다. 그러나 거짓이 횡행하는 상황을 이대로 받아들일 수는 없었다. 글을 쓰기 시작했다.[15]

『김지은입니다』에서 쓰는 일은 의식적 행위를 넘어서 거의 몸의 자동 반응처럼 보이기도 한다.

> 그동안 항상 펜을 가지고 다녔다. 누워 있다가 쓰고, 걷다가 쓰고, 누구를 만나다가도 썼다. 휴대폰에, 손에, 광고지에도 썼다. 힘들었지만 내가 할 수 있는 유일한 일이 이야기를 글로 쓰는 것이었다. 나를 지탱해준 것도, 숨 쉬게 해준 것도 '글'이었다.[16]

『김지은입니다』에서 글쓰기의 이유는 이유reason를 초과한다. 매번 글쓰는 이유는 있다. 성폭력을 부정하기 위해, 김지은을 겨냥한 조직적인 이야기 만

---

14   이에 대해서는 권명아, 「사건 이후의 인간학」, 인문학협동조합 편, 『팽목항에서 불어오는 바람』, 현실문화연구, 2015, 39~76쪽 참조.

15   김지은, 앞의 책, 10쪽.

들기에 대항하기 위해, 진실을 규명하기 위해, 그들과 똑같아지지 않기 위해, 일할 권리를 되찾기 위해 쓴다.

그들과 똑같아지고 싶지 않다.[17]

2차 가해 글을 다시 접하게 되면서 나는 또다시 내 몸을 주먹으로 때리기 시작했다. 머리며 허벅지며 배며 팔이며……. 화가 나서 미칠 것 같다. 두려움이 극에 달해 광기에 닿았다. 죽음의 이면을 본 것 같았다. 이러다 죽을 수도 있겠다 싶었다. 머리끝까지 피가 거꾸로 솟구쳤다. 내 안의 내가 밖으로 나왔다. 나는 지금 나를 잃었다. 내가 아닌 것만 같다.

제발 조용히 누군가 다가와 밖으로 나온 나를 와락 안아줬으면 좋겠다. 이 분노가 멈출 수 있게 심장과 심장으로 "그래, 나도 너의 그 맘을 알아. 이해해. 공감해. 동의해"라고 말해줬으면 좋겠다. 다시 밖으로 나온 내가 안으로 들어갈 수 있게.[18]

자원봉사자에 '조직'의 외부자임에도, '조직'을 믿고 그 일원이 되고자 헌신적으로 일하던 노동자 김지은이 성폭력사건으로 인해 존재론적인 해체와 파괴의 경험을 하게 되는 추이가 『김지은입니다』에는 자세하게 기록되어 있다. 성폭력은 개인 김지은의 존엄이 박탈당하는 과정이자, 조직 보위라는 힘에 동화되어 정동된 상태에서 찢기고 파열되고 이탈하는 신체적 경험이기도 했다. 신체가 세포로 와해되고 분해되는 경험과 고통은 도처에서 발견

---

16 위의 책, 338쪽.
17 위의 책, 179쪽.
18 위의 책, 218~219쪽.

된다.[19]

세포 단위로 분해되는 몸, 광기에 불타버리는 몸, 몸들이 산산조각이 나면서, 그 서로 다른 몸들이 '의지'를 넘어, 이유를 넘어 서로 다투고 부대긴다. 이러한 정동적 신체, 신체의 정동적 경험에 대한 글쓰기는 성폭력과 조직적 2차 가해가 피해자의 존재를 물질적으로 갈기갈기 찢어버리고 해체하는 폭력적 과정임을 독자에게 인지시킨다.

> 불길은 꺼지지 않았다. 3심이 끝나도 언제든지 다시 화형대로 소환되는 도돌이표 삶을 살게 되는 것은 아닐까? 겁이 났다. 이 굴레를 간절히도 끊어내고 싶었다.
>
> 걱정해주는 분들에게 괜찮다고 말했지만, 하나도 괜찮지 않았다. 설명하고 싶은데 설명할 수가 없었다. 검찰에서 법원에서 수없이 진술하여 진실성을 인정받았는데도 사람들은 똑같은 질문을 반복한다. 그 질문은 내가 죽을 때까지 반복될 것만 같다.
>
> 안희정 부인의 글은 잘 짜인 총공격 명령과 같이 느껴졌다. 대선 캠프에 위기가 찾아오면 좌표를 찍고 모두가 일사불란하게 움직이는 총공격 시스템. 처음부터 각오했지만 싸우고 싸워도 매번 같은 자리로 돌아온다. 불을 끄고 싶다. 온 몸을 감싼 불길의 열기가 너무 고통스럽다.[20]

그러나 한편으로 『김지은입니다』는 자신의 고통과 분노를 자세하게 묘사

---

19 "거짓 주장들이 온라인을 잠식했고 나는 인터넷 뉴스창을 통해 그 거짓들과 마주해야 했다. 밤새 한숨도 자지 못한 채, 흩어져버리려는 세포들만 부여잡고 있었다." 이런 식으로 신체가 분해되어 버리는 것과 같은 경험은 도처에서 발견된다. 위의 책, 179쪽.

20 위의 책, 181~182쪽.

하고 호소하는 방향으로 기울어지지 않는다. 글쓰기의 방향은 파괴와 해체의 신체 상태고통,절망 등를 전달하여 공감을 유도하는데 있지 않고, "그들과 달라지고자 하는", 의지를 넘어선 무언가에 달라붙는다. 그렇다. 김지은은 불길에 휩싸여, 산산조각이 나고 있는 자신의 상태를 어찌해 볼 수 없을 정도로, 자신의 의지로도 제어할 수 없는 존재론적 파국 상태이다. 그럼에도 아니 바로, 그렇기에 달라붙는다, 생명과 진실의 힘에.

거짓을 잡아먹는 천적은 진실이다. 거짓이 세상을 어지럽힌다고 해도 진실이 그 벌레 같은 거짓들을 야금야금 먹어치우리라 믿는다. 느리고 고통스럽지만 진실이 결국 이긴다는 믿음을 가지고 기도할 뿐이다.[21]

지금 하고 있는 이 싸움의 전제 조건은 내가 건재해야 한다는 것이다. 나는 건강해야만 한다. 나는 견뎌내야만 한다. 이기든 지든 싸움의 끝에 나는 있어야 한다. 나는 진실을 알고 있는 단 하나의 사람이기 때문에 내가 없어진다면 모든 것이 흐지부지 될 것이다. 범죄를 저지른 사람, 그 범죄를 암묵적으로 방치했던 사람들, 그 범죄를 수면 아래로 내리기 위해 동분서주하는 사람들 틈에서 꼭 증명해내고 싶다. 죽어서 인정받는 것이 아닌, 살아서 인정받을 수 있는 사례를 만들고 싶다.[22]

『김지은입니다』에서 나타나는 것과 유사한 글쓰기는 김복동의 진술을 바탕으로 김숨이 집필한 증언 소설 『숭고함은 나를 들여다보는거야』[23]에서도

---

21 위의 책, 179쪽.
22 위의 책, 254쪽.
23 김숨, 『숭고함은 나를 들여다보는거야』, 현대문학, 2018.

발견된다. 조금 더 먼 맥락으로는 프리모 레비의 『이것이 인간인가』를 들 수 있다. 작가의 의도나, 사상, 사유보다, 신체의 경험이 앞서고, 더 오래 남는 글쓰기의 역사적 지층들 속에서 『김지은입니다』를 읽어야 할 이유다. 이를 죽음을 무릅쓰는 글쓰기라 할 수 있다.[24] 죽음을 무릅쓰는 글쓰기란 저자가 자신의 죽음에 대한 위협과 공포에도 불구하고 남겨놓은 글쓰기라는 의미만은 아니다. 오히려 인간이라고 부르는 모든 요인이 사라진 후에도, 사라졌음에도 작동하는 글쓰기라고 할 것이다.

이와 유사한 '행위'에 대해 사라 아메드는 그림 형제의 동화를 빌어서 논한 바 있다. 동화에서 마을의 엄마와 마을의 어른들의 훈육에 복종하지 않아 마을의 골칫덩어리로 살다가 죽음을 맞이한 아이, 마을 사람들은 이를 신의 벌이라고 생각하고 아이를 장례 지낸다. 무덤을 잘 손질하고 마을 사람들은 집으로 돌아갔다. 그런데 다음 날 마을 사람 하나가 그 아이의 무덤에서 손이 삐죽 뻗어 나와 있는 것을 발견한다. 마을 사람들은 무덤 뒷정리가 소홀했나 싶어 다시 무덤을 손보고 아이의 손을 잘 수습한 후 마을로 돌아온다. 다음 날도, 다음 날도, 엄마가 직접 무덤에 가서 아이의 손을 수습하고 마지막 인사를 한 후에도 아이의 손은 무덤을 비집고 이 세상을 향해 뻗어 나오기를 멈추지 않았다.

원래 이 동화는 훈육에 복종하지 않는 아이를 신이 벌한다는 도덕률을 새기는 교육의 목적으로 널리 알려졌다. 그러나 사라 아메드는 이 동화를 '인간의 죽음' 이후에도 소멸되지 않는 집요하게 뻗어나가는, 의지와 이유reason

---

24　성폭력 생존자의 글쓰기는 증언이나 유서로 남겨지지만 이조차 부정되었다. 증언도 유서도 글쓰기도 반복해서 부정되지만 죽음의 위협 앞에서도 '쓰기'는 멈추지 않는다. '쓰기'란 폭력의 경험을 부정하는 부인의 힘에 맞선 생존자들의 필사의 투쟁이었기 때문이다. 이에 대해서는 권명아, 「여성 살해 위에 세워진 문학 / 비평과 문화산업」, 『문학과 사회』 121, 2018, 140~167쪽 참조.

를 넘어선 끈질긴persistence 신체의 힘으로 재해석한다.[25] 『김지은입니다』의 글쓰기는 사라 아메드의 개념을 따르면 의지와 이유를 넘어선, 끈질긴 신체적 작용의 힘의 작용이라 하겠다. 무덤을 뚫고 솟아오르는 손은 아이를 죽음으로 몰고 간 마을 공동체의 암묵적 질서를 요동치게 한다. 무덤을 뚫고 솟아오르는 손의 행위를 '인간의 언어'로 해석할 수는 없지만 인간들에게는 공포, 불안, 죄의식, 경악, 숭고 등의 감정을 유발한다. 무덤을 뚫고 솟아오르는 손과 그 손을 다시 무덤 안으로 집어넣으려는 마을 사람들의 헛된 노력이 반복되면서 마을 사람들은 이 제어할 수 없는 상황에 대한 합리적 이유를 찾고자 하지만 그 역시 역부족일 뿐이다. 또 죽은 후에도 무덤 밖으로 뻗쳐 나오는 손은 '고집 센 아이'의 손이지만 더는 오로지 그녀의 신체에 속하지는 않는다. 이렇게 인간에게서 비롯되었지만, 더는 인간에게만 속하지 않는 힘에 정동이라는 개념을 우리는 부여했다. 우리는 마을 공동체의 인간적 감정들에 대해서는 잘 알고 있지만, 이 힘은 그 감정으로는 환원되지 않는다. 그러나 이 힘이야말로 마을 공동체의 인간적 감정이 죽여버린 힘이며, 살해되었으나 죽지 않는 힘이며, 죽지 않고 돌아와서 인간 마을의 자연스러운 감정 체계를 파열시키고 뒤흔드는 힘이다. 이 힘은 그런 의미에서 이 글에서 논하고자 하는 기존의 지배적 감정 체계와 지배적인 정동 정치를 파열하고 뒤흔드는 대안 정동이라고 할 수 있다.

사라 아메드는 이러한 끈질긴persistence 신체의 힘에 대한 정동 이론적 규명을 통해서 주체의 의식적이고 인식적인 행위로 개념화된 저항resistance과는 다른 형태의 권력 비판 이론을 그려나간다.[26] 그림 형제의 「고집 센 아이

---

25 Sara Ahmed, *Willful subject*, Duke University Press, 2014.

26 Marta Zarzycka and Domitilla Olivieri, "Affective encounters : tools of interruption for activist media practices", *Feminist Media Studies*, 17(4), 2017, pp.527~534.

Willful Child」에서 무덤을 뚫고 집요하게 솟아오르는 아이의 손은 아이의 의지나 의도를 넘어서 마을 공동체의 도덕과 기율 전부에 의문을 던진다.『김지은입니다』에서 의지와 이유를 넘어선 끈질긴 글쓰기의 힘은 모든 걸 걸고 일에 매달려 왔던 노동자 김지은을 비노동자로 만든 이 공동체의 기율과 구조에 질문을 던진다.

나는 더 이상 노동자가 아니다. 일도 하지 못하고 수입도 없다. 생계를 늘 걱정한다. 고소 이후 일 년이 넘게 재판에만 임했다. 노동자로서 성실히 살아왔던 내 인생 전체가 한 노동자의 삶으로서 인정받기 이전에 피해자다움과 배치되는 행동으로 평가받았다. 안정적으로 일할 수 있기를 바라며 대학원에 간 것은 "범죄를 거절했어야 마땅한 판단력 있는 고학력 여성"이라는 가해자의 논리에 사용되었다. 이전 일을 그만두고 선거 캠프에 들어간 것은 팬심에 의한 것이 되었고, 근무 시간 제한 없이 일에 매진했던 것은 피고인을 좋아해서였다고 매도되었다.

만약 당시 정상적인 노동자로서의 삶을 보장해달라고 더 강하게 요구했다면 이런 일이 일어나지 않았을까? 일을 외면하고 현실에서 도망치면 피해자다운가? 생계를 유지하기 위해 직장이 절실했던 내가 당장 관두고 다른 일을 찾았다면 피해자다운가?

(…중략…)

정당한 판결문을 손에 쥐었지만 여전히 내 삶은 쏟아지는 2차 가해 속에, 기울어지고 삐딱한 시선 속에, 일하지 못하는 처참한 비非 노동자의 그것이다.

직장 내 성폭력과 권력형 성폭력 피해자는 고발 후 그 살길이 막막하다. 나만의 이야기가 아니다. 다른 피해자들도 비슷하다. 재취업 노동을 위한 도

움과 관심이 진심으로 필요하다.[27]

『김지은입니다』는 노동자에서 비노동자가 된 경과를 집요하게 묻는다. 죽은 아이의 손이, 원래 그 손의 주인이던 아이의 몸에서도 떨어져 나와 "왜 나를 죽였나"라고 마을 사람들을 향해 끈질기게 묻듯이 말이다.[28] 『김지은입니다』는 오로지 노동에만 온전히 매달렸던 노동자 김지은이 왜 비노동자가 되었는지, "왜 나는 비노동자가 되었느냐"라고 이 공동체를 향해 끈질기게 묻고 있다.[29] 이런 맥락에서 『김지은입니다』는 운동권의 정파주의 정동에 기반한 성폭력 부정주의 정동의 폭력적 지배에 맞서, 하나의 신체가 세포로 파괴적으로 변용되는 과정을 경유하면서 성폭력 부정주의의 정동에 대항하는 쓰기의 정치의 산물이다. 『김지은입니다』에서 쓰기는 성폭력 부정주의에 맞서는 대안 정동 생성의 장치라고 하겠다.

---

27 김지은, 앞의 책, 294~295쪽.

28 정동 이론에서 정동은 무엇에 달라붙는 경향이 있고(sticky) 달라붙은 그 무엇을 변용하는데 그 달라붙음과 변용 과정이 마치 전근대에서 상상한 신들림과도 유사하여 '귀신들림(Haunted)' 같은 작용을 한다고도 논의된다.

29 성폭력을 노동의 문제로 접근해야 한다는 논의는 반성폭력운동과 논의에서도 오래 지속되었다. "사적인 문제로 치부되고 있는 직장 내 성희롱의 피해는, 직장 내 성희롱으로 인해 궁극적으로 노동을 지속하지 못하게 되어 피해여성 혹은 피해자의 노동권을 침해한다. 이뿐만 아니라 피해자에게 적절한 피해 구제책이 없음으로 인해 안정한 노동환경에서 노동자의 건강을 위협하는 문제가 될 수 있다. 이를 적극적으로 해결하지 않는다면 직장 내 성희롱은 실질적인 고용상의 성차별을 지속하는 상황으로 이어지게 된다. 직장 내 성희롱의 피해를 적극적으로 인식하고 해결해야 할 이유는 바로 여기에 있다." 최윤정, 『산업재해로서의 직장 내 성희롱』, 푸른사상, 2019, 29~30쪽. 이 글의 논의 역시 성폭력이 산업 재해로 인정되어야 하며 노동 착취의 젠더 차별적 구조화의 산물이라는 점을 강조한다. 나아가 개별 사례에서 드러나는 조직 구조에 대해서도 구체적인 분석이 필요하다는 게 이 글의 주요한 문제의식이다.

3. 이중노동시장 구조와 공적 조직의 정파적 점유
여성 노동자의 중층적 외부자성과 성폭력 무책임주의의 구조적 원천

성폭력사건이 발생한 구조와 성폭력사건을 해결하지 않는못하게 만드는 구조
가 동일하고, 그 구조는 조직 보위에 의해 규정된다. 이 연구의 또 다른 목표
는 『김지은입니다』를 '개인의 피해 경험'에 대한 증언이 아니라, 폭력의 원
천에 대한 근원적 질문과 탐구를 담고 있는 텍스트로 해석하고 자리매김하
는 일이다. 프리모 레비의 『이것이 인간인가』가 그랬듯이 말이다. 『이것이
인간인가』는 마치 정동 능력이 소멸된 것 같은 '탈정동적' 양태로 수용소를
하나의 사례가 아닌 폭력의 특정한 역사적 원천이자 구조로 해석하고 탐구
했다. 『김지은입니다』는 '운동권 출신' 대선 후보의 정치 캠프, 캠프의 주축
인 정파 조직안희정 사람들과 그 연장으로 구축된 광역 단체 조직의 내부를 탐구
한다. 계약직 공무원인 김지은은 대선 캠프와 충남도 조직 모두에서 '외부
자'였고, 고용, 노동, 성폭력, 성폭력 고발, 고발에 대한 성폭력 부정주의와
이에 대한 대응, 해고, 세상과의 단절에 이르는 모든 과정이 이 구조의 산물
이다.

『김지은입니다』에서 우리가 읽고 나누고, 주목할 지점은 바로 이 지점이
다. 지방자치 단체장 성폭력사건은 시작도, 끝도 조직 보위 문제다. 조직 보
위의 이념, 전개, 작동 방식, 동원 기제와 행위 주체는 이른바 '운동권 시절'
의 방식에서 출발하여 쌓고 또 쌓인 노하우가 총동원된다. 조직 보위는 애
초에는 투쟁적인 자기 보호의 방편이었으며 그런 점에서 전략이자, 이념이
며, 충성, 사랑, 헌신, 적에 대한 공격성과 증오 등의 정동 체계를 구성한다.
전략과 이념과 정동들이 결합하여 이른바 한국형 운동권 정파의 특정한 정
동 체계가 형성되었다. 이 정동 체계는 이른바 '민주화 세대'의 지배적인 정

동 구조가 되었으며, '적'과 '조직 보위'라는 구도가 작동할 때마다 반복해서 힘을 발휘한다.

『김지은입니다』에는 성폭력 고발 이후 이른바 '안희정 조직'에서 김지은을 지지하는 사람들이 제출한 탄원서와 연대 서한이 실려 있다. 조직 모두가 '조직을 배신하면 죽음이다'라는 조직 보위의 구호를 목숨 걸고 지킬 때 김지은을 지지하고 도왔던 사람들 중 많은 이가 경선 캠프 자원봉사자였던 청년들이라는 점은 주목을 요한다.[30] 대선 경선 캠프가 '자원봉사'라는 형식이어서 무보수 봉사 활동이 중심이었다고도 할 수 있다. 그러나 캠프의 네트워크와 업무 방식을 충남도청 업무로도 이어와서 충남도청 업무에서도 '자원봉사', 무보수 활동이 이어졌다. 김지은의 수행 비서 업무는 전형적이다. 수행 비서 업무 외에도 이런 식의 무보수 업무나 불안정 고용 형태의 노동력 동원 방식은 다양하다. 일례로 김지은을 공개적으로 지지했던 또 다른 동료는 충남도청 "미디어센터 공보관실 소속 콘텐츠팀 산하 인터넷 방송국 조연출 직책을 맡고 있었다. 아르바이트 같은 개념. 인터넷 방송 소속이었지만 실제로 하는 일은 인터넷 방송국과는 전혀 상관없이 도지사의 연설 활동, 강연, 축사 등을 전부 영상으로 기록하는 업무를 했다."[31]

---

30 "선거 캠프라는 조직이 아주 짧은 시간 동안만 운영되는 조직이긴 하나 자원봉사를 하고 싶다는 마음만으로 구성원으로 받아들여주지는 않습니다. 공식적인 채용 과정은 없으나 추천인이 있거나, 그 사람이 스스로 자신의 능력을 충분히 입증해야만 캠프의 일원으로 일할 수 있습니다. 따라서 피해자 김지은이 사생팬이라 캠프에 들어갔다는 말은 전혀 설득력이 없는 소문일 뿐입니다." 김지은, 앞의 책, 195~196쪽. 위 인용구는 동료들이 보내온 탄원서 중에서 선거 캠프에서 함께 한 사람의 탄원서이다. "김지은의 미투 이후 '김지은과 함께하는 사람들'이 만들어졌고, 2018년 3월 8일 언론을 통해 성명서가 발표되었다. 이 모임은 "경선캠프에서 함께 했던 친구들이 주축이 되어" 구성되었다. 김지은, 앞의 책, 184쪽.

31 위의 책, 204쪽.

캠프 시절의 자원봉사자 청년들과 충남도청의 아르바이트로 일하는 동료가 주로 김지은을 지지했다는 점은 우연은 아니다. 이는 철저하게 이중화된 조직 구도에서 외부자들이 주로 피해자 편에 섰다는 뜻이기도 하다.

『김지은입니다』를 토대로 재구성해보면, 안희정 정파는 '운동권 출신' 연결 조직고려대학교, 학생 운동권, 운동권 집단 등, 이른바 '범민주' 계열 정치 조직과 대선 준비 조직캠프, 범민주 계열 행위 주체들검찰, 경찰, 언론사, 학계, 법조계, 시민 단체 등 연결 조직들, 지지자 조직온라인과 오프라인 행위주체들이 결합된 거대 조직이다. 학생운동 조직에서 시작된 정파 조직은 규모 면에서 국가 기구 전체를 장악할 정도로 확대되었다. 이 정파 조직의 정동 체계는 행위 주체들의 이질성에 따라 변용되면서도 지배적 정동 양태는 조직 보위 정동에 의해 구축되고 탈구축되기를 반복한다.

또한 위의 연결 조직에 포함되지 않는 캠프 실행 행위 주체들사무국, 행정국, 임시직, 불안정 피고용인,[32] '안희정 사람'이지만 임시적으로 결속된 자, '동료'

32　지방 정부에서 이처럼 '자원봉사'에 가까운 '무보수 노동'으로 이뤄지는 업무가 관행으로 치부된다. 예를 들어 부산시의 경우 부산영화제 진행과정에서 이러한 무보수 노동에 대한 문제제기가 일어나자 비판자를 질타하며 '열정 노동'을 정당화하는 태도를 보였다. 특히 이 문제는 부산시장이 진보 정권 인사로 당선된 이후라 더욱 큰 실망을 주었다. 부산국제영화제가 박근혜 정부의 탄압과 예산 삭감으로 위기에 처했던 터라 부산시민들은 새로운 부산시장 체제에서 부산국제영화제가 큰 변화와 도약을 이룰 것이라 기대했다.
2018년 부산국제영화제 프로젝션 오퍼레이터를 맡은 A씨(21세)는 잦은 밤샘 근무와 과도한 업무량으로 인해 초과 근무 수당을 요구했으나 거절당했다. 이 사태가 문제가 되자 부산국제영화제 측은 "부산국제영화제는 자유로운 직장문화를 지향하기 때문에 그렇게 시간 외 근무수당을 칼같이 따져 지급하면 우리의 자유로운 직장문화가 무너진다."고 공식 답변했다. 홍민지, 「열정페이 요구한 부산국제영화제, 체불임금만 1억원」, 『프레시안』, 2018.10.19.
조사 결과 "부산국제영화제 조직위는 올해 (2018년)영화제에서 스태프 149명의 야간근로 수당 등 시간외 근로수당 1억2400여만원을 체불한" 것으로 알려졌다. 부산국제영화제는 비판 여론이 커지자 "부산국제영화제(BIFF)는 16일

나 조직운영을 좌우하는 행위주체가 아니고 단순한 실무 주체이기에 무조
건 복종과 손쉬운 해고를 통해 임시적 결속 방식을 반복한다.[33]

성폭력은 어디서나 발생할 수 있지만, 권력형 성폭력이나 직장 내 성폭력
에서는 이렇게 조직 내에 포함되어 있는 것처럼 보이지만 실은 배제된 외부
자 집단이 피해자가 될 수밖에 없다. 대선 경선 캠프나 충남도청의 안희정
조직은 정규직이고 조직 내부에 밀착된 '내부자'와 조직의 일을 하고 있지
만 대체로 비정규직이고 임시직이고 조직에 대해 발언권이 전혀 없는 '외부

단기계약직 근로자에게 '시간외 근로수당'이 미지급된 점에 대해 사과하고 대
책마련을 약속했다.""또 올해 미지급된 '시간외 근로수당'에 대해서는 부산시
와 재원확보 방안을 논의해 조속한 시일 내에 시정조치 하겠다고 약속했다." 박
세진, 「부산국제영화제, '단기계약직 시간 외 근로수당 미지급' 사과」, 『뉴스1』,
2018.11.16.
'청년유니온과 더불어민주당 이용득 의원은 19일 국회 정론관에서 기자회견을
열고 '영화제 스태프 노동실태조사' 결과를 발표했다. 이날 청년유니온과 이용
득 의원은 지난 9월 1일부터 10월 18일까지 온라인 설문, 전화 및 대면인터뷰를
통해 영화제 스태프 34명으로부터 받은 제보와 올해 전국에서 열린 영화제 스
태프의 근로계약서 292개를 분석한 결과를 발표했다. 분석 결과에 따르면 영화
제 스태프들 대다수는 청년(평균연령 28.1세)이었으며 평균 경력기간 2년 동안
4.4개월 단위로 3개의 영화제를 전전했다. 또한 잦은 실업상태에 놓임에도 불
구하고 영화제 고용기간이 짧아 실업급여를 제대로 받지 못했다. 제보자 34명
이 경력기간 영화제에서 맺은 근로계약 97건 가운데 87.6%가 실업급여를 받기
위한 최소한의 기간(7.5개월, 풀타임기준)에 미달했으며 경력기간 내내 7.5개
월 미만의 근로계약만 맺은 제보자가 16명이나 됐다.' 홍민지, 위의 글.
지방 정부가 주관하는 영화제 스태프 대부분이 열악한 고용 형태에 놓여있고,
이에 따라 불안정 노동과 임금 착취, '열정 착취'를 당하고 있는 것은 홍보 전문
가였던 김지은의 노동 이력과 비교해서 논의할 필요가 있다. 특히 공공성을 핵
심으로 하는 지방 정부의 행정 조직과 인력 관리, 그리고 관리 감독 문제라는 차
원에서 지방 정부의 노동 착취와 젠더화된 노동력 착취를 논의할 필요가 있다.

33 "선거 기간 중에도 자신이 맡은 일에 대해서는 그 시간이 어떻게 되었더라도 꼭
마무리하던 사람으로, 충남도청에서도 여러 가지 요인으로 무시당한다는 말을
하면서도 자신의 일을 마무리하고 혼자서 끙끙 앓던 김지은 씨입니다." 김지은,
「경선 캠프 동료의 탄원서 중에서」, 앞의 책, 199쪽.

자'로 구성되어 있다. 한국 사회 도처에 이런 현상이 만연하다보니 광역 단체와 같은 국가 기구와 공공 조직에도 이러한 이중구조가 강력하게 자리 잡고 있는 것을 누구도 문제 삼지 않는다.

애초에 계약직 공무원에서 '선배'의 권유로 경선 캠프 자원봉사자가 되었다가, 충남도지사 수행비서로 자리를 옮긴 김지은의 여정은 이중노동시장 구조에서 외부자인 여성 노동력의 이동 경로를 전형적으로 보여준다. "세상을 변화시키는 데 일조할 수 있지 않을까라는 생각"[34]으로 희망을 품은 '봉사'는 노예적 착취의 연속일 뿐이었다.[35]

한국과 일본의 이중노동시장 구조와 여성의 외부자화를 연구한 「여성은 왜 외부자로 남아 있는가」에 따르면 이중노동시장 구조는 한국과 일본에서 유독 더 심각하게 젠더 차별적으로 고착되었다.[36] "이중노동시장 이론은 내부노동시장과 외부노동시장, 1차 노동시장과 2차 노동시장, 혹은 중심 부문과 주변 부문으로 이중 구조의 노동시장을 설명한다. 1차 노동시장에서 더 높은 고용 보호와 임금, 더 나은 근로 조건과 승진 및 교육의 기회가 보장되는 반면, 2차 노동시장은 상대적으로 불안정한 고용과 낮은 임금, 열악한 근

---

34 위의 책, 76쪽.

35 "처음에 피해자가 피의자의 대선 캠프에 출근한다고 했을 때 저는 걱정이 앞섰습니다. 일단 피해자는 당시 중앙부처에서 계약직 공무원으로서 나름 안정적인 위치에 있었고, 대학원 박사과정을 밟고 있었습니다. 하지만 대선 캠프는 거의 무보수로 일하는 경우가 많다고 들었고, 당시에는 피고인이 아닌 타 후보의 당선이 거의 확정적이었던 상황이어서 피고인의 대선 캠프에서 일하는 것이 걱정이 되었습니다. … 피고인이 대선(경선)에서 당선되지 못하고 캠프가 해산된 뒤 피해자를 본인이 근무하는 곳으로 스카우트하려고 한다는 이야기를 들었을 때도 피해자를 말려야 하나 생각을 했습니다. 이런 이야기를 함께 어울리던 모임의 다른 직원에게도 털어 놓은 적이 있을 정도로 고민을 했었습니다." 김지은. 「동료들이 보내온 탄원서」 중에서, 위의 책, 200쪽.

36 이승윤 외, 「여성은 왜 외부자로 남아 있는가?—한국과 일본의 여성노동시장 비교연구」, 『한국사회정책』 23(2), 2016, 201~237쪽.

무 조건과 승진과 교육 기회의 부재, 사적인 노사 관계 등의 특징을 보인다. 또한 이중노동시장 구조에서 두 노동시장 사이의 이동성이 낮다. 이중노동시장 구조에서 내부자의 종사상 지위는 정규직이며, 외부자의 종사상 지위는 대개 비정규직이다."[37]

『김지은입니다』는 노동자에서 비노동자로 해체되는 과정을 집요하게 물고 늘어지면서 이중 노동시장의 외부자 집단의 노동 조건에 대해 자세한 관찰을 남기고 있다. 이중노동시장 구조에서 벌어지는 일상적 착취를 "생계형 정신노동이 일상인 직장"[38]이라고 설명하고 있기도 하다.

> 나와 일했던 사람 대부분은 안희정을 대통령으로 만들기 위해 오래 전부터 모여 있던 이들이다. 그리고 내가 보낸 것이라며 언론에 문자를 공개한 사람들은 그 그룹에 속해 있는 안희정의 최측근들이었다. 내가 수행비서가 된 후에도 계속해서 감시하듯 나의 말투, 표정, 태도, 감정 표현까지 하나 하나 지적했던 사람들이었다. 안희정 조직 내에는 계파 같은 게 있었다. 조직 내 참모진 서열 순위라거나, 그 최측근 참모 진 밑에 서로 줄서기, 최측근 경쟁, 평판 경쟁, 충성 경쟁 같은 것이 존재했다. 어찌되었건 나는 거기에 낄 수조차 없었다. 나는 조직 내 위력에서 가장 밑에 있었다. 누구에게도 밉보여선 안 됐고 어떤 실수도 허용되지 않았다. 납작 엎드려 기어야 하는 위력의 법칙이 조직 내 힘의 역학에 따라 내게도 그대로 적용되었다. 항시 생존 본능의 스위치를 켜두고 지냈다.[39]

---

37   위의 글, 204쪽.
38   김지은, 앞의 책, 175쪽.
39   위의 책, 175쪽.

'안희정 조직'은 정규직과 조직 내부자가 상급자가 되어 비정규직인 외부자를 불안정 고용 형태로 다양하게 활용하고 폐기 처분하는 방식으로 구조화되어 있다. 이런 구조에서 외부자들은 언제든 손쉽게 대체된다. 다른 말로 하면 손쉬운 처분 대상이 되는 것이다. 노동 착취와 노예화가 이중노동시장 구조로 정당화되어 있다고 할 수 있다. 성 착취는 바로 이런 노동 착취 구조에서 비롯된다. 동시에 노동 착취가 조직 보위 차원에서 정당화되듯이 성 착취에 대한 무책임주의 역시 조직 보위의 맥락에서 정당화된다.

더 큰 문제는 조직 보위의 정파주의로 운영되는 조직이 광역 단체와 같은 정부 기구와 공공기관이 될 때 이를 관리 감독할 책임 주체가 사라진다는 점이다. 광역 단체가 관리 감독의 사각 지대에 놓이는 기이한 조직 구조는 여러 점에서 논의될 필요가 있다. 그런데 이른바 민주화 세대 정파 조직이 광역단체장이 되면서 발생하는 독특한 문제의 하나로 기존 공무원 조직과의 적대적 공존 관계를 살펴볼 필요도 있다. 이 문제에 주목하게 된 이유 중 하나는 부산시, 충남도청, 서울시로 이어지는 일련의 사건 속에서 동일한 무책임주의 패턴이 나타났기 때문이다. 이른바 광역단체장이 선발한 별정직 공무원오거돈 캠프, 안희정 캠프, 6층 사람들과 같이과 기존 광역 단체 행정전문직 집단고위직 공무원에서 행정 전문가 등 사이의 적대적 공존과 책임 회피가 반복되고, 이 문제를 보수 정당 세력과의 적대와 갈등의 문제로 역시 정파주의 패러다임으로 대응하면서 무책임주의가 다시 정당화되는 악순환이 계속된다. 특히 기존 공무원 조직과의 갈등은 이른바 노무현 정부의 실패에 대한 집단적 트라우마이기도 하다.

『김지은입니다』에서 자세하게 기술하고 있는 안희정 포털 제작과 관련한 에피소드는 광역 단체가 정파주의적으로 점유되고, 기존 공무원 조직은 적대적 공존 방식으로 일관하면서 무책임주의가 일상화되는 문제를 치밀하게 기록하고 있다.

안희정의 잦은 외부 강연과 해외 출장이 언론과 의회에 의해 여러 차례 지적을 받았다. 그러나 안희정은 하던 대로 밀고 나갔다. 처음부터 1월엔 스위스, 2월엔 호주, 3월엔 중국, 4월엔 일본 등 한 달에 한번 해외 출장 계획을 잡으라고 지시했다. 일부 사람들은 퇴임 이후 안희정의 해외 유학 계획을 짜고 있었다. 현직 도지사보다는 미래 국가 지도자에 걸맞은 계획이었다. 안희정과 조직에게는 대통령 만들기로서의 계획이 있었다.

안희정이 해외에 가 있는 동안에는 조직 구성원들도 휴식을 취했다. 업무를 지시할 사람이 없으니 모두 해외 휴가를 다녀왔다. 나는 갈 수 없었다. 안희정이 퇴임 이후 사용할 일명 '안희정 포털'을 만들어야 했다. 8년 동안 도지사로서 행한 정책과 인명 기록들을 정리하고, 향후 대선 레이스에서 사용할 데이터베이스를 축적하는 일이었다. 중요한 일이었다. 그러나 도와주는 사람이 거의 없었기에 도청에 들어간 지 채 6개월밖에 안 되는 내가 프로젝트 매니저가 되어 일을 추진해야 했다. 일부 참모는 재판 중에 '이 작업을 위해 전문가를 소개시켜줬고, 자신들도 열심히 도와줬다'고 증언했지만 실제로는 제대로 된 도움을 받지 못했다. 예정된 회의에도 대부분이 다른 이유를 대며 참석하지 않았다.

일반 공무원들도 이 작업을 탐탁지 않게 보았다. 합법적인 일 처리처럼 보이게 하면서도 실제로는 도청 예산을 이용해 개인 포털을 만드는 일이었다. 일의 이면을 들여다본 사람들은 쉽게 알 수 있었다. 대통령 만들기라는 미명하에 일을 끝내기를 재촉받았지만 제대로 일할 수 없었다. 도와주기로 했던 일반 공무원은 사무실에 와서 내게 커피를 타오라고 시키고는, 이어 커피를 마시며 '이 일은 불법이고, 자신은 일반 공무원이기 때문에 적극적으로

도와줄 수 없다'고 말한 뒤 돌아갔다.

조직 내 선배들에게 일 처리 과정의 불법성에 대해 말했지만, 대답은 여느 때와 크게 다르지 않았다. "큰일 앞에 작은 일은 희생해야 한다." 어떻게든 끝마치라는 것이다. 내가 본 도청 안 대부분의 일이 그랬다. 도청 예산을 활용해 안희정 지지자들을 위한 숙소비를 제공하기도 했고, 개인적인 지인들에게 선물을 돌리는 일은 흔했다.

2심에서 안희정이 법정 구속된 이후에도 일부 언론은 여전히 안희정의 출마를 말했다. 대권 주자로서 어려움을 겪고 있지만, 무죄를 받으면 다시 대권 주자가 될 수 있다고 말이다. 그들의 기준으로 나뉜 큰일 앞에 여전히 작은 일은 무시되고 있었다. 그 기준에서 무엇이 큰일이고 무엇이 작은 일인지 나는 여전히 알지 못한다. 적어도 내게 있어 큰일은 인간으로서 최소한의 존엄을 보장받을 권리다.[40]

정파적인 조직 보위의 이념과 정동을 따라 내부와 외부가 위계화되고, 조직의 차별적 위계화가 노동 조건 자체에 대한 이중 구조로 중층적으로 규정된 구조, 더 나아가 기존 공무원 조직과의 적대적 공존 전략에 따른 무책임주의의 일상화. 이런 상황에서 조직의 외부자들에 대한 노동 착취와 성착취는 구조적으로 정당화될 수밖에 없는 것이다. 또한 광역 단체와 같은 공공기관, 정부 조직에 대해서도 이런 구조에서는 견제와 감시를 맡을 행위 주체와 제도가 사라지게 된다. 공공기관이 정파 조직의 수단이나 선거용 도구로 전락하고 있는 현실을 『김지은입니다』는 명료하게 기록하고 있다. 이런 상황은 지방 정부와 지방 정부 행정 조직이 지역 분권이나 지방자치라는 이

---

40 위의 책, 119~121쪽.

른바 '진보 진영의 오래된 민주주의 과제'를 실현하기보다, 이른바 '범민주 계열'의 집권과 선거 승리를 위한 조직 보위의 수단과 도구로 전락한 문제와 무관하지 않다. 또한 견제와 감시를 수행할 행위 주체인 언론, 지식 사회, 시민 단체, 법조계 등을 정파 조직의 내부로 포섭해 온 결과 공공기관, 지방 정부, 국가 조직, 정당에서 '공공성'이 사라지고 있다고 해도 과언이 아니다. 무엇보다 광역단체장 성폭력사건에서 문제로 인지되어야 할 것은 바로 이런 공공성의 위기다.

또한 이렇게 시민 사회, 미디어, 지식계, 온라인 네트워크와 국가 조직 전체로 확대된 정파 연결 조직이 성폭력 부정주의의 실행 행위 주체이기도 하다. 이는 기존의 성폭력 2차 피해의 주요 가해 집단과 유사한 부분도 있으나, 기존의 성폭력 2차 가해 행위자 대표 집단의 범위를 훨씬 초과한다. 시민 사회, 정부, 언론, 학계, 법조계, 온라인 네트워크 등 사상 초유의 조직적 네트워크를 통해 작동하는 전무후무한 거대한 2차 가해 집단이 출현한 것이다. 따라서 이를 기존의 성폭력 2차 피해의 범위만으로는 설명하기 어려운 부분이 존재한다. 이런 지점에서 이 연구에서는 안희정 사태를 계기로 본격적으로 집단화된 전무후무한 성폭력 2차 가해의 출현을 성폭력 부정주의라는 개념으로 새롭게 접근할 필요가 있다고 제안하는 것이다. 특히 정파주의와 조직 보위가 오래된 행위 주체와 새로운 기술-정동적 네트워크와 결합하면서 새로운 폭력 장치를 생산하고 제도화하는 과정에 주목해야 한다.

4. '민주화 이후'의 사상적 대안으로서 반차별 정치

성폭력 부정주의는 민주화 세대라는 특정 세대 집단과 '진보 정치'라고 하는 특정 이념 집단이 자신들의 지배적 이념을 정당화하기 위해 기존의 증오정치의 부인 전략을 전유하면서 구성되었다. 586세대는 한국 사회 지배 집단, 주류 집단, 기득권 집단이지만 성폭력 부정주의 담론에서 이들은 위협과 공격에 취약한 위태로운 집단이 된다. 성폭력 부정주의는 '진보'가 공격당하고, 586세대가 위협받는다는 식으로 역차별론을 전유하고, 이를 통해서 실제적인 소수자성의 권력적 위계를 전도한다. 이 과정에서 세대적 갈등은 더욱 강화되고, 진영론 역시 강화된다. 이런 적대의 강화는 성폭력 부정주의가 자라나는 온상이며 성폭력 부정주의가 지속할 수 있는 생태계이다. 세대, 젠더, 인종, 지역을 교차하며 구성되는 실제적인 소수자성의 자리와 권력적 위계는 세대와 젠더를 고립하고 분리하는 분리주의 전략 속에서 사라져 버린다. 세대론이 현실의 소수자성의 복합적인 문제를 손쉽게 처리해버리는 건 전형적이다. 그런 점에서 성폭력 부정주의는 특정 세대의 산물이지만, 세대 문제로 환원해서는 안된다. 오히려 특정 세대가 생산한 성폭력 부정주의에 맞서기 위해서는 세대 적대와 분리가 아닌, 소수자성에서 차별의 복합성을 놓치지 않는, 서로 다른 손과 또 다른 손이 맞잡을 수 있는 끈질긴 살들의 부대낌의 자리를 만들어야 한다.

성폭력 부정주의가 한국 사회의 또 다른 증오 정치로 대두했다는 점은 어떤 점에서는 매우 씁쓸한 일이다. 그러나 차별 선동과 증오 정치가 부상하는 역사적 과정을 살펴보면 새로운 대상 집단이 부상하는 건 그 대상 집단이 새로운 희생양이 된다는 의미와 함께, 그 대상 집단이 새로운 정치 주체로 부상하는 흐름과도 상당한 관련이 있다. 증오 정치는 새로 부상하는 집단을 '희생양'과 공격 대상으로 발견한다면, 대안 정치는 새로 부상하는 집단을 정치적 주체로 대면하고 상상하는 자리에서 발생한다. 성폭력 부정주의에 대한 고찰은 그런 점에서 한국 사회에 새롭게 등장하는 오래된 증오 정치를 분석하는 일이기도 하지만, 궁극적으로는 증오 정치가 부정하고자 하는 대안 정치와 대안 주체 형성의 발생학을 살피는 일이다. 성폭력 부정주의 연구는 단지 민주화 세대의 진보 정치의 종말만을 씁쓸하게 곱씹는 게 아니다. 그런 환멸에 바치기에는 우리의 열정과 연구의 가치는 너무 아깝다. 오히려 성폭력 부정주의 연구를 통해 우리는 민주화 이후의 대안 정치 이념이자 주체로서 반차별 정치의 이념과 주체가 형성되는 생생한 대안 정치의 발생학에 도달한다. 또 지루하고 고루한 오래된 정동 정치가 무력화되면서 기존의 언어로 환원될 수 없는 대안 정동이 생성하고 생성되는 대안 정동 정치의 현장이 바로 성폭력 부정주의 연구의 현장이라 하겠다.

권명아, 「사건 이후의 인간학」, 인문학협동조합 편, 『팽목항에서 불어오는 바람』, 현실
　　　문화연구, 2015, 39~76쪽.
______, 「신냉전 질서의 도래와 혐오발화 / 증오 정치 비교역사 연구」, 『역사문제연구』
　　　20, 2016, 11~45쪽.
______, 「여성 살해 위에 세워진 문학 / 비평과 문화산업」, 『문학과 사회』 121, 2018,
　　　140~167쪽.
______, 「한국과 일본에서의 반헤이트 스피치운동과 이론에 대한 비교 고찰―차별의
　　　역사적 구조와 표현의 자유에 대한 논의를 중심으로」, 『여성문학연구』, 45,
　　　2018, 538~562쪽.
______, 「젠더·어펙트 연구에서 연결성의 문제―데이터 제국의 도래와 '인문'의 미
　　　래」, 동아대 젠더·어펙트 연구소 편, 『약속과 예측』, 산지니, 2021. 125~169쪽.
김명희, 「일본군 '위안부' 문제와 부인(denial)의 정치학」, 『한국여성학』 33, 한국여성학
　　　회, 2017, 235~278쪽.
김숨, 『숭고함은 나를 들여다보는거야』, 현대문학, 2018.
김양선, 「70년대 노동현실을 여성의 목소리로 기억 / 기록하기―여성문학(사)의 외연
　　　확장과 70년대 여성노동자 수기」, 『여성문학연구』 37, 2016, 7~38쪽.
김은하, 「여성들의 정치 혁명과 페미니스트 팸플릿으로서 글쓰기―박완서의 1980년
　　　대 여성해방소설을 중심으로」, 『여성문학연구』 45, 2018, 7~36쪽.
김지은, 『김지은입니다―안희정 성폭력 554일간의 기록』, 봄알람, 2020.
김효영, 「미투운동에서 객관적 진실의 딜레마―안희정사건 관련 담론에 대한 비판적
　　　분석」, 연세대 석사논문, 2018.
박세진, 「부산국제영화제, '단기계약직 시간 외 근로수당 미지급' 사과」, 『뉴스1』,
　　　2018.11.16.
배하은, 「흔들리는 종교적·문학적 유토피아―1970~1980년대 기독교 사회운동의 맥
　　　락에서 살펴 본 노동자 장편 수기 연구」, 『상허학보』 56, 2019, 401~443쪽.
부산성폭력상담소 편, 「2019년도 2차 피해 사례 분석 및 법정 내 2차 가해 근절을 위한
　　　제언」, 부산성폭력상담소 토론회 자료집, 2019.
안지영, 「'여공'의 대표 (불)가능성과 민주주의의 임계점―1970~1980년대 여성-노동
　　　자들의 수기를 중심으로」, 『상허학보』 55, 2019, 381~420쪽.
오자은, 「'문학 여공'의 글쓰기와 자기 정체화」, 『한국근대문학연구』 19, 2018, 7~52쪽.
이선미 「'여성'의 사회적 해석과 1976년의 박완서 소설―『휘청거리는 오후』의 대중성

을 중심으로」, 『현대문학의 연구』 51, 2013, 571~611쪽.

이승윤 외, 「여성은 왜 외부자로 남아 있는가? – 한국과 일본의 여성노동시장 비교연구」, 『한국사회정책』 23(2), 2016, 201~237쪽.

정고은, 「2015~2016년 페미니즘 출판 / 독서 양상과 의미」, 『사이間SAI』 22, 2017, 167~198쪽.

최윤정, 『산업재해로서의 직장 내 성희롱』, 푸른사상, 2019.

홍민지, 「열정페이 요구한 부산국제영화제, 체불임금만 1억원」, 『프레시안』, 2018.10.19.

허윤, 「광장의 페미니즘과 한국문학의 정치성」, 『한국근대문학연구』 19, 2018, 123~151쪽.

Ahmed, Sara., *Willful subject*, Duke University Press, 2014.

Zarzycka, Marta. and Domitilla Olivieri, "Affective encounters : tools of interruption for activist media practices", *Feminist Media Studies*, 17(4), 2017, pp.527~534.

제6장

해외출판 탈북 여성 수기의 (탈)식민적 시선과 젠더화된 서사[1]

김성경

1. 들어가며

2015년 신동혁의 『14호 수용소 탈출*Escape from Camp 14*』[2]의 공저자인 블레이든 하든*Blaine Harden*은 그의 웹사이트에 책의 오류에 대해 긴 사과문을 올렸다.[3] 2014년 10월 신동혁의 아버지가 조선중앙통신을 통해 신동혁이 14호 수용소에서 태어나지 않았으며 그의 증언 상당 부분이 거짓이라고 폭로한 이후였다. 하든은 곧바로 서울로 날아가 신동혁을 만나 2주에 걸쳐 다시 인터뷰를 진행했고, 이를 바탕으로 신동혁의 증언 오류에 관한 그의 입장을 재판되는 책의 서문에 포함시켰다. 하든은 트라우마를 지닌 이들의 증언이 일관적이지 않을 수 있다는 전문가들의 의견을 언급하면서 신동혁 증언 중

---

1 이 글은 『한국여성학』 38권 2호, 2022에 게재된 논문인 「글로벌 대중문화와 생존자의 이야기-해외출판 탈북 여성 수기의 식민적 시선과 젠더화된 서사」를 수정하여 작성하였다.

2 Blaine Harden and Shin Donghyuk, *Escape from Camp 14 : One Man's Remarkable Odyssey From North Korea to Freedom in the West,* Viking Penguine, 2012.

3 블레이드 하든 웹사이트의 사과문.
https://blaineharden.com/escape-from-camp-14-reviews/

일부분 오류가 있었지만 북한 체제의 정치범 수용소의 인권 문제라는 '사실'은 변함이 없다고 강조한다. 아마도 신동혁의 증언이 유엔 북한인권청문회가 열리는 데 결정적인 역할을 했다는 것을 감안했을 때 신동혁 증언 전부를 부정하기란 쉽지 않았을 것이다. 그럼에도 출판사가 신동혁의 책을 여전히 판매하는 것과 하든이 증언 오류는 트라우마에 의한 기억의 왜곡 정도로 선을 그은 것 등은 탈북민 수기가 전달하고자 하는 '사실'이나 '진실'이 무엇인지를 짐작케 한다. 신동혁 수기에서 전달하고자 하는 '사실'은 바로 북한의 실상과 그곳의 정치범 수용소에서 자행되고 있는 극악한 폭력과 인권 유린인 것이다. 그만큼 신동혁 수기는 정치운동의 하나의 수단으로 기획되었으며, 이러한 목적으로 인해 그의 증언에 대한 진위 여부는 태생적으로 논쟁적일 수밖에 없다.

사실 서구가 북한에 관심을 갖게 된 것은 북핵 위기와 긴밀하게 연동된다. 북한이 1993년 핵확산금지조약NPT 탈퇴를 선언한 이후에도 북한에 대한 관심은 제한적이었다. 1994년 김일성 주석이 사망하고 고난의 행군이 시작된 이후에도 '가난한' 북한은 서구 대중들에게 낯선 존재였다. 하지만 2000년대 들어서 북한이 본격적으로 핵실험에 나서게 되고, 미사일 도발과 국지적 수준의 군사 충돌 등을 통해 주기적인 긴장이 발생하면서 북한 체제의 위험성에 대한 논의가 점차 확산되게 된다. 게다가 2001년 9월 11일 뉴욕에서 테러가 발생한 이후에 외부의 적에 대한 미국 내의 적대감과 위협감이 극에 달하게 되면서 북한의 군사적 위협에 대한 논의가 점차 확산되기 시작한다. 2002년 미국의 조지 부시 대통령이 북한을 악의 축Axis of evil으로 명명하면서, 북한은 미국 및 서방 세계에 직접적인 위협을 가할 수 있는 존재로 부상했다. 또한 2005년 북한인권결의안이 유엔에서 채택되면서 북한의 인권 상황에 대한 논의가 본격화되었고, 이러한 과정에서 탈북민의 증언이 적극적으로 활용되기에 이른다. 다시 말해 국제정치적 상황 및 국제인권 레짐과 긴밀하게 연동되어 확산된 것이 탈북민의 증언 관련 출판 및 강연 산업이었으며, 이는 탈북민의 증언이 정치적 목적을 가질 수밖에 없는 배경 이 되기도 한다.

신동혁의 수기의 진실성에 대한 의구심이 높아갈 즈음 등장한 것이 탈북 여성의 수기이다. 그녀들의 수기는 북한을 고발하는 성격을 일정부분 공유 하면서도 이전의 탈북 남성의 수기와는 조금은 다른 결을 지닌다. 젊고 아 름다운 여성의 얼굴을 표지 전면에 내세우면서, '무고한' 여성의 고난을 집 중적으로 서사화하고 그녀들의 역경에 맞선 용기를 가시화하는 것이 그러 하다. 북한 체제의 폭력을 강조하고 있지만 동시에 이동 과정에서의 성폭력 이나 인신매매 등 이주 과정에서의 선정적 폭력이 수기의 상당 부분을 차지 하고 있기도 하다. 그만큼 젠더화 된 서사와 성애적 시선이 탈북 여성의 수 기에 내재화되어 있으며, 이것의 이면에는 북을 향한 서구 사회의 식민주의 적 시각이 깊게 배태되어 있다. 또한 탈북 여성의 수기 출판이 가능했던 배 경에는 이들이 글로벌 강연 플랫폼에서 자신의 고통을 전달함으로써 상당 한 유명세를 얻었기 때문이다. 강연 시장에서 먼저 이름을 알린 그녀들을 출판 산업이 포착하여 독자들의 취향을 고려해 그녀들의 이야기를 상품으 로 만들어냈다. 출판사는 이야기의 상품적 가치를 높이기 위해서 수기라는 장르적 규칙과 문학적 표현 등을 세밀하게 조율하였으며, 그녀들의 외모, 배 경, 가족, 사회적 위치 등도 적극적으로 활용하였다.

본 연구는 탈북 여성의 해외 출판 수기를 글로벌 대중문화와 출판 산업이 라는 맥락에서 분석하는 것을 목적으로 한다. 탈북 여성 수기의 서사적 특 성에 주목하면서 이들의 수기가 어떤 의도와 맥락에서 기획되었는지, 상업 적 성공을 위해서 수기가 전달하는 감정이나 효과는 무엇인지 살펴보고자 한다. 수기라는 문학 장르가 지닌 특성에 주목하면서 서구 사회가 '먼 타자'로 존재하는 소외된 집단의 고통에 주목하는 이유가 무엇인지, 그리고 고통을 이겨낸 성공 서사가 독자들에게 제공하는 감정의 효과는 어떠한 것인지도 살펴보고자 한다. 이를 통해 탈북 여성의 수기가 상업적 목적에 의해서 '기획'되었고, 대필 작가와의 협업을 통해서 이야기가 서술되었다는 점, 그리고 고통과 극복의 서사에 열광하는 현대 대중문화의 특성이 일정 부분 영향을 미쳤음을 주장하고자 한다. 탈북민 수기가 대중 서적으로 출판되는 과정에서 그(녀)의 이야기는 서구의 독자들이 듣고 싶어 하는 이야기로 조금씩 조율되는 과정을 거칠 수밖에 없으며, 이 과정에서 '사실'은 고정된 의미로 규정되는 것이 아니라 양가적 해석이 가능한 모호한 영역으로 변환될 가능성이 농후하다. 이는 서구의 출판 시장이 지속적으로 독재 국가 혹은 사회주의 국가에서 억압받는 이들의 '이야기'를 통해 자유주의의 우월성을 확산하는 역할을 수행하고 있음을 의미하는 것이며, 서구의 문화식민주의가 '고통의 문화산업culture industry of suffering'을 통해 그 명맥을 이어가고 있음을 뜻하는 것이기도 하다. 그만큼 탈북 여성의 해외 출판 수기는 그것이 지닌 순기능에도 불구하고, 식민주의적 시선과 젠더적 재현이 교차하며 의미를 둘러싼 권력의 각축이 일어나는 장이다. 또한 권력의 시선 앞에 서 있는 탈북 여성의 행위주체성도 단일하게 작동하는 것이 아니라 다층적이고 전복적이며, 때로는 모순적으로 존재하고 있다.

2. '고통의 문화산업' 수기와 대중문화

수기는 작가가 직접 자신의 삶을 회고적으로 서술하는 문학 장르이며, 주로 비가시화된 사람들의 이야기되지 못한 이야기를 담고 있다는 특징이 있다.[4] 1980년대 이후 수기가 양적으로 증가하였음에도 수기의 확산을 둘러싼 심층적인 논의는 이루어지지는 못했다. 대중적으로는 여성의 이야기를 담은 수기가 커다란 반향을 일으켰지만, 학술적 영역에서 수기는 1990년대 이후에서야 독자의 재편과 그들의 요구를 반영한 문학 장르로 정의되면서 "새로운 순수문학new belletrism"으로 논의되기 시작했다.[5] 학계에서는 수기를 '화자話者'의 민주화에 기여한다고 평가하기도 하지만 동시에 문학적 가치의 하락이나 비판적 객관성의 부재, 나르시시즘의 강화 등을 지적하며 비판하는 목소리도 상당하다.

수기의 대중화는 변화한 현대 사회의 문화적 환경을 일견 반영하는 것이기도 하다. 서사의 죽음을 특징으로 하는 포스트모던시대의 문학은 점차 주체의 분열, 시공간의 파괴, 스타일의 강조, 에피소드의 나열 등의 특징을 지니게 되었는데, 이는 리얼리즘으로 대표되는 인간의 진실성과 사실에 대한 서사적 욕망을 충족시키지 못하는 결과를 초래했다.[6] 소설이나 문학에서 리얼리즘적 경험의 부재는 문학 장에서의 비재현 문학의 증가, 특히 수기, 고

---

4   Carolyn G. Heilbrun, "Contemporary Memoirs, Or, Who Cares Who Did What to Whom?", *The American Scholar* 68(3), 1999, pp.35~36.

5   Nancy K. Miller, "But enough about me, what do you think of my memoire?", *The Yale Journal of Criticism* 13(2), 2000, pp.421~422.

6   Fredric Jameson, *Postmodernism : Or the Cultural Logic of Late Capitalism*, Verso, 1992; Jean-Francois Lyotard, *The Postmodern Condition : A Report on Knowledge*, Manchester University Press, 1984.

발문학, 르포타쥬 등의 확산을 촉발하는 데 결정적 계기가 된다. 근대 부르주아의 문화로서 순수 문학 바깥에 존재하면서도 인간의 원초적 욕망이기도 한 '사실적realistic' 이야기에 대한 갈망을 충족시키는 문학 장르가 바로 수기를 비롯한 논픽션 문학이다.[7]

그만큼 수기가 가진 가장 큰 힘은 바로 작가가 자신의 이야기를 '직접 썼다'는 데 있다. 다른 문학 장르에서도 일인칭 시점으로 서술되는 서사는 찾아볼 수 있지만 실제 경험을 한 당사자가 직접 자신의 이야기를 한다는 것은 독자에게 더 강한 신뢰를 줄 수밖에 없다. 하지만 수기가 반드시 '사실'을 전달하고 있는 것은 아니다. 수기를 둘러싼 '사실' 혹은 '진실' 논쟁이 자주 등장하는 것만 봐도 수기의 사실성이라는 것이 상당히 모호한 영역이라는 것을 알 수 있다. 수기의 장르적 특성상 이러한 논쟁은 불가피한 것인데, 왜냐하면 현재의 시점에서 자신의 개인적 경험을 '회고'하여 서술한다는 것은 결국 화자의 입장에서의 해석이기 때문이다. 회고적 증언을 단순히 과거에 대한 '사실'이나 '진실'로 접근하는 것이 아니라 현재의 시점에서의 해석으로 접근해야 한다는 주장이 설득력을 갖는 이유이기도 하다.[8] 그만큼 '실제real와 꾸며진 이야기fictional'가 모호하게 작동하는 장르가 수기이다.[9] 게다가 가독성을 높이기 위해 문학적 장치를 과도하게 배치하여 논픽션보다는 픽션에 가까운 서사 형식을 따르는 수기도 많다. 그럼에도 중요한 것은 독

---

7   김양선, 「70년대 노동현실을 여성의 목소리로 기억/기록하기―여성문학(사)의 외연 확장과 70년대 여성 노동자 수기」, 『여성문학연구』 37, 2016, 7~38쪽; 천정환, 「서발턴은 쓸 수 있는가―1970~80년대 민중의 자기 재현과 '민중문학'의 평가를 위한 일고」, 『민족문학사연구』, 47, 2011, 224~254쪽.
8   이희영, 「사회학 방법으로서의 생애사 재구성―행위이론의 관점에서 본 이론적 의의와 방법론적 원칙」, 『한국사회학』, 39(3), 2005, 120~148쪽.
9   Leona Toker, *Gulag Literature and the Literature of Nazi Camps*, Indiana University Press, 2019, p.15; Jacque Ranciere, *The Politics of Literature*, Polity, 2011, p.177.

자들은 수기에 서술되는 내용이 '사실'과 '진실'이라고 믿는다는 점이다. 수기라는 형식으로 인해 독자들은 책에 담긴 이야기를 그 어떤 문학적 서사보다도 훨씬 더 '사실'로 받아들인다.

수기가 대중적 소구력을 갖기 위해서는 사실적이면서도 특별한 이야기를 담아내는 것이 중요하다. 비현실적이어서 독자들에 호기심을 자극하면서도, 실존 인물의 목소리를 통해서 사실로 받아들여질 수 있는 이야기를 찾아야 하는 것이다. 예를 들어 지금까지도 지속적으로 출판되고 있는 홀로코스트 피해자 수기나 전쟁이나 군사적 충돌로 인한 희생자, 난민이나 폭력적 가부장제의 피해자 여성들의 수기가 대표적인 사례이다. 홀로코스트의 경우에는 180여 편에 이르는 수기가 출판되었으며, 다큐멘터리, TV 드라마, 영화, 소설, 시까지 포함할 경우 셀 수 없을 정도로 많다. 최근에는 인권 유린을 경험한 난민이나 이슬람이나 인도 지역에서 남성들의 폭력에서 살아남은 생존자의 이야기도 꾸준히 출판되고 있다.[10] 믿겨지지 않을 정도의 고통, 고난, 폭력을 그려내고 극복과 성공 서사를 적절히 배치함으로써 독자들의 공감을 얻는 것이다. 타인의 고통이 대중문화 전반에 주요 컨텐츠로 활용되고 있으며, 이는 실로 '고통의 문화산업'이라고 칭할 정도이다.

여기서 질문은 대중들이 타인의 고통을 사실적으로 느끼고 싶어 하는 이유가 무엇인지이다. 대중들의 눈길을 사로잡을 수 있는 타인의 고통은 어떠한 것일까? 고통받는 타인은 누구여야만 하는 것일까? 타인의 고통이 문학장, 덧붙여 대중문화 전반에 등장하기 시작한 것은 선정주의의 확산과 깊

---

10 모나쉬대학 유태인문명연구센터 홈페이지(https://www.monash.edu/arts/acjc/research-and-projects/online-resources-and-mini-sites/holocaust-memoirs). 유태인 관련 수기에 대한 정보는 다음을 참조하라. https://www.panmacmillan.com/blogs/history/the-best-books-about-the-holocaust

은 연관이 있다. 죽음, 폭력, 고통과 같은 이야기와 이미지는 대중의 시선을 사로잡는 데 꼭 필요한 요소이기 때문이다. 특히 심리적으로나 지정학적으로 먼 곳에 위치한 타자들의 고통은 독자에게 직접적인 위협이 되지 않으면서도 자신의 상황과 위치가 얼마나 안전한지를 감각하게 하는 주요한 기제이기도 하다. 손택이 주장한 것처럼 미디어로 재현된 타인의 고통은 그것을 지켜보는 이들의 윤리적 무고함을 증명하는 것이면서 자신의 삶이 얼마나 안전한지를 확인하게 하는 역할을 수행한다.[11] 이를 위해 사진, 일기의 원본 이미지, 인터뷰, 지도 등과 같이 '증거'가 타인의 고통을 사실적으로 그려내기 위한 장치로 활용되기도 한다. 타인의 고통을 '사실'로 감각하면서 각자의 현실의 고통이나 문제로부터 탈주하는 효과가 만들어지기도 한다. 또한 독자나 관객의 욕망에 맞게 재현되는 타인의 고통은 그 어떤 현실적 변화도 만들어내지 못한 채 '소비'되어 버리는 경향이 있다. 타자의 극단적 고통을 감각하는 것이 각자의 힘겨운 삶에 찰나의 카타르시스를 제공해줄 수는 있지만, 다른 한편으로는 각자의 문제적 상황의 근원적인 원인에 대해서 무감각하게 한다는 점에서도 문제적이다. 대중서적이나 여타 다른 문화매체에서 그토록 사실적이고, 선정적으로 타인의 고통을 전시하고 있지만, 고통 받는 이들의 상황에 실질적인 변화를 만들거나 사회적 연대의 자원으로 확산된 사례가 지극히 드물다는 것을 볼 때 과히 '고통의 문화산업'이 하는 일이 무엇인지 짐작 가능하다.

반대로 '고통의 문화산업'의 긍정적 가능성을 주목한 연구도 있다. 볼탕스키Luc Boltanski는 '먼혹은 원거리 고통distant suffering'이라는 개념을 통해서 미디어에서 재현되어 스펙타클로 전달되는 고통, 역경, 고난 등은 수용자 개개인의

---

11 Susan Sontag, *Regarding the Pain of Others,* Picador, 2004.

상황이나 인식 수준에 따라 차별적 방식으로 관여된다고 주장한다. 전 방위적으로 전시되는 고통이 독자나 관객에게 무감각이나 무관심을 촉발할 가능성도 존재하지만, 고통의 스펙타클이 '연민의 정치politics of pity'로 확장될 가능성은 항상 존재한다는 것이다.[12] 볼탕스키는 고통 받는 이를 돕기 위한 기부나 자선활동 뿐만 아니라 주변과의 소통을 통해 여론을 만들어가는 것까지도 윤리적인 관여로 해석한다.[13] 물론 미디어가 어떤 방식과 이미지, 내용으로 먼 곳의 고통을 전달하고 재현하느냐에 따라 관객들의 정치적, 윤리적 행동의 수준이 결정된다. 그러므로 이러한 과정에서 가장 중요한 것은 관객들이 타자의 고통에 감정적으로 공감하면서도, 그들의 고통에 대해서 정확하고 객관적으로 이해하고 설명할 수 있는지 여부이다.[14] 그렇다면 여기서 공감되어지고 고통의 맥락과 역사가 이해될 수 있는 대상이 누구인지에 대한 문제가 등장한다. 즉 누구의 고통은 쉽게 '소비'되며, 또 다른 '누구'의 고통은 윤리적이며 정치적 행동으로 확대되는가 하는 것이다.

초우리아라키Lilie Chouliaraki는 볼탕스키의 이론적 틀을 활용하면서 '먼 고통'이 감각되고 관여되는 과정에서 '장소와 인간의 위계hierarchies of place and human life'가 결정적인 역할을 하고 있음을 강조한다.[15] 고통 받는 이의 장소적 위치와 존재적 성격이 관객으로 하여금 얼마나 재현된 고통에 통감하며 개입하게 되는지를 결정한다는 주장이다. 또한 고통 받는 이가 감정이입이 가

---

12   Stanley Cohen, *States of Denial : Knowing about Atrocities and Suffering*, polity, 2001; David M. Smith, "How Far Should We Care? On the Spatial Scope of Beneficence", *Progress in Human Geographphy* 22, 1998, pp.15~38.

13   Luc Boltanski, *Distant Suffering : Morality, Media and Politics,* Cambridge University Press, 1999, pp.11~17.

14   Ibid.; Laura J. Scalia, "Distant Suffering : Morality, Media and Politics by Luc Boltanski", *Political Psychology* 22(1), 2001, pp.199~202.

15   Lilie Chouliaraki, *The Spectatorship of Suffering*, Sage, 2006.

능한 존재인지, 그들이 연민의 대상이 될 가치가 있는 이들인지에 대한 것도 영향을 미친다. 그만큼 타자의 고통의 맥락과 의미에 대한 충분한 이해를 위해서는 심리적, 일상적 거리가 가까워야 하며 동시에 타자의 고통이 분명 문제적이라는 것을 인지할 수 있어야 한다. 또한 이러한 논의는 타인의 고통을 감각하고 인지하는 것에서부터, 이후에 윤리적, 정치적 행동과 관여에 이르기까지 다양한 위계가 작동하고 있음을 의미한다. 물론 위계는 미디어 재현으로 가시화되며 관객의 해석을 통해 재생산된다. 예컨대 머나먼 곳에 위치한 식민지의 고통은 짧고 단순한 탐험 뉴스의 방식으로 재현되지만 서구 식민자의 내부의 고통은 복합적이고 다층적인 방식으로 재현되면서 관객은 타자의 고통을 전혀 다른 밀도로 감각하게 되는 것이다.[16] 이러한 재현의 차이와 감각의 위계는 '행동의 서열hierarchy of action'을 촉발한다는 측면에서 더욱 문제적이다.[17]

탈식민주의적 시각이 중요한 의미를 지니는 지점이 바로 여기이다. 서구의 출판 및 미디어 시장에서 재현되는 타자의 고통이 재현되는 방식이나 해석되는 차원 모두 권력적 위계가 존재하기 때문이다. 서구 식민자가 익숙한 장소와 존재일수록 주목받을 수밖에 없다는 사실은 결국 고통의 심각한 정도 혹은 시급성에 따라 재현되는 것이 아니라 그들의 시선에 포착될 만한 존재와 그들의 감각될 수 있는 고통이 선택된다는 것을 의미한다. 예컨대 탈북 여성의 수기가 서구 영미권에 앞다투어 출판되기 전에는 한동안 이란 여성 난민의 수기가 출판되었는데, 이는 그 당시 미국 및 서구 사회가 북한과 이란을 가까운 존재로 조금씩 인지했기 때문이다. 1980년대 처음으로

---

16 Lilie Chouliaraki, "The Mediation of Suffering and the Vision of a Cosmopolitan Public", *Television & New Media* 9, 2008, pp.371~391.
17 Lilie Chouliaraki, op.cit., 2006, pp.144~148.

출판된 이란 여성의 수기는 대중적으로나 학계에서나 커다란 반향을 일으키지 못하다가, 1990년대 후반부터 점차 관심을 받게 된 사례가 있다.[18] 특히 9·11사건 이후에 부시 대통령이 이란과 북한을 악의 축으로 명명하게 되면서 이란 난민에 대한 대중적 관심이 높아짐에 따라 대중 독자에게도 이란 사람들의 이야기가 관심을 끌 수 있었다. 이란 문제에 대한 대중들의 관심이 사그라질 즈음 본격적으로 출간되기 시작한 탈북 여성의 수기는 역설적이게도 미국 사회 내에서 북한의 핵문제가 본격적으로 논의되기 시작하면서 등장 가능할 수 있는 것이었다. 다시 말해 북한 체제가 핵을 앞세워 서구 대중의 인식 체계에 각인되지 않았더라면 탈북 여성의 수기도 출판되기 어려웠을 것이다.

또한 서구의 시선에서 고통의 당사자는 받아들일 수 있는 존재, 즉 '이상적 피해자'의 모습을 보여주는 것이 중요하다. 이란 난민 수기의 경우에는 1990년대 후반부터 2000년대 초반에 출판된 총 12편의 수기 중에서 여성 수기가 8편으로 남성 수기의 두 배가 된다. 이란 남성의 수기는 주로 개인적 폭로, 자아성찰, 위치성이나 정체성의 문제를 다루고 있다면 이란 여성 수기는 정권의 폭력 아래 난민화의 과정을 개인적 경험과 적절하게 연결하여 작성했다는 특징이 있다.[19] 특히 테러리스트와 같은 이미지가 상당히 강력한 상황에서 이란 남성의 수기는 '고통'을 서사화하는 것보다는 이란 디아스포라의 일원으로서 정체성의 혼란 등을 주로 다루는 경향이 강하다. 반면 이란 여성의 수기는 정권의 폭력을 고발하면서도 여성으로서 경험하는 다양한 고통을 사실적으로 묘사하고 있다는 특징이 있다. 서구의 대중에게 잠재

---

18   Amy Malek, "Memoir as Iranian Exile Cultural Production : A Case Study of Marjane Satrapi's Persepolis series", *Iranian Studies* 39(3), 2006, pp.361~364.
19   Ibid.

적 테러리스트로 상상되는 이란 사람의 재현에도 젠더적 차이가 존재하는 것이다. 정권의 피해자의 형상이 주로 여성으로 재현되면서 여성 피해자라는 재현은 독자들에게 커다란 소구력을 지니게 된다. 주지하듯 사회에서 용인되는 결백하고 무고한 피해자는 주로 어린아이, 청년, 여성 등의 형상을 하고 있다.[20] 설혹 유사한 피해나 고통을 남성, 장년, 권력자가 경험했더라도 이들의 이야기는 상대적으로 덜 관심을 받거나 대중의 연민의 대상이 되기 어렵다. '전형적'이어서 사회적으로 받아들여질 수 있는 피해자의 모습은 결국 불안정한 주체, 소외받고 있는 집단, 거기에 미숙하고 순결한 이미지를 갖고 있는 주체에 집중되어 있다. 대중 출판시장이나 미디어 영역에서 아이들이나 여성여성 중에서도 젊은 여성의 고통을 서사화하는 데 적극적인 이유가 여기에 있다.

3. 글로벌 영상 미디어와 탈북 여성의 수기

탈북 여성 수기 중 가장 높은 판매고와 반항을 일으킨 책은 단연 이현서의 『일곱 개의 이름을 가진 소녀*The Girl With Seven Names : A North Korean Defector's Story*』 William Collins, 2015와 박연미의 『내가 본 것을 당신이 알게 됐으면*In Order to Live : A North Korean Girl's Journey to Freedom*』Penguin, 2016이다.[21] 이현서의 책은 뉴욕타임즈 베스트셀러이며 전 세계 40여 개 국가에서 번역되어 출판되었다. 박연미의

---

20 Nils Christie, "The Ideal Victim", E. A. Fattah. ed., *From Crime Policy to Victim Policy*, Macmillan, 1986, pp.17~30.

21 Hyeon Seo Lee(with David John), *The Girl with Seven Names : Escape from North Korea,* William Collins, 2015; Yeon Mi Park (with Maryanne Vollers), *In Order to Live : A North Korean Girl's Journey to Freedom,* Penguine Press, 2016.

책도 미국, 영국, 독일, 프랑스, 이탈리아에서 동시 출간되었으며, 상당한 판매고를 올린 것으로 알려져 있다. 두 여성의 공통점 중 하나는 한국의 종편 방송에서 얼굴을 알리고, 이후 글로벌 영상 미디어를 통해 주목을 받았다는 점이다. 이현서는 2011년부터 채널 A의 탈북여성 토크쇼인 〈이제 만나러 갑니다〉에 출현하였으며, 박연미도 2012년 11월부터 같은 방송에 출연하였다.[22] 이 당시에 탈북 여성을 내세운 프로그램이 여럿 만들어지면서 상당수의 탈북 여성들이 미디어장에 등장하게 되었다.

사실 그녀들이 미디어에 출현할 수 있었던 것은 그녀들의 존재가 해외 언론이나 외교 행사를 통해서 먼저 소개되었기 때문이다. 이현서는 영국 대사관의 탈북민 후원 영어교육 프로그램인 'English for the Future'에 참가하게 되면서, 다양한 외교 행사에 참여할 기회를 얻게 되었다.[23] 2012년 4월 서울 핵안보정상회의에 참석한 닉 클레그Nick Clegg 영국 부총리와의 간담회에 초청되면서 외교 행사에서 얼굴을 알리게 된 것이다.[24] 북한에 대한 외교가의 관심이 고조되던 시기와 맞물려 해외의 국제 행사에서 그녀를 초청하기도 하였고 월스트리트 저널에서 그녀의 삶을 기사화하기도 했다.[25] 즉, 북한의 핵 위협에 대한 외교 및 학계의 관심이 깊어질수록 북한을 증언할 수 있는

---

22 박연미는 〈이제 만나러 갑니다〉 51회부터 출연하였고, 그 당시의 이름은 박예주였다.

23 이현서 인터뷰, 2022.3.6. 이현서 인터뷰는 2022년 1월 15일(1차)과 2022년 3월 6일 두 차례(2차)에 걸쳐서 진행되었다. 3시간 동안 진행된 1차 인터뷰는 녹음하여 전사하였으며, 2차 인터뷰는 녹음하지 않고 연구자가 직접 받아 적었다.

24 이현서는 통일부에서 운영하는 대학생 기자단 〈상생기자단〉 4기로 활동하면서 그녀가 영국의 부총리를 만났던 것에 대해 직접 리포트를 작성하기도 하였다. https://unikoreablog.tistory.com/2152

25 Alastair Gale, "A Defector's Tale : Lee Hyeon-seo", *The Wall Street Journal*, July 11, 2011, https://www.wsj.com/articles/BL-KRTB-1969

탈북민에 대한 수요는 늘어갔다.

　이러한 분위기에 편승한 것이 바로 종편 방송의 탈북민 관련 프로그램이었다. 해외 언론에서 보도된 적이 있었던 이현서를 종편 방송이 주목했던 것은 어쩌면 당연한 일이었다. 하지만 〈이제 만나러 갑니다〉라는 프로그램의 포맷은 여러 명의 탈북 여성들이 자신들의 탈북 과정이나 북한의 현실 등을 증언하면서도 오락적인 요소를 가미했기 때문에 이현서와 박연미가 두각을 나타내기에는 한계가 있었다. 그러나 두 여성은 해외 언론이나 외교관 등과의 접촉을 통해서 영어가 얼마나 커다란 자산이 될 수 있는지 정확하게 알고 있었다. 영어를 습득하기 위한 그녀들의 끈질긴 노력으로 인해 이들은 상당 수준의 영어를 구사할 수 있게 되었으며, 이것이 그녀들에게 새로운 기회를 제공하게 된다.

　2013년 이현서는 TED[26]에서 '나의 북한 탈출기My Escape from North Korea'라는 강연을 하게 되면서 커다란 반향을 일으켰고, 박연미는 2014년에 열린 One Young World 연례 회의에서 한 '자유를 찾기 위한 탈북Escaping from North Korea in search of Freedom' 강연이 유튜브에서 인기를 끌면서 해외 출판의 기회를 얻게 되었다. 이들의 강연은 2022년 현재까지 이현서의 강연은 총 2,080만 회, 박연미의 강연은 440만 회 시청될 정도로 인기가 있다. 이현서의 TED 강연이나 박연미의 One Young World의 강연은 비슷한 포맷을 공유한다. 10분 남짓의 강연을 통해서 북한 체제의 잔혹함을 고발하고, 자신과 가족이 경험한 중국에서의 힘겨운 삶, 거기에 이주의 과정에서의 어려움 등이 적절

26　TED는 Technology, Entertainment and Design의 약자로 1984년부터 시작된 일회성의 컨퍼런스로 다양한 아이디어를 공유하는 것을 목적으로 설립되었다. 현재는 TEDx라는 형식으로 미국 이외의 지역에서도 강연회를 주최하고 있으며, 강연은 온라인 플랫폼에서 활발하게 공유되고 있다.

하게 배치된 내용도 상당히 유사하다. 북한의 식량난 등을 언급할 때나 힘겨운 상황을 울음 섞인 목소리로 설명하는 것도 그러하고, 마지막에는 고난과 고통을 이겨내고 자유의 세계에 안착하여 행복하다는 내용도 동일하다. 물론 강연 곳곳에 북한 주민의 고통을 함께 해결하자는 정치적, 윤리적 메시지가 적절하게 배치되어 있기도 하다.

TED 식의 강연은 디지털 미디어시대에 등장한 새로운 지식 산업의 성격을 보여주는데, 깊은 수준의 지식 전달보다는 영감을 주는 아이디어나 명사들의 경험 등을 에피소드 형식으로 공유하는 방식이다. 16~18분 내외의 짧은 강연 포맷으로 대부분 한 명의 강연자가 나서 강연 내용을 짧으면서도 흥미롭게 전달한다.[27] TED 강연이 가장 중요하게 생각하는 것은 한 번도 의심해보지 않은 사실에 질문을 던지는 것이었으며, 기존의 강연과는 다른 포맷과 내용을 제공함으로써 큰 반향을 일으켰다. 하지만 TED 강연이 지속되면서 공유되는 강연의 질이 점차 하락하기도 하였고, 지나친 상업주의의 개입이 신선함을 반감시킨다는 비판도 있다. 그럼에도 여전히 TED 강연회가 인기를 얻는 이유는 TED 강연회에 참가한 이들이 다양한 강연을 접하면서 마치 '더 나은 세상을 이끌어나가는 엘리트 집단에 일부가 된 것 같은 기분'을 느끼기 때문이다.[28]

TED의 포맷은 이후에도 다양한 강연 플랫폼이나 컨퍼런스에서 활용된다. 박연미가 참가했던 One Young World의 경우에도 전 세계의 젊은 청년들이 모여서 서로의 경험을 공유하고 미래 비전을 논의하는 것을 목적으로

27　Nathan Jurgenson, "Against TED", *The New Inquiry*, February 15, 2012., https://thenewinquiry.com/against-ted/

28　Martin Robinson, "The Trouble with Ted Talks", *The New Statesman*, September 10, 2012.
　https://www.newstatesman.com/science-tech/2012/09/trouble-ted-talks

하는데, TED식 강연으로 구성되어 있다. 관객과의 소통을 강조하는 TED 포맷은 지식의 전달보다 관객이 강연에 참여함으로써 스스로 영감이나 감정을 갖게 하는 것이 중요하다. TED 강연에서 꾸준히 고난과 역경을 딛고 성공한 이야기, 난민이나 피해자의 극복기 등이 등장하는 것은 관객이 이들의 이야기를 통해서 '세상이 살만한 곳'이며 스스로 '긍정적인 일'에 기여하고 있다는 느낌을 갖게 하기 위해서이다.

이런 측면에서 탈북 여성들의 역경 극복기는 TED와 같은 강연 플랫폼이 찾는 콘텐츠임에 분명하다. 게다가 타국 난민에 대한 이야기가 상당 부분 소개된 이후에 새로운 이야기를 찾아야 하는 문화매체의 속성상 베일에 싸인 국가인 북한과 북한 출신자에 대한 관심이 집중될 수밖에 없었다. 이현서는 본인이 TED 무대에 설 수 있었던 것이 "정말 운이 좋았던" 것이라고 설명한다. 그녀는 2012년 TED에서 처음이자 마지막으로 실시했던 글로벌 오디션을 통해서 선발되었다. 그 당시 세계 주요 국가와 도시에서 새로운 강연자를 찾기 위해서 TED 글로벌 오디션이 펼쳐졌고, 이현서는 서울 오디션에 참가하게 된다. 탈북민 중에서도 영어로 자신의 이야기를 할 수 있는 이들이 제한적이었기 때문에 그녀의 강연은 상당히 좋은 평가를 받았다. 그녀를 포함해서 전 세계 오디션을 통해서 선발된 이들의 5분 남짓한 강연이 TED 홈페이지에 게시되었고, 그중에서 가장 많은 표를 받은 이들을 선정해서 2013년 TED 강연회에서 강연할 기회가 주어졌다. 이현서는 자신의 강연이 온라인 독자 투표에서 가장 많은 표를 얻었다고 설명한다. 물론 그녀의 호소력 넘치는 강연도 기여를 하였겠지만, 돌이켜 보면 탈북 여성의 이야기가 상당히 희소성 있었던 그 당시의 분위기도 일정 부분 기여를 한 것으로 보인다. 또한 그 당시 김정일 위원장이 사망하고 김정은 위원장이 권력을 잇게 되면서 서구 언론의 높은 관심이 북한에 집중되었고, 이러한 정치적 환경의 변화와 미디어의 관심이 일정 부분 탈북민을 향한 호기심으로 표출된 것으로 보인다.

갑작스럽게 TED에서 강연할 기회를 얻은 이현서는 열심히 강연 준비를 했다. 글로벌 오디션으로 추가된 강연이기 때문에 주어진 강연 시간은 13분에 불과했다. 게다가 세계무대에서 자신의 이야기를 하는 것에 대한 부담감과 탈북민이라는 정체성을 드러내는 것에 대한 두려움이 강연 준비를 하는 데 상당한 어려움으로 작동했다.

> 그강연 스트립트 내용은 당연히 (TED 팀과) 오고 갔지요. 나는 내 이야기 하기 싫다 그랬어요. 저는 어디 가서 내 얘기 하는 것이 힘들고, 부담감이 생기고. 그때까지는 너무 창피하고. 나는 북한의 실상을 얘기하겠다고 했더니, 너는 너의 이야기를 하라고 그러더라구요. 오디언스하고 인터렉션을 해야 하는데 내 이야기가 아닌 다른 주제를 하면 오디언스와 교감이 안 된다고 그랬어요. (…중략…) '네 이야기를 해라' 그래서 얼마나 (스크립트가) 오고 갔는지 몰라요. 굉장히 오래 걸렸어요.[29]

이현서는 글로벌 강연 플랫폼에 진출한 첫 번째 탈북민이었다. 그들이 원하는 것이 북한 체제의 실상이라고 생각했던 그녀의 예상은 보기 좋게 빗나간 것으로 보인다. TED 담당자들은 그녀의 개인적인 이야기를 전달하는 것을 가장 중요하게 생각했다. 하지만 이현서는 "탈북자라고 만천하에 드러내는 것이 창피했"다. 무엇보다 그녀가 생각하기에는 그녀의 이야기가 그다지 특별할 것이 없다고 생각했다.

---

29 이현서 인터뷰, 2022.1.15.

다른 탈북자들에 비해서 제 얘기가 뭐 특별할 것도 없고. 사실 비교하면 제 얘기는 그냥 평범하잖아요. … 외국 사람들은 한국 사람이랑 다른 것 같아요. 외국 사람들이 궁금한 것은 그냥 나의 이야기. 내가 어떻게 살아왔는지에 대한 얘기라고 하더라구요. 태영호씨가 해외 출판이나 강연 같은 것 물어본 적이 있는데. 제가 소개를 못해줬거든요. 그게 뭐 내가 안 해주고 싶어서 그런 게 아니라 이런 말해서 좀 그렇지만 외국에서는 태영호 같은 이력에 별로 관심이 없거든요. 그렇게 대단하다고 생각하지도 않고.[30]

TED 강연의 포맷에서 관객과의 소통이 강조되는 것도 그러하고 관객들에게 긍정적인 영감을 제공하려는 목적 때문에도 강연자의 개인적이면서도 내밀한 이야기를 전달하는 것이 중요했다. 비슷한 맥락에서 이현서는 전직 외교관으로 탈북한 태영호의 경우에는 개인의 고통과 극복에 관련된 이야기보다는 북한 체제를 폭로하는 경향이 있기 때문에 서구 대중이 공감하는 것에는 한계가 있다고 평가했다. 단순히 영어로 증언하는 것만으로는 글로벌 강연 산업의 요구를 충족할 수 없다는 것이다.

한편 박연미는 조금 더 노골적으로 자신과 가족의 고통을 전달하는 것을 선택했다. 박연미는 이미 이현서의 강연이 반향을 일으키고 있는 상황에서 글로벌 무대에 섰기 때문에 조금 더 적극적으로 준비했던 것으로 보인다. 분홍색 한복을 입고 강연 내내 눈물을 흘리며 이야기를 전달한 것도 그러하고, 어머니가 자신을 대신해서 강간당하는 사건과 같은 쉽사리 전달하기 어려운 경험도 폭로한 것도 큰 용기가 필요했을 것으로 보인다. 그만큼 관객과 대중의 반응은 뜨거웠다. 젊은 아시안 여성의 울부짖음은 많은 이들에게

---

30   이현서 인터뷰, 2022.1.15.

커다란 슬픔을 경험하게 하였고, 강연장에 있었던 상당수의 참가자와 발표자, 그리고 심지어 사회자까지 함께 눈물을 흘렸다.

이들의 강연이 인기를 끌자 출판사는 빠르게 움직였다. 이현서에 따르면 TED 강연 이후에 전 세계 많은 출판사 및 강연 에이전시에서 연락이 왔다고 한다. 출판사들은 이현서의 수기 출판을 계약하고자 했으며 대필 작가까지 제공할 것을 제안했다.[31] 그만큼 이현서와 박연서의 수기는 실력 있는 대필 작가가 나서 글을 썼다. 박연서의 경우에는 상당한 규모와 오랜 역사를 자랑하는 펭귄 출판사Penguine에서 출판하였고, 대필 작가도 힐러리 클린턴의 자서전을 썼던 메리안 볼러Maryanne Vollers가 담당했다. 이현서의 경우에는 두 명의 대필 작가가 작업을 했는데, 첫 번째 작가는 한반도 문제 전문가이자 저널리스트로 알려진 마이클 브린Michael Breen이었다. 출판사는 상당한 고액을 지불하고 그를 고용하였지만 그만큼 빠른 작업을 요청했다. TED 강연이 나오고 난 다음에 이현서의 인지도가 올라갔을 때 바로 책이 나와야 했기 때문에 대필 작가에게 주어진 시간은 고작 3개월에 불과했다.

마이클 브린이 정말 스트레스 많이 받았어요. 시간은 없지. 출판사는 독촉

---

31 이현서에 따르면 본인과 박연미의 수기의 경우에는 강연이 인기를 끌면서 출판사가 기획 및 대필 작가 섭외까지 전적으로 책임진 사례라면, 이전의 탈북 남성의 수기는 본인들이 해외에 이름을 알리고자 직접 원고를 가지고 해외 출판사를 찾은 경우라고 설명했다. 그만큼 해외 출판 시장의 환경을 이해하지 못했을 확률이 높고, 탈북 남성의 지명도도 없는 편이어서 판매고를 올리는 것에는 어려움이 상당했다. 이현서와 박연미의 수기가 인기를 얻게 되면서 이후에 출판된 상당수의 탈북여성의 수기는 독립적으로 활동하는 대필 작가가 이들의 이야기를 책을 만들고자 먼저 탈북민에게 연락을 한 이후에 작업을 진행하고 이들이 출판이 가능한 출판사를 알아보는 방식으로 진행되었다. 이미 희소성이 상당히 상쇄된 상황에서 이현서, 박연미 이후의 탈북민 수기는 상업적 성공을 거두지는 못했다. 이현서 인터뷰, 2022.1.15.

하지. 나한테 얼마나 얘기를 많이 했는지도 몰라요. 그러면서 『게이샤의 추억Memoirs of a Geisha』책 얘기를 많이 했어요. 그런 엄청난 책을 작가가 쓰는 데 10년이 걸렸는데, 자기는 3개월 밖에 없다면서요.[32]

한반도 문제에 상당한 전문 지식이 있었던 마이클 브린이 이현서의 수기를 쓰기로 결심한 데는 자신의 책이 『게이샤의 추억Memoirs of a Geisha』처럼 한 개인의 삶을 통해서 북한의 상황에 대한 충분한 지식을 전달할 수 있을 것이라 생각했기 때문이다. 저널리스트이자 전문가로서 이현서의 수기에 상당한 정보와 지식을 담아내기를 원했던 것으로 보인다. 하지만 출판사의 의견은 달랐다. 출판사는 마이클 브린의 초고가 저널리스트의 글처럼 딱딱해서 대중 출판 시장을 겨냥하고자 한 기획의도에는 적합하지 않다고 생각했다. 결국 무명에 가까운 또 다른 대필 작가인 데이비드 존David John을 고용하여 문학적이고 쉽게 감정이입이 가능한 방식으로 재구성하였고, 결과적으로 대중적으로 커다란 성공을 거두게 된다. 이현서에 따르면 마이클 브린이 쓴 초고는 15장으로 구성되어 있고 책의 결말을 TED에서 강연하는 것으로 마무리 한 반면, 데이비드 존이 쓴 최종 버전은 53장으로 세분하여 가독성을 높였고 마지막을 미국인 남자친구와의 결혼으로 재조정했다.[33] 감성적인 언어와 표현을 집중적으로 배치하여 독자들이 쉽게 감정이입하게 하는 데 집중하였다는 것이다.

이현서 수기의 독자 감상평에서도 이러한 글쓰기 방식이 독자들의 관심을 끌었다는 것을 확인할 수 있다. 아마존에 실린 독자평의 대부분은 북한이라는 독재 국가를 견디고 살아남은 젊은 여성의 '놀랄 만한 이야기'에 감

---

32 이현서 인터뷰, 2022.1.15.
33 이현서 인터뷰, 2022.3.6.

동을 받았다는 내용이다. 또한 문학적이며 적절한 표현으로 가독성이 뛰어나다는 긍정적 평가도 쉽게 찾아볼 수 있다. 예컨대 2018년 1월 26일 모이어F. Moyer가 작성한 독자 평에서는 이현서의 수기를 "마치 스릴러와 같아" 흥미진진하다고 평가한다. 그러면서 각 챕터의 마지막 부분에는 다음 장의 예고편의 역할을 하는 문장이 배치되어 있어 독자들이 읽는 것을 멈출 수 없게 한다는 것이다. 그러면서 자서전의 경우에 이러한 서사 방식이 다소 "어리둥절disconcerting"하다고 덧붙인다. 즉, 소설과 같은 픽션에서 차용되는 서사 방식이 수기에 활용된 것이 다소 낯설게 느껴졌다는 뜻이다. 다른 한편으로는 이런 식의 소설적 글쓰기 방식이 그녀의 이야기에 대한 신뢰성에 대한 의심을 불러일으킨다는 주장도 존재한다. 이야기의 서술이 피상적이고, 사실이라기에는 너무 많은 우연이 저자의 삶에 가득하다는 의심이다. "그녀가 어려움에 처할 때마다 누군가가 그녀를 돕는다는 것이 이상하다. 어쩌면 이 이야기가 한 명의 이야기가 아니라 여러 사람들의 이야기를 결합된 것은 아닐까?"라는 부정적인 평가도 있다. 이러한 의심 섞인 독자평이 박연미의 수기에서도 심심치 않게 확인되는 것은 흥미진진한 구성을 위해 대필 작가들이 적극적으로 차용한 문학적 장치가 수기의 장르적 특징이기도 한 '사실성' 부분을 모호하게 만들어냈음을 의미한다.[34]

그럼에도 두 수기의 대다수 독자평에서는 미스터리한 국가 북한을 빠져나온 소녀들의 용기와 결기에 찬사를 보내거나 그녀들이 경험한 '믿을 수 없는 이야기'에 매료되었다는 칭찬이 대부분이다. 서구의 독자들에게는 멀게만 느껴지는 북한과 북한 사람들의 이야기를 통해서 독자가 얻고 싶은 것은 그들의 이야기 혹은 세부적인 내용이 사실인지 아닌지의 여부를 따지는

---

34 John Cussen, "On the Call to Dismiss North Korean Defectors' Memoirs and on Their Dark American Alternative", *Korean Studies* 40, 2016, pp.140~157.

것이 아니다. 북한 체제에 대한 정보를 얻기 위함은 더더욱 아니다. 오히려 탈북 여성의 수기는 너무나 비현실적이어서 사실로 믿겨지지는 않기 때문에 독자들의 관심을 끄는 것일 수 있다. 왜냐하면 '믿겨지지 않는 이야기'라도 그 과정을 직접 경험한 이들이 이야기 한다면 그것은 '믿을 만한 이야기'가 되기 때문이다. 출판사가 대필 작가를 고용해서 사실상 모든 내용을 집필하게 하였음에도, 수기의 형식을 적극적으로 차용한 것도, 그리고 서사의 방식이 철저하게 일인칭 시점으로 서술된 것도 이러한 이유 때문이다.

대필 작가는 출판사의 기획을 정확하게 구현하는 역할을 부여 받은 이들이다. 이들은 이현서와 박연미의 삶을 모티브로 이야기의 재구성과 문학적 재창작에 나선 작가이다. 조은아는 해외 출판 탈북민 수기에서의 탈북 여성과 대필 작가는 모두 '작가'의 역할을 수행한다고 주장하기도 한다. 탈북 여성이 '말로 글을 쓰는' 작가라면, 그것을 손을 직접 옮기는 작가가 바로 영어권의 대필 작가라는 것이다.[35] 하지만 적어도 이현서와 박연미의 자서전의 경우에는 말로 서사화되는 이야기를 재배치하고, 특정한 에피소드를 강조 혹은 삭제하고, 북한-중국-한국 그리고 최종적으로는 미국으로 이어지는 구조 등을 구축한 것은 대필 작가라고 이해하는 것이 적절해 보인다. 대필 작가는 소설과 같은 픽션과 저널리스트적인 논픽션 사이를 적절하게 넘나들면서 충분한 상상력과 호기심을 자극할 수 있도록 글을 쓴다. '믿을 수 없는 이야기'를 배치하면서도 적절한 장치를 통해서 논픽션의 생동감을 전달하는 것이 중요하다. 북한의 관련 이미지^{지도, 그림, 사진}와 이현서와 박연미의 사진을 곳곳에 배치하는 것도 바로 이러한 수기의 효과를 극대화하기 위함이다.

---

35 Eun Ah Cho, "Speaking Mouth, Writing Hand : The English-Language Autobiographies of North Korean Defectors and the Concept of Author Vocal-Writing", *Situations : Cultural Studies in the Asian Context* 13(2), 2020, pp.97~123.

수기의 또 다른 역할은 바로 교훈을 제공한다는 것에 있다. 고난과 역경을 이겨낸 인간 승리의 서사는 현실의 어려움에 빠져 있는 독자에게 잠시나마 희망과 가능성을 상상하게 하는 효과를 만들어낸다. 즉 탈북 여성의 수기를 통해서 독자 스스로 각자의 삶이 얼마나 안전한 지 그리고 자유주의 국가가 얼마나 우월한지를 감각하게 하는 것이다. 불행한 삶을 살아온 '어리고 아름다운 아시아 여성'에 공감하면서 세상을 긍정적으로 바꿔내는 일에 함께 하고 있다는 뿌듯함을 제공하는 것도 중요하다. 독자의 상상력을 자극하면서도 교훈적 깨달음을 제공할 수 있다면, 수기를 읽는 일의 즐거움은 충분히 충족되는 것이다. 이러한 효과는 이들의 강연에서도 강조된다. 이현서는 다양한 국제도서전부터 국제기구 컨퍼런스, 대학 및 연구기관 등에서 강연을 했다. 특히 이현서는 국제 금융인들이 모이는 행사에 초청받아 스위스에서 강연을 할 기회를 얻었는데, 온통 금융에 관련된 세션 사이에 자신의 강연이 배치되어 있어서 "어리둥절"했다고 회고한다.

저도 깜짝 놀랐어요. 뭐. 세계 금융계 사람들이 모여 있는 그런 행사에 제가 강연을 했으니까요. 금융 같은 것 얘기하다가 쉬어가는 세션처럼 저 같은 사람이나 작가 등이 와서 강연을 하는 거예요.[36]

TED 강연이 그러했던 것처럼 세계 금융계 엘리트들의 모임에서 탈북 여성의 삶을 듣는 것은 그들이 세상을 조금이라도 낫게 바꿔가고 있다는 느낌을 전달하기에 충분한 것일 수 있다. 탈북 여성의 고난 극복 서사는 청자가 누구이든 교훈을 주기에 부족함에 없으며 각자의 위치에 대한 감사와 성찰

---

36   이현서 인터뷰, 2022.1.15.

을 가능하게 하기 때문이다.

이렇듯 글로벌 강연 산업과 출판시장이 이현서와 박연미를 발견했으며 이들의 이야기는 시장과 산업의 요구에 적절하게 조응하며 상품으로 재탄생된 것이다. 타자의 고통을 통해 카타르시스를 느끼고자 하는 서구 대중의 욕망에 따라 기획된 탈북 여성의 수기가 현실의 반향을 일으키기보다는 대중문화의 일부로 소비되는 이유가 여기에 있다. TED 식의 강연 포맷과 호기심을 자극하는 방식의 서사 방식에서는 '먼 타자'의 고통과 삶은 단순화되고 파편적으로 전시될 뿐이다. 멀게만 느껴지는 '북한'이라는 곳의 피해자의 고통을 문화 상품으로 활용한 것 자체가 윤리적이며 정치적 행동을 목적으로 하기보다는 상업적 성공을 목적으로 하는 것이었다. 그만큼 서구 대중의 취향에 따라 발굴된 탈북 여성이라는 존재와 그들의 이야기는 시장이 찾아낸 또 다른 피해자들과 그들의 더 충격적인 이야기로 대체될 수밖에 없다. 2015년 이래로 꾸준히 출간되었던 탈북민의 영문 수기가 2018년 이래로 단 한 편도 출판되지 않은 것이 이러한 메커니즘을 증명해준다.

4. 식민주의적 시선과 젠더화된 서사

해외 출판 남성 탈북민의 수기는 북한 체제를 고발하며 국제 사회의 역할을 촉구하는 메시지를 제시한다는 공통점이 존재한다. 이들 책에는 수용소 위치를 포함한 북한 지도, 김일성 및 김정일 부자와 관련된 이미지, 정치범 수용소의 극단적 상황을 재현한 이미지 등이 포함되어 있다. 독자는 탈북 남성의 수기에서 북한에 대한 '정보'를 얻게 되며, 이들의 증언은 국제 사회와 유력 정치인들의 북을 향한 비판이나 행동의 근거로 활용되기도 한다.

신동혁의 수기는 저널리스트의 해석을 통해 북한 수용소의 실상을 폭로하는 '진술'의 성격을 지니게 되면서 국제 사회의 북한 인권 문제를 논의하는 하나의 '증거'로 활용되기도 했다. 장진성과 강철환의 경우에는 이들이 한글로 원고를 작성하고 이를 서구에서 번역 및 각색을 통해 출판되면서 북한 체제 고발이라는 성격이 좀 더 분명해진 사례이기도 하다. 이들이 1990년대 후반에서 2000년대 초반에 미국의 국무부를 포함한 국제기구에서 북한 수용소의 상황에 대해서 증언하기 시작하면서, 미국 공화당 정치인과 미국의 보수 단체와의 교류가 강화된 것이 이들이 서구에서 자신들의 수기를 출판할 수 있게 된 배경이다.[37]

반면에 이현서와 박연미 수기는 영상 플랫폼과 출판 산업의 협업으로 출판되었다. '아름답고 젊은' 여성의 슬픔과 눈물이 미디어를 통해서 대중의 관심을 끌게 되었고, 그것이 출판으로 이어졌기 때문이다. 하지만 그녀들이 영어가 아무리 익숙하다고 하더라도 모국어가 아닌 언어로 책을 쓰는 것은 어려운 일이 분명하다. 게다가 출판사의 기획 방향이 명확한 상황에서 이를 구현하기 위한 대필 작가의 역할은 결정적일 수밖에 없다. 이들의 수기에서 대필 작가는 사실상 '주필'의 성격이 강하지만, 탈북 여성의 목소리가 직접적으로 드러내야 하는 수기의 형식을 감안하여 의도적으로 탈북여성이 직접 서술한 것처럼 구성되어 있다. 그녀들의 자전적 이야기는 대필 작가를 거쳐 '서구의 시선'으로 재구성된 것이다. 일찍이 사이드는 서구와 동양이 어떠한 지식과 권력 체계를 관통하여 관계를 정립해가는지를 분석한 바 있다. 그의 개념으로 '오리엔탈리즘'은 서구 식민자가 새롭게 발견한 동양을

---

37   Jay Song, "The Emergence of Five North Korean Defector-Activists in Transnational Activism", A. Yeo and D. Chubb, eds., *North Korean Human Rights : Activists and Networks*, Cambridge University Press, 2018, pp.201~223.

지배하고 재구성하기 위해 구성한 지식-권력의 체계를 의미한다. 오리엔탈리즘은 서구의 경험과 인식을 통해서 동양이 정의된다는 것을 뜻하는데, 이는 동양이 서구의 시선 아래서 자신의 정체성을 구성하게 된다는 것을 의미한다. 또한 서양의 정체성이라는 것도 타자를 정의하는 지식의 체계 속에서 구성됨으로서 타자의 반대항이라는 의미 체계를 기반으로 한다는 것이 바로 오리엔탈리즘의 가장 중요한 논점이라고 할 수 있다.[38]

서구의 시선에 포착된 북한과 탈북 여성을 '규정'하고 '정의'하는 지식의 작동은 두 여성의 수기 곳곳에서 발견된다. 두 수기 모두 북한-중국-한국-미국이라는 공간적 이동을 시간순으로 서사화하는 것을 골격으로 한다. 불우한 환경에 내몰린 두 젊은 여성이 고난과 역경을 이겨내고 결국에는 자유의 세상에서 행복하게 살아간다는 메시지가 강조되어 있다. 두 책은 처음부터 1/3의 분량으로 북한에서 그녀들의 삶에 대해 소개한다. 이현서와 박연미 모두 북·중 무역이 무척이나 활발한 곳으로 알려진 혜산이 고향이다. 그녀들이 기억하는 혜산과 가족들의 삶은 상당히 따뜻하고 긍정적으로 그려진다. 하지만 이렇게 따뜻한 가족과 고향의 기억이 고통으로 변하게 만드는 것은 북한 체제의 규율과 폭력이다. 박연미는 김일성 주석의 죽음이 화병에 의한 것이라는 소문을 냈던 조선족 친척 때문에 온 가족이 보위부의 심문을 받은 경험16~19쪽, 이현서는 공개처형을 본 경험27~28쪽 등을 통해서 조금씩 북한 체제의 폭력에 대해서 경험하게 된다. 아이의 시선에 포착된 국가의 폭력은 순수하게 재현되는 이들의 모습과 대비되어 독자로 하여금 감정적 동요를 만들어낸다.

어린아이가 기억하는 북한은 가난하지만 사랑이 가득한 공간이다. 가족

38　에드워드 사이드, 박홍규 역, 『오리엔탈리즘』, 교보문고, 1991.

들은 화목했고, 작은 집이나 전기가 없는 환경은 노스탤지어적으로 그려진다. 박연미는 추운 겨울밤 가족들이 모여 앉아 따뜻한 온돌방에 누워 장난쳤던 기억을 묘사하고 있으며11쪽, 이현서는 호기심 많은 어린 그녀가 고향 곳곳을 탐험했던 것을 아름답게 그려낸다12쪽. 특히 이현서의 어린 시절에는 '마법'과 같은 일이 자주 일어나곤 한다. 큰 사고를 운 좋게 피했던 그녀의 경험은 그녀의 삶을 가득 채운 '우연'과 '행운'의 복선으로 작동하기도 하고, 삶과 죽음을 넘나드는 힘겨운 삶의 끝은 행복일 것이라는 암시이기도 하다.

　수기에서는 이들이 점차 체제의 폭력을 확인하게 되는 과정을 묘사하면서 북한 체제의 주요 통제 기제 및 사회 구조를 세부적으로 설명한다. 예컨대 보위부의 존재가 얼마나 두려운 것인지를 설명하는 것이나 성분제를 사실상의 카스트 제도라고 덧붙이는 것, 정치적 이유에서 아버지가 다른 도시로 재배치되는 것과 공개처형이 아무렇지도 않게 자행되는 것 등은 서구의 시각에서 문제시되는 북한 체제의 모순들이 대부분 망라되어 있다. 순수한 어린아이의 고향과 가족을 감성적인 표현과 언어로 묘사한다면, 북한 정치 시스템과 사회를 이성적 언어로 평가하는 방식이다. 이는 인민들의 일상의 삶과 북한 체제를 분리하는 방식의 담론 구조가 작동하는 것을 의미하는데, 이 둘의 차이를 명확하게 보여주는 것도 역시 서구의 시선 속에서 가능한 것이다.[39] 서구가 잃어버린 가족애와 목가적인 풍경 등은 타자의 신비성을 강조하며 재현하는 가장 식민주의적 재현 양식이면서, 동시에 국가의 폭력이나 억압의 비이성적 성격을 강조함으로써 타자의 후진성을 강조하려는 시도이기도 하다.[40]

---

[39]　메리 루이스 프랫, 김남혁 역, 『제국의 시선-여행기와 문화 횡단』, 현실문화연구, 2007.

[40]　에드워드 사이드, 앞의 책, 1991.

수기에서는 경제난과 국가폭력이 이 두 소녀의 가족을 붕괴시키는 데 결정적인 역할을 하는 것으로 서술된다. 국경 도시에 살던 두 소녀는 결국 국경을 넘는 일을 감행하게 되고, 중국으로 넘어간 이후의 이들의 삶은 상시적 폭력에 노출되어 있는 호모사케르와 다르지 않다. 그녀들이 경험하는 폭력은 젠더화되어 있으며, 성애화된 시선 아래 재현된다. 특히 박연미의 수기에서 그려진 중국의 모습은 성폭력, 인신매매, 성매매 등이 난무하는 곳이며, 그녀는 이곳에서 어머니가 강간당하는 것을 지켜보고, 자신 또한 그녀의 나이 13살에 중국인 브로커의 정부로 전락하게 된다. 어머니를 구해내기 위해서 중국인 브로커의 요구를 들어주다가 그가 경제적인 어려움에 빠지게 되자 그를 떠나 어머니와 성인채팅방에서 일을 하기도 한다. 그러다가 우연히 그녀는 남한으로 가는 방법을 알게 되고, 채팅방에서 만났던 남한 남성의 조력으로 남한으로 이주하게 된다.

박연미가 국경을 넘었을 때의 나이가 고작 11살이었고, 그녀는 중국에서의 지옥 같은 삶을 2년 동안 지속하게 된다. 어린 소녀가 경험한 엄청난 성폭력은 세밀한 설명과 감정적인 표현으로 더욱 생동감 있게 독자에게 전달되지만 동시에 이러한 성폭력을 묘사하는 방식은 전형적인 남성 시각에 포획된 성폭력의 재현 방식과 상당히 유사하다. 순결한 소녀가 범죄자의 정부가 되고, 소녀와 범죄자의 관계가 단순히 폭력만이 아니라 의존과 애증의 관계로 그려지는 것도 그러하다.[41]

---

41 박연미와 범죄자 홍웨이와의 관계는 심지어는 로맨틱한 방식으로 재현되기도 한다. 또 다른 중국 갱단의 멤버인 홍이 박연미를 자신의 정부로 삼으려고 하자, 홍웨이는 위험을 무릅쓰고 박연미를 구해내며 눈물을 흘리며 안타까워하는 것으로 그려진다(Park, op.cit., pp.172~189).

홍웨이가 일을 끝낸 뒤 나는 화장실로 가서 몇 시간처럼 느껴질 정도로 오랫동안 샤워를 했다. 나 자신이 더럽게 느껴졌다. 피가 날 때까지 몸을 박박 문질렀더니 조금이나마 나아진 듯했다. (…중략…) 샤워시간이 너무 오래 걸려서 와본 홍웨이는 욕실 바닥에 축 늘어진 채 물에 잠기기 직전인 나를 발견했다. 그는 아무 말 없이 나를 침대로 옮겼다. 그의 얼굴에 흐르는 눈물이 보였다.[42]

박연미가 경험한 엄청난 성폭력은 그녀의 수기를 더욱 '진실된' 사실로 만들어 내는 역할을 한다. 성폭력이라는 트라우마적 사건을 폭로함으로써 그녀의 이야기는 피해자의 극복 스토리로 전환되기도 한다. 하지만 그녀의 트라우마적 사건을 서사화하고 재현하는 방식의 전형성은 분명 문제적이다. 위의 인용문이 보여주듯 그녀가 경험한 성폭력은 마치 영화의 한 장면을 보는 것과 같이 묘사되어 있으며, 그녀의 행동이나 의식은 성애화된 시각에 포획되어 있다.

이현서의 중국에서의 삶에 대한 서술도 젠더적이기는 마찬가지다. 17살에 우연히 중국으로 건너간 이후에 친척이 자신을 조선족 남자와 결혼시키려는 것을 알고 도망친 이현서는 성매매 업소에 속아서 취업을 하는 위기 등을 경험하게 된다. 조선족으로 신분을 속이지만 상시적인 위협으로 인해 두려움 속에 살아가고, 이동의 과정에서 총 다섯 번의 이름을 바꾸는 적극적인 모습을 보이기도 한다.[43] 가짜 중국인 신분증으로 취업을 해 상해에서

---

42 영어 원문을 한글로 번역하였다. 한글 번역은 한글 번역본을 참조하여 확인하여 옮겼다. Ibid., p.146.

43 김대중, 「초국가주의시대 미국문학 속 탈북난민 내러티브 연구」, 『동서비교문학저널』 54, 2020, 7~28쪽; 배개화, 「한 탈북 여성의 국경 넘기와 초국가적 주체의 가능성 – 이현서의 영어 수기를 중심으로」, 『춘원연구학보』 11, 2017,

꽤나 안락한 삶을 살던 그녀는 중국으로 출장을 온 남한 남성 김과 사랑에 빠지게 된다. 김을 너무나도 사랑했던 이현서는 그와의 안정적 삶을 위해서라도 신분증이 필요했고, 이를 얻기 위해서 한국으로 갈 결심을 하게 된다.

하지만 문제는 초국적 주체로 적극적인 행위주체성을 보여주기는 하지만 그녀의 삶의 중요한 결정에 언제나 남성들의 조력이 있거나 결혼이나 사랑과 같은 가부장적 이데올로기가 결정적 역할을 하는 것으로 서사화되어 있다는 점이다. 남한 남성 김과 결혼하기 위해서 남한으로 이주를 결심하는 것도 그러하고, 한국 사회의 실체를 알게 된 것이 남자친구와의 갈등 때문인 것도 그렇고, 이후 가족을 찾기 위해서 라오스에 갔을 때 또 다른 호주 남성 딕이 그녀에게 절대적 환대를 베푸는 것도 그렇다. 이현서가 한국에서의 편견과 부당함을 이겨내기 위해서 선택한 미국행에서도 미국인 남자친구와의 미래가 결정적인 역할을 한다. 이현서 수기 곳곳에는 로맨틱 소설과 같은 사랑의 감정이 재현되어 있으며, 그들과의 애틋한 감정 등이 세밀하게 묘사되어 있다. 그녀의 삶에서 만난 남성들과의 사랑이 그녀가 북한-중국-남한-라오스-미국까지의 이동의 주요 행위 동력이자 이야기를 이끌어가는 플롯으로 배치되어 있다는 점은 흥미롭다.

이현서의 삶에는 분명 다양한 등장인물이 존재할 것이다. 하지만 대필 작가의 손에서 재탄생된 그녀의 삶에서 유독 남자친구들이 주요 행위자로 등장한 이유는 무엇일까? 게다가 그녀의 남자친구들은 갈등을 촉발하지도 그렇다고 가부장적이지도 않은 전형적으로 로맨틱한 이상적 남성형으로 그려진다. 대필 작가가 남성임에도 불구하고, 그녀가 남성들과 사랑에 빠지는 것을 묘사하는 장면을 상당한 분량으로 그려내는 것에 숨겨진 의도는 분명하

209~236쪽.

다. 바로 이성애적인 가부장제 이데올로기를 재생산하려는 것이며 식민자^호주 및 미국 남성 혹은 유사^{pseudo} 식민자 남성^{남한 남성}의 조력을 통해서 구원받은 식민지의 젊은 여성이라는 징후적 의미를 유포하기 위함이다. 주지하듯 프랫은 식민화된 주체가 식민자의 언어로 자신의 정체성을 구성하는 것을 지적하면서 식민화된 주체가 자신을 재현할 때 식민자의 언어가 다양한 방식으로 개입하고 있음을 주장한바 있다.[44] 물론 프랫이 '자아기술민족지'라는 개념을 통해서 주장하려 했던 것은 식민자의 언어가 개입하지만 그것이 수용되고 전유되는 과정에서 변용의 가능성을 발견하기 위함이다. 하지만 고난과 역경을 이겨낸 한 여성의 삶을 그려낸 이현서의 수기에 등장하는 남성들과의 관계나 사랑 등은 전형적인 이성애 중심적 가부장주의 로맨스의 틀 안에서 제한되어 있다. 그녀가 전투 같은 삶을 살아 도달한 안정적인 안식처를 미국인 남자친구와의 결혼과 미국에서의 정착으로 재현한 것도 이성애주의와 가족주의 그리고 식민주의가 그녀의 수기에서 어떻게 교차되고 있는지를 보여준다.

수기가 내포하고 있는 이러한 문제적 시선은 수기의 출간 이후 이현서의 삶을 조명한 방송에서도 더욱 확대되어 유포되기까지 한다. 2013년 5월 7일 호주 SBS 방송국의 Insight 프로그램은 이현서와 딕이 다시 조우하는 장면을 방송하기도 하였고,[45] 미국의 여러 방송국에서도 이현서의 인터뷰를 방영하면서 그녀가 미국인과 결혼한 것에 대해서 언급하기도 했다. 그녀에 따르면 호주 방송국은 그녀를 섭외할 때 그녀가 그동안 찾았던 호주인 딕이

---

44   메리 루이스 프랫, 앞의 책, 36~37쪽.

45   호주 SBS 방송국 홈페이지.
　　https://www.sbs.com.au/ondemand/video/29289539890/insight-north-korea-dick-and-hyeonseo-reunite-full-version

직접 등장한다는 사실을 알려주지 않았기 때문에 더욱 놀랐다고 설명했다. 방송에서는 호주인 딕을 "영웅"으로 언급하면서 인류애적 행동을 감동적으로 설명하고, 그의 도움 없이는 가족을 구할 수 없었을 것이라는 이현서의 증언이 여러 차례 반복되기도 한다.[46] 이현서는 미국 방송에 출연했을 때 다수의 인터뷰에서 "그래서 지금은 누구와 결혼했지요?"라는 질문을 자주 받았고, "미국인과 결혼했다는 이야기를 듣고 싶어"하는 것 같았다고 회고했다.[47] 수기의 내용이 다시금 글로벌 방송에서 다뤄질 때 북한과 '자유' 세계라는 이분법은 더욱 명확해진다. '자유'의 세계미국과 호주와 어둡고 폭력적인 세계북한이 구별되며, 그녀의 존재는 북한의 폭력성을 증명하는 것이며 '자유' 세계의 우월성을 상징하는 것이기도 하다.

더욱 문제적인 것은 이현서와 박연미가 궁극적의 삶의 의미를 찾게 되는 '북한인권활동가'라는 역할이 지닌 한계이다. 두 수기 모두 자신들의 삶의 해피엔딩으로 미국이라는 공간을 의미화하고, 북한인권활동가를 미래로 그려낸다. 그들이 미국을 동경하고, 세계무대에서 북한인권활동가로 살아간다는 것은 어쩌면 해외 출판 탈북 여성 수기가 기획될 때부터 정해놓은 결말이기도 하다. 미국은 북한이나 중국과 대비되는 자유의 세계이며, 한국처럼 '가짜' 환대를 베푸는 곳도 아니다. 이들이 그토록 '탈출escape'하여 다다르고자 하는 최종의 안전하고 완결한 곳은 바로 미국이 된다. 이런 맥락에서 그녀들은 영어라는 문화자본을 획득하기 위해 고군분투하고 영어 습득의 중요성도 분명하게 서술되어 있다. 그녀들이 그토록 영어에 매달리게 된 결

---

46   Jonathan Samuels, "North Korean Defector Reunited with Saviour," *SKY News*, 2013.5.8, https://news.sky.com/story/north-korean-defector-reunited-with-saviour-10446413

47   이현서 인터뷰, 2022.3.6.

정적인 계기는 미국을 동경해서이고, 동시에 한국 사회의 불평등과 편견을 극복하는 방법은 미국으로 진출하여 성공하는 것이라는 것을 인지했기 때문이기도 하다. '자유' 세계에서도 서열이 존재하는 것을 징후적으로 강조하는 것이기도 하다.

그러나 미국에서 그녀들에게 주어진 자리는 너무나도 제한되어 있다. 미국을 방문한 그녀가 놀라는 모습을 그려낸 아래의 글은 마치 순진한 시골뜨기가 값싼 음식과 옷 등을 파는 수퍼마켓을 돌아보면서 미국 사회의 풍요로움을 경외하는 듯한 느낌을 전달한다. 미국 사람들에게는 평범한혹은 값싼 공간이 제3세계에서 온 누군가에게는 엄청난 풍요로움으로 의미화되고 있음을 강조하는 것이다. 즉 미국 사회에서 보고 싶은 탈북여성의 모습은 저가의 물건을 파는 슈퍼마켓에서도 그것의 풍요로움에 감탄할 수 있는 순진함과 자신의 경험에 관심을 기울이는 서구 사회에 한없이 감동하고 감사해 하는 겸손한 태도이다.

> 한 시간쯤 지난 후 다른 학생들과 함께 월마트로 먹을 것을 사러 갔을 때는 미국이 더욱 커 보였다. 지금까지 본 것들 중에 가장 화려한 상점이었다. 믿을 수 없을 만큼 컸다. 그곳에서 파는 상품도 전부 거대했다. 나는 인자해 보이는 할아버지가 그려진 커다란 파란색 튜브에 담긴 오트밀을 집었다. 밝은 주황색 포장지에 담긴 마카로니 앤 치즈도 먹어보고 싶었다.[48]

죽음과 성폭력이 난무하는 북한과 중국은 서구 독자의 관음증적 시선에 의해 야만의 공간으로 해석되며, 동시에 미국을 비롯한 서구는 온정적이면

---

48 Park, op.cit., pp.248~249.

서도 자유와 인권 등의 가치가 통용되는 곳으로 상징화된다. 두 공간의 극명한 대비를 통해 만들어 내는 효과는 결국 자유주의적 식민자의 공간과 권력이 얼마나 정당하며, 이성적이고, 문명화된 것인지를 보여주는 것이다. 다시 한 번 '열등한 동양'을 정의하는 지식과 재현이 '우월한 서양'이라는 지식-권력의 쌍생아임을 확인하는 대목이기도 하다.

그렇다면 미국에 도착해 '북한인권활동가'라는 역할을 수행하는 그들은 진정으로 주체성을 획득한 존재로 재탄생된 것인가? 세계무대에서 그들의 존재는 '북한'과 연관된 자장으로 제한되어 있고, 이주 과정의 피해자인 그들이 할 수 있는 일은 (혹은 존재할 수 있는 영역은) 가해자의 폭력을 폭로하는 것밖에 없다. 북한이라는 세상에서 가장 미스테리한 국가를 증언해 줄 사람이자, 가장 '순수한 얼굴'로 피해 극복의 서사를 증명해 줄 탈북 여성에게 주어진 자리는 '북한'과 '피해자'라는 자리로 제한되어 있는 것이다. 시장 논리와 식민주의적 시선에 포획된 이들의 이야기가 피해자의 주체적인 성장기가 되기에 한계가 분명해 보이는 이유가 바로 여기에 있다.

5. 나가며 텍스트 너머 행위주체성

이현서와 박연미는 글로벌 미디어의 유명인사이다. 박연미는 자신의 유튜브 채널을 통해서 북한인권운동을 지속하고 있으며, 이현서도 북한 문제가 불거질 때마다 서구 미디어에 등장하곤 했다. 특히 박연미의 경우에는 북한 인권 문제에 관련된 동영상을 지속적으로 포스팅하기도 하고, 미국의 황색 언론에 자주 등장하여 북한에 대한 선정적인 폭로와 비난을 지속하고 있다. 자신의 외모를 전면에 내세우며 구독자의 눈길을 끄는 것에 주저함이 없어 보이기도 하며, 서구 대중의 호기심을 끌기 위해서 더욱 자극적인 내용의 언설을 서슴지 않고 있다. 반대로 최근 이현서는 서구 미디어에서 북한인권 문제에 목소리를 내는 것을 그만두었는데, 그 이유는 이제 더 이상 '북한 문제'가 대중적 파급력이 있다고 생각하지 않기 때문이다. 특히 이현서는 탈북민과 관련된 "시장이 포화"되었다고 진단한다. 피해자의 고통과 슬픔, 그리고 극복 및 성공 서사를 원하는 서구의 대중의 관심이 탈북민에서 다른 집단과 사례로 이동하고 있음을 정확하게 간파하고 있는 것이다.

글로벌 강연 산업과 서구의 대중출판 시장이 발굴하여 기획한 탈북여성의 서사의 유효기간은 이제 거의 끝나가는 것으로 보인다. 공포와 충격이라는 감정을 전달하면서 서구 사회의 우월성과 안정감을 구축하는 데 기여했던 그녀들의 강연과 수기는 2010년대라는 국제정치적 상황과 적절하게 맞아 떨어져 커다란 대중적 관심을 얻을 수 있었다. 글로벌 대중문화 산업이 팽창하는 과정에서 두 탈북 여성은 자신들이 가용할 수 있는 자원을 충분히 활용하며 명성을 얻었다. 방송출연, 강연, 인터뷰, 집필 등 전방위 영역에서 활동하였다. 설혹 자신들의 이야기가 시장과 서구 대중이 욕망하는 것을 재생산하는 한계에 갇혀 있더라도, 자신들에게 주어진 기회를 적극적으로 활용하여 시장을 '확대'하는 것에 기여하기도 했다. 박연미가 유튜브로 진출한 것도 그러하고, 이현서가 수기 출판에서 멈추지 않고 글로벌 강연 산업에 적극적으로 참여하여 활동한 것도 그렇다. 이들은 자신들에게 주어진 역할을 수동적으로 수행하는 것에 멈추지 않았다. 그녀들의 상업적 성공은 시장과 대중이 자신들이 원하는 방식으로 그녀들의 삶과 경험을 재단했기 때문에 한계가 있는 것이지만, 역으로 그녀들이 글로벌 오디언스가 원하는 것을 파악하고 그 틈새를 활용했기에 가능한 것이기도 하다. 수기라는 텍스트가 지닌 식민주의적 시각과 젠더화된 서사의 한계가 텍스트 밖에서 그녀들이 수행하는 역동적인 행위주체성의 맥락에서 전혀 다른 해석이 가능한 이유다.

이현서는 '북한인권운동가'로 활동하던 시기를 성찰적으로 회고하기도 한다. 더 큰 고통을 겪은 탈북민에 비하면 자신의 경험은 평범하지만, 영어라는 자본을 가지고 있었기에 서구 사회의 관심을 받을 수 있었다고 평가한다. "외모 때문에 그렇게 된 것"이 아니냐는 비판을 들으면 "기분이 나쁘기는 하지만 그것도 틀린 얘기가 아니라"고 말한다. 이 시장에서 더욱 각광받기 위해서는 "더욱 강하고 쎈 얘기"를 해야만 하고, 사실 그런 유혹이 없었던 것도 아니지만 그렇게 살고 싶지는 않았다고 담담하게 증언한다. '인권활동가'로 처음에 활동할 때는 "순수하고, 북한 인권에 대해서 정말 케어를 했지만", 이제는 점차 "순수하지 않고 목적에 따라 움직"인다는 생각이 들어 괴롭다는 것이다. 독자들은 책을 읽고 책 속의 그녀를 기억하고 만나고 싶어하지만 그녀가 생각하는 자신은 이미 많이 변해 있기 때문이다.[49] 그만큼 이현서는 텍스트가 그려낸 '피해자'로부터 성장하였다. 과거의 모습을 반복적으로 연기하며 사는 것이 분명 경제적으로 안락한 삶을 제공해 줄 수 있겠지만 그것보다는 현재의 자신에게 솔직한 삶을 선택하기로 결정한 것이다.

이현서는 이제 더 이상 '북한' 문제에 머무르지 않을 것이라고 말한다. 왜냐하면 더 넓은 세상이 있다는 것을 깨달았기 때문이다. 지금까지 "운이 좋아서" 탈북민이라는 위치를 활용할 수 있었다면, 이제는 독립적인 개인으로 성공하고 싶다는 포부도 밝힌다. 방송이나 강연 활동을 모두 접고 일 년 넘게 공부에 매진한 이유는 자신이 하고 싶은 일이 이제야 분명해졌기 때문이다.[50] 수기와 강연 속의 탈북 여성이라는 고정된 역할에서 벗어나 이현서라

---

49 이현서 인터뷰, 2022.1.22.
50 이현서 인터뷰, 2022.1.22.

는 존재로 다시금 도약을 꿈꾸고 있는 것이다. 그녀를 발견한 것은 글로벌 문화산업이자 서구의 식민주의적 시선이었을지는 모르겠지만, 그녀를 같은 자리와 위치에 오래도록 머무르게 하지는 못한 것으로 보인다.

수기 속 '이현서'에서 한 걸음 나아간 또 다른 '이현서'를 만나게 되면서 좀 더 근원적인 질문에 다다르게 된다. 글로벌 문화산업과 서구 사회의 욕망이 만들어낸 구조에서 그녀는 과연 수동적인 행위자에 머무르기만 했는지에 대한 물음이다. 산업과 식민지적 시선이 그녀들의 고통과 슬픔을 일방적으로 이용한 것일까? 구조적 한계를 완전히 무화시킬 정도는 아니지만 각자의 위치에서 나름의 틈새를 만들어낸 것은 아닐까? 이러한 질문의 답을 지금 당장 결론짓기는 어려워 보인다. 그녀들의 행위주체성이 만들어낸 변화의 파장이 어디까지 확장될지 아직은 가늠하기 어렵기 때문이다. 그럼에도 더 이상 서구의 시선 아래 서지 않기로 결심했다는 것만으로도 그 가능성은 충분해 보인다.

참고문헌

김대중, 「초국가주의시대 미국문학 속 탈북난민 내러티브 연구」, 『동서비교문학저널』 54, 2020, 7~28쪽.

김양선, 「70년대 노동현실을 여성의 목소리로 기억/기록하기—여성문학(사)의 외연 확장과 70년대 여성 노동자 수기」, 『여성문학연구』 37, 2016, 7~38쪽.

배개화, 「한 탈북 여성의 국경 넘기와 초국가적 주체의 가능성—이현서의 영어 수기를 중심으로」, 『춘원연구학보』 11, 2017, 209~236쪽.

에드워드 사이드, 박홍규 역, 『오리엔탈리즘』, 교보문고, 1991.

이희영, 「사회학 방법으로서의 생애사 재구성—행위이론의 관점에서 본 이론적 의의와 방법론적 원칙」, 『한국사회학』 39(3), 2005, 120~148쪽.

천정환, 「서발턴은 쓸 수 있는가—1970~80년대 민중의 자기 재현과 '민중문학'의 평가를 위한 일고」, 『민족문학사연구』 47, 2011, 224~254쪽.

메리 루이스 프랫, 김남혁 역, 『제국의 시선—여행기와 문화 횡단』, 현실문화연구, 2007.

Boltanski, Luc., *Distant Suffering : Morality, Media and Politics*, Cambridge University Press, 1999.

Cho, Eun Ah., "Speaking Mouth, Writing Hand : The English-Language Autobiographies of North Korean Defectors and the Concept of Author Vocal-Writing", *Situations : Cultural Studies in the Asian Context* 13(2), 2020, pp.97~123.

Chouliaraki, Lilie., *The Spectatorship of Suffering*, Sage, 2006.

Chouliaraki, Lilie., "The Mediation of Suffering and the Vision of a Cosmopolitan Public", *Television & New Media* 9, 2008.

Christie, Nils., "The Ideal Victim", E. A. Fattah. ed., *From Crime Policy to Victim Policy*, Macmillan, 1986, pp.17~30.

Cohen, Stanley., *States of Denial : Knowing about Atrocities and Suffering*, polity, 2001.

Cussen, John., "On the Call to Dismiss North Korean Defectors' Memoirs and on Their Dark American Alternative", *Korean Studies* 40, 2016 pp.140~157.

Gale, Alastair., "A Defector's Tale : Lee Hyeon-seo", *The Wall Street Journal*, July 11, 2011., https://www.wsj.com/articles/BL-KRTB-1969

Harden, Blaine and Shin Donghyuk, *Escape from Camp 14 : One Man's Remarkable Odyssey From North Korea to Freedom in the West*, Viking Penguine, 2012.

Heilbrun, Carolyn G., "Contemporary Memoirs, Or, Who Cares Who Did What to

Whom?", *The American Scholar* 68(3), 1999.

Jameson, Fredric., *Postmodernism : Or the Cultural Logic of Late Capitalism*, Verso, 1992.

Jurgenson, Nathan., "Against TED", *The New Inquiry*, February 15, 2012., https://thenewinquiry.com/against-ted/

Lee, Hyeon Seo(with David John)., *The Girl with Seven Names : Escape from North Korea*, William Collins, 2015.

Lyotard, Jean-Francois., *The Postmodern Condition : A Report on Knowledge*, Manchester University Press, 1984.

Malek, Amy., "Memoir as Iranian Exile Cultural Production : A Case Study of Marjane Satrapi's Persepolis series", *Iranian Studies* 39(3), 2006.

Miller, Nancy K., "But enough about me, what do you think of my memoire?", *The Yale Journal of Criticism* 13(2), 2000.

Park, Yeon Mi(with Maryanne Vollers)., *In Order to Live : A North Korean Girl's Journey to Freedom*, USA, Penguine Press, 2016.

Ranciere, Jacque., *The Politics of Literature*, Polity, 2011.

Robinson, Martin., "The Trouble with Ted Talks", *The New Statesman*, September 10, 2012., https://www.newstatesman.com/science-tech/2012/09/trouble-ted-talks

Samuels, Jonathan., "North Korean Defector Reunited with Saviour," *SKY News*, May 8 2013.,
https://news.sky.com/story/north-korean-defector-reunited-with-saviour-10446413

Scalia, Laura J., "Distant Suffering : Morality, Media and Politics by Luc Boltanski", *Political Psychology* 22(1), 2001.

Smith, David M., "How Far Should We Care? On the Spatial Scope of Beneficence", *Progress in Human Geographphy* 22, 1998.

Song, Jay., "The Emergence of Five North Korean Defector-Activists in Transnational Activism", A. Yeo and D. Chubb, eds., *North Korean Human Rights : Activists and Networks*, Cambridge University Press, 2018, pp.201~223.

Sontag, Susan., *Regarding the Pain of Others*, Picador, 2004.

Toker, Leona., *Gulag Literature and the Literature of Nazi Camps*, Indiana University Press, 2019.

기타자료

모나쉬대학 유태인문명연구센터 웹사이트, https://www.monash.edu/arts/acjc/research-and-projects/online-resources-and-mini-sites/holocaust-memoirs

블레이드 하든 웹사이트, https://blaineharden.com/escape-from-camp-14-reviews/

통일부 블로그, https://unikoreablog.tistory.com/2152

호주 SBS 방송국 웹사이트, https://www.sbs.com.au/ondemand/video/29289539890/insight-north-korea-dick-and-hyeonseo-reunite-full-version

Pan Macmillan 웹사이트, https://www.panmacmillan.com/blogs/history/the-best-books-about-the-holocaust

제7장

가난혐오와 청년

오영숙

1. 21세기의 가난

지금은 빈곤을 중요한 문제로 여기지 않는 시대이다. '가난이 원수이던 시절은 이젠 다 가고 살만한 세상이 되었다'는 TV드라마 속 중년세대의 대사[1]는 가난이 이미 극복된 옛일임을 분명히 한다. 선진국 수준에 육박하는 GDP 수치[2]와 메가시티의 화려한 경관, 풍요와 여유를 과시하는 SNS 컨텐츠는 가난을 남의 일이거나 드문 일로 여기게 만들었다. 그러나 빈곤으로부터의 탈출이 쉬워 보인다는 점이나 낮은 빈곤율은 가난한 사람들이 감당해야 할 오명이 그만큼 더 커졌음을 의미하는 것이기도 하다. 그를 증명이라도 하듯이, 가난한 사람을 비하하는 다양한 말들이 보고되는 중이다. 극빈층을 가리키는 '좆거지남 / 좆거지녀', 주거지를 빗대어 조롱하는 '노란 장판', '휴거' '빌거' '임대충',[3] 낮은 임금을 비하하는 '백충' 혹은 '이백충' 등에 이

---

1 〈우리들의 블루스〉의 3회(2022년 4월 16일 방영)에 나오는 은희(이정은 분)의 대사.

2 2021년 10월에 한국의 GDP 순위는 세계 10위이고, 2024년은 그보다 조금 내린 12위이다. 그러나 이 GDP 수치는 분배를 고려하지 않고 경제적 최하층의 비율을 숨긴 것이어서, 1인당 GDP 순위와는 차이가 있다. 2024년 기준 한국의 1인당 GDP는 세계 30위에 불과하다.

3 '휴거'는 '휴먼시아 거지'의 약자로 한국토지주택공사(LH)의 저가 브랜드 아파

르는 다양한 말들의 공격에 가난한 사람들은 노출돼 있다.

1970년대에 한 청년은 "가난이란 수치도 아니요, 자랑거리는 물론 될 수 없다. 다만 불편한 것"[4]이라는 말을 남겼지만, 당시 영화에 등장할 만큼 유명했던 이 말은 이제 설득력을 상실한 듯하다. '사랑이 가난을 이긴다'[5]거나 '가난이 밑천'이라는 말은 공감을 얻지 못하며, '마음이 풍요로운 사람이 진짜 부자'라는 현자의 말은 힘을 잃었다. 지금은 성인남녀가 꿈꾸는 직업 2위가 건물주이고[6] '세상은 돈이 전부'라는 말이 사훈으로 내걸리는[7] 세상이다. 삶을 의미 있게 만드는 가장 중요한 요소로 물질적 풍요를 꼽은 나라가 한국이 유일하다는 설문조사[8]의 결과가 놀랍지 않을 만큼 돈의 영향력이 절

트인 휴먼시아에 사는 사람들을 비하하여 일컫는 말이다. 마찬가지 맥락에서, '빌거'(빌라 거지)는 빌라 거주자를, '임대충'은 임대아파트 거주자를 가리킨다.

4 「형설(螢雪)의 공, 값진 교훈」, 『경향신문』, 1976.1.24. 1976년도 서울대학교 수석졸업생인 최경희가 인터뷰에서 했던 말로, 각 일간지가 앞 다투어 그의 말을 전하면서 당시 대중들에게 널리 회자되었다. 1977년 1월에 개봉하여 13일 만에 10만 관객을 돌파한 당시의 히트작인 〈고교 얄개〉(석래명, 1977)에서 모범생 호철(김정훈 분)의 대사("가난은 결코 수치스러운 일이 아냐. 다만 불편할 따름이지")로 등장할 만큼 이 말이 주는 여파는 컸다.

5 "가난은 서로 사랑하고 나누면 이길 수 있다"는 마더 테레사가 1981년에 한국을 방문하여 했던 말로, 당시 많은 일간지들이 이 부분을 헤드라인으로 삼는 기사를 낸 바 있다.

6 취업포털 잡코리아와 알바몬이 4091명의 성인남녀에게 '꿈꾸는 직업 현황'을 조사한 결과, 1위는 '창업 성공자'(32.8%)이고, 27.3%가 건물주를 꿈꾼다고 응답했다. 「성인남녀 꿈의 직업 2위는 '건물주'…1위는?」, 『매일경제』, 2020.1.11.

7 회사 '굿데이'의 사훈이다. 〈약탈인간-1부 빨간 거품의 포식자〉, 〈그것이 알고 싶다〉, 2022.11.19 참조.

8 2021년에 미 여론조사기관인 퓨 리서치 센터(Pew Research Center)가 17개 선진국의 성인 약 1만 9천 명을 대상으로 실시한 조사이다. '삶을 가치있게 만드는 것'을 묻는 이 조사에서 한국인 응답자들은 부동산, 부채 유무, 수입, 여가 생활 비용과 같은 물질적 부분을 1순위로 꼽았는데, 이러한 결과는 가족이나 직업을 우선 순위에 둔 다른 조사 대상국의 경우와 다른 모양새이다. 「가족-건강보다 '돈'에 진심인 한국인들…17개국 중 유일」, 『아주경제』, 2021.11.22.

대적이 되었다. 가난이 청빈이나 청렴처럼 고귀한 덕성의 대표자였던 때가 언제 있었던가 싶을 정도로 자산과 연봉의 수치가 인간의 가치를 결정한다. 더군다나 '가난은 노력과 능력이 부족한 탓'이라는 인식이 만연하게 되면서, '가난은 정신병'이라는 말이 나오기까지[9] 한다. 사정이 이러하니, 인간다운 대우를 받으려면 가난은 철저히 감춰야만 한다.

이러한 사회적 분위기 속에서 눈길을 끄는 것은 가난을 서사의 중심으로 호출하는 영화들이 증가하고 있는 현상이다. 21세기에 들어 가난한 청년에 관심을 갖는 독립영화가 대거 제작되기 시작했으며, 대가라 불리는 감독들도 〈버닝〉이창동, 2018이나 〈기생충〉봉준호, 2019처럼 빈부 격차를 예리하게 조명하는 문제작들을 선보이고 있다. 〈오징어 게임〉이나 〈안나〉이주영, 2022와 같이, 경제적 어려움이 삼켜버린 삶에 대해 이야기하는 OTT 시리즈 또한 꾸준히 제작되는 중이다.

물론 가난 자체가 대중서사에서 새삼스럽지는 않다. 고아 출신의 젊은이는 TV드라마가 오랜 동안 사랑해온 캐릭터였고, 스릴러와 갱스터를 위시한 여러 장르영화에서 가난이 범죄나 갈등의 원인으로 설정되는 것은 흔한 일이다.[10] 영화 속의 부끄러움은 오히려 가난한 사람이 아니라 부자의 몫일 때가 많았으며 할리우드의 '로즈버드 신드롬Rosebud syndrome'[11]과는 다른 맥락

---

9 「'가난'은 치료할 수 있는 정신병입니다」, 박세니마인드코칭의 유투브 온라인 강의, 2022.3.4.

10 지금의 장르영화 중에는 가난과 청년의 문제를 서사에 비중있게 끌어오는 경우가 왕왕 목격된다. 〈범죄도시 2〉만 하더라도, 빌런이 전편의 조선족 장첸에서 한국청년(손석구 분)으로 자리바꿈하였으며, 오로지 돈이 목적이고 관계에는 의미를 두지 않는 동물적 야만성 면에 있어서 한국의 청년이 조선족을 앞서는 모습을 보여준다.

11 〈시민 케인〉(오손 웰즈, 1941)에 등장하는 썰매의 이름을 빌어 영화학자 로빈 우드가 만든 용어이다. 개인 소유를 우선적 가치로 삼는 자본주의적 이데올로

에서, 가난은 개인의 잘못이 아니라 역사나 사회의 시스템이 낳은 문제라는 인식이 오랜 동안 한국영화에 작동해 왔다.

한국영화가 빈곤이라는 사안을 처리하는 방식은 시기마다 달랐지만, 긴 세월 동안 견지된 것은 가난은 일종의 자산일 수 있다는 통념이었다. 이를 테면 궁핍한 현실은, 1960년대 초반에 제작된 영화 〈쌀〉신상옥, 1961에서는 한국전쟁으로 다리를 잃은 청년이 절망을 딛고 주체적으로 살아갈 정신적 기반이었고, 가난한 아이의 수기를 영화화한 〈저 하늘에도 슬픔이〉김수용, 1965는 "다른 사람의 처지를 동정하고 (…중략…) 돕는 이타적 감정 촉발하여 (…중략…) 공동체를 결속하는"[12] 계기였다. 1980년대 이후 제작된 〈꼬방동네 사람들〉배창호, 1982나 〈장미빛 인생〉김홍준, 1994, 〈세상 밖으로〉여균동, 1994과 같은 작품들은 진정한 공동체성은 가난한 사람들 가운데서 형성된다는 메시지로 공감을 끌어내기도 했다.

그러나 요 근래 한국영화가 제공하고 있는 가난의 풍경은 전대와는 그 성격을 달리한다. 빈곤에 대한 부정적인 고정관념이 만연한 환경이 제시되고 그러한 현실을 살아가는 이들의 심리적 풍경에 집중하고 있다는 점이 그 이유 중 하나이다. 초기에는 빈곤의 주인공으로 이주노동자나 탈북자, 장애인과 같은 소수자가 소환[13]되었지만, 곧 평범한 청년 사람들로 그 자리가 채워

기를 바탕에 두고 있으면서도, 돈이 다가 아니고 돈은 타락했고 가난한 사람이 더 행복한 것으로 재현하는 할리우드 장르영화의 모순성을 논하기 위해 사용했다. Robin Wood, "Ideology, Genre, Auteur : "Shadow of a Doubt"", *Hitchcock's Films Revisited*, Columbia University Press, 1989, pp.288~302 참조.

12 이화진, 「가난은 어떻게 견딜 만한 것이 되는가」, 『한국극예술연구』 60, 2018, 63~64쪽.

13 그에 해당하는 작품으로는 정신적 장애를 지닌 사람을 주인공으로 한 〈애니멀 타운〉(전규환, 2009) 탈북자가 주인공인 〈무산일기〉(박정범, 2011)와 〈48미터〉(민백두, 2013), 조선족과 탈북자, 동성애자를 서사의 중심에 함께 위치시킨

지게 되면서 마음자리가 더욱 복잡해졌다. '수저론'으로 대변되는 계급 대물림 시대의 마음자리를 탐색하는 작품들이 급속히 늘어나는 현상은, 우리 사회가 신계급 사회로 진입했음을 알리는 징후이자, 오늘날의 집단 심리를 이해할 중요한 단서를 제공한다.

가난이라는 문제에 천착한 영화들 가운데 이 글에서 주목하려는 것은 21세기에 제작된 독립영화이다. 그동안 독립영화는 "시대에 대한 새로운 해석의 틀을 제시할 수 있는 하나의 프레임"으로 빈곤에 주목하고 그와 관련된 문제를 지속적으로 다뤄 온 바 있다.[14] 그러나 요 근래 들어 사회경제적 변화의 최전선에 놓인 청년세대의 현실과 내면에 집중하고 있는 현상은 그냥 지나치기 어려워 보인다. 무엇보다 청년은 자아 정체성과 사회적 관계를 확립하기 시작하는 세대이자, 시대의 변화를 가장 민감하게 체감하는 집단이다. 게다가 지금의 젊은이는 '단군 이래 부모보다 못 사는 첫 세대'이다. 성장기부터 높은 강도의 경쟁을 치르며 힘겹게 달려왔음에도 노력에 대한 보상은 형편없이 적은 세대의 현실을 다루고 있다는 점에서 오늘날 독립영화의 관심은 의미심장한 면이 있다.

지금은 유사한 사안을 다룬 문제작들이 잇따라 제작되고 있지만, 독립영화는 그보다 앞서 이러한 문제를 제기했으며, 심리적 현실을 드러내는 예각성 면에서도 뒤지지 않는 편이다.[15] 무엇보다 청년세대의 문제와 소통하는

〈줄탁동시〉(김경묵, 2011) 등이 있다.

14 이도훈, 「한국 독립영화와 빈곤의 연대기」, 『영상예술연구』 26, 2015, 9~44쪽. 이 글에서 이도훈은 1980년대 말부터 30여 년간 한국 독립영화가 빈곤을 다루어 온 시기별로 차별적인 궤적을 논하였다.

15 가난한 청년의 재현이라는 점에서 독립영화와 〈기생충〉과 〈버닝〉 및 〈안나〉가 어떻게 겹쳐지며 어떤 관계와 맥락으로 이야기할 수 있을지는 다른 자리에서 좀 더 긴 호흡으로 논의될 필요가 있다. 〈기생충〉과 〈버닝〉을 하층민 청년과 가난이라는 공통의 모티브로 읽으며 비교 분석한 논문으로는, 강성률, 「〈버닝〉과

직접성 면에서 독립영화는 우위에 있다. 제한된 예산이 오히려 만드는 사람과 영화 사이의 거리를 좁혀 청년세대의 삶이 영화에 직접 투영될 여지가 큰 편이다. 관습적인 이야기 틀이나 장르형식에 의지하는 면이 적고 젊은 예술가들이 제작에 참여하는 비중이 높으며 제작자 자신의 경험에 기반한 일상적 이야기로 비슷한 세대의 공감을 얻는 경우가 많다는 점도 그러하다. 상업적 이해에 구속되지 않는다는 점에서, 동시대 청년들의 감정적 현실과 밀접하게 접촉할 잠재력이 큰 편이다. 정확성과 경험적 증거가 영화의 사실성을 평가할 유일한 잣대는 아니라 하더라도, 하이퍼 리얼리즘이라 할 만큼 양식화되지 않은 공간, 잘 알려진 배우의 부재, 날 것 그대로의 대사, 감정 언어 등 독립영화 특유의 요소는 인물의 내면을 밀도 있게 드러낼 방도가 된다.

가난을 숨겨야 하는 시대에 가난한 청년의 심리적 현실을 재현하는 영화는 지금의 사회가 직면한 심리적 현실과 대면하고 그 기저에 놓인 가치 체계와 사회적 관계를 이해할 단초를 제공하리라 생각된다. 영화는 당대 사회의 마음자리를 담은 공적 기록에 해당한다. 영화의 서사나 이미지가 실제 그대로의 현실은 아니라 하더라도, 스크린에 반복되는 재현 양상은 지금의 사회심리를 가늠하게 해주는 지표이자, 현상과 맥락을 해석하는 간접적인 코멘터리[16] 역할을 할 수 있을 것이다.

<기생충>의 비교연구—청년, 계급, 가족, 살인이라는 공통의 키워드」, 『영화연구』91, 2022, 133~162쪽 참조.

16 Douglas M. Kellner, *Cinema Wars : Hollywood Film and Politics in the Bush-Cheney Era*, Wiley-Blackwell; 1st edition, 2009, p.4.

2. '홈리스'의 정동, 떠돌이의 도시

가난한 청년을 서사의 중심에 두는 독립영화들은 서사 구조가 대개 단조로운 편이다. 여러 이유가 있겠지만, 인물이 처한 상황을 어떤 식으로든 네이션의 현실이나 역사와 관련지어 맥락화할 여지를 남기던 과거의 영화들[17]과는 다르게, 시대 현실과의 연관을 알릴 단서들을 서사에서 배제시킨 것이 중요한 원인일 것이다. 현실의 불공정이나 불평등한 시스템을 고발하고 비판하는 일은 관심사가 아니며, 사회적 현실과 관계되어 해석될 부분이 전체적으로 축소되어 있는 모양새인데, 그 대신에 비중 있게 다뤄지는 것은 인물의 심리이다. 현실 자체보다는 그 현실을 경험한 자의 내면과 자기의식이 더 부각되어 있는 형국이다.

같은 빈곤의 일상도, 누구의 시선으로 재현되느냐에 따라 전혀 다른 이야기가 된다. 주인공이 청년일 경우, 가난의 정서적 풍경은 더욱 복잡해진다. 청년은 아이나 노인처럼 일방적인 희생자로 호명되기 어렵다. '선택'과 '노력'이라는 담론이 부과되면서 청년은 종종 실패의 책임을 스스로 져야 하는 존재로 간주되곤 한다. 이로 인해 청년이 경험하는 고난은 단순한 피해 서사를 넘어 보다 복잡하게 맥락화될 수밖에 없다. 그러하기에 '가난 포르노'라 불릴 정도로 극심한 빈곤을 다룬 영화들[18]이나, 아이와 미혼모, 노인이 중심이 되는 가난영화들과는 구별되는 마음자리가 제시될 수밖에 없다.

---

17 오영숙, 『근현대 한국영화의 마인드스케이프』, 영화진흥위원회, 2024 참조.

18 주로 글로벌사우스(Global South)에서 제작된 일련의 영화들로, 도시 슬럼가의 소외된 빈민의 비참한 삶을 과잉적일 만큼 사실적으로 담아내 국제영화제 등에서 호응과 비판을 동시에 받은 바 있다. 필리핀의 브릴란테 멘도사가 저예산으로 연출한 〈Tirador〉(브릴란테 멘도사, 2007)와 〈Serbis〉(브릴란테 멘도사, 2008)가 대표적 작품이다.

스크린 속 청년의 처지를 명시적으로 드러내는 것은 '홈리스'와 '떠돌이'라는 처지이다. 집이 없이 이곳저곳으로 거처를 옮겨 다니는 주인공의 모습을 어렵지 않게 목격할 수 있다. 홈리스 모티브는 가난한 청년이 서사의 중심에 오르기 시작한 2010년대 전반기부터 꾸준히 구사되어 왔다. 이를테면 〈거인〉김태용, 2014에서 주인공 영재최우식 분는 열일곱 살의 고교생이지만 집에서 지낼 형편이 못된다. 보호시설에 맡겨진 그는 시설에서 쫓겨나지 않기 위해 전전긍긍한다. 매순간 원장부모의 눈치를 살피며 모범생의 모습을 연출하려 애쓰지만 갖은 노력에도 결국 지방의 다른 시설로 옮겨가는 장면으로 영화는 끝이 난다. 성인인 경우에도 사정은 다르지 않다. 〈들개〉김정훈, 2013의 주인공 정구변요한 분는 대학원생이지만 집 없이 떠돌아다니는 신세이다. 한동안 친구 집에서 빌붙어 살았지만 그마저도 여의치 않게 되면서 낡은 자동차에서 지내게 된다. 차에서의 생활이 녹록할 리 없다. 주차할 공간을 찾는 일도 쉽지 않은데다가 과태료 미납으로 번호판이 압수되면서 차의 운행 자체가 불가능해진다.

〈이월〉김중현, 2017의 주인공 민경조민경 분은 공무원시험을 준비 중인 20대 여성이다. 밀린 월세 때문에 집을 떠나 이곳저곳을 전전하는 중이다. 공사장 컨테이너로, 친구 집으로, 간간이 육체 관계를 맺는 유부남의 아파트로 잠잘 곳을 찾아 옮겨다니지만 어느 곳도 안정된 거처가 되어주지 못한다. 결국 철거를 앞둔 컨테이너로 다시 돌아오는 것으로 이야기가 마감된다. 그녀를 실은 컨테이너가 공중으로 서서히 올라가는 마지막의 환상 장면은, 세상이 자신에게 허용한 공간이 없음을 비유적으로 드러낸다. "집이 없어졌다. 집 같지 않은 집이었지만 속 시원하다. 안 그래도 다 버리려고 했어", 라는 그녀의 말은, 집이라는 공간에 대한 갈망과 희망조차 갖기 어려움에 대한 자조적인 고백으로 들린다.

직장이 있는 경우라 해도 별 다를 건 없다. 〈거짓말〉김동명, 2014의 주인공인 아영은 피부과에서 간호조무사로 일하고 있다. 동생과 함께 언니의 집에 얹혀사는 것이 불편해 다른 곳으로 거처를 옮기고 싶어도 형편이 따라주지 않는다. 청혼을 하는 남자친구가 있지만 좁은 자취방에서 근근이 살아가는 그의 처지는 그녀와 별반 다르지 않다. 희망이 보이지 않는 현실을 견디기 위해 그녀가 선택한 것은 거짓으로 도망치기이다. 부자인 양 고급 아파트를 둘러보고 값비싼 자동차 전시장을 찾으며 잠시나마 힘겨운 현실을 외면해 보겠다는 것이지만 거짓말이 탄로나면서 그마저도 불가능해진다. 그녀에게 남은 것은 경멸과 모욕의 시선까지 감내해야 하는 극한의 상황뿐이다.

간혹 가족을 이룬 청년도 있지만, 사정은 매한가지이다. 〈홈리스〉임승현, 2020의 한결과 고운은 갓난아기가 있는 어린 부부이지만 보증금 사기로 막막한 상황에 처한다. 찜질방에서 지내며 닥치는 대로 일을 하지만 아무리 열심히 해도 방 한 칸 구할 여력이 되지 않는다. 그러던 차에 배달일을 하다 우연히 알게 된 어느 노인의 빈집에 머물게 되면서 이들은 안락함을 느끼게 된다. 하지만 그도 잠시일 뿐, 새로 찾은 집은 이 어린 부부를 더욱 큰 불안으로 이끈다. 이와 비슷한 경우로, 집을 잃고 고속도로 휴게소를 전전하는 유랑 가족을 다룬 〈고속도로 가족〉이상문, 2022이 있지만, 〈홈리스〉의 어린 부부가 겪는 불안은 더욱 깊고 절박해 보인다.

대응방식이나 심리 상태가 조금씩 다르긴 해도 떠돌이 신세라는 점에서는 대동소이하다. 가난한 청년들은 '오갈 데 없는 애들'〈들개〉이나 '거지'〈소공녀〉라는 말로 호명되고, 행려자와 유사한 모습으로 시각화된다〈소공녀〉, 〈이월〉, 〈들꽃〉. 어린 소녀들이 겪는 거리의 생활은 매순간이 위태롭다〈들꽃〉(박석영, 2014), 〈최선의 삶〉(이우정, 2021). 안정된 거처를 찾아 떠돌다 결국 밀려나는 여정은, 형태만 다를 뿐 많은 청년영화에서 되풀이된다. 건물 계단에서 쪽잠을 자고 길 위에서 정처 없이 서성이는 소녀들의 모습을 담고 있는 뮤직비디오 〈잠〉[19]은 '홈리스'의 정서가 청년 일반에게 보편적으로 공유되어 있음을 알려준다.

물론 떠돌이 모티브 자체가 낯설지는 않다. 집 떠나기는 성장영화나 로드무비에서 청년의 내적 변화와 성장을 이끄는 핵심 장치로 자주 활용되곤 했다. 그러나 21세기 청년의 '떠남'은 그 성격을 달리 한다. 무엇보다 어떤 목적이나 욕망에 따른 행위가 아니라는 점이 그러하다. 통상적으로 로드무비가 자유나 해방 내지 자기 발견의 행로를 담아내었던 것과는 다른 사정이다. 과거에는 여행이 스스로 운명과 맞서고 예속을 부정하는 의미로 읽힐 여지가 있었다면,[20] 오늘날 청년의 그것은 그저 정주할 터전을 찾지 못해 헤매는 행위일 뿐이다.

그렇다고 유목민적인nomadic 삶을 실천하는 것으로 보기도 어렵다. 잠잘 곳을 찾아 헤매는 하루하루가 위태로운 그들의 여정은 정착을 거부한 유목민의 탈주의 몸짓과는 뚜렷이 구별된다. 자발적이고 주체적인 이동도 아니고, 한 곳에 안주하지 않으려는 자기인식의 산물도 아니기 때문이다. 오히려 길을 나서길 원치 않았으나, 머물 곳이 없어 떠날 수밖에 없는 반강제적인 여정일 뿐이다. 누군가의 집을 부분적으로 '쉐어'하는 순간이 있긴 해도 잠시뿐이며, 매순간 난민처럼 쫓겨날 처지에 놓이게 된다. 하룻밤을 어디에서 보낼지를 매번 고민해야 하는 기약 없는 그들의 여정은 생존을 위한 몸부림에 가깝다. 개중에는 "갈 데가 없는 게 아니라 여행 중"[21]이라며 다소 예외적인 마음가짐을 가지려 하는 경우도 있긴 하지만, 공간을 점유할 권리를 확보하지 못한다는 점에서는 크게 다르지 않다. 매우 암울한 정동이 가동되는

---

19 〈잠〉(전용현 연출·나이트오프 작사·작곡·노래, 2018).
20 오영숙, 앞의 책, 2024, 제2부 4장(네이션의 심리적 현실과 로드무비) 참조.
21 영화 〈소공녀〉에서 미소의 대사.

여정이라 할 수 있다.

이러한 암울함은 2000년대 들어 전반적으로 목격되지만, 점차 그 정도가 커지고 있는 모양새이다. 가령 신자유주의가 대중들 사이에서 회자되기 시작하던 때에 제작된 〈고양이를 부탁해〉정재은, 2001는 길 떠나기의 희망적 비전을 보여준 바 있다. 집을 나온 두 소녀배두나와 옥지영 분가 공항에 함께 서 있는 마지막 장면으로 짐작컨대, 두 사람은 바깥 세계 어딘가에 더 나은 삶이 있으리라는 믿음을 갖고 국경을 넘었을 것이다. 붕괴 직전의 집을 막 탈출한 고양이처럼, 현실의 벽을 돌파할 가능성이 어딘가에는 있으리란 기대가 소극적이나마 가능했다고 할 수 있다.

그러나 그로부터 10여 년이 지난 후에는 그런 작은 희망조차도 가동되지 못한다. 집을 떠난다 해도 상황이 나아지기는커녕 더 악화된다. 고군분투해도 현실은 달라지지 않는다. 점유할 공간은 더욱 축소되고 삶은 더 고달파질 뿐이다. 글로벌한 이동이나 월경에 대한 긍정적 상상이 가능했던 〈고양이를 부탁해〉와 달리, 지금의 청년들에게는 더 이상 열린 상상이 허용되지 않는다. 발을 딛고 있는 현재는 불안함으로 가득하고 길을 나서도 앞이 보이지 않는다. 미래가 없다는 비관적 시선이 근래에 매우 빠르게 확산되었다고 할 수 있다.

덕분에 만들어진 것은 익숙한 듯싶지만 낯선 서울의 도상학이다. 카메라는 인물의 이동 과정을 따라가며 도시의 낙후한 슬럼가와 원룸, 고시원, 모텔과 같은 임시 거처를 담아낸다. 길은 어둡거나 가로막혀 있어 폐쇄적 공간과 다를 바 없다. 미로와 같은 길, 막다른 좁은 골목, 침침한 조명의 오래된 건물, 협소한 복도와 계단 등의 공간이 그들이 처한 상황을 시각화하는 미장센으로 활용된다. 그로부터 구성되는 공간의 스펙터클은, 가난의 이미지가 고착화될 우려가 생길 정도로 참담한 외양을 띠고 있다. 출구 없는 그들의 처지는 때론 〈홈리스〉에서 할머니의 시신이 놓인 2층 방처럼 어둡고 두려운 실내 공간으로 구현되기도 하고, 〈이월〉에서의 움푹 꺼진 물구덩이와 같은 이미지로 은유되기도 하지만, 그것이 함의하는 바는 크게 다르지 않다. 가난한 청년을 따라 펼쳐지는 도시의 랜드스케이프는 고립과 격절의 현실을 가리키는 것이자, 탈출구 없는 디스토피아의 시각적 구현물이라 할 수 있다.

3. 관계의 단절과 고립

집은 안전과 보호를 제공하는 물리적인 공간인 동시에 이해관계에서 벗어난 무조건적 유대가 이루어지는 곳이다. 그런 점에서, 홈리스 상황에 몰린 청년에게 가족의 부재는 자연스런 전제로 보인다. 부모는 아예 언급조차 없거나(소공녀), 〈들개〉, 〈이월〉 등장한다 해도 자식을 보호할 수 있는 처지가 아니다(불도저에 탄 소녀), 〈축복의 집〉. 한때 좋았던 부자 관계도 이내 파국으로 치닫는다(수색역). 때론 남보다도 못한 존재여서, 살아보려 애쓰는 자식의 입지를 오히려 위축시키고 모멸감까지 안겨준다(거인). 관계가 나쁘지 않다 해도 가족이 의지처가 되지 못한다는 것은 다들 공유하고 있는 사정이다. 가족은 자신의 생활도 제대로 운위하지 못하는 위태로운 상태이거나, 작은 청조차 들어줄 수 없는 처지에 있다(거짓말).

사실상 가족의 부재 자체가 한국영화에서 새롭지는 않다. 온전한 가정을 이루지 못하는 결핍 상황은, 식민지 상황이나 전쟁 및 분단과 같은 역사적 트라우마와 긴밀하게 교호하며 오랜 동안 대중서사의 중요한 부분을 구성해 왔다.[22] '고아'는 네이션의 운명을 상징하는 긴요한 표상이자 역사적 트라우마에 따른 집단 정서를 의미화할 계기일 수 있었다. 그러나 지금의 청년영화는 사회역사적 맥락을 제거하여 그러한 의미화가 끼어들 여지를 차단한다. 반면 고립의 정도는 더욱 심해졌다. 가족은 물론이고 연인이나 친구와도 우호적 관계를 이어가지 못하는 청년들이 대부분이며 설사 유대를 맺는다 해도 잠시뿐이다. 관계 자체가 불가능해진 형국이다.

고립의 정도를 잘 보여주는 것은 짝패의 부재이다. 그동안 한국영화는 짝패의 오랜 연대기를 보유해 왔다. 아무리 고독하고 불우한 청년이라도 그의 옆을 지키는 개성 있는 인물이 존재하기 마련이었다. 이를테면, 청춘영화의 초기 사례로 언급되곤 하는 〈맨발의 청춘〉김기덕, 1964의 주인공인 고아 청년 두수신성일 분는 '독고다이' 깡패이지만 그에게는 형제처럼 가까운 똘마니트위스트김 분가 있었다. 〈삼포가는 길〉이만희, 1975이나 〈고래사냥〉배창호, 1984, 〈세상 밖으로〉여균동, 1994와 같은 로드무비에도 친구이자 아버지 역할을 하는 여행 동반자가 출현하는 것이 일반적이었다. 1990년대의 청춘영화도 마찬가지여서, 〈비트〉김성수, 1997의 주인공 민정우성 분은 아웃사이더 기질이 다분한 청년임에도 그의 곁에는 늘 함께할 친구 태수유오성 분와 환규임창정 분가 있으며 그 또한 친구를 위해서라면 목숨을 아끼지 않았다. 〈타짜〉최동훈, 2006에서 주인공 고니조승우 분의 단짝이 된 넉살 좋은 사기꾼 광렬유해진 분도 그러한 짝패의 전통을 이어가는 존재이다. 주인공 못지않은 친구의 인기는 짝패가 마치 장르 공식처럼 청년서사의 긴요한 부분으로 자리해 왔음을 말해준다. 그들은 주인공에게 의리나 헌신과 같은 인간적 미덕을 부여할 긴요한 계기였고, 때론 분단 트라우마로 인한 정서적 결핍을 위무할 의사-가족적 유대감의 장치였다.

이런 사정을 감안한다면, 2010년대 이후의 가난한 청년들 곁에서 짝패에 해당할 인물이 사라졌을 뿐만 아니라 친밀한 관계 자체가 어렵게 되는 상황

22　오영숙, 「타락한 여성 / 고아 청년−사회적 트라우마와 1960년대 멜로드라마」, 『현대영화연구』11(3), 2015, 413~443쪽 참조.

은 그냥 지나치기 어려운 면이 있다. 많은 청년영화가 사람들 간의 유대가 파괴되는 순간들에 공을 들이는 것도 마찬가지이다. 〈들개〉의 외톨이 정구변요한분는 우연히 알게 된 효민박정민분과 형제 같은 유대를 나누지만 오래지 않아 둘의 관계는 깨질뿐더러 정구는 두려움으로 효민을 살해한다. 서울의 대표적인 빈민촌이었던 수색동[23]을 배경으로 한 〈수색역〉최승연, 2016 또한 1980년대 중반의 도시 재개발 붐이 일면서 끈끈했던 관계들이 하나씩 붕괴되는 과정을 보여준다. 한때 가까웠던 친구들과 단절되고, 연인은 물론이고 가족의 관계까지 파탄이 난 청년이 결국 낡은 차에서 외롭게 지내다 자살하기까지의 이야기가 펼쳐지고 있다.

여성-청년의 경우는 자기파괴나 파국처럼 극한의 상황에 내몰리지는 않는 편이다. 그러나 친밀한 관계가 단절되고 물리적 혹은 정신적 고립의 상황에 빠지거나 사회적 관계망 밖으로 밀려나게 되는 처지는 유사하게 되풀이 된다. 〈이월〉의 민경조민경분은 갈 곳 없는 자신을 따뜻이 맞아준 사람들과도 결국 절연하고 혼자 남게 되며, 〈거짓말〉의 아영김꽃비분은 가족이나 연인, 혹은 직장동료 누구와도 마음을 나누지 못하고 철저히 혼자가 된다. 잠잘 곳을 찾아 여기저기를 헤매던 그녀가 결국 찾은 곳이 파출소와 모텔이라는 점은, 어떤 관계도 의지처가 되지 못함을 말해준다. 가난한 청년들은 혼자 남거나, 함께 있다 해도 혼자라는 느낌에 시달린다. 〈소공녀〉의 미소이솜분는 옛 친구들과의 짧은 재회를 끝으로 연락두절의 상태 속으로 스스로를 가둬버린 경우이다. 담배와 위스키, 사랑하는 사람과 함께 할 수만 있으면 나

---

23 수색동은 신림동이나 사당동, 상계동과 마찬가지로 도시 빈민층이 모여 살던 도심 외곽의 거주지이다. 1960년대에 판자촌을 비롯한 도심의 무허가 정착지를 철거하면서 해당 가구들을 대규모로 집단 이주시켜 조성한 여러 정착지 가운데 중 하나이다. 장세훈, 「도시화, 국가 그리고 도시빈민─서울시의 무허가 정착지 철거 정비 정책을 중심으로」, 『사회와 역사』 14, 1988, 120~173쪽 참조.

머지는 아무래도 상관없다는 그녀의 바람이 결코 소박하거나 쉬운 꿈이 아님을 확인할 수 있다.

사적인 관계 자체의 붕괴는 상황의 악화 정도를 알리는 민감한 척도이다. 그 심각성은 21세기 초기에 제작된 영화들과의 비교를 통해 보다 분명해진다. 신자유주의가 회자되기 시작하던 때에 제작된 〈고양이를 부탁해〉정재은, 2001는 중산층과 극빈층이라는 서로 다른 환경 출신인 두 소녀가 계급을 초월한 친밀한 관계를 형성하는 순간을 제시한 바 있다. 2008년에 제작된 〈똥파리〉양익준, 2008와 〈그녀들의 방〉고태정, 2008 또한 고된 현실 속에도 희망이 가능함을 보여준 영화이다. 〈똥파리〉의 주인공 상훈양익준 분은 사람을 가리지 않고 욕설과 폭력을 일삼는 깡패이다. 하층민의 욕설과 난폭함을 장르적으로 문법화했다고 할 정도로 그의 입은 거침이 없다. 하지만 거친 그에게도 자신의 위악을 이해하는 친구 만식정만식 분이 있으며, 서로를 진심으로 아끼는 누나와 조카도 있다. 게다가, 비슷한 환경에서 자란 여고생 연희김꽃비 분와의 애틋한 관계가 만들어지기도 한다. 〈그녀들의 방〉고태정, 2008도 정서적 교감의 가능성을 열어두었다. 볕 안 드는 고시원 쪽방에 기거하는 학습지 교사 언주정유미 분는 자기 방을 마련하는 일에만 집착하지만, 죽음을 앞둔 중년 여인과의 만남을 통해 비로소 관계의 따뜻함을 마주한다.

그러나 이러한 관계들은 이제 쉽게 보기 힘든 과거사가 되었다. 사랑 때문에 모든 것을 버리는 낭만적 열정이나 우정은 먼 옛일일 뿐이다. 욕심과 무능으로 인해, 혹은 경쟁이나 질투, 불신, 혐오 등의 부정적 감정 때문에 친밀한 관계에 균열이 일고 마침내 고립이나 파국에 이르는 이야기는 몇몇 영화에만 국한되지 않는, 이제는 익숙해진 서사다. 과거의 영화들이 가족의 결핍을 타인과의 관계로 보완하며 숨 쉴 공간을 마련했던 것과는 사뭇 다른 사정이다. 오늘날 청년영화가 드러내는 소통의 단절은, 고독이나 소외 같은 현대인의 보편적 정서로는 더 이상 설명되기 어려울 만큼 극단적인 외양을 하고 있다.

더군다나 중심 캐릭터가 으레 가질 법한 미덕을 제거해버려 인물과 동일시하는 일조차 용이치 않으며 음악까지 절제한 탈감상적 외양과 사실주의적 스타일을 취한 탓에, 관계 단절의 양상이 더욱 날카롭게 전달된다. 작은 온기도 허용치 않는 이러한 고립상황은, 가난 속에서도 사람들 간의 유대가 가능했던, 영국의 〈나, 다니엘 블레이크〉켄 로치, 2016나 일본의 〈어느 가족〉고레에다 히로카즈, 2018, 미국의 〈플로리다 프로젝트〉션 베이커, 2018와 같은 영화들에 비해 매우 비관적인 비전을 제시한다.

세상은 늘 어딘가가 병들어 있기 마련이다. 강한 사람이라면 그 병든 세상을 고치기 위해 밖으로 나갈 것이지만, 그럴 힘이 없는 자라면 자폐의 상황에 스스로를 가두게 될 것이다. 한 미니시리즈[24]의 제목처럼 '타인이 지옥'이 된 이유는 내 마음이 지옥인 까닭이다. 세상이 회복 불가능하게 병들어 있는 것처럼 보인다면 그것은 내가 병든 탓이다. 그 병든 세상이 나에게 고통으로 다가오는 것은, 그것을 감당하거나 극복할 힘이 내게 부재하기 때문이다. 스크린 속 가난한 청년이 고립의 상황에 놓이거나 자살에 이르는 결말이 가리키는 것은, 그러므로, 자신의 나약함에 대한 고백이자 그런 취약한 자신에 대한 혐오이다.

---

24 웹툰을 원작으로 OCN이 제작한 드라마 〈타인은 지옥이다〉.(이창희, 2019.8.31 ~10.6)

4. 혐오와 낙인의 언어들

지금의 청년영화들에서 자주 목격되는 것은 상대를 비하하는 다양한 말들이다. 노골적인 모욕부터 은밀한 '돌려까기'에 이르기까지 언어폭력이 일상적으로 벌어지며 혐오 발언의 전시장이라 할 정도로 가학적인 언어들이 포진해 있다. 가령 〈거인〉의 주인공인 17세 영재(최우식 분)는 자신을 규정하는 다양한 말들에 지속적으로 노출된다. 또래 친구에게 그는 "부모 없는 자식들"이 으레 그러하듯 "(나쁜) 손버릇은 타고난" 종족이고, 보호시설 원장 부모가 볼 때는 "은혜도 모르는" "개만도 못한 새끼"이다. 〈들개〉의 주인공인 정민(변요한 분)처럼 성인인 경우라면 언어의 폭력 수위가 더 높아진다. 고교동창은 그를 "함께 엮이는 것이 지겨운" "또라이 새끼"라 부르고, 부잣집 반항아 효민(박정민 분)은 "순진한 척" "되지도 않는 애완견 코스프레나 하는" "진짜 좆나 추한" "븅신 새끼"라며 모멸한다. 지도 교수가 보기에 그는 무엇을 시켜도 다 하는 "오갈 데 없는" 신세의 잡일꾼이다.

대상의 젠더에 따라 수위와 방식이 달라지기도 하지만, 결국 욕설을 넘어서는 폭력적 언어와 마주하게 된다는 점은 같다. 그 언어가 폭력적인 이유는, 단지 공감 없는 악의적 모욕이어서가 아니라, 개인을 넘어 그가 속한 집단 전체에 낙인을 찍는 언어이기 때문이다. 경제적 어려움을 곧바로 도덕적 결함과 연결시키고 그러한 결함을 한 개인이 아니라 그가 속한 집단의 속성으로 규정하는 이 낙인의 언어는 개인의 노력으로는 해결되기 어려운 제한과 배제를 함축하고 있다. 집단의 운명이 그들을 지칭하는 말과 결부된다[25]는 점에서 보자면, 가난한 청년들은 종속과 비굴의 굴레에서 벗어날 수 없

---

25   피에르 부르디외, 김정곤·임기대 역, 『호모 아카데미쿠스』, 동문선. 2005.

는 비천한 존재이다.

이러한 혐오는 특정 행동에 대한 분노와는 구별된다. 분노는 대상의 변화 가능성을 배제하지 않은 감정이지만, 혐오에는 그러한 기대조차 없다.[26] 여기에는 나쁜 환경이 원인이라는 사고가 작동하지 않으며 긍정적인 변화가 일어날 수 있다고도 보지 않는다. 정체성 자체를 부정적으로 규정하는 것이기에, 대상의 행동이 달라진다고 해서 혐오 감정이 줄어들지는 않는다.

더욱 문제적인 부분은, 상대의 혐오 발언을 대하는 스크린 속 청년의 반응이다. 언어는 어떤 의도가 담긴 행위이다.[27] 혐오 발언이 궁극에 목적하는 바는 대상을 자신과 분리시키고 인간으로서의 권리 박탈을 정당화하는 것이지만, 그러한 폭력성에 대해 청년은 항의하지 못한다. 물리적 폭력이 가해질 때도 적극적으로 맞대응하지 않으며, 때론 시선을 회피하거나 고개를 숙이기까지 한다.

그렇다고 감정을 아예 느끼지 못하는 것은 아니다. 다만 드러낼 수 없을 뿐이다. 이를테면, 영화 〈들개〉에서 주인공인 대학원생 정구는 남몰래 사제 폭탄을 제조한다. 폭탄을 터뜨려야 할 만큼 세상을 향한 분노가 크기 때문이지만, 그는 자신의 속내를 철저히 감춘다. 심지어 직접 행동에 나서지 않고 자신을 대신하여 폭탄을 터뜨려줄 누군가를 찾는다. 반면 부잣집 자제인 대학생 효민은 자신의 감정에 솔직하다. 세상에 불만을 갖는다는 점에서는 두 사람이 다르지 않지만 효민은 자신의 감정을 행동으로 옮기는 일에 거침이 없다. 그가 원하는 것은 타협 없는 투쟁이다. 그에게는 죽음도 두려워하지 않고 세상에 맞설 패기가 있다. 모든 것에 당당한 효민은 정구에게 거짓

26　Agneta Fischer, Eran Halperin, Daphna Canetti and Alba Jasini, "Why We Hate", *Emotion Review*, 10(4), 2018, pp.309~320.

27　유민석, 『혐오의 시대, 철학의 응답』, 서해문집, 2019, 19쪽.

된 순응을 멈추고 분노를 드러내라며 다그치지만, 정구는 그렇게 하지 못한다. 오히려 자신의 정체가 세상에 노출될 것이 두려워 효민을 살해한다. 영화는 오랜 바람인 직장인이 된 정구가 넥타이 차림으로 지하철에 몸을 실은 장면으로 끝이 난다. 짐작컨대 분노의 감정을 터놓을 유일한 친구마저 잃은 그는, 자신의 감정을 더 깊이 은폐한 채 도시의 일상 속에 스스로를 가두고 살아가게 될 것이다.

당연히, 부당한 상황에 맞서지 못하는 이러한 행보가 일반적인 것은 아니다. 비난과 조롱에 무기력하게 반응하는 그의 모습은, 기존 한국영화에 흔히 보아온 것들과는 결을 달리 한다. 이를테면 〈맨발의 청춘〉김기덕, 1964의 '깡패' 청년 두수는 마음의 상처조차도 목소리를 높여 토해낼 당당함이 있었다. 1970년대 청년영화인 〈바보들의 행진〉하길종, 1975이나 비슷한 시기에 나온 대학입시 실패자들에 관한 영화들[28] 속 청년은 패기가 결여되어 있지만, 적어도 자신의 감정을 감추려 애쓰지는 않았다. 2000년대 초반에 제작된 〈똥파리〉의 주인공인 상훈양익준 분과 영재이환 분 역시도 위악적 행동과 거친 욕설로 자신의 분노를 드러낸 바 있다.

이런 사정들을 감안한다면, 감정의 표출 자체가 힘들어진 청년들의 표상은 지금이 그 어떤 때보다 심각한 위기의 시대임을 보여주는 듯하다. 감정의 은폐가 지시하는 것은, 이제는 분노나 저항조차도 가난한 자의 몫이 될 수 없다는 사실이다. 억압적 질서에 맞서는 영웅의 역할이 주로 가난한 사람에게 주어졌던 오랜 재현 관습과는 다르게, 가난한 사람은 그러한 사회적 역할을 수행하지 못한다. 이러한 사정의 배후에는, 세상에는 절대적 장벽이

---

28 1970년대 청년들의 좌절감이 재수생을 빌려 재현되었던 사정에 관해서는 오영숙, 「1970년대 한국영화의 청년표상과 정동정치」, 『한국극예술연구』71, 2021, 103~138쪽 참조.

존재하며 그것이 아무리 불합리할지라도 결코 바뀌지 않으리라는 절망감이 놓여 있다.

그와 관련하여 주목을 요하는 것은 비슷한 처지의 청년들이 서로를 겨냥하여 내뱉는 욕설들이다. 계급 내부의 연대 자체가 불가능하다 생각될 정도로, 같은 처지의 청년들이 서로를 경멸하는 장면이 자주 제공된다. 〈거인〉에서 보호시설의 같은 방에서 지내는 열일곱 동갑내기인 영재최우식분와 범태신재하 역는 친구가 되지 못한다. 무책임한 부모에 오갈 데 없는 처지라는 비슷한 사정에도 불구하고 두 사람은 서로를 경멸한다. 범태는 영재를 "인간들 똥꼬라도 잘 핥"는 "좆같은 새끼"이고 "졸라 내숭이고 졸라 여우새끼고 졸라 무서운 새끼"라 부르고, 영재는 범태를 "같은 처지끼리 … 도와달라는 … 병신"이라 모멸한다. 자신을 닮은 '나와 같은 너'를 겨냥하여 내뱉는 비난은 신체적 폭력 이상으로 가학적이다. '병신', '새끼', '쓰레기'와 같은 말이 빠짐없이 등장하는 둘 사이의 대화는, 가난한 사람은 계급 내부에서도 이해받지 못한다는 사실을 보여준다. 같은 처지의 사람들 사이의 '내부 총질'이 세상을 향한 분노보다 더욱 비중있게 다뤄지는 형국이다.

통상적으로 가난혐오는 외부의 사람들이 가난한 사람들에 대해 갖는 부정적 감정을 일컫지만, 단순한 감정의 차원에 머물지 않는다. 그것은 존재를 낙인 찍고, 사회적 배제와 편견을 구조화하는 위험한 담론이다. 그러나 가난혐오보다 더 위험한 것은 가난한 사람들이 서로를 혐오하는, 이른바 '자기혐오'이다. 빈곤층의 이러한 자기혐오는 외부로부터 반복적으로 낙인과 혐오에 노출된 경험이 내면화된 결과이다. 사회의 부정적 시선을 자신에 대한 판단으로 받아들이면서, 자존감과 자기 효능감이 약화되고 결국 자신의 상황을 바꿀 수 없다는 무력감이 낳은 것이라 할 수 있다. 경제적 어려움보다 더 깊은 내적 고통을 안기는 것은 바로 이러한 자기혐오이다. 모든 관계를 파국으로 몰아가고, 나아가 자신의 삶 자체를 부정하는 자기 파괴적인 상태로 이끌기 때문이다.

영화 〈들개〉에는 두 번의 취업 면접 인터뷰가 등장한다. 영화의 앞부분에 배치되는 인터뷰에서 가난한 청년 정구는 좌우명을 묻는 면접관의 질문에 "내 마음의 주인이 되자"는 것이라 답한다. 하지만, 영화 뒷부분의 인터뷰에서는 같은 질문에 대해 "세상에 공짜는 없다"라는 답을 내놓는다. 얻고 싶은 게 있으면 다른 무언가를 포기해야 한다는 것, 포기하는 걸 두려워하는 순간에 둘 다 놓칠 수 있다는 것이 이유이다.

들개가 될 것인가, 애완견이 될 것인가. 다시 말해, 주인 되기와 종속되어 살기 가운데 하나를 선택해야 할 갈림길 앞에 청년은 서 있다. 두 극단 사이에 절충이나 타협은 없다. 그러나 거친 들짐승이든 고분고분 말 잘 듣는 애완동물이든 간에, 자격과 권리를 박탈당한 존재라는 점에서는 대동소이하다. 길들여지기를 거부하는 공격성 때문에 세계로부터 배제되는 것이나 자신의 목소리를 잃고 순종하며 사는 것이나, 비참하기는 매한가지이다. 그러나 애완견이 되기를 선택한 정구의 모습은 더욱 처절해 보인다. 주변의 질서가 불합리하다고 느끼면서도 세상에서 밀려나지 않으려 숨죽이며 살아가는 태도가 청년세대를 통해 구현되는 광경도 암울하지만, 자기혐오를 내장한 청년의 자화상은 전례 없이 처참하다.

5. 자기혐오의 연원과 대안

1) 메리토크라시^{meritocracy}의 내면화

지금껏 살펴본 영화의 주인공 가운데 게으르거나 남의 도움을 무상으로 받으려는 사람은 드물다. 후원물품을 빼돌려 용돈을 마련하거나〈거인〉 배고픔을 달래기 위해 음식을 훔치는〈이월〉 등의 소소한 도둑질을 하는 경우는 있지만, 대부분은 부지런하고 성실하다. 그러나 이러한 노력은 좋은 평가를 받지 못할 뿐더러 오히려 '너무 애쓰지마, 없어 보이니까'라는 식의 모멸과 마주하게 만든다. 노력이 미덕이 못 되고 가난이 낙인이 되는 이러한 곤경은 어디로부터 기원한 것인가. 아래의 글들은 오늘날 청년들이 마주한 어려움과 심리적 부하의 정도를 헤아릴 단서를 제공해준다.

"한남감성 개싫어 웩웩 가난한게 자랑이라고 포장하고 있어? 숨겨라 숨겨"ID : 한숨좀그만 2022.1.3

"싸구려 자본주의 국가에서 사는 우리지만 그나마 한남들의 수작질에는 그 자본의 성의마저 없음"ID : True Positive, 2022.1.3

"개극혐. 난 저런 감성 가진 사람들 친구, 지인으로도 못둠…"ID : 달나라에 간 루꼴라, 2022.1.3

"가난하면 그냥 ㅅㅂ 어디처박혀숨시지도마라한남들악 뭔 연애야 부자말고 아무도 연애못햇으면"ID : 뻐큐 나 먹어라, 2022.1.3[29]

---

29 띄어쓰기는 원래 댓글의 상태 그대로를 옮긴 것이다. 댓글을 쓴 이의 감정이 그대로 전달되고 있기 때문이다. 띄어쓰기 없이 이어 쓴 "어디처박혀숨시지도마라한남들악"이라는 문구는, 자제가 어려울 정도로 대상에 대한 극도의 분노가 일고 있음을 느끼게 해준다.

위의 문장들은 가성비 높은 데이트를 성사시킨 남성들의 이야기에 반응하여 달린 댓글들[30]이다. 프로포즈 용품을 중고 거래로 되판 '레전드 찍었던 9천 원 프로포즈' 사연과, 적은 돈으로도 충분했던 데이트 경험담에 대한 여성들의 소감을 담고 있다.

이 댓글들이 가볍게 느껴지지 않는 이유는, 사랑처럼 비물질적인 영역으로 여겨지던 곳에 자본의 가치가 침입하고, '수작질' '개극혐' '개싫어'와 같은 거친 말로 가난에 대한 분노를 표출하고 있기 때문이다. 경제적 여유가 없음에도 여친에게 이벤트를 해주고 싶었던 그 마음보다, 돈도 없는 처지에 연애 한 번 해보겠다는 그 '심보'에 대한 불쾌함이 더 크다는 것인데, 이러한 감정이 지닌 사회적 의미를 되짚어볼 필요가 있다. 가난에 대한 과도한 적대는, 이 사회가 감추고 있는 더 깊은 불안anxiety의 징후처럼 느껴지기 때문이다.

가난을 향한 이렇듯 과잉된 적대가 시작된 것은 십여 년 전의 일로, 이 시기는 다들 동의하듯이 신자유주의의 확산과 겹쳐 있다. 신자유주의는 진부하게 들릴 만큼 자주 언급되어 왔지만, 여전히 오늘날의 심리적 현실을 가장 잘 설명해주는 개념이다. 그리고 그것이 가져온 영향은 결코 단순해 보이지 않는다. 경제적 효과를 넘어서 인간의 주체성과 사회적 관계를 형성하는 강력한 이데올로기가 돼버린 까닭이다.

지금 우리를 지배하는 체제는 메리토크라시Meritocracy[31]이다. 능력과 성과

---

30 다음 카페 〈여성시대-차분한 20대들의 알흠다운 공간〉에 올라온 글, "[기타] 한남 노란 장판의 연애감성 가난혐오다 vs 아니다". 2022.1.2.

31 능력주의 사회로 번역될 수 있는 메리토크라시는 사회학자인 마이클 영이 1958년에 출간된 자신의 책에서 아리스토크라시(귀족주의 사회)에 대응하는 개념으로 만든 말이다. 그의 저서는 2020년에 국내에도 번역 출간된 바 있다. 번역서에는 메리토크라시가 능력주의로 번역되어 있지만, 이 글에서는 사회 내

에 맞추어 보상이 이루어지는 사회 체제에 우리는 살고 있다. 그것에 대한 지지 여부와는 상관없이, 이 시대의 사람의 마음을 장악하고 있는 레짐이 그러하다는 것이다. 능력제는 모든 레짐의 기본이라 할 수 있지만, 메리토크라시는 그것이 한층 전면화된 체제이다. 능력에 따라 성과가 달라지고 지위와 보수가 결정되는 메리토크라시는, 출신이나 가문에 따라 지위와 보상이 결정되는 아리스토크라시aristocracy에 비해 민주적이긴 하지만, 무한경쟁 체제라는 심리적 압박과, 그 안에서 경쟁력을 갖추지 못하면 도태될 것이라는 불안이 사람들 마음속에 자리 잡게 했다.

매순간 비교와 평가를 당해야 하는 무한경쟁과 생존 압박 속에서는 모든 사람이 취약하다. 일정한 소득이 있는 임금 노동자라 하더라도 자신이 쓸모가 한시적인 소모품에 불과하며 언제든 폐기될 수 있다는 불안감을 가질 수밖에 없다. 메리토크라시시대를 지배하는 성공 서사는 더 거센 압박으로 작동한다. 사회적 성공의 기준에 도달하지 못했다는 상대적 박탈감과 좌절감이 지금 우리가 당면해야 할 불가피한 생활 조건이 되어버린 상황이다. OECD 자살률 세계 1위라는 수치가 증명하듯이, 미래에 대한 희망이 없이 자신을 혹사해야 하는 '피로 사회Burnout Society'[32]가 주는 심리적 부하와 불안이 매우 큰 시대에 우리는 와 있다.

상대적 박탈감이 야기하는 심리적 빈곤은 물질적 결핍 못지않은 정서적 고통을 초래한다. 특히 친밀한 관계의 정서적 기반을 약화시킨다는 점에서 사회적 위험을 내포한다. 이러한 관계의 붕괴는 극빈층만의 문제가 아니라,

---

지 체제, 레짐이라는 의미를 보다 강조하려는 의도에서 메리토크라시라는 용어를 그대로 사용하고 있음을 밝혀둔다. 마이클 영, 유강은 역, 『능력주의』, 이매진, 2020 참조.

32 한병철, 김태환 역, 『피로 사회』, 문학과지성사, 2010.

더 넓은 사회계층 전반에 나타나는 구조적 현상이다.

이를테면, 〈카브리올레〉조광진, 2024는 친밀한 관계 자체가 어려워진 시대임을 통렬하게 보여주는 영화이다. 주인공 지아큼새록 분는 부모와 동생을 책임지는 K-장녀이다. 미래를 꿈꾸며 글로벌 기업에 헌신했지만, 사랑을 잃었고, 결국 얻은 건 병뿐이었다. 친구마저 자살하자 그녀는 치료를 포기하고 수술비용으로 카브리올레 자동차를 사서 생의 마지막 여행을 떠난다. 언뜻 보면 여행을 통해 살 의지를 회복한다는 내용의 로드무비처럼 보이지만 속사정은 다르다. 여행을 통해 그녀가 터득하게 되는 것은, 모든 관계는 부질없으며 인생은 혼자일 수밖에 없다는 사실이다. 잠시 마음을 열었던 농촌 청년은 사실은 그녀를 노리는 살인마이고, 인심 좋아 보이던 중년 여성은 도와달라는 그녀의 절박한 외침을 외면한다. 끝내 남는 건 인생은 각자도생이라는 냉혹한 진실이다. 믿음도 연대도 없다. 결국 살아남는 건 각자의 몫이다.

소득과 무관하게 취약성은 대부분이 감내해야 하는 현실이지만 그 정도는 성별에 따라 차이를 보일 수 있다. 〈들개〉에는 성형이 신분 상승의 사다리를 타기 위한 암표 같은 것이라는 말이 등장한다. 강남에 성형외과가 많은 이유는 '성형해서 강남살고 싶다'는 욕망의 발현에 있다는 것인데, 여기에 반영된 생각은 '남자는 능력, 여자는 외모'라는 통념이다. 이러한 통념에 따르면, 여성의 경우는 외모나 매력과 같은 요소가 우선적인 평가의 기준이다. 돈은 능력 평가의 간접적 기준일 뿐이고, 그 대신 외모와 관련된 비하와 혐오에 더 많이 노출된다. 반면, 남성은 '능력 = 돈'이라는 등식이 직접적으로 작동하기에, 가난은 곧 무능과 무가치함을 의미하는 것이 된다. 여성이 가난 속에서도 상대적으로 더 많은 자존감을 지닌 존재로 재현되는 건, 이러한 차이를 반영한 결과로 보인다.

그렇다고 해서 여성이 능력주의의 덫으로부터 자유롭다는 것은 아니다.

누구나 메리토크라시의 지배를 받지만, 다만 증명해야 할 능력의 종류가 다를 뿐이다. 여성에게는 가난이 곧바로 무능을 가리키지 않지만, 남성의 경우는 능력 부재와 무가치를 직접적으로 지시할 여지가 상대적으로 크다. "사회적으로 규정된 나의 가치는 돈"[33]이라는 통념이 만연한 사회에서, 직접적으로 상처를 입고 혐오의 표적이 되는 것은 남성이다.

메리토크라시가 안고 있는 또 다른 문제는 공정성이다. 능력을 재는 척도가 성과이며, 능력에서 성과로 나가는 데 필요한 최고의 모토가 공정이다. 때문에 공정성에 대한 민감함은 성과주의 체제에서는 당연할 수 있다. 기본적으로 메리토크라시는 공정성에 대한 신뢰에 기반하지만, 그러나 능력을 평가할 공정한 시스템이 마련될지는 의문이며, 능력에 따른 보상이 공정하게 이루어지기도 어렵다. 능력 있는 사람이 좋은 기회를 얻는다는 명제가 기본적으로 옳다 해도, 능력을 판단할 객관적인 기준이 존재하기 어렵기 때문에 평가의 과정에 대한 불만이 발생할 수밖에 없다. 그리고 능력과 노력조차도 나 혼자의 힘으로 이룬 것이 아니다. 마이클 센델이 거듭 강조하듯이, 단지 공정하다는 착각이 있을 뿐이다.[34]

이러한 불공정함에 대한 인식은 사람들에게 견디기 힘든 분노와 불만을 안겨준다. 근래 마이너리티혐오나 가난혐오가 점차 노골화되고, 관계와 존재 자체를 위협할 정도로 혐오가 남용되고 억제되지 않는 것은 이러한 불만과 불안으로부터 기인한다. 더욱이 지금처럼 문화자본의 유무와 사회적 지위에 따라 인간을 등급화하는 속물의 시대에서 불안의 심화는 불가피하다. 끊임없이 비교당하는 사회에서는 돈과 같은 외형적 자산으로 자신을 증명

---

33 tvN 수목드라마 〈머니게임〉(김상호 연출·이영미 극본, 2020.1.15~2020.3.5) 속, 유진 한(유태오 분)의 대사.

34 마이클 센델, 함규진 역, 『공정하다는 착각』, 와이즈베리, 2020.

해야 한다는 압박에서 자유롭기 어렵다.

사회 내부에 누적된 이러한 어두운 에너지가 외부의 증상으로 드러나는 것이, 사회적 약자에 대한 집단적 적대와 혐오이다. 자신보다 능력이 더 나을 것이 없다고 생각되는 사람이 자신과 비슷한 성과를 얻거나 더 많은 성과를 얻는 것으로 보일 때, 불만은 쉽게 혐오로 전환될 수 있다. 불안과 강박은 자신보다 취약하다고 생각되는 사람을 증오의 대상으로 찾게 만드는 요인이다. 성과 앞에서 좌절한 사람들이나 성과를 이룰 가능성이 없는 사람들이라면 그러한 전환이 더욱 쉽게 이루어질 것이다. 근래 문제가 되고 있는 혐오현상은 끝없는 경쟁과 성과주의의 압박, 미래에 대한 불안에서 느끼는 자신의 무력감을 해소하고 '자기 우월감'을 확보하려는 심리적 방어기제가 작동한 것이라 할 수 있다.

요컨대 가난혐오는 개인적 차원의 문제가 아니라 메리토크라시 체제 하에서 집단적으로 구성된 문화적이고 관계적인 것이라 할 수 있다. 능력주의와 성과주의라는 틀이 유지되는 한, 불안은 사라지지는 않고 양산될 것이며, 혐오의 기본적인 파토스는 계속 공급을 받게 될 것이다. 그 대상이 여성으로, 장애인으로, 혹은 다른 어떤 약자나 소수자로 바뀌더라도 혐오의 정동은 외양을 달리 할 뿐 변함없이 자신을 유지하게 될 것이다. 마이너리티 내부의 상호 비난과 자기혐오 역시도 기본적으로는 이러한 정신적 레짐이 만들어낸 것이라 할 수 있다. 심리적 빈곤으로부터 발원한 이러한 사회 심리적 증상들을 방치한다면 상황은 머지 않아 회복될 수 없는 지경에 이를 것이라는 위기감이 그 어느 때보다 증폭되고 있는 시대이다.

한편 이렇듯 상황을 악화시킨 근본적인 원인상황을 더욱 악화시킨 원인으로 우리가 생각해볼 사안은 신자유주의의 내면화이다. "마누라 자식 빼고 다 바꾸라"[35]며 체질 개선을 요구했던 이건희의 목소리가 기업 간에 널리 회자되고[36] '이건희 신드롬'이라 할 만큼 한국 사회 전반에 붐을 일으키기 시작했던[37] 20세기 말만 하더라도, 신자유주의는 밖에서 들여온 정언명법 같은 것이었다. 하지만 지금은 그러한 가치가 자기 발생적인 '오토포이에시스Auto-poesis'[38]의 단계로 접어든 것으로 보인다. 신자유주의의 핵심모토인 능력주의가 외부로부터 강요된 것이 아니라 자신의 언어로 자기 생성되고 있다는 것이다. 사람들의 마음속에서 신자유주의적 사고가 일종의 자기타자화 되는 현상이 벌어지고 있다고도 말할 수 있다.

이러한 내면화가 가리키는 바는, 이제는 빠져나갈 구멍이 없다는 절망적 현실인식이다. 불우의 상황이 모두 자기 탓이 돼버렸기 때문이다. 핑계를 대고 싶지만, 댈 구실도 없고 시스템을 탓할 수도 없다. 원인을 외부로 돌리는

35　이건희가 1993년에 프랑크푸르트에서 했던 연설 속의 이 구절은 '이건희 신드롬'이라 할 정도로 큰 관심을 받았다. 21세기의 기업 생존 전략으로 패러다임 전환과 개혁을 요구하는 이건희의 경영철학을 조명한 책들이 같은 해에 여러 권이 경쟁적으로 출간되어 베스트셀러가 되었는데, 대표적으로는 박원배, 『마누라·자식 빼고 다 바꿔라』, 청맥, 1993; 김상헌, 『이건희, 초일류만이 살아남는다』, 일터와사람, 1993; 서울플랜기획실, 『일류가 아니면 포기하라』, 포도원출판사, 1993, 강승구 편, 『이건희 이야기—이제는 바꿔야 산다』, 미래미디어, 1993; 이건희, 『생각 좀 하며 세상을 보자』, 동아일보사, 1997 등이 있다.

36　「93 결산(2) "마누라·자식만 빼고 다 바꿔라"」, 『경향신문』, 1993.12.21, 4쪽.

37　「삼성 '質 경영' 오늘 1주년, 한국 사회 파고든 '이건희 신드롬'」, 『조선일보』, 1994.6.7, 11쪽.

38　자기autos와 생산 혹은 창조poienin가 결합된 조어인 '오토포이에시스'는 생명체의 에너지와 영양소가 자신의 세포와 뼈, 살, 피부를 만들기 위해 쓰여지는 것을 설명하는 생물학적 개념이다. 사회학자인 니콜라스 루만은 이 개념을 사회 시스템 및 커뮤니케이션 이론으로 확장하여 사용했고, 이 논문에서 원용한 것 역시도 루만의 이론에 따른 것이다. 자기 생성 혹은 자기 생산, 자기 창출 등으로으로 번역될 수 있지만 아직 번역어가 통일되지 않았고 번역서 역시도 원어를 번역하지 않고 그대로 실은 것을 고려하여 이 논문에서도 원어 그대로 사용했음을 밝혀둔다. 니콜라스 루만, 이득재·이규환 역, 『오토포이에시스와 통섭』, 써네스트, 2010.

것은 불가능하다. 자기가 타자이자 아버지이며 정언명령을 내리는 사람이기에 다른 누구를 탓할 수가 없는 상황이라는 것이다. 자신의 처지가 외부의 무엇이 아니라 스스로의 능력 부족 때문으로 느껴진다는 사실은 사람들을 더욱 참담하게 만들 수 있다. 네 부모는 더 어려운 시절을 겪어왔다는 식으로, 노력이 부족하기 때문이라는 식으로, 너의 실패는 네가 모자란 탓이기 때문이라는 식으로 다가오는, 금융자본주의시대 성공서사의 채찍질은, 계층이나 성차를 떠나 누구에게나 가혹한 것일 수밖에 없다.

성공서사가 윤리적 지배자로 군림하는 한, 상대적 빈곤이 초래하는 우울감과 불안, 자존감 저하, 희망 상실, 사회적 고립 및 단절감은 개인이나 사회 전체에 깔려 있는 마음의 어두운 힘이 된다. 2018년에 발표된 노래 〈잠〉의 가사를 빌어 말하자면, 앉지도 눕지도 못하고 "한 줌의 희망"으로 쉼 없이 달려도 결국 "점점 좁아지던 골목의 막힌 끝"에 다다르게 되었다. "탓할 무언가를 애써 떠올려 봐도 오직 나만의 어리석음"이라는 아픈 자책이 남을 뿐이다. 한편에서는 가난하게 된 자신의 무능을 탓하고, 다른 한편에서는 그런 정언명령을 내린 스스로의 어리석음을 탓할 수 있지만, 어느 쪽이든 다 내 잘못이라는 생각에 있어서는 별반 다르지 않다. 이 자리에서 살펴본 영화들은, 그것이 자기혐오라는 매우 심한 형태로 드러나고 있다고 할 수 있다.

2) 대안에 대한 단상

혐오의 대상이 외부에 있든 나 자신이든 간에 혐오는 개인의 의지만으로 극복할 수 없는 난제이다. 공동체 전체가 나서지 않으면 근본적인 해결이 어려운 사회적 문제이기 때문에 혐오 감정의 완화를 위한 구체적인 대안은 집단 주체의 움직임을 통해 비로소 현실화될 수 있다. 사회적으로 겪은 모욕과 낙인의 경험이 축적되어 자기혐오로 연결되는 사정을 감안한다면, 당연히, 가난에 대한 혐오가 생기지 않는 사회적 기반을 마련하는 데서 문제의 해결이 시작될 수 있다.

그렇다면 가난혐오의 근원인 메리토크라시와 성과주의를 없애는 것이 유일한 해결책인가? 그렇다고 말하기는 어려울 듯하다. 보상을 능력과 결부시키지 않는 시대로의 회귀는 불가능에 가깝다. 메리토크라시가 낳은 불안이 아무리 크다 하더라도 그 정신적 레짐 자체를 부정하기는 어려운 단계에 우리는 와 있다.

그러나 부정은 힘들어도 완화는 가능하다. 메리토크라시의 에너지의 준위를 떨어뜨리고 압박의 강도를 계속하여 줄여나가는 것이 하나의 대안일 수 있다. 능력이 성과로, 성과가 보상으로 가파르게 이어지는 선상에 일종의 완충 장치를 마련하는 것이 도움이 될 것이다. 성과는 능력의 직접적인 지표일 수 없고 능력이 바로 성과로 이어지는 것이 아님을 인정할 필요가 있다. 능력과 성과를 잇는 선이 저항 없이 이어지는 깨끗한 직선이 아니라는 사실을 받아들일 계기를 늘린다면 심리적 압박이 보다 약화될 수 있다. 심리적 압박의 완화는 궁극적으로는 혐오정동의 감소로 이어질 수 있을 것이며, 성과에 주어지는 보상의 크기와 비율을 조정함으로써 공정함에 대한 불만이 부정적 정동으로 화할 가능성을 낮출 수 있으리라 생각된다.

한편, 개인적 차원에서는 자신의 취약성을 인정하고 자신의 가치를 재정의하는 것에서 변화가 시작될 수 있다. 지금의 사회는 독립적이고 자율적인 개인만을 이상으로 삼는다. 사회가 요구하는 자립적 개인의 이상에 도달하지 못했을 때 스스로 실패자로 여기게 되는 상황이다. 이러한 여건을 돌파하는 데 참조점을 제공하는 것은 주디스 버틀러의 논의[39]이다. 버틀러는 우리가 취약성을 인정할 때 사회적 연결망이 넓어지며, 타인과의 연대를 통해 변화의 힘을 만들어낼 수 있다고 말한다. 자신의 '취약성'을 감추지 말고 인정할 때 정치적 저항은 가능해질 수 있다는 것이다.

그와 관련하여 언급할 부분은, 현실을 마주하는 태도의 성별 차이다. '홈리스'[40]의 정서로 요약될 청년들의 심리적 현실은 암울함 그 자체이지만, 여성 청년의 경우는 자살과 같은 극단적인 상황으로 치닫지는 않는 것이 일반적이다. 약간의 예외를 감안하더라도 남성에 비해 심리적 참담함의 정도가 상대적으로 덜한 편이다. 집을 잃고 벼랑 끝에 몰리는 상황에도 자기의지를 지켜내는 인물의 대부분이 여성이다.

남성들에게서는 볼 수 없는 결기가 목격되는 것도 그러하다. 사고로 뇌사에 빠진 아버지를 대신하여 집을 지키려 고군분투하는 19세 소녀도 있고〈불도저에 탄 소녀〉(박이웅, 2021), 자살한 어머니의 시체를 발견해도 자기연민에 빠지지 않고 사망보험금을 타내려 바삐 움직이며 나약한 동생을 다잡는 공장 노동자 여성도 있다〈축복의 집〉(박희권, 2019). 아무리 빈한해도 자존심과 취향만은 포기하지 않겠다는 단단한 마음의 소유자도 여성이다. 친구에게 쌀을 얻어야 할 만큼 궁핍하고 월세를 감당 못해 친구들의 집을 전전해야 하는 신세이지만, 그녀의 표정은 자격지심과는 거리가 멀다〈소공녀〉(전고은, 2017).

여기서 주목할 지점은, 마음이 단단한 여성 청년의 대부분이 돌봄을 행하는 위치에 있다는 사실이다. 〈불도저를 탄 소녀〉에서는 식물인간이 된 아버지 대신에 어린 동생과 집을 지켜야 하고, 〈축복의 집〉의 경우는 홀어머니의 죽음을 처리하고 동생을 돌봐야 한다. 〈이월〉 역시도, 관계에 냉소적인 여주인공이 잠깐이나마 온기를 얻는 순간은 지인의 아이를 챙길 때이다. 〈소공

---

39 Judith Butler, Zeynep Gambetti and Leticia Sabsay, *Vulnerability in Resistance*, Duke University Press, 2016.

40 이 글에서 사용하는 '홈리스'는 노숙인과는 다른 용어로, '노숙인 뿐만 아니라 고시원, 쪽방, 컨테이너 등에서 생활하는 사람'을 포함하는 국제인권법상의 용례를 따른 것이다.

녀)는 아예 직업이 도우미로 설정된 경우로, 그녀가 누군가를 만날 때마다 반복하는 것은 음식을 해먹이고 위로하는 행위이다. 돌봄을 수행하는 청년은 자신의 취약함을 인정하며 그 안에서 존재의 의미를 모색한다. 가난 속에도 무력해지지 않는 내적 강인함이 타인 돌봄이라는 사회적 실천과 맞물려 있다는 점은 여러 면에서 시사적이다.

한편, 자기혐오를 극복할 효율적 도구는 논리적 설명이 아닌 이야기라는 점이 강조될 필요가 있다. 영화와 같은 서사 매체는 부정적 감정을 공감과 이해로 전환시켜 고정 관념을 해체하고 불안과 혐오를 해소할 계기를 제공한다. 타인의 입장에서 세계를 바라보고 인물과의 감정적 연결을 가능케 만드는 것이 서사의 힘이다. 혐오가 타자를 비인간화하는 태도임을 감안한다면, 타인의 경험을 공유하고 거리감을 줄여 공감을 형성하는 영화적 서사는 혐오를 치유할 적극적 기제가 될 수 있다. '나의 집단 / 내가 속하지 않은 집단'의 구도를 해체하고 타자와의 동일시가 가능해진다는 것은, 혐오 대상이던 집단을 사람으로 보게 됨을 의미한다. 아마도 일종의 공공기록인 영화는 메리토크라시의 억압과 그에 따른 감정적 상처를 줄이는 정동적 방도일 터이며, 그런 문제의식을 지닌 문화산물이 많이 생산되고 소비되는 것에서 변화가 시작될 수 있다.

참고문헌

영상자료

1) 국내 영화(연도순)

〈쌀〉(신상옥, 1961), 〈맨발의 청춘〉(김기덕, 1964), 〈저 하늘에도 슬픔이〉(김수용, 1965), 〈바보들의 행진〉(하길종, 1975), 〈삼포가는 길〉(이만희, 1975), 〈고교 얄개〉(석래명, 1977), 〈꼬방동네 사람들〉(배창호, 1982), 〈고래사냥〉(배창호, 1984), 〈장미빛 인생〉(김홍준, 1994), 〈세상밖으로〉(여균동, 1994), 〈비트〉(김성수, 1997), 〈고양이를 부탁해〉(정재은, 2001), 〈타짜〉(최동훈, 2006), 〈그녀들의 방〉(고태정, 2008), 〈똥파리〉(양익준, 2008), 〈애니 멀 타운〉(전규환, 2009), 〈무산일기〉(박정범, 2011), 〈줄탁동시〉(김경묵, 2011), 〈48미터〉(민백두, 2013), 〈들개〉(김정훈, 2013), 〈들꽃〉(박석영, 2014), 〈거짓말〉(김동명, 2014), 〈거인〉(김태용, 2014), 〈수색역〉(최승연, 2016), 〈이월〉(김중현, 2017), 〈소공녀〉(전고은, 2017), 〈버닝〉(이창동, 2018), 〈기생충〉(봉준호, 2019), 〈축복의 집〉(박희권, 2019), 〈홈리스〉(임승현, 2020), 〈최선의 삶〉(이우정, 2021), 〈불도저에 탄 소녀〉(박이웅, 2021), 〈고속도로 가족〉(이상문, 2022), 〈범죄도시 2〉(이상용, 2022), 〈카브리올레〉(조광진, 2024)

2) 해외 영화(연도순)

〈시민 케인〉(오손 웰즈, 1941), 〈Tirador〉(브릴란테 멘도사, 2007), 〈Serbis〉(브릴란테 멘도사, 2008), 〈나, 다니엘 블레이크〉(켄 로치, 2016), 〈플로리다 프로젝트〉(션 베이커, 2017), 〈어느 가족〉(고레에다 히로카즈, 2018)

3) 국내 방송 드라마(연도순)

〈타인은 지옥이다〉(이창희 연출·정이도 극본, 2019.8.31~2019.10.6.)
〈머니게임〉(김상호 연출·이영미 극본, 2020.1.15~2020.3.5)
〈오징어 게임〉(황동혁 연출·극본, 9부작, 2021.9.17 넷플릭스 공개)
〈우리들의 블루스〉(김규태 연출·노희경 극본, 2022.4.9~2022.6.12)
〈안나〉(이주영 연출·극본, 2022.6.24~7.8)

4) 뮤직비디오

〈잠〉(전용현 연출·나이트오프 작사·작곡·노래, 2018)

5) 기타

「'가난'은 치료할 수 있는 정신병입니다」, 박세니마인드코칭의 유튜브 온라인 강의,
　　　2022.3.4.

〈약탈인간-1부 빨간 거품의 포식자〉, 〈그것이 알고 싶다〉, 2022.11.19.

신문기사 및 기타

「형설(螢雪)의 공, 값진 교훈」, 『경향신문』, 1976.1.24

「93 결산(2) "마누라·자식만 빼고 다 바꿔라"」, 『경향신문』, 1993.12.21, 4쪽.

「삼성 '質 경영' 오늘 1주년, 한국 사회 파고든 '이건희 신드롬'」, 『조선일보』, 1994.6.7,
　　　11쪽.

「성인남녀 꿈의 직업 2위는 '건물주'…1위는?」, 『매일경제』, 2020.1.11.

「가족·건강보다 '돈'에 진심인 한국인들…17개국 중 유일」, 『아주경제』, 2021.11.22.

"한남 노란 장판의 연애감성 가난혐오다 vs 아니다", 다음카페 〈여성시대-차분한 20대
　　　들의 알흠다운 공간〉, 2022.1.2.

2차자료

강성률, 「〈버닝〉과 〈기생충〉의 비교연구—청년, 계급, 가족, 살인이라는 공통의 키워
　　　드」, 『영화연구』 91, 2022, 133~162쪽.

강승구 편, 『이건희 이야기』, 미래미디어, 1993.

김상헌, 『이건희, 초일류만이 살아남는다』, 일터와사람, 1993.

니콜라스 루만, 이득재·이규환 역, 『오토포이에시스와 통섭』, 써네스트, 2010.

마이클 센델, 함규진 역, 『공정하다는 착각』, 와이즈베리, 2020.

마이클 영, 유강은 역, 『능력주의』, 이매진, 2020.

박원배, 『마누라·자식 빼고 다 바꿔라』, 청맥, 1993.

서울플랜기획실, 『일류가 아니면 포기하라』, 포도원출판사, 1993.

오영숙, 「타락한 여성 / 고아 청년—사회적 트라우마와 1960년대 멜로드라마」, 『현대
　　　영화연구』 11(3), 2015, 413~443쪽.

______, 「1970년대 한국영화의 청년표상과 정동정치」, 『한국극예술연구』 71, 2021,
　　　103~138쪽.

______, 『근현대 한국영화의 마인드스케이프』, 영화진흥위원회, 2024.

유민석, 『혐오의 시대, 철학의 응답』, 서해문집, 2019.

이건희, 『생각 좀 하며 세상을 보자』, 동아일보사, 1997.

이도훈, 「한국 독립영화와 빈곤의 연대기」, 『영상예술연구』 26, 2015, 9~44쪽.

이화진, 「가난은 어떻게 견딜 만한 것이 되는가」, 『한국극예술연구』 60, 2018, 63~64쪽.

장세훈, 「도시화, 국가 그리고 도시빈민-서울시의 무허가 정착지 철거 정비 정책을 중심으로」, 『사회와 역사』 14, 1988, 120~173쪽.

피에르 부르디외, 김정곤·임기대 역, 『호모 아카데미쿠스(*Homo academicus*)』, 동문선, 2005.

한병철, 김태환 역, 『피로 사회』, 문학과지성사, 2010.

Butler, Judith., Zeynep Gambetti and Leticia Sabsay, Vulnerability in Resistance, Duke University Press, 2016

Fischer, Agneta., Eran Halperin, Daphna Canetti and Alba Jasini, "Why We Hate", Emotion Review, 10(4), 2018, pp.309~320.

Kellner, Douglas M., Cinema Wars : Hollywood Film and Politics in the Bush-Cheney Era, Wiley-Blackwell, 2009.

Wood, Robin., Hitchcock's Films Revisited, Columbia University Press, 1989.

제8장

혐중의 조건과 정동 역학

포스트 세계화와 유튜브를 중심으로

윤영도

1. 들어가며

2022년 2월은 '혐중'이 최고조에 이르렀던 시기였다. 2016년 하반기에 진행되었던 사드^THAAD^ 배치 논란으로부터 불거져 나오기 시작한 중국과의 정치·외교적 갈등이 2017년 초부터 본격화하기 시작한 한한령과 함께 '혐중' 정서에 불을 붙이게 되면서 '혐중'은 한국 사회에서 하나의 사회적 현상으로 나타나기 시작하였다. 그리고 이후 '혐중'이라는 키워드는 코로나19 사태를 거쳐 2022년 2월에 진행되었던 제20대 대통령 선거 기간 동안 최고점을 찍은 것으로 보인다.

2016년 이전까지만 해도 한국 사회에서 '혐중'이라는 개념은 일본에서의 사회 현상을 소개하기 위한 개념 정도의 의미로 주로 사용되고 있었다. 하지만 2017년도부터는 한국 사회에서 기존의 '반중'을 뛰어넘어 보다 극단으로 치닫기 시작하던 중국에 대한 부정적 정동을 가리키는 용어로 사용하기 시작하면서 중국이 한국 사회에서의 주요한 '혐오'[1] 대상의 리스트에 올

---

1   본고에서 사용하는 '혐오' 개념은 정동 연구(affect studies)에서 사용하는 'disgust'의 번역어에 해당하는 개념이다. 일반적으로 한국어에서 '혐오'는 사전 상

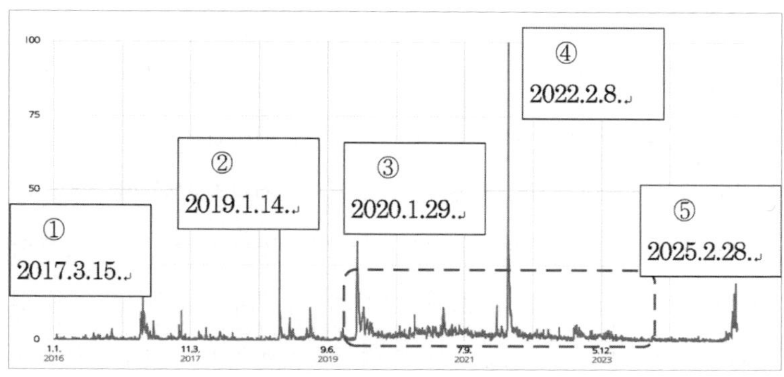

〈그림 1〉 네이버 트렌드의 '혐중' 검색어 트렌드 (2016.1.1~2025.3.10)[1]

으로 'hatred', 'dislike', 'disgust', 'aversion', 'abhorrence', 혹은 'hate' 같은 영어 어휘들의 번역어로 사용되곤 한다. 흔히 '증오 범죄(hate crime)', '증오 언설(hate speech)'와 같은 사회적 내지는 법적 용어들이 '혐오 범죄', '혐오 언설' 등으로 번역되는 경우가 있어서 종종 혼용되기는 하지만, 주로 정동 연구에서 '혐오'라는 개념은 주로 'disgust'의 대응어로서 사용되는 경우가 많다. 찰스 다윈(Charles Darwin)과 이후 실반 톰킨스(Silvan Tomkins)의 전통을 이어온 정동 연구자들 사이에서는 인간의 가장 기본적인 정동들 가운데 하나인 'disgust'의 번역어로 사용되는 '혐오'는 '증오'나 '반감'과 혼용되거나 공유될 수 있는 부분이 있기는 하지만, 보다 본능적 내지는 전(前)인지적(pre-conceptive)인 차원에서 작용한다는 측면에서 그 함의를 좀 더 주의 깊게 바라볼 필요가 있다. 'disgust'의 함의를 지닌 '혐오'라는 정동은 '싫어함', '미워함'이라는 원래 뜻을 넘어서 더러움, 불결함, 역겨움과 같이 보다 생리적 차원에서의 몸의 거부반응 내지는 회피반응과 결부된다. 더 나아가 개인의 생리적 차원에서의 더러움이나 역겨움을 넘어서 좀 더 집단적 사회 문화의 차원으로까지 확장시켜 보자면 윤리적·가치적 결함, 저열함, 열등함과도 결부된다. 그래서 강하거나 우위에 있는 타자, 혹은 동등한 지위에 있는 타자에 대해서도 사용되는 증오나 분노에 비해, 혐오라는 정동은 주로 자신보다는 낮거나 경멸할 만한 타자에 대해서 주로 사용되곤 한다. 그런 의미에서 '혐오'라는 개념이 만들어내는 효과는 '반감', '증오'보다도 이질적 타자에 대한 멸시나 차별의 느낌이 강하면서도 또한 더 본질적인 뉘앙스의 어감을 전달해준다.

타자의 위협이나 공격으로 인해 나타나는 분노(angry) 공포(fear, phobia) 증오(hatred)에 대비해 특히 '혐오'는 불결하거나 저열한 이질적 타자가 자신의 내부나 가까이 있을 때, 그리고 그로 인해 자신의 가치관이 위협받거나 전복되려 할 때의 정동을 가리킨다. 그런 점에서 오히려 주류 사회나 보수적 가치관을 지닌

라가게 되었다.[2]

위의 도표에서, ① 사드 사태 이후 중국 정부의 보복 조치와 한한령으로 인한 '혐중' 현상이 본격적으로 나타나기 시작한 2017년도 초, ② 당시 극심했던 미세먼지 관련 보도로 인해 '혐중' 정서가 불거져 나왔던 2019년도 초, ③ 코로나 발생 직후 중국에 대한 반감이 폭발하였던 2020년도 초, ④ 베이징 동계 올림픽 당시 개막식 조선족 한복 논란과 편파 판정 등으로 인해 '혐중'이 최고조에 달하였던 2022년도 초에 이르기까지, 사드 사태 이후로 문재인 정권 내내 한국 사회에서의 '혐중' 정동은 악화일로를 걸어 왔다고 할 수 있다. 사실 그 발단이 된 사건은 박근혜 정권 말기에 일어났고, 문재인 정권은 그 뒷수습과 관계 개선을 위해 애썼음에도 불구하고 오히려 민간에서는 여러 가지 사건과 이슈들이 새롭게 등장하면서 '혐중' 정서는 갈수록 악화되기만 하였다. 코로나가 시작된 2020년부터 20대 대통령 선거가 있었던 2022년도 초 직전까지 김치 논쟁·한복 논쟁과 같은 소위 '문화공정' 논란,

---

이들은 '혐오' 담론을 주로 소수자, 이방인, 약자, 하위주체(subaltern)를 차별하며 배제하고자 하는 정동정치에 있어 가장 주요한 수단으로 사용하곤 한다.

2   이는 뉴스 매체 데이터베이스인 빅카인즈의 데이터베이스를 통해서도 확인해 볼 수 있는데, 신문 매체 상에서 1990년 1월 1일부터 2025년 3월 10일 현재까지 '혐중'이라는 키워드로 검색된 988건 가운데 관련이 없는 1990년대 3건의 기사를 제외한다면 '혐중'이라는 단어가 기사에 사용되기 시작한 것은 2000년도부터였다. 그 이후로 사드 사태로 반중 정서가 커지기 시작하던 2016년 이전까지는 대부분 일본 사회에서의 '혐중' 현상을 소개하기 위한 용어로서 사용되고 있었음을 알 수 있다. 하지만 2017년도 이후로는 국내 기사에 나오는 '혐중'은 주로 일본이 아니라 한국에서의 현상을 가리키기 위한 용어로 쓰이게 되었고, 특히 2019년도 이후로는 한국 사회에서 주류가 되어버린 중국에 대한 부정적 정서와 인식을 가리키는 시사용어로 자주 사용되고 있다. 아래의 표를 통해서도 확인해 볼 수 있듯이 '혐중' 관련 기사수가 정점을 이룬 것은 제20대 대통령 선거가 있던 무렵이었고, 그때 20대 대통령이 된 윤석열의 탄핵을 앞둔 2025년 현재에 와서 또 다시 새로운 기록을 갱신해가고 있는 중이다.(https://www.bigkinds.or.kr/v2/news/index.do)

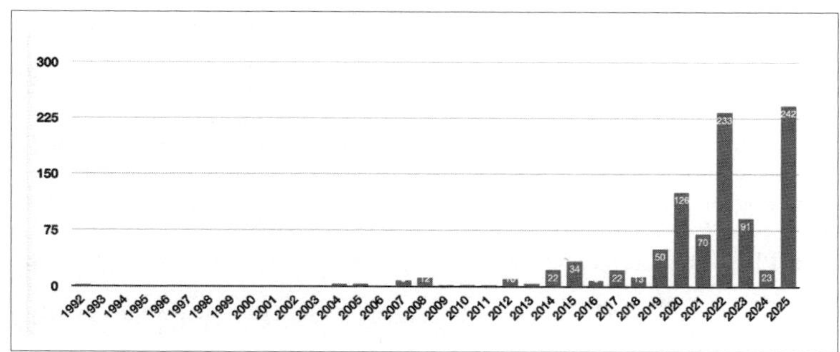

〈그림 2〉 빅카인즈 '혐중' 관련 기사수 추이 (1992~2025)

그리고 이효리의 '마오' 발언이나 BTS의 밴 플리트상 수상 등의 대중문화계를 둘러싼 한·중 네티즌 간의 갈등에 이르기까지 기존에 없었던 문화적 이슈들을 중심으로 인터넷을 매개로 한 청년 세대 내에서의 '혐중' 감정은 걷잡을 수 없이 비등하였다. 이는 지속적으로 다양한 이슈들에 따라 요동치는 파동과 같은 형태로 위 도표의 점선 상자 안에 그대로 반영되어 있다.

그런데 사회 전반에 확산되어 있던 '혐중'의 정동을 등에 업고 '친문 = 친중'이라는 담론 공세를 펼쳐 정권을 잡았던 윤석열 정부의 집권 직후인 2023년 이후로는 오히려 문화나 문화산업 분야에서 두드러진 '혐중' 관련 사건이나 이슈가 대두하거나 '혐중' 정서가 폭등하는 현상이 그다지 가시화되지 않았다. 정부 차원에서는 정치·외교적 차원에서 노골적인 반중 정책을 구사하였고, 한·중 양국의 민간에서도 '혐중' '혐한'의 분위기가 여전히 이어지고 있었음에도 불구하고, 위의 지표 상에서도 드러나고 있듯이 거의 2년 가까이 인터넷 상에서 딱히 문화와 관련된 '혐중' 이슈나 사건들, 그와 관련된 논쟁이 그다지 두드러지게 불거져 나오지 않은 점이 2022년 이전과는 매우 대조적으로 보인다.

이처럼 최근 1~2년 사이 다소 잠잠해 보이던 '혐중' 이슈가 2025년 초 탄핵 정국하에서 또 다시 새롭게 불거져나오고 있다. 〈그림 1〉의 ⑤번 시점을 전후로 3년 전 '혐중' 분위기를 등에 업고 집권했던 정권이 그 몰락을 눈앞에 둔 요즘, 중국의 부정선거 개입설이라는 가짜뉴스와 음모론과 같은 황당한 이슈들과 함께 다시 '혐중'의 불씨를 일으키려 하고 있는 것이다. 주로 노년층을 중심으로 퍼지고 있는 정치적 음모론이 이슈의 중심에 있다는 점에서 이전에 청년들의 관심을 끌었던 문화적 이슈들과는 다소 다른 양상을 보이고 있기는 하지만,[3] 지난 십여 년 동안 마치 잠류처럼 세대와 계층을 가리지 않고 한국 사회 전반에 퍼져 왔던 '혐중'의 정동이 이번 상황을 계기로 또다시 되살아날 가능성이 적지 않다는 점에서 매우 우려스러운 측면이 적지 않다. 여론을 호도하기 위한 극우들의 '치트키'처럼 사용되는 '혐중' 정동과 관련 담론을 이제는 한 걸음 떨어져 보다 냉정하고 다각적으로 바라볼 필요가 있다.

사실 2016년 이후로 '혐중' 담론이 유행하기 이전에도 물론 반중 정서는 있었고, 또한 그 역사적 기원이나 배경 역시 결코 짧지도, 그리 단순하지도 않다. 이미 많은 이들이 지적하고 있듯이 수천 년 내지는 수백 년의 시간을 거슬러 근대 이전부터 이어져 온 침략과 전쟁이라는 역사적·지정학적 악연

---

3   최근 2025년에 되살아나고 있는 '혐중'의 중심에 노년층이 있다는 사실은 단지 탄핵 반대 시위대의 구성 인원을 보더라도 확인할 수 있지만, 앞서 언급한 네이버 트렌드의 검색 결과를 연령대별로 나눠서 검색해 보면, 다른 연령대들과는 달리 60대 이상의 연령대의 경우 아래 도표에서 볼 수 있듯이 다른 앞선 시기 보다 ⑤번 시점인 2025년 2월에 '혐중'을 검색하는 빈도가 월등히 높은 것을 통해서도 확인할 수 있다. 소위 '문화공정'처럼 청년층 내지는 MZ세대들이 관심 갖는 이슈가 아니기 때문인 측면도 있겠지만, 이들이 계엄이라는 충격적 사건을 경험하고 그 이후 정권의 실체에 대해 깨닫게 되면서 최근에 극우 유튜브들이 만들어내고 탄핵 반대를 위해 날조되고 있는 황당한 정치적 이슈들 중심의 '혐중 팔이'가 아직까지는 제한적으로만 영향을 주고 있기 때문인 것으로 보이기도 한다.(https://datalab.naver.com/keyword/trendResult.naver?hashKey=N_793c1584d32 846f640fd2911ad583da6)

으로부터 반중 정서의 기원을 찾을 수도 있고, 또 냉전 이데올로기의 연장선 속에서 공산주의와 독재라는 패러다임을 통해 형성된 이념적 반감에서 이유를 찾을 수도 있다. 그리고 21세기로 접어들 무렵부터는 중국발 동북공정에 의한 역사 논쟁2002년이나 단오제 유네스코 인류무형유산 대표목록 등록2008년을 둘러싼 갈등과 같이 전통 문화나 역사 관련 이슈들 역시 사드 사태 이전부터 한국 사회에 반중 감정이 야기되었던 원인으로 언급되어 왔다. 더불어 그러한 반중 정서가 커지게 된 데에는 중국에서부터 먼저 시작된 중화 민족주의나 국가주의적 우경화의 영향이 있었다거나 2000년대부터 양국 청년세대 사이에서 유행하던 인터넷 서브컬쳐를 기반으로 한 인터넷 민족주의와 같은 것이 그 이면의 배경으로 작용하고 있다고 설명하기도 한다.[4]

하지만 사드 사태 이후로 한국 사회에서 본격화하기 시작한 '혐중'이라는 명명과 담론화, 그리고 그 이후 이어진 여러 사건들을 통해 폭발적으로 확산된 '혐중' 정서는 2016년도 이전과는 사뭇 다른 양상을 보여주고 있다는 점에서 이를 각 사안 위주의 표면적인 해석이나 이데올로기나 인지적 차원에서의 이유만으로 설명하는 것에는 다소 한계가 있어 보인다.[5]

4　최근 한국과 중국 사이의 역사 문화적 갈등의 배경과 원인에 대한 연구성과들이 적지 않은데, 그 가운데 대표적인 성과로는 다음을 들 수 있다. 이홍규·하남석, 「중국의 온라인 민족주의와 한국의 대응」, 『동아연구』 33(2), 2014, 199~236쪽; 허진·원춘잉·류샤오화, 「중국 네티즌들의 반한 정서와 인터넷 민족주의―톈야논단을 중심으로」, 『언론학연구』 17(4), 2013, 227~256쪽; 하남석·김명준·김준호, 「한국 청년 세대의 온라인 반중 정서의 현황」, 『현대중국학회발표자료집』, 2021; 김희교, 『짱깨주의의 탄생』, 보리, 2022; 임대근, 「한-중 문화갈등의 발생 양상 연구」, 『한중언어문화연구』 63, 2022, 203~221쪽; 이욱연, 「한중 수교 30년 문화갈등―양상과 전개 과정, 극복 과제」, 『국제.지역연구』 31(2), 2022, 181~209쪽.

5　'혐중' 내지는 반중과 관련하여 기존의 연구성과들이 적지 않은 편인데, 대체로 이념적·인식적 차원, 미디어의 차원에 대한 연구가 있다. 그리고 냉전 이데올로기나 '짱깨주의'와 같은 이념과 인식상의 편견을 그 주요한 원인으로 보면서 중

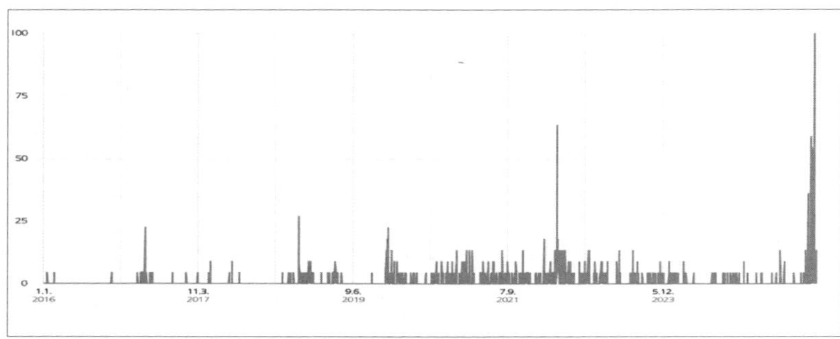

〈그림 3〉 네이버 트렌드, 60대 이상의 '혐중' 검색어 트렌드(2016.1.1~2025.3.10)

　본고에서는 최근 한국 사회에서 일부 세대나 계층을 넘어 사회 전반적으로 만연해 있는 '혐중' 정동의 이면에서 작동하고 있는 포스트세계화Post-Globalization시대의 혐오 정동정치Politics of Affects의 배경에 대해 검토해보고, 그리고 그 이면에서 작동하고 있는 유튜브와 같은 뉴미디어 플랫폼과 혐오의 정동경제 사이의 상관 관계를 살펴봄으로써 글로컬 차원 및 사회 문화 전반적인 차원에서 진행되고 있는 혐오의 정동 역학에 대해서 고찰해 보고자 한다. 특히 위의 도표에서 '혐중' 현상이 두드러지게 부각되었던 2016년부터 2024년 사이의 정동적 추이를 중심으로, '혐중'이라는 정동이 유튜브와 같은 미디어 정동경제의 차원에서 어떻게 뉴미디어에 의해 매개되고 그 이외의 다른 매체나 행위자들과 관계를 맺는지, 그리고 어떻게 정동적 조정, 유도, 증폭 등이 이루어지고 있는지에 대해서 살펴보고자 한다.

국이나 한국의 민족주의적 편협성을 문제 삼거나, 언론 보도와 미디어 행태 등을 비판하는 경우가 많은데, 이처럼 '혐중', '혐한'의 합리적인 근거나 이유가 있음에 대해서 설명하고, 그런 요소들을 교류나 대화를 통해서 해결할 것을 대안으로 제시하곤 한다. 하지만 그런 이성적 인지적 차원의 문제만 있는 것은 아니며, 정동적 차원의 문제 및 이를 야기하는 구조적 배경을 제대로 파악하고 이해하지 않는 한, 오히려 현재 작동하고 있는 온라인 상의 필터버블 내지는 오프라인 상의 격리가 해제되었을 때 오히려 더 큰 충돌과 갈등의 가능성도 적지 않아 보인다.

2. 포스트 세계화와 혐중 정동정치

1) 혐중의 온도차

'혐중'은 단지 한국 사회에서만 나타나고 있는 현상은 아닌 듯하다. 이는 퓨 리서치 센터PEW Research Center에서 2020년 10월 6일에 발표한 보고서 상의 도표를 통해서도 확인해 볼 수 있다.[6] GDP 경제 규모 상 상위권에 속하는 14개 국가를 대상으로 설문조사를 통해 얻은 결과를 분석한 이 보고서에는 2020년 이전의 정보가 없는 벨기에와 덴마크를 제외한 나머지 12개국에서 중국에 대한 부정적 평가와 긍정적 평가의 추이를 아래와 같이 시각화하였다.

위 도표에서 중국이 WTO를 가입한 이듬해인 2002년부터 코로나 사태 발생 직후인 2020년에 이르기까지 각 국가들에서 긍정과 부정의 크로스 현상이 나타난 시점은 비록 다르긴 하지만, 최종적으로 2020년의 시점에 와서는 모든 국가들에서 부정적 견해가 긍정적 견해를 압도적으로 능가하고 있다. 이 보고서와 도표는 처음 조사가 이루어지던 시기로부터 18년 가까운 시간이 지나는 사이에 중국에 대한 평가가 나빠졌음을, 그것도 부정적 견해가 압도적으로 많아졌음을 보여주고 있다.

2013년 중국에서의 시진핑 정권의 등장, 그리고 2016년 미국에서의 트럼프 정권의 등장 이후로, 특히 코로나 사태 발생 이후로 선진국들을 중심으로 중국에 대한 이미지가 급격히 나빠지고 있음을 볼 수 있는데, 마치 최근 미·중 갈등 속에 점점 더 가시화되고 있는 글로벌 차원의 경제적 탈동조

---

6   퓨 리서치 센터의 보고서는 2020년 IMF가 분류한 선진 경제권Advanced economies 가운데 GDP 경제 규모 상 상위권에 속하는 국제적으로 공인된 14개 국가들에서 총 14,276명의 성인을 대상으로 조사한 결과이다. Pew Research Center, "Unfavorable Views of China Reach Historic Highs in Many Countries", 2020.10.6. 참조.

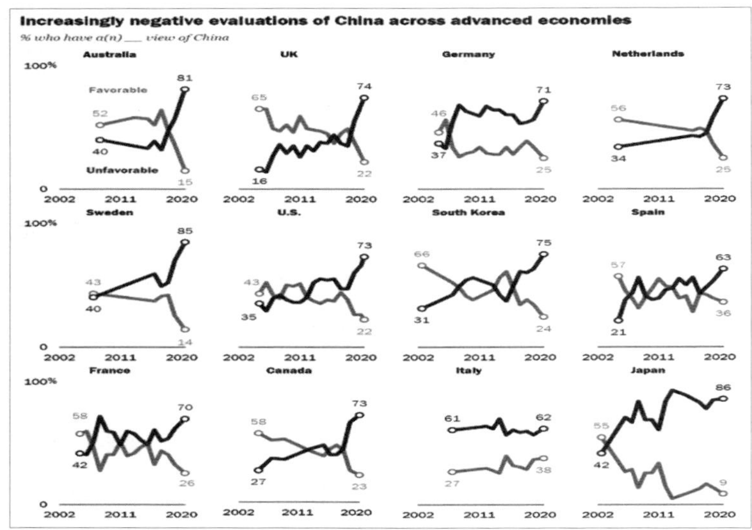

〈그림 4〉 중국에 대한 부정적인 평가의 증가 추이

화decoupling와 함께 심리적psychological 내지는 정동적affective 탈동조화가 빠르게 진행되고 있는 듯한 모습을 보여준다.[7]

선진국 14개국의 1만 4천여 명의 견해가 전 세계의 견해를 대변해 줄 수는 없겠지만, 이 자료는 2020년 당시 여러 매체들을 통해서 중국을 싫어하

---

7   굳이 신경과학자 다마지오(António Damásio, *Descartes' Error : Emotion, Reason, and the Human Brain*, Putnam, 1994)의 설명을 참고하지 않더라도, 사실 우리는 어떤 대상에 대한 평가나 판단에 있어서 합리적 이성보다는 감정emotion이나 정동affect이 더 큰 작용을 하는 경우를 자주 볼 수 있다. 그런 면에서 보자면 인간은 "나는 생각한다, 고로 존재한다I think, therefore I am"이라기보다는 오히려 "나는 느낀다, 고로 존재한다I feel, therefore I am", 혹은 "우리는 정동한다, 고로 우리가 존재한다We affect, therefore we are"라고 하는 것이 더 정확할지도 모르겠다. 인지심리학자 로버트 자이언스Robert Zajonc는 역시 우리가 결정을 내릴 때 감정이 어떤 과정을 거치는지와 관련해 자신의 논문, 「감정과 생각―선호에는 논리가 필요치 않다」에서 인지와 정서가 분리되어 있으며 각각 영향을 미치는 방향이 반대라고, 즉 감정이 먼저 오고, 이후 그 감정을 바탕으로 결정을 내린다고 주장하였다. 터바이어스 로즈-스톡웰, 홍선영 역, 『분노 설계자들―알고리즘이 세상을 왜곡하는 방식에 대하여』, 시공사, 2024, 181쪽 참조.

는 나라가 한국만은 아님을, 그리고 전 세계가 중국을 싫어하고 있음을 보여주는 하나의 객관적인 증거인 듯이 반복적으로 인용되곤 하였다. 결국 이 설문조사 보고서는 코로나19가 전 세계를 휩쓸고 그 발원지이자 팬데믹 유행의 주범으로 지목되고 있던 2020년 당시 중국이야말로 전 세계의 공공의 적이자 혐오 받아 마땅한 나라임을 뒷받침 해주는 객관적인 근거 역할을 한 셈이다.

그런데 같은 연구소에서 2024년도에 발표한 또 다른 보고서에서는 비록 상당수 국가가 여전히 중국에 대해 부정적인 견해를 보이고 있기는 하지만, 미묘한 그렇지만 유의미한 변화가 나타나고 있음을 보여준다. 우선 중국의 경제적 영향력과 관련된 설문조사였다는 점에서 주제상의 미묘한 변화도 있었고, 또한 조사 대상 국가에 소위 선진국이라 할 수 있는 고소득 국가 이외에도 중저소득 국가를 대거 포함하여 35개국으로 늘어난 데다, 설문 대상자 수도 4만4천여 명으로 3배가 넘게 늘어났다.[8] 이런 변화 덕분에 조사 결과에서도 변화가 있었는데, 그 가운데 중요한 부분은 고소득 국가와는 달리 중저소득 국가들 사이에서는 중국에 대한 부정적 견해가 과반을 넘지 않는 국가도 적지 않았다는 사실이다. 이런 결과가 나온 데는 코로나19 유행이 끝난지도 다소 시간이 흘러 중국 주범론의 주장이 다소 희석되었기 때문이기도 하겠지만, 기존의 선진국 위주의 조사라는 문제점을 극복하고자 새롭

---

[8] 2024년 퓨 리서치 센터의 보고서는 세계은행에서 말하는 고소득 국가high-income countries 가운데 GDP 경제 규모 상위권에 속하는 18개 국가들과 중소득 국가middle-income countries에 해당하는 말레이시아, 헝가리 등의 17개 국가를 합쳐 총 35개 국가에서 2024년 상반기 동안 총 44,166명의 성인을 대상으로 중국에 대한 인식을 설문조사하여 분석하였다. Pew Research Center, "Most People in 35 Countries Say China Has a Large Impact on Their National Economy", 2024.7.9.

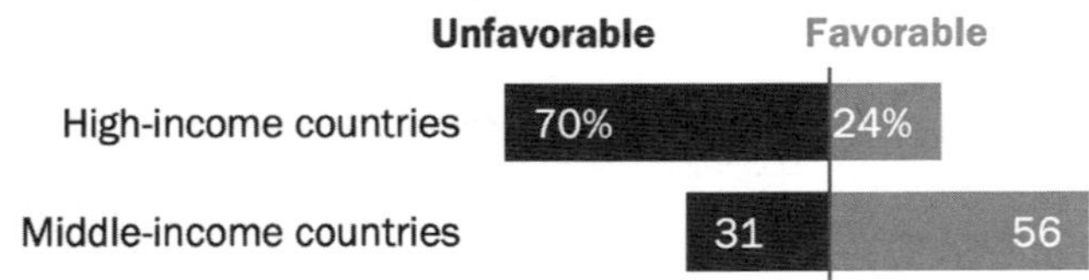

〈그림 5〉 중소득 국가에서의 중국에 대한 우호도

게 포함된 중저소득 국가들의 경우, 중국의 급부상과 경제적 영향력 확대를 위협으로 받아들이기보다는 긍정적인 시각으로 바라보았기 때문인 것으로 보인다.

이번 보고서에서는 새롭게 추가된 조사 대상국들에 대한 기존의 설문조사 결과가 없었기 때문에 별도로 각국의 중국에 대한 견해의 장기적인 추이를 보여주고 있지는 않지만, 설문결과를 시각화한 위의 도표, 특히 〈그림 5〉가 잘 보여주고 있듯이 기본적으로 선진국과 중진국, 내지는 고소득 국가와 중소득 국가 사이의 극명한 온도차가 있음을 알 수 있다. 35개국 전체 평균값으로는 호의적 견해 대 부정적 견해가 35% 대 52%이고 고소득 국가 18개국만 놓고 보면 70% 대 24%로 부정적 견해가 압도적이지만, 중소득국가 17개 국가만 따로 놓고 보면 반대로 호의적 견해가 56%, 부정적 견해가 31%로 정반대의 상황을 볼 수 있다.

특히 중국인 정체성을 지닌 화교 인구가 많고, 정치·외교적 갈등은 적은 반면 경제적 교류가 많은 편인 태국, 싱가포르, 말레이시아 등의 동남아시아

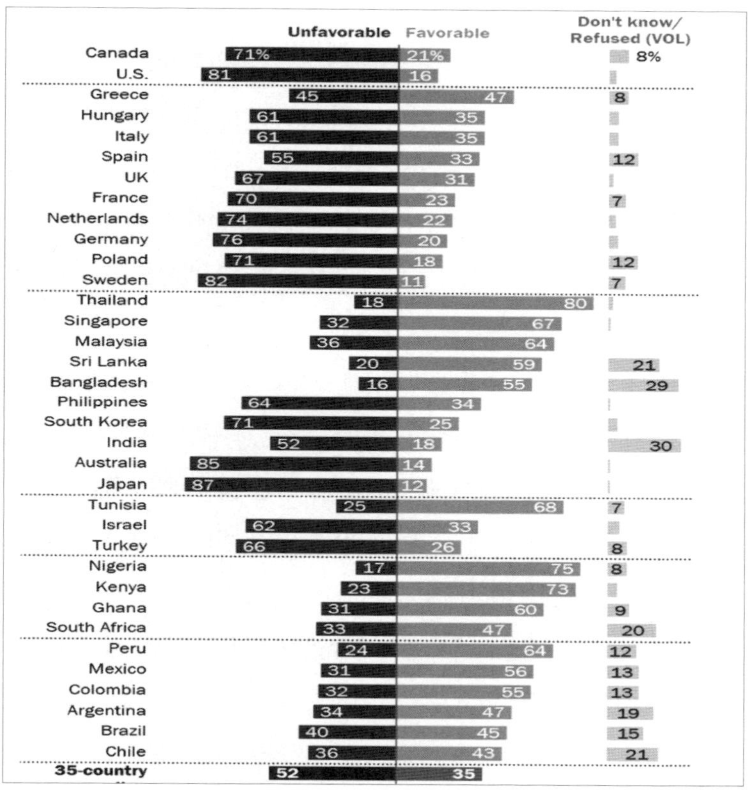

〈그림 6〉 각 지역별 우호도 편차

국가들이나, 중국으로부터 경제적 원조를 받아 급성장하고 있는 나이지리아, 케냐, 페루와 같은 아프리카 및 남아메리카 지역의 국가들 가운데 중국에 대해 우호적인 견해를 지닌 경우가 많았다. 한편 대부분의 서구 선진국들이나 정치·외교·군사적 분쟁이나 경제적 경쟁 및 갈등도 있고, 친미 성향의 외교적 입장을 지닌 인접 국가인 일본, 한국, 인도와 같은 아시아 국가들에서는 2020년도 보고서에서와 마찬가지로 부정적인 견해가 압도적으로 많은 편이었다.[9]

---

9   부정적인 견해를 지닌 국가들의 경우 각국의 정권 및 정책 변화나 개별적 사건들이 영향을 미친 것으로 보인다. 일본의 경우는 2006년 아베정권의 집권 전후

이러한 온도차는 앞서 2020년 조사에서의 압도적인 부정적 견해와는 다른 시각을 제공해 준다. 그렇게 중국에 대한 부정적 견해나 혐오가 글로벌한 보편적인 정동이라고 보기는 힘들 뿐만 아니라, 기존의 글로벌 자본주의 세계 체제의 주변국가들, 혹은 소위 '글로벌 사우스Global South'라 불리는 제3세계 개발도상국들에게 있어서 중국은 오히려 새로운 발전의 기회이자 기존 서구 선진국 중심의 글로벌 질서를 바꿀 수 있는 변화의 가능성으로서 그 의미를 지닐 수 있다. 또한 설문조사의 조사 대상이나 질문 방식, 설문 의도나 방향에 따라 결과를 조작 내지는 조정 가능하다는 점에서 이런 식의 제한적인 설문조사 결과가 완전한 객관성을 지닌다고 보기는 힘들다는 사실을 되돌아 볼 필요가 있다. 더욱이 다양한 사건들이나 정보의 생산·유통 구조를 본다면 기존의 서구 선진국, 특히 미국의 헤게모니와 네트워크가 강력히 작용하고 있는 상황하에서 중국이 불리한 입장일 수밖에 없다는 점도 고려해 볼 필요가 있을 것이다. 물론 시진핑 정권 하에서 중국의 국가주의 내지는 민족주의화가 가속화되고 있고, 또한 정치·외교·군사·경제·기술 등의 모든 방면에서 전방위적으로 소위 선진국들, 즉 기존의 자본주의 세계 체제의 중심 국가들에게 중국의 급성장이 매우 위협적으로 받아질 수밖에 없는 상황이기는 하지만 말이다.

로 급격히 우경화되면서 다른 나라들에 앞서 일찍부터 중국에 대한 부정 평가가 긍정 평가를 크게 앞지르기 시작해서 2011년 센카쿠열도 및 희토류 관련 갈등이 고조되면서 부정 평가가 최고조에 이르렀고, 프랑스는 2008년 베이징 올림픽 성화 봉송 당시 티베트 독립 관련 시위와 그 이후 달라이 라마 방문 등을 둘러싼 갈등이 고조되면서 부정 평가가 최고조에 이르렀다. 하지만 상당수의 고소득 국가들에서는 최근 코로나19 사태 발생 이후 2~3년 사이에 긍·부정 평가의 크로스 현상과 부정 평가가 최고조에 달하는 상황이 집중적으로 나타나고 있다.

2) 포스트 세계화시대, 정동적 탈동조화의 시대

2002년 중국의 WTO 가입과 2008년 글로벌 금융위기 이후로 더욱 가속화된 중국의 급부상과 이로 인해 진행되고 있는 글로벌 분업 체제의 대전환 내지는 글로벌 밸류 체인의 디커플링이 그 배경에 있다고 할 수 있을 텐데, 그런 변화가 가져오는 정동적 영향과 반응은 각국과 각 민족, 내지는 계급·계층·성별·세대와 같은 사회적 집단에 따라 매우 다를 수밖에 없으며, 이는 위에 언급한 최근 조사를 통해서도 확인해 볼 수 있다.

중국 시진핑 정권의 등장 직후인 2013년 9월 발표한 '일대일로一帶一路' 프로젝트와 2015년도에 발표한 '메이드 인 차이나2025中國製造2025'라는 경제 전략은 기존의 세계 질서에 대한 일종의 도전장과도 같은 것이었다.[10]

세계 전략에 있어서 이 같은 중국의 태세 전환 이후로 미·중 경쟁의 심화 속에 글로벌 가치 사슬Global Value Chain이 조금씩 균열이 나타나기 시작하였고, 2017년 미국에 트럼프 정권이 들어서고 나서는 전방위적인 고강도 제재와 관세 정책으로 중국을 견제하면서 글로벌 가치 사슬의 탈동조화가 본격화되기 시작하였다.[11]

---

10 '일대일로'가 대서양과 태평양을 연결함으로써 전 세계의 중심 역할을 하면서 20세기를 미국의 세기로 만들어놓은 세계질서에 맞서, 육상과 해상의 양 갈래 교역로를 통해 유럽과 아시아를 연결하는 주도권을 쥠으로써 새로운 중심국가로 발돋움하기 위한 세계 전략이라고 한다면, '메이드 인 차이나 2025'는 저부가가치 산업이 대부분이었던 기존의 산업 구조로부터 벗어나 기술 자립도를 높여 2025년도까지는 고부가가치 최첨단 산업까지 제조업을 고도화할 것을 제시한 제14차 5개년계획(十四五規劃)의 슬로건이자, 그동안 고부가가치 산업을 통해 글로벌 분업 체제의 중심 역할을 해왔던 미국과 서방 선진국들에 대한 경제 산업 분야에서의 선전포고와도 같은 것이었다고 할 수 있다.

11 하지만 이 같은 미국의 고강도 견제에도 불구하고, 중국은 반도체나 AI 같은 최첨단 분야에서 돌파구를 찾아내며 그러한 견제를 무색하게 만들고 있는 반면, 미국, 특히 트럼프 정권 시기의 미국은 코로나 팬데믹 상황을 거치면서 마스크조차 제대로 공급하기 힘들 정도로 제조업의 상당 부분이 공백상태가 되어 버

2016년 무렵부터 본격화하기 시작한 기존의 신자유주의적 세계화에 역행하는 것처럼 보이는 흐름들, 특히 2016년 미국 대선 당시 트럼프가 내세웠던 슬로건 'MAGA^{Make America Great Again}'이나 같은 해 이뤄진 영국의 브렉시트^{Brexit} 국민투표 통과와 같이 자국 중심주의적인 보호무역 장벽들이나 국민국가 정체성 및 경계의 재강화 현상들 역시 이런 글로벌 차원에서 진행되고 있던 탈동조화의 한 측면을 보여주고 있다.

이처럼 중국의 태세 전환과 미·중 간 무역전쟁의 본격화, 그리고 이로부터 촉발되어 다양한 스케일에서 동시다발적으로 나타나고 있는 탈동조화 내지는 '분리하는 세계화^{Disjunctive Globalization}' 현상은 '거대한 불안정화^{Great Unsettling}'를 야기하고 있다.[12] 포스트 세계화시대로 접어들면서 기존의 신자유주의적 세계화 질서 하에서 자유무역의 기치 아래 아웃소싱 및 오프쇼어링[13]이나 인터넷과 같은 동력들에 의해 장벽이 사라진 '평평한 지구^{Flat World}'라는 개념[14]이나, 맥루한^{Marshall McLuhan}이 말한 '지구촌^{Global village}'과 같은 표현들이 만들어 낸 일종의 균질화된 공동체에 대한 정동적 상상공간에 균열이 나타나기 시작한 것이다.

탈동조화와 갈등의 심화, 그리고 '불안정화' 등은 단지 경제적·물질적 차원에서만 이루어지는 것이 아니라, 문화적 및 정동적 차원에서의 변화도 동

린 산업 기반을 되살리기 위해 강도 높은 리쇼어링^{reshoring} 정책과 가혹한 관세 정책을 펼치고 있지만 여전히 아직 갈 길은 멀고, 최근에는 오히려 글로벌 밸류 체인을 더욱 망가뜨림으로써 혼란만 가중시키고 기존의 중심국가로서의 위상마저 위태롭게 만드는 상황을 보여주고 있다.

12 Manfred Steger and Paul James, "Disjunctive Globalization in the Era of the Great Unsettling", *Theory, Culture & Society* 37(7~8), 2020, pp.187~203.

13 오프쇼어링off-shoring, 사업 거점의 해외 이전

14 Thomas L. Friedman., *The World Is Flat : A Brief History of the Twenty-First Century*, Farrar Straus and Giroux, 2005.

반하고 있으며, 또한 동시에 이러한 정동적 변화는 역으로 물적 토대에 반작용하며 경제적·물질적 변화를 더욱 가속화하고 있기도 하다.

일종의 문화적·정동적 탈동조화와 자국/자민족 중심주의적 정체성 및 경계의 강화는 단지 미국과 중국 사이의 글로벌한 광역 차원에서만 일어나고 있는 것이 아니라, 각 권역region 차원에서, 그리고 일국 내 지방local 차원에 이르기까지 다양한 스케일에서 나타나고 있다. 글로벌 차원에서 미·중 탈동조화와 갈등이 있다고 한다면, 권역 차원에서의 탈동조화의 대표적인 경우는 우크라이나-러시아 전쟁으로 대변되는 동유럽 지역 패권 경쟁이나 이스라엘-팔레스타인 전쟁으로 집약된 중동지역 패권 경쟁을 들 수 있겠다. 그리고 일국 내지는 지방 차원에서의 탈동조화 현상의 대표적인 사례로는 미국 내 공화당과 민주당, 선 벨트Sun belt와 러스트 벨트Rust belt를 들 수 있을 텐데, 이들 사이의 중심 쟁점이 되고 있는 이주민 문제나 성소수자 문제, 사회복지 문제 등은 대부분 기존의 신자유주의 세계화의 질서 및 가치와 이들이 만들어 낸 부작용에 대한 반발backlash 및 자국 / 자민족 중심주의적인 보수주의 가치 사이의 충돌로부터 야기되고 있다. 다시 말해, 저임금 노동력을 찾아서 글로벌 사우스로 떠난 공장들과 글로벌 노스Global North로 불러들인 이주노동자들, 그리고 이로 인한 변화가 가져오는 충격과 문제들을 해결하기 위해 마련되었던 다양한 제도적, 윤리적, 사회적 장치와 문화들이 최근 극우 보수주의자들의 주요한 타겟이 되고 있으며, 이런 현상은 비단 미국만이 아니라 전 세계 각국에서 동시다발적으로 일어나고 있다.

이런 대격변과 대불안의 시대에 불안과 공포를 해소하거나 그 원인을 전가하려는 이들에 의해 배타·집단 이기주의적 욕망과 공적 감각의 상실, 타자에 대한 불신, 위기감과 공포, 분노와 혐오가 급속도로 확산되고 있는데, 특히 가장 손쉬운 타겟이자 이질적 타자라 할 수 있는 소수자, 약자가 혐오의 정동정치의 공격 대상이 되고 있다.

이에 따라 포스트 세계화시대에 들어서면서 기존에 신자유주의 세계화 질서 속에서 강조되거나 당연시되어 오던 것들이 더 이상 당연하지 않은 것들이 되어가고 있다.[15] 기존에 식민주의나 파시즘이 만들어 내는 차별과 혐오를 터부시하던 정동적 감각, 그리고 다원성과 차이에 대한 관용이나 우호와 같은 윤리적·정동적 분위기는 점차 사라져 가고 있다. 소위 '정치적 올바름Political Correctness'에 대한 극우진영의 비판 이면에는 그러한 편협한 폐쇄적 집단 이기주의나 자기중심주의적 민족주의가 깔려있으며, 보다 큰 공동체나 사회에 대한 공적 윤리나 감각들, 정동적 분위기 대신에 갈수록 커져가는 경쟁과 갈등, 위기감과 공포, 혐오와 분노가 그 자리를 대체해가고 있는 것이다.

3) 글로컬 차원에서의 혐중의 정동정치

이런 가운데 미국과 서방 선진국들에 의해, 그리고 갈등을 빚고 있는 일본, 한국, 인도 등과 같은 아시아 인접국가들에 의해 최근 가장 혐오의 대상이 되고 있는 타자들 가운데 하나가 바로 중국이다. 비록 국가의 위상이나 인구, 그리고 최근의 경제적 규모 등의 면에서 보자면 결코 소수자나

---

15   다른 이민족이나 국가에 대한 혐오를 의미하는 제노포비아(이방인 혐오)는 파시즘, 나치즘, 징고이즘(jingoism)과 같은 배타적 민족주의의 정동적 기반으로서 작용하여 타자에 대한 무차별적인 대량학살을 야기할 수도 있다는 점에서 제2차 세계대전 이후 세계 질서 속에서 매우 터부시되던 측면이 있다. 혐오야말로 사람들로부터 '악의 평범성'을 끌어내는 가장 손쉬운 방편이기 때문이다. 두 차례의 세계대전과 서구중심주의-이성중심주의적인 근대화, 그리고 그 폐해의 극단이라 할 수 있는 파시즘과 군국주의에 대한 반성을 바탕으로 오히려 다원성과 차이에 대한 관용이 중요한 가치로서 강조되었고 이는 전후 평화 체제와 세계화의 중요한 동력으로 작용하였다.

약자라고 할 수는 없겠지만, 불과 10여년 정도 전만 해도 중국인이라고 하면 이주노동자나 불법체류자, 가난과 야만, 불결함과 무례함 등을 연상시킬 정도로 인상이 좋지 않았고, 정치적·사회적 차원에서는 소수민족, 소수자, 시민운동 등에 대한 인권 탄압이 횡행하는 반민주주의적 일당 / 일인 독재국가라는 이미지와 담론이 여전히 서방 세계를 중심으로 통용되고 있다는 점에서, 중국은 여러 국가들에서 자신들의 윤리관 내지는 가치관에 있어 저열한 이질적·부정적 타자로 인식되거나 혐오의 대상으로 여겨져 오고 있다.

더불어 2010년대 이후, 보다 정확히는 시진핑의 집권 이후, 기존의 도광양회韜光養晦 전략에서 벗어나 자신들의 적극적이면서도 공격적인 세계 전략을 구사하기 시작하면서 중국에 대한 부정적인 정동이 단지 혐오만이 아니라 분노나 증오, 공포나 위기감 등과 같은 것들과 복합적으로 결합하여 작용하게 됨에 따라 중국에 대한 혐오는 최근 10년 사이에 전 세계적으로, 특히 서구 선진국들을 중심으로 더욱 크게 확산되어 왔다.

이 같은 혐오는 일반적으로 그럴 만한 이유나 배경이 있기에 형성되는 것이기 때문에 자연스럽거나 당연한 측면이 있다고 설명할 수도 있겠지만, 문제가 되는 것은 이것이 정치적으로 악용됨으로써 혐오의 정동정치가 글로벌은 물론 각 권역, 각 국가, 각 지역 차원에까지 매우 급속도로 퍼지고 있다는 사실이다. 그 폐해가 심해질 경우 실제 이상으로 잘못된 편견이나 선입견을 갖도록 만들거나, 현실을 왜곡해서 해석하거나, 과대망상에 빠져 정보를 조작·날조하거나, 극단적인 혐오 행동이나 폭력을 서슴지 않게 되는 일까지 벌어질 수 있다는 점에서 매우 우려스러운 상황이다. 다시 말해 이런 혐오의 정동정치가 편협한 배타적 민족주의와 결합하여 객관적이고 합리적인 판단보다는 혐오와 같은 정동에 사로잡혀 이성을 잃은 판단과 행동을 하도록 하는 동력으로 작동하도록 함으로써 극우 파시즘 내지는 나치즘으로 까지 발전할 가능성도 적지 않아 보인다.

우선 글로벌 차원에서의 경우를 살펴보자면, 최근 '혐중' 정동이 폭발하게 된 중요한 계기가 된 대표적인 사건은 2020년부터 시작된 코로나19 팬데믹 상황이었다.[16] 최초의 코로나 환자가 발생한 것으로 보고된 중국 우한이 코로나의 발원지로 지목되었고, 당시 트럼프 정부와 미국 언론에 의해 중국과 중국인에 대한 프레이밍과 혐오의 정동정치가 진행되면서 코로나의 원흉으로 지목된 중국인에 대한 혐오를 넘어서 동아시아계, 내지는 아시아계 이주민들마저 혐오의 대상이 되는 사태가 벌어졌다.[17] 미국과 유럽을 중심으로 제노포비아적 사건들이 벌어지면서 비슷한 외모의 한국인과 일본인역시 마찬가지로 혐오 테러나 범죄의 피해자가 되기도 하였는데, 이에 맞서 2021년도에는 '아시아인 혐오를 멈춰라Stop Asian Hate'운동이 벌어질 정도로 아시아계 이주민 전반에 대한 혐오나 증오가 팽배해지기도 했었다.

그리고 중국이 속해 있는 동아시아 권역의 차원에서 보자면, 동아시아의 경우, 한국인과 일본인 모두 외모나 인종적으로 유사해서 코로나 당시 중국

---

16 이처럼 서구 국가들에 의한 혐오의 정동정치가 만들어 낸 중국인에 대한 비합리적 프레이밍이나 낙인 효과, 그리고 그로 인한 차별과 배제는 이미 150여 년전에도 나타났었는데, 19세기 후반부터 미국과 유럽에서 나타났던 소위 황화론黃禍論이나 'sinophobia' 등의 담론 현상들로부터 1882년 미국에서 제정된 중국인 배척법Chinese Exclusion Act에 이르기까지 중국인에 대한 혐오 정동정치의 뿌리는 그 기원이 짧지 않다. 덧붙여 흥미로운 사실은 이런 혐중 정동정치의 배경에는 1800년대 후반 미국 대도시를 중심으로 성행하던 무가지와 같은 미디어 언론사들이 있었다는 점이다.

17 퓨 리서치 센터의 보고서에 따르면, 미국의 아시안계 가운데 1/3이 코로나19 팬데믹 이후로 다른 아시안계가 공격받거나 위협을 당한 사례를 알고 있다고 답하였다. Pew Research Center, "Asian Americans and discrimination during the COVID-19 pandemic", 2023.11.30.

인들과 함께 서양인들로부터 혐오의 대상이 되기도 했음에도 불구하고, 앞서 퓨 리서치 센터의 보고서를 통해서 확인해 볼 수 있듯이 중국이나 중국인에 대한 혐오와 부정적인 인식이 가장 강한 지역이라 할 수 있다.

20세기까지는 일본과 한국 양국 모두에서 근대화 이후 서구 문명을 기준으로 서열화하는 방식의 근대주의적 담론과 차별이나, 냉전 시기의 반공 이데올로기, 그리고 탈냉전 이후의 자본주의 세계 체제의 하위 분업 파트너이자 낙후한 후진국이라는 인식 등이 결합된 혐오와 차별의 정동과 담론들이 존재해 왔지만, 21세기로 접어들 무렵부터는 거기에 덧붙여 정치·경제·군사적으로 급부상하는 중국에 대한 두려움과 위기감이 결합되면서 보수 우파 정치인과 언론을 중심으로 더욱 강한 혐오의 정동정치가 이루어져 왔다.

일본의 경우, 1997년 극우 단체인 '새로운 역사 교과서를 만드는 모임新しい歴史教科書をつくる会'이 등장하고 이를 전후로 일본 사회에 배타적 민족주의화 및 우경화 현상이 나타나기 시작하면서 중국과 한국에 대한 부정적인 정동의 흐름이 나타나기 시작하였으며, 이 무렵부터 소위 '혐중', '혐한 (혹은 증한憎韓)'과 같은 신조어들이 사용되기 시작하였다. 그 무렵부터 중국의 위협을 빌미 삼아 전후 평화헌법을 개정하여 군사재무장을 합법화하고자 하는 소위 '정상국가론'을 내세우는 우경화의 흐름이 가속화하기 시작하였는데, 2000년대 초반부터 북한에 의한 일본인 납치 문제, 중국과는 센카쿠 열도 문제, 한국과는 독도 문제 등을 더욱 부각시키면서 재무장의 논리를 정당화해 왔다. 그 밖의 다양한 정치·외교적 갈등과 역사나 문화적 이슈들을 둘러싼 민간의 충돌이 지속되면서 혐중 및 혐한의 정동정치는 일본 사회에 만연하게 되었고, 일본 정부에서 조사·발표한 아래 도표에서 볼 수 있듯이 지난 10년 사이에 일본 사회에서 중국과 한국은 러시아와 함께 가장 친근감을 느

까지 못하는, 즉 부정적으로 받아들이는 국가들이 되었다. 다만 '혐한'은 주로 역사 문제에 초점이 맞춰진 데 반해, '혐중'은 주로 새로운 강대국에 대한 반감으로 부추겨졌다는 점에서 차이가 있기는 하지만 말이다.[18]

그리고 한국에서의 상황을 보자면, 앞서 언급한 다양한 맥락과 배경들 속에서 단발적인 몇몇 사안들을 둘러싸고 중국에 대한 반감이나 비판적인 입장들이 이어져오기는 했지만, 적어도 국가간의 교류가 시작된 1992년 이후 20여 년 동안은 소위 '밀월'이라 불릴 정도로 비교적 우호적인 관계를 유지하였고 호감도도 낮은 편은 아니었다. 하지만 2020년 코로나 팬데믹으로 인한 글로벌 차원의 혐중 현상이 나타나기 이전에 이미 혐중 정동을 폭발적으로 증가시킨 계기가 된 이슈가 있었는데, 이미 앞서 언급하였듯이 2016년의 사드 사태와 그 뒤를 이은 한한령이 중요한 전환점이었다.

한한령이 있기 이전까지는 양국간의 물적·인적·문화적 교류가 역사상 유래가 없을 정도로 대규모로 이루어졌고, 또한 다른 국가들과 비교하기 힘들 정도로 월등한 수준을 유지하고 있었다. 단적으로 한한령 직전인 2016년도에 한국을 방문한 중국인 관광객 수는 약 807만 명으로 전체 외국인 관광객의 약 47%를 차지할 정도였고, 관광객 수 2위였던 일본이 230만 명 정도였던 것과 비교해봐도 압도적인 규모임을 알 수 있다. 한한령 이외에 경제적 보복 조치들이 일부 있기는 하였지만, 반도체와 같은 주요 산업 기자재나 필수품들의 수출입이 커다란 부분을 차지하고 있었기 때문에 물적 교류 차원에서의 감소는 비교적 완만하게 이뤄진 반면, 인적·문화적 교류는 바로 직접적인 효과를 나타내기 시작해서 한한령이 있던 2017년에는 중국

---

18 히구치 나오토, 「일본의 배외주의와 혐한 및 혐중 정서」, 『성균차이나브리프』 10(1), 2022, 108~114쪽 참조.

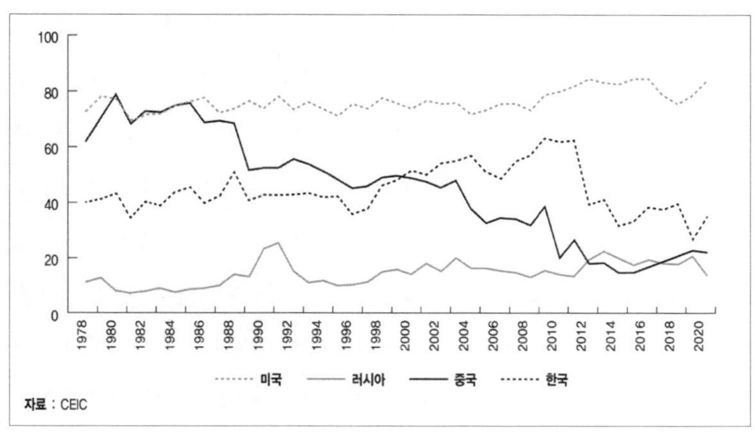

<그림 7> 각 나라에 친근감을 갖는 비율의 추이

인 관광객 수가 급감하여 전년도 대비 절반 정도 수준인 417만 명으로 폭락하였다.[19]

이처럼 사드 사태와 한한령으로 야기된 인적·문화적 교류의 급감과 상호보복 조치로 인한 감정적 악화는 갈수록 격화되었고, 이념적 차원에서나 실질적인 경제적 피해라는 차원에서 봤을 때 이를 직접적으로 실감하기는 쉽지 않은 청년세대의 경우 오히려 한한령과 그 이후 촉발된 인터넷을 매개로 야기된 대중문화나 역사적·문화적 정체성에 관한 이슈들이야말로 가장 직접적으로 와닿는 상처이자 피해였다고 할 수 있다. 이로 인해 사드 사태와 한한령, 그리고 코로나19 사태를 거치며 악화될 대로 악화된 감정은 김치 논쟁, 한복 논쟁, BTS 논쟁 등과 같은 이슈들로 인해 양국가의 청년세대를 중심으로 '혐중', '혐한' 정동이 폭발하게 된 것이다. 이처럼 기존에 보기 힘들었던 사소해 보이기도 하고 상당 부분 곡해와 자기 중심주의적 해석으로 인해 야기된 문화적 이슈들로 인해 '혐중' 정동이 증폭된 것은 다른 나라

---

19   한국관광데이터랩의 국가별 방한 현황(통계) 참조.
      https://datalab.visitkorea.or.kr/datalab/portal/nat/getForTourForm.do

들에서는 별로 찾아보기 힘든 한국적 맥락을 보여준다. 다른 나라들에서는 주로 국경 문제나 영토 영해의 영유권 문제와 같은 외교·군사적 이슈, 그리고 무역 경쟁이나 보복 갈등과 같은 경제적 이슈들이 위주인 것과 비교해보면 대중문화나 문화적 종주 문제로 인해 야기된 이런 현상은 다소 황당하고 낯설어 보이기까지도 하는데, 다분히 그 이전까지의 문화적 교류와 모방·표절·참조 등과 같은 과정에 쌓인 유사화 내지는 근친화에 대한 반동, 그리고 감정 악화 이후 애국주의적 자기정체화를 위한 경계 재강화의 과정으로 해석된다. 무엇보다도 문제가 되는 것은 어찌보자면 정동전affective warfare이라고도 볼 수 있을 만한 이런 감정 싸움과 혐오의 정동정치로 인한 갈등과 충돌이 앞으로의 미래를 책임질 청년세대의 보수화, 극단화를 가속화시키고 있다는 점이다.

　이상에서 살펴본 바와 같이 상호 인접한 국가로서 유사한 인종적 특성과 유사한 문화적 배경을 지니고 있음에도 불구하고, 한·중·일 세 나라 모두 타자에 대한 배타적인 생각과 혐오의 정동을 지니고 있으며, 이는 여타 다른 권역들에서와 마찬가지로 주로 인접한 지정학적 관계성이나 그로 인해 야기된 역사적·사회적 기억으로부터 비롯된 바가 크다고 할 수 있을 것이다. 더욱이 애초에 상호간에 유사하였기 때문에, 그동안 오리엔탈리즘적 담론 하에서 동양 내지는 제3세계로 차별받고 멸시당하던 상황으로부터 벗어나 근대 세계 체제의 중심이자 표준이라 할 수 있는 서구로부터 더 제대로 인정받고, 신자유주의적 세계화가 만들어낸 글로벌 시장에서 보다 차별화된 경쟁력을 갖기 위해 상호간의 미세한 차이라도 더욱 차별화하고 부각시켜 경계를 명확히 하고자 하는 민족주의화 내지는 로컬화의 욕망이 작동하고 있기도 하다. 하지만 보다 근본적으로는 이런 혐오의 정동정치는 "사회 체제 내부의 적대적 모순을 은폐하고 희석시키기 위해서 소위 외부의 적을 우선적인 표적으로 삼게" 만들거나,[20] 사회적 분열과 갈등을 조장하여 정적을 비난하고 자신들의 정치적 영향력을 확대시키고자 하는 정치 세력들에 의해 주로 활용되고 있다는 점에서 최근 동아시아 권역에서 거세지고 있는 '혐중' '혐한' '혐일' 정동의 삼중 파고를 주의 깊게 그리고 냉철히 바라볼 필요가 있다.

그런데 최근 10여 년 사이에 기존의 신자유주의적 세계화가 만들어 내었던 동아시아 권역 내에 그나마 일정정도 유지되고 있던 타자에 대한 상호인정과 공동체적 감각이 약화되고, 민족주의적 내지는 국가주의적 경계와 장벽이 다시 높아지면서 상호간의 갈등과 적대적 혐오가 급격히 증가하고 있다. 거기에는 각기 시기나 맥락, 그리고 목적과 방식이 다소 다르긴 하지만 각국 내외적으로 진행되고 있는 혐오의 정동정치가 큰 몫을 하고 있다. 편협하고 배타적인 민족주의를 형성하는 데 있어서 이질적 타자에 대한 혐오야말로 가장 손쉬운 방편이기 때문이다.

그런데 여기서 말하는 정동정치는 단지 정치인들의 정치 행위만을 가리키는 것은 아니며, 보다 본질적으로 시민 사회와 같은 민간 차원에서 보다 다양한 행위자들에 의해서 이뤄지기도 하는데, 그러한 정동정치가 더욱 능동화 혹은 극단화되도록 만드는 새로운 배경 가운데 하나는 바로 급속도로 변화하고 있는 미디어 스케이프mediascapes이다.

---

20   이재현, 「[이재현의 유행어 사전] 싹쓸이 쇼핑」, 『한국일보』, 2015.12.8.

3. 혐중 팔이와 혐오 설계자 플랫폼의 정동 경제

1) 혐중 팔이 전성시대

글로컬의 다양한 차원에서 일어나고 있는 혐오 / 혐중의 정동정치는 보다 광범위한 규모의 행위자와 대중들에 의한 자발적이면서도 능동적인 미디어 참여와 실천 속에서 이루어지고 있다는 점에서, 단지 트럼프 같은 한두 명의 정치인이나 일부 정치 세력에 의해서, 그리고 그런 정치 세력들에 의한 정치 이념적 세뇌나 동원에 의한 것만은 아닌 듯하며, 이처럼 기존과는 다소 다른 양상을 보여주고 있는 최근의 혐오 정동정치는 기존의 미디어 스케이프와는 달라진 뉴미디어 환경의 변화와 관련이 있어 보인다.

물론 과거 일반 대중들의 '악의 평범성'을 불러내었던 혐오의 정동정치에서도 일반 대중들을 능동적 참여와 실천을 동원하고 유도하는 언론 미디어가 전혀 없었던 것은 아니었다. 근대 초기 종교개혁과 국민국가 형성 무렵 인쇄 출판 미디어가 등장한 것으로부터 시작해서, 1차 세계대전 직전 황색 저널리즘Yellow Journalism을 이끌었던 저가 신문·잡지와 같은 뉴스 미디어나, 2차 세계대전 직전 총력전 하의 국민 동원에 있어서 주요한 선전·선동의 도구로 사용되었던 라디오와 영화, 그리고 냉전 하에서 자본주의 진영의 승리를 가져오는 데 혁혁한 공을 세운 대중문화의 총아라 할 수 있는 텔레비전에 이르기까지, 정치적 선동과 정보의 확산·조절·통제에는 항상 미디어 기술 및 미디어 스케이프의 변화 발전이 있었다.

하지만 최근 일어나고 있는 혐오 정동의 대규모 확산과 극단화의 이면에는 21세기로 접어든 이후 급격히 발전하고 있는 뉴미디어 기술과 플랫폼 기업들의 급성장이 자리하고 있다는 점에서 새로운 미디어 스케이프적 양상이 나타나고 있다. 포스트 세계화라는 시대사적 전환과 함께 뉴미디어 스케이프가 만들어낸 정동경제의 생태계는 최근 보수 세력의 혐오의 정동정치가 돈 되는 장사인 '혐오 팔이'와 결합하면서 더욱 광범위하면서도 빠르게, 그리고 더욱 능동적이고 극단적인 방식으로 확산되도록 만드는 또 다른 배경이 되고 있는 것이다.

그렇다면 어떻게 혐오, 혹은 혐중이 돈이 되는 시대가 열리게 되었나?

혐오는 매우 생리적이고 즉각적인 정동이지만, 또 다른 한편으로 매우 복합적인 정동이기도 하다. 또한 분노, 증오, 좌절, 우울, 공포 등과 뒤섞이기도 하고, 자기 정체성이나 타자와의 관계성에 대한 정동적 기억에 기반하여 작동하기도 하기 때문에, 사회적·윤리적 측면까지도 지니고 있다. 그렇기 때문에 사실 혐오나 분노는 오프라인 현실에서는 타자 앞에서 보여주기 힘든 정동이다. 타자에게 모멸감이나 즉각적인 분노를 야기할 수도 있고, 또한 사회적 차별과 분열을 야기할 수 있다는 점에서 법적 제재를 받을 수도 있다. 하지만 익명성을 전제로 하는 온라인 상에서는 이야기가 달라진다. 더욱이 〈일간베스트저장소〉이하 일베와 같이 원초적 감정의 배설을 목적으로 개설된 동아리의 성격이 강한 온라인 커뮤니티 내에서 사회적·윤리적인 것보다는 외설적·선정적·성적인 것이나 분노, 혐오 같은 원초적인 정보와 정동들은 너무나도 쉽게 생산되고 급속도로 확산되곤 한다.

이 같은 온라인 상의 활동이 별다른 사회적 제재도 받지 않고, 또한 그런 혐오에 동조하고 지지·후원하는 이들도 적지 않다는 사실에 힘입어 이들은 점차 오프라인 상에서도 보다 혐오와 차별을 적극적으로 내지는 극단적인 방식으로 펼치게 되는데, 2014년 광화문에서 진행되던 세월호 단식 투쟁 당시 일베 회원들을 중심으로 한 '폭식농성'을 벌였던 사건이 그런 단적인 사례라 할 수 있겠다. 게다가 그 무렵을 전후로 직접 보수 정치 세력들과 직간접적으로 결합하거나 극우 세력화하는 과정을 거치면서 이들의 혐오 정동정치는 더욱 노골화, 극단화하기 시작하였다.

2011년 〈디시인사이드〉로부터 분리해서 독립사이트가 되었던 일베는 2012년 대통령 선거를 전후로 이용자가 급격히 늘어나 극우 성향의 성지와도 같은 곳으로 발전하기 시작하면서 본격적으로 혐오의 정동정치의 중심이 되어 왔다. 여성이나 성소수자, 이주노동자와 같은 사회적 약자 및 소수자들에 대한 노골적인 혐오를 표현해 왔던 이곳에서 주요한 혐오의 대상 가운데 하나가 바로 중국이었다.[21] 이 같은 혐오 팔이만으로도 2012년 당시 100만 명이 넘는 회원수를 자랑할 정도로 성장할 수 있었지만, 2016년 박근혜 정권 탄핵 사건을 전후로 세력이 크게 약화되면서 혐중 확산의 중심은 점차 소셜미디어와 유튜브와 같은 뉴미디어로 옮겨가게 된다.

국내에 서버를 둔 온라인 커뮤니티로서 법적 제한도 많고 경제적 수익도 그리 크지 않았던 것에 비하면, 유튜브 같은 글로벌 뉴미디어 플랫폼 기업은 표현의 수위만 잘 조절한다면 국내 법적·제도적 영향력 밖에 있다는 점에서 상대적으로 사회적 제약으로부터 자유로운 편인데다, 잘만 하면 광고료는 물론 슈퍼챗이나 후원금 같은 다양한 수익원까지 보장할 수 있는 최적의 활동 공간을 제공해 주었다. 한 사회 공동체 내에서 제도적·윤리적으로

---

21   혐중 정동정치가 소비되고 확산되는 거점과도 같은 일베 사이트에서 '중국'이라는 키워드로 검색을 하면 426,992건이 검색될 정도로 중국 관련 게시글이 상당한 비중을 차지하고 있는데, 대체로 사이트 성격상 여성혐오나 성적 비하 위주의 게시글이 많기 때문에 '중국'이란 키워드는 주로 '중국 여자'에 관한 내용인 경우가 많은 편이다. 하지만 그 밖에도 중국 이주노동자나 조선족, 그리고 그들에 대해 우호적인 정책을 펼쳤던 노무현에 대한 혐오 게시글이나, 중국의 공산당 정권에 대한 비난 게시글, 문재인 정권 집권 이후 이들에 대한 혐오가 결합된 친중 좌파 논리의 게시글 등도 적지 않은 편이다. 그런데 최근 윤석열 탄핵 정국에 이슈로 불거져 나온 중국의 총선 개입설이나 중국 간첩설 같은 근거없는 주장과 욕설들을 쏟아내는 게시글들이 급증하고 있는 추세이다. 일간베스트 저장소 웹사이트, https://www.ilbe.com.

지탄받거나 금기시되어 음지화될 수밖에 없었던 혐오나 극단주의가 유튜브라는 새로운 플랫폼 생태계를 만나게 되면서 그동안 대중의 숨겨진 욕망의 가려운 부분을 긁어줘 호응을 끌어내거나, 혹은 역으로 비난받을 만한 언행으로 '어그로'를 끎으로써, 더욱 큰 수익도 얻고 권력도 가질 수 있는 새로운 장이 열리게 된 것이다.

그런 상황 속에서 2016년 사드 사태와 트럼프 정권의 등장, 그리고 결정적으로 2020년 코로나 사태를 거치면서 한국은 물론 서방 세계로부터 공공의 적이자 혐오의 대상이 되어버린 중국은 가장 손쉬운 혐오 팔이의 재료가 되어 버렸다. 더불어 2017년 문재인 정권의 등장으로 인해 야당이 된 보수 정치인들과 보수 언론, 그리고 유튜브와 같은 뉴미디어 플랫폼을 거점 삼아 활동하기 시작한 극우 유튜버들이 하나의 공생 네트워크를 이뤄 '문재인 정권은 친북·친중 정권'이라는 프레임을 바탕으로 한 혐중 관련 이슈와 담론들이 날이 멀다하고 쏟아져 나오기 시작하였다. 특히 2020년 코로나19 사태를 전후로 소위 국뽕 마케팅과 한 쌍을 이뤄 혐중 팔이가 유행처럼 번져 수많은 유튜브 채널이 앞다퉈 혐중 이슈를 퍼나르거나, 심지어 정보 조작이나 날조도 만연하게 되었다.

바이럴과 어그로가 돈이 되는 뉴미디어시대에 가장 손쉬운 돈벌이 콘텐츠는 국뽕을 팔고 혐중을 파는 것이 되어 버린 것이다.[22] 이런 극우 보수 유

---

22   이는 비단 한국만이 아니라 유튜브의 본고장인 미국 역시 마찬가지이고, 또 다른 글로벌 숏폼 플랫폼인 틱톡의 본고장이자 글로벌 플랫폼과는 격리된 동영상 플랫폼 생태계를 지닌 중국 역시 마찬가지이다. 기본적으로 한국에 비해 중국 정부나 공산당의 입김이나 통제가 주요하게 작용하고 있다는 점에서 차이가 있기는 하지만, 한국의 혐중 팔이 생태계와 마찬가지로, 중국 내에서도 『환구시보(環球時報)』와 같은 민족주의적 언론사나 혐한이나 반미 담론을 결합한 애국 팔이 논객들, 샤오펀홍(小粉紅)과 같은 친정부 민족주의 성향의 청년층 네티즌들과 같은 일종의 혐한 담론 네트워크가 구성이 되어 마치 상호간에 미러링 전

튜버들 가운데 영향력이 있는 대표적인 채널들을 꼽아보자면 다음과 같다.

2025년 3월 현재 보수 유튜버 가운데 국내에서 가장 많은 188만 명의 구독자 수를 지닌 〈진성호방송〉의 경우, 2018년 말에 개설하여 1만7천여 편의 동영상을 올려놓고 있는데, 대부분 매우 노골적인 친윤석열, 친여당, 반이재명, 반야당 성향의 시사 평론을 위주로 콘텐츠를 구성하고 있다. 원래 조선일보 기자 출신 보수 성향 정치인으로서, 이명박 대통령 후보의 인터넷 본부장을 맡아 활동하기도 했으며, 일베와도 직간접적인 친연성을 지니고 있기도 하다.

구독자 수에 있어서 웬만한 방송사이나 신문사의 유튜브 채널 구독자 수에 육박할 정도로 상당한 영향력을 지니고 있으며, 경제적 수익 면에 있어서도 최근 한 달간의 예상 수익만 해도 7천여만 원에 달할 정도로 높은 유튜브 광고료 수익을 거둬들이고 있다.[23]

그가 올려놓은 동영상들은 대부분 자료화면이거나 별다른 게스트도 없이 혼자서 독백 형식으로 시사 사안들에 대해 평론을 하는 매우 단조로운 포맷으로 구성되어 있는데, 그 가운데 중국과 관련된 콘텐츠도 적지 않은 편이다. 대체로 몇몇 보도 자료나 개인적으로 취득한 정보를 활용해서 매우 정동적인 방식으로 추측성 평론이나 예측을 내리는 경우가 많아서, 최근 중국과 관련된 음모론과 같은 혐중 담론의 중요한 생산자 내지는 매개자라 할

략을 구사하듯이 혐중 혐한의 상승작용을 일으키고 있다. 다만 중국에서의 뉴미디어는 한국과는 달리 만리방화벽에 둘러싸여 거의 갈라파고스와도 같은 환경에 있다는 점에서 한국과는 다소 다른 측면에서 접근할 필요가 있어 보이기 때문에, 이 글에서는 주로 한국에서의 뉴미디어, 특히 유튜브 플랫폼을 중심으로 살펴보고자 한다.

23 유튜브 데이터 분석 사이트인 블링(vling) 참조.(https://vling.net/channel-calculator?ids=UC-ORGzN6c-OZyCw9YAYNjkA)

수 있겠다.

각 동영상의 썸네일 역시 그 디자인이 무척 단순하면서도 조잡한 편이지만, 매우 과격하고 자극적인 타이틀의 문구를 써서 사람들의 관심을 끌어들이고 있다. 자주 사용되는 어휘는 '긴급', '급소', '항복', '폭탄발언', '난리났다', '충격', '패닉' 등과 같이 실제 사실이나 맥락과 그리 큰 관련성은 없지만, 뭔가 중요한 내

<그림 8> 〈진성호방송〉 채널 '중국' 관련 영상

용이 있는 듯한 낚시성 문구들인 경우가 많다.

그는 이런 식의 자극적인 어휘나 썸네일 이미지 등을 통해 노골적인 혐오와 부정적 인식, 그리고 반중·반공·친미·친자본적 이념과 세계관을 담아 시사 사안에 대해 해석·평론하고 있는데, 중국에 대한 그의 논리 이면에는 기본적으로 중국에 대한 위기감, 특히 사드 사태와 윤석열 정권 집권 이후 갈수록 중국의 추격과 경쟁으로 인해 위협받고 있는 기업들에 대한 우려가 전제되어 있는 경우가 많다.

하지만 그의 유튜브 채널의 콘텐츠는 비교적 낡은 진행 방식의 포맷과 디자인 등으로 인해 젊은 층의 감각과는 다소 거리가 있고, 2020년부터 부각되었던 김치 논쟁이나 한복 논쟁과 같이 청년세대에서 화제가 되었던 혐중 이

〈그림 9〉〈가로세로연구소〉채널 '중국' 관련 영상

슈들은 전혀 다루지고 있지 않다는 점에서 그 혐중 담론과 정동 정치의 영향력은 청년층에게는 다소 제한적인 것으로 보인다.

〈진성호방송〉이외에도 수많은 보수 유튜버들이 활동하고 있는데, 〈가로세로연구〉처럼 노골적인 혐오나 비윤리적인 가짜뉴스와 같은 내용으로 인해 소위 '노란 딱지'광고를 게재하기에 부적합한 영상을 올렸을 경우 유튜브에서 광고료와 같은 수익을 창출하는 것을 제한하는 기능를 받더라도 광고료 대신에 슈퍼챗이나 후원금을 통해 충분한 수익을 거둬들이는 극우 유튜버들도 적지 않게 성행하고 있다. 이들의 경우 슈퍼챗이나 후원금을 통해 주로 수익을 거두는 편이라서 유튜브의 광고료 제재를 신경쓰지 않기 때문에, 더욱 노골적이고 자극적인 콘텐츠를 통해 혐중 정동 정치를 펼치고 있는데, 혐중, 반북, 반이재명 등의 내용을 담은 음악과 뮤직비디오를 만들거나, 최근 이슈가 되고 있는 중국 간첩설 및 한국 정치 개입설과 같은 음모론이나 가짜뉴스도 서슴치 않고 올려놓기도 한다. 타이틀에 '충격영상', '극혐', '간첩', '폭로', '중국 빨갱이' 등과 같은 자극적인 문구를 쓰고 명료하고 선정적인 이미지들을 썸네일로 사용한다는 점에서는 앞서 살펴본 〈진성호방송〉과 유사하지만, 편집과 디자인에 신경을 많이 쓴다든지 뮤직비디오를 만들어 조롱과 놀이처럼 혐오를 포장하고 있다든지, 대중문화와 관련된 내용을 다룬다든지 하는 점에서는 〈진성호방송〉에 비해 청년층의 취향 내지는 일베 취향에 더 가까워 보인다.

그리고 이러한 최상위권 유튜브들 이외에도 구독자수 10만 내외의 중상위권 유튜브들 또한 적지 않은데, 유튜브 채널 가운데 혐중 팔이나 국뽕 팔이류의 유튜브 채널이 매우 많다는 점을 놓고 봤을 때, 이런 유의 유튜브 채널들이 그 누적 소비량을 놓고 보자면 어쩌면 Top 100위권의 유튜브 채널 못지 않은 영향력을 지니고 있다고 볼 수도 있다. 더욱이 유튜브 사용자가 원하지 않더라도 유사한 채널과 콘텐츠들이 유튜브 추천 알고리즘을 통해 연쇄적으로 추천된다는 점에서 알고리즘은 혐중 정서의 형성에 적지 않은 영향력을 발휘하고 있는 것으로 보인다. 이들은 더 큰 관심과 어그로를 끌기 위해 더욱 자극적인 콘텐츠 제작이나 가짜뉴스를 날조하는 경우가 적지 않은데, 그로 인해 종종 유튜브의 제재로 동영상 삭제 조치를 당하거나 심하면 폐쇄되기도 한다. 〈놓칠 수 있는 소식들 TV〉라는 이름의 채널 역시 그런 채널들 가운데 하나인데, 주로 가짜자막과 같은 조작을 통해 혐중을 조장하는 콘텐츠를 제작하여 올렸고, 현재는 채널이 사라진 상태이다.

그런데 이런 유튜브 채널의 상당수가 동영상 화면 자동 편집 제작 앱을 활용하거나 실제 사건과 무관한 자료화면들을 반복적으로 편집하여 사용하는 경우가 많다. 때로는 아예 팩트 자체를 무시하거나 조작하는 방식으로 혐중 팔이를 하고 있다는 점에서 문제가 적지 않다. "재벌녀에게 무개념 질문을 날린 중국인 기자의 최후 ㄷㄷ"조회수 11만 회, "중국에서 펑펑 울던 헐리우드 스타가 한국와서 활짝 웃은 이유 ㄷㄷ"조회수 5.3만 회, "역사 왜곡하는 중국인에게 팩트폭행 하버드 교수 ㄷㄷ"조회수 8.7만 회, "한글은 원래 중국말이라 말하

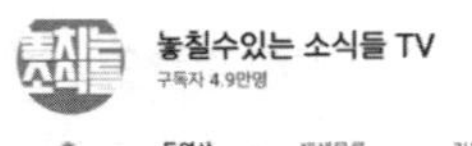

<그림 10> 〈놓칠 수 있는 소식들 TV〉 채널 '중국' 관련 영상

자 참교육하는 미국 앵커의 숨겨진 반전"조회수 78만 회, "한국은 중국의 속국이라는 중국인 기자의 말에 헐리우드 스타가 보인 행동"조회수 22만 회, "무개념 일본인 기자 참교육 시킨 헐리우드 스타 ㄷㄷ"조회수 7.1만 회, "손흥민 귀화시키려다 딱 걸린 중국(해외반응, 외국인반응, 한류, 중국반응, 손흥민반응, 축구반응, 스포츠반응, 일본반응)"조회수 45,522회등과 같은 제목들을 놓고 보더라도 확인할 수 있듯이, 대부분이 최근 중국과 관련하여 벌여졌던 논란과 갈등들을 소재로 해서 만든 가짜뉴스들이다. 유명인사나 스타들의 인터뷰 동영상과 자료화면을 교묘하게 편집하여 마치 진짜 뉴스인 듯이 조작한 뉴스들임에도 불구하고 유튜브 사용자나 구독자들은 '팩트'로 받아들이면서 좋아요나 댓글을 통해 혐중과 국뽕이 결합한 뜨거운 반응을 보였던 채널이다.

이처럼 혐오나 혐중 관련 극우 유튜버들이 성공을 거두게 되면서 혐오의 정동정치는 권력뿐만 아니라 혐중 팔이를 통한 수익이라는 경제적 날개까지 얻게 되면서 더욱 활개를 치는 상황이 벌어지고 있다.

2) 플랫폼 알고리즘이라는 이름의 혐오 설계

그런 날개를 달아준 것은 바로 플랫폼 기업이었다. 혐오 팔이 유튜버들이 시장 점포나 노점의 장사꾼들이라고 한다면, 유튜브와 같은 플랫폼 기업이야말로, 그 시장의 임대주인 셈이다. 임대주는 점포의 장사꾼들이 혐오와 분노를 팔건, 아니면 우호와 연대감을 팔건 개의치 않는다. 착실히 돈만 잘 벌고 임대료만 착실히 내준다면 말이다. 오히려 그 장사꾼들 사이에 경쟁과 싸움이 생기면 생길수록, 그것이 더 극단으로 치달으면 치달을수록 손님을 더 많이 끌어올 수 있다는 점에서 임대주에게는 이득이 되니 이를 더 조장하는 것이 당연한 이치라 할 수 있을 것이다.

최근 뉴미디어 플랫폼 가운데서도 전 세계적으로 혐중적인 정보들이 생산·재생산, 유통되는 가장 중요한 매개 역할을 하고 있는 것은 유튜브라고 할 수 있을 것이다.[24] TV나 신문과 같은 전통 미디어들이 갈수록 유튜브라는 플랫폼에 융·통합되어 감에 따라 그 "집합적 정동의 조정"[25]의 역할도

---

[24] 최근 한국언론진흥재단이 발표한 『2024 소셜미디어 이용자 조사』에 따르면 유튜브의 이용률이 84.9%로 카카오톡에 이어 2위를 차지하였고, 또한 소셜미디어를 통해 뉴스 / 시사 정보를 이용한다는 35.9%의 응답자 가운데 유튜브를 뉴스 소비를 위해 이용한다는 응답률은 60.1%로 가장 높은 비중을 차지하였다. 이런 상황은 미국도 거의 유사한데, 퓨 리서치 센터의 보고서에 따르면, 2024년도 기준 미국 성인 가운데 85%가 유튜브를 이용하고 있으며, 유튜브를 통해 뉴스를 소비하는 비율은 32%로, 33%인 페이스북에 뒤이어 2위를 차지하고 있다. 한국언론진흥재단, 『2024 소셜미디어 이용자 조사』, 2025.2.6; Pew Research Center, "5 facts about Americans and YouTube", 2025.2.28.

[25] "집합적 정동의 조정"이라는 말은 이토 마모루가 텔레비전의 정동 미디어로서의 의미와 역할을 강조하면서 사용하였던 표현이다. 그는 1990년대 인터넷 확산 이후로도 텔레비전이 "사회적으로 결정적인 전환점에서는 집합적 정동의 조정을 위한 특권적 회로로 부활"하였다고 설명한다. 이토 마모루, 김미정 역, 『정동의 힘―미디어와 공진(共振)하는 신체』, 갈무리, 2015, 178쪽.
하지만 그의 저서가 나온 것이 2013년이었고 최근 인터넷 IT시대에 점차 뒤떨어지는 모습을 보여주는 일본의 상황을 감안해본다면, 그가 말한 텔레비전의

유튜브로 이양된 것으로 보인다.

이들이 주로 전통 미디어의 기존 통제·조절 시스템과 제도적 제약으로 인해 하기 힘들었던 시도들을 유튜브라는 미디어 장을 통해서 시도하고 있는데, 기존보다도 더욱 이윤 지향적이면서도 편향적인 방향으로 정보를 생산·유통하는 전략을 구사하고 있는 것으로 보인다. 이는 쌍방향성을 특징으로 하면서 또한 콘텐츠 생산·유통에 아무런 자격 조건이나 제약이 거의 존재하지 않는 유튜브에서 살아남기 위해서는 관심경제Attention economics의 원칙에 따른 철저한 차별화와 극단화를 추구할 수밖에 없기 때문이기도 하다.

일방향성이라는 특징과 제한적 자원과 통로를 이용할 수밖에 없기 때문에 국영·공영기업이나 대형 자본가, 그리고 저널리스트라는 엘리트 전문가들만이 미디어의 주요 행위자가 될 수밖에 없었고 또한 그만큼 정치 사회적 책임도 더 클 수밖에 없었던 전통 미디어는 윤리적으로나 제도적으로나 객관성과 중립성을 유지하도록 강제 받을 수밖에 없었다.

하지만 뉴미디어의 장에서는 오히려 객관성이나 합리성보다는 더 정동적이면 정동적일수록 더 관심도 끌 수 있고 돈도 더 벌 수 있게 된다는 점에서 중립성이나 객관성으로부터 점점 더 멀어질 수밖에 없는 측면이 있다. 더욱이 돈의 척도가 되는 클릭 수는 좋아하거나 긍정하는 사람의 클릭이든 싫어하거나 부정하는 사람의 클릭이든 가리지 않기 때문에, 어그로 자체가 돈이 되는 경우도 비일비재하다는 점에서 더욱 편향적이고 정동적일

역할과 의미는 일정 부분 최근 중국과 한국에서의 상황과는 잘 맞지 않아 보인다. 사실상 기존의 전통 미디어인 신문과 TV가 미디어로서의 의미보다는 콘텐츠 생산자로서의 의미로 전환해 가고 있고, 그런 집합적 정동의 조정이라는 정동 미디어로서의 역할의 상당 부분은 이미 유튜브와 같은 뉴미디어로 융·통합되고 있는 것으로 판단된다. 이는 단적으로 전체 광고 시장에서 유튜브가 차지하는 비중의 급성장을 통해서도 확인해 볼 수 있다.

수록 좋다. 그리고 뉴미디어 플랫폼 자체는 이용자 수(특히 월간 활성 이용자 수 Monthly Active User)만 늘어나면 더 큰 돈을 벌 수 있기 때문에 좋아하는 사람이 든 싫어하는 사람이든, 팬이든 어그로든 상관없을 뿐만 아니라, 이들 사이의 논쟁과 갈등으로 더욱 극단화되고 더 적극적으로 활성화activation될수록 좋기 때문에, 이를 유도하는 방향으로 알고리즘을 구성하고 있는 것으로 보인다. 그런 의미에서 한 크리에이터에 대한 긍·부정의 관심만을 강조하는 '관심경제'라는 개념보다는 오히려 긍정과 부정의 양극화와 정동적 강화를 추구하는 '정동경제affect economics'라는 개념이 오히려 현재의 상황을 더 잘 설명해준다.

즉, 앞서 언급한 정치 세력들의 '정동정치'와 뉴미디어 플랫폼 자본의 '정동경제'가 맞물리면서 최근의 거대한 정동적 동원의 양상들이 나타나게 된 것이라 할 수 있다. 19세기 말 대도시의 노동자들을 대상으로 한 테블릿판 무가지나 저가 저널들이 유행하면서 선정적인 기사나 가짜 기사를 쏟아내던 상황을 가리키던 '황색저널리즘'이 뉴미디어의 장에서도 재현되고 있는 것이다. 최근 혐오가 횡행하는 정동적 상황이나 혐중 현상 역시 그런 '뉴미디어 황색저널리즘'과 밀접한 관련이 있어 보인다.

그런데 최근 뉴미디어 황색저널리즘을 통해 전달 생성되는 것은 대체로 적과 아를 가르고 그에 대한 정동적 극단화를 강화하는 혐오와 팬덤, 특히 최근의 한국의 국제적 상황과 맥락 속에서는 혐중과 국뽕으로 대표되는 정동들이 중요한 비중을 차지하고 있다. 상당수의 정보 뉴스 채널들에서 이미 정향화된 부정적 정동과 판단에 대한 확증을 더해주기만 하면 된다는 듯이 혐오의 정동과 부정적인 이미지를 끌어내고 만들어 내기 위한 각종 방식과 기제들이 동원된다.

터바이어스 로즈-스톡웰도 『분노 설계자들』에서 뉴미디어의 알고리즘에 의해서 이뤄지고 있는 분노 설계의 매커니즘에 대해 설명하면서 유튜브와 같은 플랫폼들은 사람들의 관심과 정동적 참여를 유도하기 위해서 공감과 분노를 이용하는데, 뉴스의 정확성이나 언론의 진실성보다는 오히려 가짜 뉴스나, 감정적 언어, 그리고 부정성이야 말로 사람들의 참여를 북돋는 추동 력이라고 주장한다. 정동으로서의 혐오 역시 분노와 마찬가지로 사람들을 끌어들이고 참여시키는 가장 강력한 추동력 가운데 하나이다.

지금과 같은 플랫폼 알고리즘이 지속되거나 혹은 더욱 강화된다면 우리 는 더 강한 혐오의 정동 속에서 살아가게 될 것이다. 그리고 그 혐오를 팔고 그 혐오를 먹고 자란 이들이 권력을 잡고 돈을 벌고 더 많아지는 사회에서 살아가게 될 것이다.

4. 나가며

앞서 언급하였던 황색저널리즘이 유행하였던 19세기 말은 혐오의 절정 기이기도 하였다. 인종 혐오를 뒷받침하기 위한 인종론들이 과학의 이름을 빌리고서 횡행하였고, 황화론과 같은 정치적 담론들도 인기를 끌었다. 대 도시에 몰려드는 이주자들과 저임금 노동자들이 넘쳐나고, 사회적 양극화 에 따라 그들의 사회적 불만도 걷잡을 수 없이 커져가고 그와 함께 사회주 의 혁명을 향한 정치적 열망도 폭발하던 시기였다. 선정적이고 자극적인 황 색저널리즘이 유행하기 좋은 환경이었던 셈이다. 사실 지배 계층과 권력가 들이 하층민들의 사회적 불만을 다른 곳으로 돌리는 데 혐오만한 것도 없을 것이다. 가상의 적과 타자를 만들어 그들을 혐오하도록 만들고 서로가 싸우 도록 만드는 것은 제국이 항상 써왔던 전략이기도 하다. 실제 얼마 뒤 제1차 세계대전이 벌어졌고, 2,500만여 명이 생명을 잃었다.

최근 포스트 세계화시대에 뉴미디어라는 매체를 타고 황색저널리즘이 다시 대두되고 있다. 이러한 혐오 정서가 지속될 경우 한국 사회의 민주적 공론장이 위협받고, 국제적 관계에서도 불필요한 긴장과 불신이 커질 수 있다. 이러한 혐오 정서를 극복하기 위해서는 뉴미디어 플랫폼의 알고리즘을 개선하고, 다양한 문화적 이해와 상호 존중의 노력이 필요하다. 과거 황색저널리즘과 결합한 혐오의 정동정치와 파시즘이 결국 세계대전의 참혹한 결말을 가져왔던 과거 역사로부터 교훈을 얻지 못한 자가 되지 않기 위해 혐오와의 싸움이 절실해지는 요즘이다.[26]

---

26 이 글은『중국현대문학』110호(2025.4)에 실린「혐중의 조건과 정동 역학―포스트 세계화와 유튜브를 중심으로」을 일부 수정하여 전재한 것임을 밝혀둔다.

참고문헌

김희교, 『짱깨주의의 탄생』, 보리, 2022.

이욱연, 「한중 수교 30년 문화갈등-양상과 전개 과정, 극복 과제」, 『국제・지역연구』 31(2), 2022, 181~209쪽.

이재현, 「[이재현의 유행어 사전] 싹쓸이 쇼핑」, 『한국일보』, 2015.12.8.

이토 마모루, 김미정 역, 『미디어와 공진(共振)하는 신체』, 갈무리, 2015

이홍규・하남석, 「중국의 온라인 민족주의와 한국의 대응」, 『동아연구』 33(2), 2014, 199~236쪽.

임대근, 「한-중 문화갈등의 발생 양상 연구」, 『한중언어문화연구』 63, 2022, 203~221쪽.

터바이어스 로즈-스톡웰, 홍선영 역, 『분노 설계자들-알고리즘이 세상을 왜곡하는 방식에 대하여』, 시공사, 2024.

하남석・김명준・김준호, 「한국 청년 세대의 온라인 반중 정서의 현황」, 『현대중국학 회발표자료집』, 2021.

한국언론진흥재단, 『2024 소셜미디어 이용자 조사』, 2025.2.6.

허진・원춘잉・류샤오화, 「중국 네티즌들의 반한 정서와 인터넷 민족주의-텐야논단을 중심으로」, 『언론학연구』 17(4), 2013, 227~256쪽.

히구치 나오토, 「일본의 배외주의와 혐한 및 혐중 정서」, 『성균차이나브리프』 10(1), 2022, 108~114쪽.

Damásio, António, *Descartes' Error : Emotion, Reason, and the Human Brain*, Putnam, 1994.

Friedman. Thomas L., *The World Is Flat : A Brief History of the Twenty-First Century*, Farrar Straus and Giroux, 2005.

Pew Research Center, "Unfavorable Views of China Reach Historic Highs in Many Countries", 2020.10.6.(http://pewresearch.org/global/2020/10/06/unfavorable-views-of-china-reach-historic-highs-in-many-countries/)

Pew Research Center, "Asian Americans and discrimination during the COVID-19 pandemic", 2023.11.30.(https://www.pewresearch.org/race-and-ethnicity/2023/11/30/asian-americans-and-discrimination-during-the-covid-19-pandemic/)

Pew Research Center, "Most People in 35 Countries Say China Has a Large Impact on Their National Economy", 2024.7.9, https://www.pewresearch.org/global/2024/07/09/most-people-in-35-countries-say-china-has-a-large-impact-on-their-national-economy/

Pew Research Center, "5 facts about Americans and YouTube", 2025.2.28, https://www.

pewresearch.org/short-reads/2025/02/28/5-facts-about-americans-and-you-
tube/

Steger, Manfred and Paul James, 'Disjunctive Globalization in the Era of the Great Un-
settling', *Theory, Culture & Society* 37(7-8), 2020, pp.187~203.

웹사이트

네이버 검색어트렌드, https://datalab.naver.com/keyword/trendSearch.naver
블링, https://www.vling.net
빅카인즈, https://www.bigkinds.or.kr
일간베스트저장소, https://www.ilbe.com
한국관광데이터랩, https://datalab.visitkorea.or.kr

제9장

동아시아의
반동성애 / 반트랜스 담론의 초국적 유통[1]

후쿠나가 겐야(福永玄弥), 박승호 역

1. 들어가며

1) <LGBT이해증진법LGBT理解增進法>과 초국적인 혐오 담론

2023년 6월 23일, 〈성적 지향 및 젠더 정체성의 다양성에 관한 국민의 이해 증진에 관한 법률〉이하 〈LGBT이해증진법〉이 시행되었다. 2016년 리버럴·좌파 정당이 〈LGBT 차별 금지 법안〉을 공동 제출[2]하였고, 그에 대항하여 자민당自民党이 〈LGBT 이해 증진 법안〉을 제시한 때로부터 7년이나 지난 후에야 법안이 성립되었다. 전자의 〈LGBT 차별 금지 법안〉이 성적 지향 및 젠더 정체성Sexual Orientation and Gender Identity, SOGI 에 근거해서 "차별"의 "금지"를 정한 것에 반해, 자민당이 기초한 법안은 (성적) 다수 집단인 "국민"의 "이해"를 "증진"하는 것을 목적으로 한 것으로, 결국 소수자에 대한 차별의 해소를 다루는 제도로서는 **기묘한 대체물**로 결실을 맺게 됐다.

---

1   이 글은 JSPS(일본학술진흥회) 과학연구비(23K18828·24H00156)의 지원을 받아 집필했다.

2   민진당(民進党), 공산당(共産党), 사민당(社民党), 생활의당(生活の党)이 여기에 해당한다.

〈LGBT이해증진법〉의 제정 과정에서는 성소수자 특히 동성애 및 트랜스젠더에 대한 혐오나 배제 담론이 국회나 직장, SNS, 대중매체, 학교, 가정 등 일본 사회 전체를 휩쓸었다. "동성혼이나 트랜스젠더 권리를 인정하면 사회 질서가 붕괴한다"는 주장이 상징하듯 소수자를 사회에 대한 위협으로 간주하고 그들의 성과 삶을 부정하는 차별 담론이 급격하게 확산된 것이다.

이러한 차별 담론을 세세하게 검토해 보면, 동시대 한국이나 대만에서도 존재했던 담론과의 연결고리가 보인다. 일례로 2022년 6월 29일 자민당의 우파 정치인들이 다수 참여하는 신도정치연맹 국회의원 간담회[3]에서 「동성애와 동성혼의 진상을 알다同性愛と同性婚の真相を知る」[4]라는 제목의 책자가 배포되었다. 책자의 저자인 양상진은 연세대학교, 그리고 시카고 신학대학원에서 대학원을 마친 후 아오모리현의 개신교계 학교인 히로사키가쿠인 대학弘前学院大学에서 교편을 잡으며 재일대한기독교회在日大韓基督教会 등에서 목사를 지낸 인물이다. 책자의 요점은 동성애가 "후천적 정신 장애", 즉 "의존증"이라는 것, 그러므로 "회복치료"나 "종교적 신앙"에 의한 이성애로의 "변화"를 주장하는 것이었다.[5]

동성애의 '후천설'을 강조하는 담론은 그 '선천성'을 부정함으로써 인권

---

3   신도정치연맹 국회의원 간담회神道政治連盟国会議員懇談会는 1970년 5월 11일 결성된 의원 연맹이다. 신사 본청의 관계 단체인 '신도정치연맹'의 이념에 찬동하는 일본 국회의원들로 구성되어 있다. 2022년 7월까지 아베 신조가 회장을 맡아 자민당의 정권 운영에 강한 영향력을 행사해왔다. 신도정치연맹은 아시아·태평양전쟁을 침략전쟁이 아니라 아시아 해방전쟁으로 규정하며 일본헌법 개정을 주장하고 있다.

4   楊尚眞, 『同性愛と同性婚の真相－医学·社会科学的な根拠』, 株式会社22世紀アート, 2021.

5   松岡宗嗣, 「「同性愛は依存症」「LGBTの自殺は本人のせい」自民党議連で配布」, 『YAHOO! JAPANニュース』, 2022.6.29.

으로부터 분리하고자 하는 주장으로 2010년대 한국과 대만에서도 우파나 종교 미디어에서 널리 유통된 바 있다. 그것은 동성애라는 **이상한 섹슈얼리 티**를 신앙종교이나 의료의 문제로 다루어, '사회'나 '정치'의 문제와는 분리하 는 것처럼 기능한다. 이 글에서 이야기하는 것처럼, 1970년대 이후 미국이 나 유럽에서 발흥한 성소수자 사회운동은 여성의 경험을 정치화하는데 성 공한 제2물결 페미니즘의 영향을 받으면서, 섹슈얼리티를 둘러싼 문제의 정치화를 시도해 온 역사를 가지고 있다. 양상진 등이 주장하는 동성애 '후 천설'은 이런 역사를 무화시키는 담론으로서 기능하고 있다고 할 수 있다.

2) 질문 및 구성

그렇다고 하더라도 21세기 국제 사회에서 인간의 섹슈얼리티는 인권을 구성하는 요소로서 인식되고, 많은 국가나 지역에서 성소수자에 대한 차별 의 해소는 정치가 해결해야 할 사회 문제로 간주되고 있다.

동아시아도 예외는 아니며, 그 중에서도 대만은 "아시아에서 가장 LGBT 프렌들리친화적인 사회"로 알려질 정도로 성소수자의 권리 보장 측면에서 국 제 사회에 위상을 떨치고 있다. 실제로 2000년대에 "젠더평등gender equality"을 내건 입법을 통해 학교나 직장에서의 SOGI에 기반한 차별은 금지되었고, 2019년에 리버럴한 차이잉원蔡英文 정권 하에서 동성결혼 법제화가 실현되 었다. 현재는 성소수자 권리 보장에 소극적이라고 여겨지는 중국과는 대조 적으로, **민주국가로서의 우월성이나 관용**을 국제 사회에 어필하는 "호모내셔 널리즘homonationalism"[6]이 대만 사회에서 주류가 되고 있다.[7] 한국이나 일본에

---

6 Jasbir Puar, *Terrorist Assemblages : Homonationalism in Queer times*, Duke University Press, 2007.

7 Genya Fukunaga, "Queer Politics and Solidarity : Post-Cold War Homonation-

서도 "LGBT 프렌들리"라는 주장은 정치적 올바름political correctness과 연결되어 동아시아에는 "LGBT 프렌들리 사회"가 도래하고 있다.[8]

하지만 이러한 'LGBT'의 주류화에 따라 성소수자에 대한 백래시 역시 전 세계적으로 성행하고 있다. 스즈키鈴木는 2000년대 초반 일본에서 발생한 "젠더 백래시"를 검토하여 사상으로서의 보수주의가 아닌 반동주의로서 백래시를 이해해야 한다고 주장한다. "반동"이 "작용action"에 대한 "반작용reaction"을 지칭하는 것이 시사하듯, 반동주의란 "진보주의에 입각한 정치적·사회적 달성을 부정하고 그 이전의 상태로 회귀하기를 바라는 사고 형태"라 할 수 있다.[9]

이러한 맥락에서, 2000년대 일본에서 볼 수 있었던 백래시는 직접적으로는 1990년대 후반 이후의 젠더 주류화[10]에 대한 반동이지만, 넓은 의미에서는 1970년대 이후의 페미니즘이나 여성운동의 정치적 성취에 대한 반동으로서 이해해야 한다. 2000년대의 백래시는 〈남녀공동참획사업男女共同参画事業〉이나 '일본군 위안부' 문제, 성교육, 재생산권 등, '젠더평등'과 관련한 다양한 문제를 표적으로 삼아 남성뿐만 아니라 여성들까지 끌어들이며 확산

---

alism in East Asia", Kazuyoshi Kawasaka and Stefan Würrer eds., *Beyond Diversity : Queer Politics, Activism and Representation in Contemporary Japan*, Dusseldorf University Press, 2024, pp.99~115.

8 福永玄弥, 『生／性をめぐる闘争―台湾と韓国における性的マイノリティの政治と運動』, 明石書店, 近刊.

9 鈴木彩加, 『女性たちの保守運動 : 右傾化する日本社会のジェンダー』, 人文書院, 2019, p.31.

10 젠더 주류화gender mainstreaming란 젠더 평등 달성을 목적으로 모든 공공정책에 젠더 관점을 도입하도록 규정한 지침으로, 1995년 베이징에서 개최된 제4차 세계여성회의 행동강령에서 채택된 이래 다양한 국가 및 지역의 젠더 정치에 영향을 미쳐 왔다.

되었다.[11]

2010년대에 들어서자 성소수자의 권리가 정치적 쟁점이 되어 백래시
는 동성애나 트랜스젠더를 새로운 표적으로 하여 "재연再燃"되고 있다. 그
것은 일본 사회의 로컬한 문맥에서 검토해야 할 과제이지만, 동시에 초국
적인 "안티 젠더운동anti-gender movement"과의 연결고리 역시 지적되고 있다.[12]
〈LGBT 이해증진법〉이라는 **기묘한 법안** 역시, 바로 성소수자의 권리 보장을
추진하려는 움직임과 백래시 사이의 교섭 및 갈등의 결과로서 성립된 것으
로 위치 지어질 수 있다.

이 글은 2010년대 이후 동아시아에서 초국적으로 유통되고 있는 반동성
애 / 반트랜스젠더 담론을 고찰하는 것을 목적으로 한다. 다만 '반작용'으로
서의 백래시를 이해하기 위해서는 '작용'에 해당하는 지점, 즉 'LGBT 프렌들
리 동아시아'가 어떻게 성립되었는지에 대해 이야기하지 않으면 안될 것이다.

이 글의 2장에서는 동아시아에 있어서 'LGBT'의 주류화에 대해 이야기
할 것이다.[13] 특히 1990년대 이후 발전을 이룬 성소수자 사회운동에 초점을
맞추어 한국과 일본, 대만의 사례를 살펴본다. 3장에서는 2010년대 이후 유
통된 반동성애 / 반트랜스젠더 담론에 주목해 성소수자에 대한 혐오나 증오
의 동원을 둘러싼 정치를 고찰할 것이다.

---

11 鈴木彩加, Ibid; 山口智美·斉藤正美·荻上チキ,『社会運動の戸惑い : フェミニズ
    ムの「失われた時代」と草の根保守運動』, 勁草書房, 2012.

12 Akiko Shimizu, "'Imported' Feminism and 'Indigenous' Queerness : From Back-
    lash to Transphobic Feminism in Transnational Japanese Context",『ジェンダー研
    究』23, 2020, pp.89~104.

13 이 글에서는 '동아시아'로서 한국과 일본과 대만을 다루었는데, 이들은 냉전 체
    제하에서 서방진영으로 자리매김한 국가들이다. 섹슈얼리티의 정치를 검토하
    는데 있어서 냉전 체제와의 관계는 무시할 수 없는 것이기에(福永玄弥, op.cit.),
    이 글의 대상을 이들 국가로 한정했다.

2. 'LGBT 프렌들리 동아시아'의 탄생

1) 섹슈얼리티의 근대

잘 알려져 있듯 동성 간의 성행위는 역사적으로 여러 지역에서 확인되고 있다. 중세 유럽에서는 동성 간의 성행위를 포함해 생식과 관련 없는 다양한 성행위가 기독교의 영향 아래 소도미sodomy로 지목되어 종교상 죄악으로 비난의 대상이 되었다. 19세기에 들어서자, 공업화와 도시화의 진전에 따라 동성 간의 친밀한 관계성이 도시부를 중심으로 가시화되었고, 이에 따라 미국이나 영국, 독일 등에서는 동성 간 성행위나 크로스드레싱cross-dressing을 형법상의 범죄로서 단속하는 움직임이 진행되었다.[14]

동성 간 성행위나 크로스드레싱을 범죄화하는 법 권력의 움직임은 아이러니하게도 그것들의 의료화를 촉진시켰다. 섹슈얼리티를 둘러싼 지식의 구축에 기여한 성과학sexology은 19세기에 발흥되어 종교적 관점에서 죄악으로 취급된 소도미 행위나 비이성애적인 성 표현을 "이상異常"으로 규정하고 치료해야 할 질병으로 파악하였다. "성도착sexual perversions"에 대한 의료적 관심은 이를 법적으로 단속하려는 움직임에 대한 반발과 대항으로 촉발되었다.[15]

서구에서 유래한 성과학의 담론은 제국주의나 식민주의의 확산과 함께 아시아에서도 수용되었다. 동성 간 성행위나 비이성애적인 성표현은 동아시아 여러 지역에서도 치료를 필요로 하는 '성도착'으로 자리잡긴 했지만, 20세기 초에는 동성애 정체성을 내면화한 사람들이 등장하기도 하였다.[16]

---

14 風間孝・川口和也, 『同性愛と異性愛』, 岩波書店, 2010, p.77.

15 Peter Conrad・Joseph W. Schneider, *Deviance & Medicalization : From Badness to Sickness*, Temple University Press, 1992.

16 陳佩甄, 「現代『性』與帝國『愛』－台韓殖民時期同性愛再現」, 『臺灣文學學報』 23, 2013, pp.101~136; 前川直哉, 『〈男性同性愛者〉の社会史－アイデンティティの

한편, 동성 간 성행위를 형법상 범죄로 하는 법 담론 역시 제국주의나 식민주의를 통해 이들 지역으로 번역되었다. 대영제국의 식민 통치 하에 놓인 홍콩에서는 동성 간 성행위를 금지하는 소도미법이 정비되어 지금까지도 동성애에 대한 낙인의 근거로 참조되고 있다. 해방 후 한국에서는 미군정의 영향으로 소도미법이 군 형법에 이식되어,[17] 현재에도 반동성애 담론의 법적 근거로서 인용되고 있다. 즉, 홍콩이나 한국에서는 동성 간 성행위를 범죄로 하는 법 담론과 동성애를 정신병으로 정한 의료 담론이 공존하면서 다층적인 낙인화가 전개된 것이다.

그러한 이유로 동아시아에서 1990년대에 발전된 성소수자 사회운동은 동성애나 트랜스젠더의 탈병리화 및 (일부 지역에서는) 탈범죄화를 추구하였고, 이를 근거로 인권을 비롯한 다양한 권리를 요구하게 되었다.[18]

2) 사회운동의 성공과 그 조건

1980년대 전 세계적인 HIV / AIDS 팬데믹은 동성애자나 성노동자에 대한 낙인을 강화하였고, 이에 대한 저항운동으로 동성애자를 중심으로 한 성소수자 사회운동이 여러 국가와 지역에서 전개되었다. 동아시아에서도

受容 / クローゼットへの解放』, 作品社, 2017.

17 윤상민, 「군형법상 성범죄 규정의 문제점과 개정방향」, 『원광법학』, 28(4), 2012, 185~207쪽.

18 역사적으로 보면 동아시아에는 사회운동이 대두되기 이전에도 남성들이 동성 간 성행위를 해온 '핫텐장ハッテン場'이라 불리는 공간이 존재했다는 것은 잘 알려져 있다. 또한, 신주쿠 니초메(도쿄) 외에도 이태원(서울)이나 시먼(타이베이) 같은 도시 지역에서 바와 클럽 등 자본주의적인 새로운 공간이 1980년대에 형성되었다. 다만, 이러한 공간에 출입하는 사람들은 성소수자 정체성에 근거해 권리나 자유를 주장한다기보다는 오히려 복장에 대한 자유를 누리는 것에 그쳤다. 前川直哉, 『〈男性同性愛者〉の社会史ーアイデンティティの受容 / クローゼットへの解放』, 作品社, 2017.

1980년대 후반부터 1990년대에 걸쳐 레즈비언이나 게이 시민 단체가 결성되었는데, 이는 민주화의 뒷받침을 받아 자유와 소수자의 권리를 요구한 리버럴 및 좌파의 운동이 발전한 시기와 일치했다. 1970년대 이후 유엔을 중심으로 성공적으로 전개된 글로벌 페미니즘의 영향을 받은 성소수자운동은 "섹슈얼리티의 권리sexual rights"라는 개념을 바탕으로 이를 인권 문제로 재정의해 갔다.

그렇다고는 하더라도 각 사회에 따라 성소수자운동의 성공을 촉진한 배경이나 정치적 상황은 다르기 때문에, 아래에서는 한국서울시 학생인권조례, 2012과 일본시부야구 동성파트너십조례 渋谷区同性パートナーシップ条例, 2015, 대만동성혼 법제화, 2019의 사례를 통해 자세히 살펴보도록 하겠다.

(1) 한국-학생인권조례와 성소수자의 권리

2012년 1월 서울시에서 학생인권조례가 공포되었다. 이 조례의 특징은 유치원부터 고등학교까지의 청소년에 대하여 국제인권규범국제인권조약 및 국제관습법이 승인한 권리의 적용을 인정한 데 있다. 그 결과로서 조례는 성별이나 종교, 연령, 장애, 인종, 나아가 SOGI에 근거한 차별을 금지했다. 이외에 성소수자에 특화된 항목으로 아웃팅 금지도 도입하고 있다. 동아시아에서는 2015년 시부야구나 타이베이시에서 동성 파트너십에 관한 조례가 제정되었지만 성소수자 권리 보장이라는 점에서 서울시의 학생인권조례는 선구적인 사례가 되었다.

학생인권조례는 민주화 이후 한국에서 전개된 학생인권운동의 중요한 정치적 달성이었다. 앞서 설명한 바와 같이, 민주화가 사회운동의 발전이나 성공을 뒷받침했지만, 2000년대 한국에서 실현된 "세계 최고 수준의 인터넷 환경"은 공공 공간에 나타나기 어려운 행위자들의 사회운동으로의 참가를 촉진했다.[19] 그중 하나가 후술할 성소수자이고, 또 하나가 청소년이다. 동아시아에서는 유교 규범의 영향으로 인해 청소년은 보호자나 학교에 의해 훈육되어야 할 '미숙한 인간'으로 여겨져 왔기에 계속해서 권리나 인권 적용의 외부에 놓여져 왔다. 청소년을 주체로 하는 학생인권운동은 한국 정부가 1991년 비준한 〈UN아동권리협약〉을 근거로 시민권 확장을 요구하였다.

2005년 광주에서 학생인권조례를 요구하는 운동이 전개된 것을 계기로 비슷한 조례를 요구하는 운동이 전국 각지로 확산되었고, 인권조례 제정이 진보 교육감과 지방교육행정에 중요한 정치 과제의 하나로 자리잡았다. 2010년 경기도에서 전국 최초로 학생인권조례가 공포되자 서울에서도 조례 촉구운동이 시작되었다. 여러 단체가 모여 〈학생인권조례제정운동 서울본부〉이하 서울본부가 결성되었다. 〈서울본부〉는 2011년 10월 주민 발의 서명운동을 시작해 이듬해 5월까지 9만 건이 넘는 서명을 모으는데 성공했다. 서울시는 이를 수리하여 조례 제정을 위한 작업을 진행하였다.

중요한 것은 1990년대에 설립된 〈친구사이〉나 〈동성애자인권연대〉 같은 성소수자 시민 단체들이 〈서울본부〉에 참여했다는 점이다. 이들은 주민발의 조례안을 만드는 과정에 관여하면서 성소수자 인권에 대한 제언을 도입하는데 성공하였다.[20]

2000년대 이후 성소수자운동에 있어서 **청소년 성소수자**가 처한 곤경은 중요한 문제의 하나로 인식되고 있다. 예를 들어 한국청소년개발원은 2006년에 실시한 사회조사에서 동성애나 바이섹슈얼 항목을 도입했는데, 이에 따르면 청소년 당사자의 77.4%가 자살을 생각해 보았고 51.4%가 성적 지

---

19   文京洙, 『新・韓国現代史』, 岩波書店, 2015.

20   김연주・나영정, 「서울학생인권조례 제정운동을 통한 시민권의 재구성」, 『기억과 전망』 28, 2013, 312~358쪽.

향을 이유로 부당한 차별을 학교에서 받은 경험을 가진 것으로 밝혀졌다.[21] 또, 중학교나 고등학교에서는 여학생 간의 "과도한 스킨십"이 동성애를 상기시킨다며 교사가 이러한 행위를 한 학생에게 지도나 벌을 주는 사건이 발생하고 있는 것으로 밝혀졌다. 이는 "이반검열"로 불리며 소녀들 간의 친밀한 관계에 대한 부당한 개입으로 성소수자운동에 의해 문제화 되었다.[22]

국가 또한 검열 제도를 통해 동성애 청소년에 대한 개입을 진행했고, 이에 대한 이의제기가 성소수자 단체에 의해 전개되었다. 1997년 제정된 〈청소년보호법〉은 청소년을 "유해한 각종 사회환경"으로부터 보호하고 "건전한 인격체로 성장할 수 있도록" 이끄는 것을 목적으로 인터넷 규제를 시작했다. 그 시행령제7조은 "동성애"를 "수간"이나 "난교", "매춘행위", "근친상간", "가학·피학성음란증"과 나란히 "변태성 행위"로 정의하고 "사회통념상 허용되지 아니한 성관계"로 규정했다. 그 결과 동성애에 관한 사이트나 웹페이지에 미성년자가 접속하는 것이 금지되었다.

청소년 게이나 레즈비언에게 인터넷은 스스로의 생존과 섹슈얼리티에 관한 정보에 접근을 가능하게 해준 그야말로 유일한 채널이었다. 그랬기에 성소수자운동은 국가의 검열 제도에 대해 항의운동을 전개했다. 예를 들어 〈한국동성애자연합〉은 "성정체성을 자유롭게 드러내어 살아갈 수 없는 우리 사회의 현실"을 지적하면서 "그나마 비교적 자유롭게 자신을 드러내고 동성애자로서의 삶과 고민을 공유할 수 있는 인터넷 공간은 이땅의 동성애

---

21   김민경, 「성소수자 차별금지 조항 반대에… 흔들리는 '서울학생인권조례'」, 『한겨레』, 2011.11.21.

22   Shin, Layoung, "Avoiding T'ibu (Obvious Butchness) : Invisibility as a Survival Strategy among Young Queer Women in South Korea", Todd A. Henry ed., Queer Korea, Duke University, 2020, pp.295~322.

자들에게 참으로 중요하다"고 이의를 제기했다.[23]

또한 게이 남성용 사이트 '엑스존' 운영자가 "청소년 유해매체" 지정이 무효라 주장하며 2002년 재판을 제기한 바 있다. 그러나 이 소송에서는 끝내 **청소년 동성애자**청소년이자 동성애자인 사람의 권리가 적절하게 인정되지 못했다. 실제로 서울고등법원은 다음과 같은 근거를 제시하며 원고의 청구를 기각하였다.

> 동성애를 유해한 것으로 취급해 정보의 생산과 유포를 규제하는 경우 성적 소수자인 동성애자들의 인격권·행복추구권에 속하는 성적 자기결정권 및 알 권리 등 헌법상 기본권을 제한할 우려가 있다는 견해도 있으나 청소년들에게 성적 자기정체성에 대한 진지한 성찰의 계기를 제공하는 것이 아니라 성적 상상이나 호기심을 조장하는 부작용을 야기해 인격형성에 지장을 초래할 우려 역시 부정할 수 없다.[24]

이 판결문에서는 동성애자가 권리의 법적 주체가 된다는 사실은 일단 승인을 받은 것처럼 보인다. 실제로 "성적 자기결정권"이나 "알 권리"라고 하는 "헌법상 기본권"이 동성애자성소수자에게도 있다고 확실하게 언급되어 있다. 그럼에도 불구하고 청소년 동성애자에게는 "헌법상의 기본권"이 인정되지 않았다. 왜냐하면 판결문에서는 **청소년은 이성애여야 한다**는 상정이 전제되었기 때문이다. "인격형성"이 진행 중인 청소년은 일시적으로 동성애나 트랜스젠더로서의 흔들림을 경험할지도 모르지만, 머지않아 시스젠더 이

---

23   한국동성애자연합, 「'엑스존' 패소 판결에 부쳐」, 『정보인권』, 2003.12.26.
24   정성윤, 「동성애 사이트 '엑스존' 유해매체물 결정은 정당」, 『법률신문뉴스』, 2007.6.28,

성애자로 성장하거나 그렇게 '되어야' 하며, 국가는 이러한 청소년을 "유해한"(즉, 동성애를 유발할 수 있는 유혹적인) 정보로부터 보호해야 한다고 판결문은 주장하고 있다.

여기서 섹슈얼리티와 나이라는 두 가지 권력이 교차하는 지점에 위치한 **청소년 동성애자**의 존재는 승인을 받지 못했다. 이 판결문이 이상해 보이는 이유는 성인 동성애자에게는 "헌법상의 기본권"이 있다고 하면서 청소년에게는 그것을 인정하지 않는 이중잣대 때문이다. 이러한 이중잣대에는 청소년이 이처럼 용이하게 (관련 사이트에 접속하는 것만으로!) 동성애자가 되어 버릴지도 모른다는 사법부 및 국가의 편집증적인 불안이 내포되어 있다. 어쨌든 이 재판은 5년 간의 투쟁 끝에 2007년 원고 패소로 확정되었다.

다만 소송과는 다른 접근법이 정치를 움직였다. 2002년 〈끼리끼리〉와 〈동성애자인권연대〉가 국가인권위원회에 진정을 시도한 것이다. 국가인권위원회는 이를 접수하고 조사한 결과, 동성애가 "정상적인 성적 지향의 하나"라는 점을 근거로 동성애자에게 "행복추구권과 평등권, 표현의 자유"가 인정되어야 한다고 주장했다.[25] 이에 따라 청소년 유해매체의 심의기준에서 "동성애" 항목을 삭제하도록 정부에 권고했다. 비록 재판에서 패소했지만 국가인권위원회에 접근한 것은 성공적이었다.

이상의 논의를 돌이켜보면, 청소년 동성애자는 한국 사회에서 이중으로 주변화되었다고 할 수 있을 것이다. 청소년과 동성애자 모두 권리를 인정받아야 할 주체로 오랫동안 상정되지 않았지만, 이 두 정체성이 교차하는 청소년 동성애자는 더욱 승인을 받기 어려운 상황에 놓여 있었다.

앞서 언급한 바와 같이 2011년 서울시에서 학생인권조례를 요구하는 운

---

[25] 국가인권위원회, 「동성애자 인권침해 사건」, 2003.4.2.

동이 전개되자 청소년 취약성에 대한 문제의식으로부터 성소수자운동도 이에 합류하였다. 그런 의미에서 학생인권조례가 차별 사유에 SOGI를 도입한 것은 학생인권운동과 성소수자운동의 연대가 가져온 성과라고 할 수 있다. 서울시의 조례 제정은 '아래로부터의 운동'의 성취이며, 권리 주체로부터 소외되어 온 청소년이나 성소수자(청소년 성소수자도 포함된다)가 포용을 요구하여 쟁취한 성공 사례로 평가된다.

그러나 이 조례가 SOGI를 도입함에 따라 개신교 우파를 중심으로 하는 항의 운동도 전개되었다. 서울시의회 안팎에서는 추진파와 반대파 간에 치열한 공방이 벌어졌지만, 최종적으로 진보파인 민주당이 최대 여당을 구성한 서울시의회의 상황이 뒷받침되면서 조례는 제정되었다.

(2) 일본 – 동성 파트너십 조례와 "다양성"의 동원

2015년 4월 1일 도쿄도 시부야구에서 〈남녀평등 및 다양성을 존중하는 사회를 추진하는 조례〉가 시행되었다. 조례는 "남녀평등"뿐만 아니라 "성소수자 인권의 존중"을 내걸고 시부야구에 거주하는 20세 이상 동성 커플에 대한 증명서 교부를 규정하였다. 일본 지자체 최초로 동성 파트너십이 승인된 사례였다.

이 조례는 동성 파트너십을 둘러싼 정치에 적지 않은 영향을 미쳤다.[26] 실제로 다른 지자체들도 시부야구를 따라 동성 파트너십 제도화를 추진하여 2024년 2월을 기준으로 이미 392개 지자체가 이를 도입했고, 1억 명이 넘는 인구를 포괄하고 있다. 2020년 이후의 다양한 여론조사 결과 역시 국민의 과반수가 이미 동성결혼에 찬성하는 것으로 나타났다. 그러나 국회에서

---

26 다만, 동성 파트너십 조례는 법적 효력을 갖지 않기 때문에, 그 사회적 영향력의 크기에 비해 당사자가 얻을 수 있는 실질적인 이점은 극히 적다.

는 우경화하고 있는 자민당이 이에 강력히 반대하는 입장을 견지하고 있어 국회 정치만은 제자리 걸음을 하고 있는 상황이다.

그렇다면 시부야구의 선진적인 조례는 어떻게 성립된 것일까. 사실, 이것은 성소수자운동의 성공이라기보다는 오히려 '소수자 활용'을 통해 세계에 자랑스러운 '글로벌 시티'로서의 시부야를 내보이려는 "다양성"의 동원에 의한 것이라고 보아야 한다. 조례의 명칭에 들어간 "다양성"과 같이, 거기에는 세계에 자랑스러운 '글로벌 시티'를 장식하는 "다양성 / Diversity"를 추진하기 위한 자원으로서 성소수자를 활용하려는 의도가 담겨 있다. 실제로 이 조례는 "다양성"를 표방한 하세베 겐長谷部健 시부야 구의원2015년 4월부터 시부야 구청장의 강력한 리더십에 의해 톱다운 방식으로 추진되고 있다.

일본에서도 1990년대 이후 성소수자운동이 도시 지역을 중심으로 전국에서 전개되었으며, 2010년대에 들어서자 "LGBT 붐"이라는 새로운 사회적 조류가 형성되었다. 즉, 성소수자의 문제를 (사회운동이 그래 온 것처럼) '인권 문제'로서 말하는 것이 아니라, '시장'이나 '기업의 생산성을 높이는 다양한 인재'라는 관점에서 '경제 문제'로서 논의하는 담론이 등장하여, 이것이 급격히 주류화되었다. 저출산 고령화의 진행을 막는 것에 실패하고, 그렇다고 이민 수용으로 방향을 전환하지 않는 일본 사회에 있어서 'LGBT'는 미개척의 '시장', 그리고 미개척의 '노동자원인적자원'으로서 '발견'된 것이다.

실제로 "LGBT 붐"의 불쏘시개 역할을 한 것은 『주간동양경제週刊東洋経済』와 『주간 다이아몬드 週刊ダイヤモンド』둘 다 2012년 7월 발매호 같은 비즈니스 잡지의 특집이었다.[27] 2017년에는 정치적인 영향력이 강한 일본경제단체연합회日本経済団体連合会 가 "다양성과 포용성의 중요성"을 제언하고 "다른 개성과 다른

---

27 전자의 특집 제목이 "미지의 거대 시장·일본의 LGBT"였고, 후자가 "국내 시장 5.7조엔 'LGBT 시장'을 공략하라!"였다.

능력을 가진 인재를 통한 … 혁신"을 강조하면서, 생산성이 높은 소수자로서 'LGBT'에 초점을 맞추었다[28]. 2022년에는 도쿄대학이 〈다양성 및 포용성 선언ダイバーシティ＆インクルージョン宣言〉을 공개하여, "학술에서의 탁월함을 달성하고 지식의 혁신을 창출"하는 것을 목적으로 "성 정체성이나 성적 지향 등의 성에 관한 다양성"을 중시한다고 선언하였다.[29]

'글로벌 시티'[30]에서의 퀴어 공간을 논의한 벨과 비니David Bell and Jon Binnie에 의하면, 세계화는 지방 정부의 역할 변화를 촉진하였다.[31] 기존의 재분배 정책에 대한 적극적인 대응으로, 신자유주의적 이데올로기의 틀에 기초해 민간기업과 연계한 "창조계급"[32]을 위해 보다 매력적인 공간을 창출하려는 기업가정신에 중점을 두게 된 것이다. 그 결과 도시의 정치는 게이 공간이나 이벤트를 에스닉 공간처럼 도시 간 경쟁 우위의 향상을 위해 활용하기 시작했고, 게이 프라이드와 도시의 프라이드가 일치되도로 게이 컬처에 긍정적으로 응답하는 움직임을 보이고 있다. 플로리다Richard Florida는 『창조도시론クリエイティブ都市論』Who's Your City?의 일본어판에서 지역 내 동성애자의 인구 비율을 가리키는 "게이 지수Gay index"를 소개하며 예술 관련 직업을 가진 사람과 "게이 인구"가 많은 도시는 "인종이나 민족 등의 울타리를 넘어 다양한 재능과 인

---

28 日本経済団体連合会, 「ダイバーシティ・インクルージョン社会の実現に向けて」, 2017.5.16.

29 東京大学, 「東京大学 ダイバーシティ＆インクルージョン宣言についての説明文書」, 2022.6.23.

30 Saskia Sassen, *The Global City : New York, London, Tokyo*, Princeton University Press, 2001.

31 David Bell and Jon Binnie, "Authenticating Queer Space : Citizenship, Urbanism and Governance", *Urban Studies* 41(9), 2004, pp.1807~1820.

32 Richard Florida, *Who's Your City? : How the Creative Economy Is Making Where to Live the Most Important Decision of Your Life*, Basic Books, 2008.

적 자본을 끌어들인다", "관용성 또는 문화적 개방성"을 가진다고 지적하였다.[33] 이 책은 일본에서도 거의 시차를 두지 않고 번역 출판되었고, 글로벌 시티에서 게이 컬처는 배제나 탄압의 대상에서 **환영받는** 대상으로 변화하였으며, 성소수자는 "도시재생의 모델 시민"으로서의 역할을 부여받게 되었다.[34] 시부야구의 "다양성"에 대한 찬사와 동성 파트너십의 제도화도 이러한 맥락에서 읽어 낼 수 있다.

그러나 시부야구의 조례에 대해서 그것이 "핑크 워싱pink washing"이라는 비판이 퀴어 연구자나 노숙인 지원 단체로부터 제기되었다. 애초에 "핑크 워싱"이란 이스라엘의 팔레스타인 침략이나 학살을 'LGBT의 권리 옹호'를 통해 덮으려는 이스라엘 정부의 일련의 정책에 대한 비판에서 나온 말로, 지금은 "LGBT 프렌들리" 이미지를 선전하여 진보적이고 근대적이며 관용적인 스스로의 입장을 강조함으로써 마케팅이나 정치적 어필에 활용하는 전략을 가리키는 용어로 널리 사용되고 있다. 퀴어 연구자들은, 시부야구가 조례 제정을 통해 "LGBT 프렌들리" 이미지를 갖춤으로써, 같은 시기 미야시타 공원宮下公園(시부야구)에서 진행되고 있던 노숙인 배제의 문제를 덮고 있다고 비판하였다. 즉, "LGBT 등도 잘 활용"[35]하는 전략을 통해 시부야구의 도쿄 올림픽을 위한 재개발이나 젠트리피케이션에 따른 노숙인 배제로부터 사람들의 관심을 다른 곳으로 돌리려는 목적이 아니냐는 것이다.

실제로 미야시타 공원에서의 노숙인 배제를 둘러싸고 노숙인 지원운동을 계속해 온 〈시부야·노숙자의 생존과 생활을 책임지는 자유연합渋谷·野宿

---

33 Ibid, p.165.

34 David Bell and Jon Binnie, op.cit., p.1815.

35 ECOZZERIA, 「「丸の内朝大学」×「地球大学」＝丸の内で考える賢いからだ！ 為末大さん′細川モモさんを迎えてスタート！」, 2012.11.12.

者の生存と生活をかちとる自由連合〉통칭 〈노지렌(のじれん)〉은 애초부터 시부야구의 태도를
비판해왔다. 특히 당시 하세베 구의원은 노숙인 배제를 솔선수범해 진행해
온 인물로, 나이키 재팬에 미야시타 공원의 명명권을 매각하는 등 노숙인들
을 단계적으로 공공 공간에서 배제해 왔다. 2015년에는 〈노지렌〉이 시부야
구를 상대로 소송을 제기하여 노숙인의 강제 배제가 인권침해라는 것과 나
이키 재팬과의 계약은 부당하다는 주장이 인정되었다. 그러나 시부야구는
대응을 모색하였고, 2017년 미야시타 공원을 미츠이 부동산에 임대하는 데
성공하여, 도쿄 올림픽 개최 예정 연도인 2020년에는 고급 브랜드 숍을 중
심으로 한 상업시설 〈MIYASHITA PARK〉가 개장하였다.

중요한 것은, 시부야구의 "다양성 / Diversity"에 대한 찬사와 노숙인의 공
공 공간으로부터의 배제가 단순히 **같은 시기 같은 지역에서 발생한 서로 무
관한 현상이 아니라**, 시부야구가 내세우는 "다양성 / Diversity" 담론이 인권
문제보다는 경제적인 맥락에서 의미를 갖는 것임을 시사한다는 점이다. 즉,
노숙인의 배제와 동성 파트너십의 승인은 **경제적 자원의 활용**이라는 점에서
모순 없이 연결될 수 있는 것이다. 글로벌 시티 시부야를 장식하는 경제자
원으로서 소수자'LGBT'를 활용하면서, 경제적으로는 '비용'일 뿐인 소수자노숙
인를 배제한다는 점에서 두 현상은 정합성을 갖는다고 할 수 있다.

이렇게 'LGBT'가 정치나 기업에 의해 "활용"되는 시대가 도래하였다. '인
권'이 아니라 '경제'의 문제로 재정의됨으로써 'LGBT'의 사회적 승인이 실
현된 것이다.

(3) 대만-혼인평등과 호모내셔널리즘의 대두

2019년 5월 24일 대만에서 〈사법원 석자 제748호 해석 시행법〉이 시행
되면서 아시아에서 최초로 동성결혼 법제화가 실현되었다. 이는 1990년대

부터 혼인 평등을 위해 투쟁해 온 성소수자운동의 성과로, 여성운동과의 연대와 리버럴 정당인 민진당과의 동맹 관계가 성소수자운동의 성공을 뒷받침하였다.

1987년 계엄령 해제를 계기로 발전한 여성운동은 민주화를 내걸고 1986년 창당된 민진당과 동맹 관계를 형성했다. 1990년대에는 선거의 대중화와 민진당의 세력 확대를 배경으로 페미니스트들의 중앙·지방정치 참여가 일거에 진전되었다. 민주화운동을 탄압해 온 국민당도 권위주의 체제로부터 탈각할 수 밖에 없게 되어, 1995년에 베이징여성대회^{제4차 UN 세계여성회의}에서 제창된 젠더 주류화를 추진하기 시작했다. 중요한 점은 대만에서 로컬화된 젠더 주류화가 한국이나 일본에서와 달리 성소수자의 인권 과제를 포용했다는 것이다.

그 전기가 된 것이 2004년에 제정된 〈젠더평등교육법^{性別平等教育法}〉이다. 원래 이 법의 기초에 참여한 4명의 페미니스트들은 당초 시스젠더 이성애자 여성의 권리에만 관심을 두었으나, 학교에서의 성폭력 실태조사를 진행하면서 성소수자 청소년도 다양한 폭력의 피해를 받고 있다는 것을 '발견'하였다. 최종적으로 성립된 〈젠더평등교육법〉은 성별뿐만 아니라 SOGI에 근거한 차별도 금지하여 교육영역에서 "젠더평등"을 추진하는 것을 목적으로 하는 법안으로 결실을 맺었다.[36]

민진당 정권 하에서 제정된 젠더평등교육법은 대만에서 젠더 주류화의 성공 사례로 자리 잡았고, 거기서 채택된 "젠더평등"이 이후의 기조가 되었다. 2001년에 제정된 〈양성노동평등법^{兩性工作平等法}〉도 이러한 젠더 주류화

---

36 福永玄弥, op.cit.; 福永玄弥, 「性的マイノリティの制度への包摂をめぐるポリティクス─台湾のジェンダー平等教育法を事例に」, 『日本台湾学会報』19, 2017, pp.29~49.

방향과 부합하도록 2007년에는 SOGI 항목을 새로 도입하고 명칭도 〈젠더노동평등법性別工作平等法〉으로 개정되었다. 대만에서 로컬화된 젠더 주류화의 조류는 기존의 법이나 정책에 대해 성소수자의 인권을 포섭하는 방향으로 작용한 것이다.

한편, 동성혼의 법제화를 추진하는 정치적 접근은 2000년대부터 볼 수 있었으나, 번번이 좌절을 겪어 왔다. 2000년 첫 정권교체를 이룬 민진당 정권은 동성 파트너십 보장을 포함한 〈인권기본법〉을 초안을 작성했으나 제정되지 못했다. 2006년과 2012년에도 민진당 입법위원들이 동성결혼 법제화를 시도했으나 모두 국민당의 반대로 좌절되었다.[37]

입법원을 통한 정치적 접근이 교착을 보이는 가운데, 상황을 움직인 것은 사법적 접근이었다. 베테랑 게이 활동가로 알려진 치치아웨이祁家威는 2013년 타이베이시의 호정사무소에서 혼인 등록을 신청했으나, 민법이 동성 간 혼인 관계를 규정하지 않는다는 이유로 수리되지 못했다. 이후 그는 타이베이시에 대한 불복 심사를 제기했고 행정소송에서의 좌절을 겪은 후, 마침내 사법원 대법관회의(사법의 최고기관으로 헌법재판소 역할을 담당한다)에 헌법 해석을 요청할 자격을 획득하였다. 그리하여 레즈비언 페미니스트를 중심으로 하는 대만 〈반려권익추동연맹台灣伴侶權益推動聯盟, Taiwan Alliance to Promote Civil Partnership Rights〉의 지원을 받아 2015년 8월 헌법 해석을 신청했다.

치치아웨이의 사법 투쟁에는 타이베이시도 원고로 참여하였다. 타이베이시는 2013년부터 2015년까지 2년 간 300건 이상의 동성 커플 혼인 등록을 받았으나, 불수리 처리할 수밖에 없었다.[38] 2000년부터 성소수자운동을

37　尤美女, 鈴木賢·梁鎮 輝訳, 「台湾における婚姻平等化への道」, 『日本台湾学会報』 23, 2019, pp.85~86.

38　台北市政府, 「台北市政府1040724解釈憲法聲請書」, 2015.

적극적으로 지원해 온 타이베이시는 원고 측에 서서 동성결혼을 지지하는 입장을 공적으로 표명한 것이다.[39]

사법원은 2017년 3월 대법관회의에서 심의를 개시하고, 5월 24일 석자 제748호 해석을 공표하였다.[40] 이는 동성 파트너십의 제도화를 결정짓는 중요한 해석이었다. 이 해석의 요점을 정리하면 다음과 같다.

우선, 대만 민법은 동성 커플이 공동생활을 영위할 목적으로 친밀성과 배타성을 가진 영속적인 결합 관계를 형성하는 것을 승인하지 않았으며, 대법관은 이것이 헌법이 보장하는 혼인의 자유와 평등권을 위반한다고 보았다. 이성 간의 배우자에게 인정되는 법적 권리를 동성 커플에게 보장하는 것은 정부의 책무로 간주되며, 2년 이내에 필요한 조치를 취할 것을 권고하였다. 만일 정부가 마땅한 조치를 취하지 않을 경우, 관계 기관에서 혼인 등기를 마친 동성 커플에게는 배우자로서의 법률상 효력이 발효된다고 하였다.

대법관 해석에 따르면 성적 지향은 "바꾸기 어려운 개인의 특징"이며 "성적 지향이 동성을 향하는 자"는 인구학적으로 소수이므로 민주적 정치과정을 통해 법적으로 열위인 지위를 뒤집는 것은 어렵다고 판단하였다. 그렇기에 정부에 권고한 것이지만, **법의 형식**에 대해서는 언급을 피하고 입법부에 판단을 맡겼다. 그 결과 법의 형식을 둘러싸고 혼인평등에 반대하는 보수파와 성소수자운동 사이에 격렬한 충돌이 표면화되었다.

실제로 대법관 해석이 공포된 이듬해인 2018년, 〈다음세대 행복연합下一代幸福聯盟, Coalition for the Happiness of our Next Generation〉이라는 보수 단체가 공민투표 제도를 활용해 동성혼과 "LGBT교육"에 반대하는 투표를 제기하였다. 공민투표는 직접민주제를 실현하기 위해 민진당 정권이 2003년 도입한 제도인

39　福永玄弥, op.cit., 近刊.

40　司法院大法官, 「釈字第748号解釈【同性二人婚姻自由案】」, 2017.

데, 보수파가 이를 이용한 것이다.

〈다음세대 행복연합〉은 "애가공투愛家公投(사랑하는 가정을 위한 공민투표)"를 슬로건으로 내걸고 "LGBT교육"의 존속 여부와 동성 파트너십 보장을 '민법 혼인 규정 이외의 방식'에 맡기는 것의 옳고 그름을 묻는 투표를 준비하였다. 이들은 동성 파트너십 보장을 둘러싼 '법의 형식'이 입법원에 맡겨진 데에 초점을 맞추어, 민법이 보장하는 혼인 제도이성혼야 말로 사수해야 할 "1남1녀의 자연스러운 전통"이라고 위치 지었다. 다시 말해, 특별입법에 의한 동성 파트너십 보장을 타협점으로 본 셈이다.

공민 투표 결과는 보수파의 승리로 끝났다. 2018년 11월 24일, 보수파가 발의한 안은 모두 유권자의 4분의 1약465만표 이상의 표를 획득해 통과되었다.[41]

최종적으로 민진당 정권이 시행한 〈사법원 석자 제748호 해석 시행법〉은 대법관 해석과 공민투표 결과의 절충안으로 성립되었다. 즉, 민법 개정이 아닌 특별입법의 형식으로 이성혼과 차별화하면서공민투표, 이성혼과 같이 호정기관에서 결혼 등록을 할 수 있도록 하여 동성파트너에게도 혼인 관계를 승인하고대법관 해석, 실질적으로는 이성 간의 혼인 관계에서 인정되는 권리와 의무 대부분이 동성커플에게도 승인되었다.[42]

---

41 공민투표 결과 2019년 4월 〈젠더평등교육법 시행세칙〉이 개정되면서 "LGBT 교육"이라는 문구가 삭제됐다. 다만 교육부는 "LGBT교육" 대신 "젠더의 특징·특질, 성적 지향, 젠더·정체성 교육"이라는 문구를 새롭게 덧붙임으로써 기존대로 SOGI를 포함한 "다양한 젠더 평등교육"을 추진하는 입장을 강조하고 있다.

42 이때 입양제한(동성커플 중 어느 쪽과도 혈연 관계가 없는 아이는 입양할 수 없다)이나 생식보조기술의 이용 가부(2007년에 성립된 인공생식법은 그 대상을 '부부'로 한정하고 있으며, 동성커플의 접근에 대해서는 불문에 부쳐졌다), 국제결혼 제한(대만 국적을 가진 사람과 동성혼이 인정되는 국가의 국적을 가진 사람 간의 동성혼이 아니면 국제결혼은 인정되지 않는다고 간주되었다) 등 이성혼과 몇 가지 중요한 차이를 남긴 채 충분히 논의되지 못하고 입법이 실현되었다. 국제결혼에 대해서는 그후, 복수의 소송이 제기되어 대만 내정부는 2023년

그렇다면 민진당은 왜 이렇게 젠더평등을 강력하게 추진했을까. 우선, 국민당의 권위주의 체제를 타도하고 "민주화"나 "인권"을 내걸고 지지를 확대한 민진당에 있어서, 여성의 권리나 진보적인 성소수자의 인권 과제는 당의 방침과도 친화성이 높았음을 지적할 수 있다. 다음으로, 국제 사회에서 대만의 주변화된 위치성도 중요하다. 국제 사회에서 중국의 위상 확대를 배경으로 대만은 유엔에서 퇴출1971당하고 주요국과의 국교 단교를 경험하는 등 국가로서의 정치적, 법적 승인을 잃고 주변화되었다. 국제 사회에서 생존공간 확대를 모색한 대만 정부에게 "인권입국人権立国"2000년 천수이벤(陳水扁) 제창은 유엔이나 미국을 중심으로 한 선진국들과 같은 가치관을 공유하며, 중국과의 차별화를 꾀하는 소프트파워 전략이기도 했다. 포스트 냉전기의 대만 사회에서 "LGBT 프렌들리 국가"라는 찬사는 "야만적이고 후진적인 중국"을 타자화하며, 글로벌 선진국의 일원임을 국내외에 자축하는 대만 호모내셔널리즘의 연료가 되었다.[43] 그런 의미에서 "LGBT 프렌들리 사회"의 구축은 민진당에게도 이익을 가져다 주는 것이었다고 정리할 수 있다.

3) 동아시아의 'LGBT' 주류화

이 절에서 이야기한 바와 같이, 성소수자의 권리 보장은 1990년대 이후 발전을 이룬 성소수자운동의 성과로 위치 지어졌다. 다만, 일본의 사례가 시사하듯이 동아시아의 'LGBT' 주류화를 사회운동의 성과로만 설명하는 데에는 무리가 있다.

디밀리오John D'Emilio는 자본주의 자유노동 시스템이 20세기 미국 도시 지

1월에 홍콩과 마카오를 제외한 중국인 이외의 모든 외국 국적과 대만 국적 동성 커플의 혼인신고를 수리한다는 통지를 공표했다.

43　Fukunaga, op.cit..

역에서 게이 정체성 형성을 촉진했음을 주장했다. 자급자족적인 가구 경제에서 벗어나 임노동에 기반한 자유노동 시스템이 이성애 가족으로부터의 자립을 촉진하고, 게이나 레즈비언에게 특유의 정체성과 라이프스타일의 발생을 가능하게 했다는 것이다.[44] 2장의 논의를 돌아본다면, 동아시아에 있어서 '성소수자 시민'의 탄생은 민주화, 언론·결사의 자유화, 자본주의의 발전과 고학력 중산층의 대두, 정보기술의 발달 등을 배경으로 정체성에 의거한 사회운동identity politics이 실현된 1990년대 이후라고 지적할 수 있을 것이다.

또한 일본의 사례에서는 1990년대 이후 동아시아를 석권한 신자유주의 개혁과 그에 따른 경제질서의 재구성을 거쳐 "LGBT 시장"핑크 머니이나 "이질적인 재능"에 초점을 맞춘 "다양성 / Diversity다양성, 형평성, 포용성Diversity, Equity and Inclusion : DEI" 담론이 'LGBT'의 경제적 유용성을 '발굴'하고, 이것이 성소수자를 둘러싼 문제를 재구성했다고 할 수 있다. 그러한 조류 속에서, 국가에 저항해 온 사회운동은 그 저항성을 내려놓고, 탈정치성과 소비로 특징지어지는 "새로운 동성애 규범성new homonormativity"[45]으로 장식된 'LGBT운동'으로 변모해 가고 있다. 이에 관해서는 다른 글에서 이야기하였다.[46]

---

44 John D'Emilio, "Capitalism and Gay Identity", Snitow, Ann., Christine Stansell, and Sharan Thompson eds., *Powers of Desire : The Politics of Sexuality*, Monthly Review Press, 1983, pp.100~113.

45 Lisa Duggan, *The Twilight of Equality? : Neoliberalism, Cultural Politics, and the attack on Democracy*, Beacon Press, 2003.

46 Fukunaga, op.cit..

3. 초국적인 혐오의 유통

1) 안티 젠더운동의 글로벌한 영향

2장에서는 동아시아에서 성소수자운동이 각 사회의 로컬한 맥락 속에서 다양한 성과를 달성하고 있음을 이야기하였다. 이러한 'LGBT'의 주류화를 배경으로 2000년대에는 각 사회에서 백래시가 가시화되었고, 2010년대 이후 그 세력은 점점 확대되고 있다. 최근 백래시가 격화되고 있는 배경으로는 종교 우파나 도덕 보수가 동원하는 안티 젠더운동의 존재감이 크다는 점을 지적할 수 있다.

안티 젠더운동은 종교 우파나 도덕 보수에 의해 견인되지만, 운동의 형태는 정치인에 대한 로비부터 언론 활동까지 다양하다. 피어스, 에리카이넨 그리고 빈센트Pearce, Erikainen and Vincent의 중요한 선행연구에 따르면, 안티 젠더운동에 참여하는 세력들은 다국적 기업이나 유엔 등 국제기구로 대표되는 "글로벌 엘리트"가 "젠더평등"이나 "성해방", 성소수자의 권리를 추진하고 있다고 생각하며, 이것들이 "전통"에 대한 공격이라고 주장한다.[47]

특히 가톨릭 교회를 중심으로 한 기독교 우파가 반페미니스트-반트랜스 젠더 언론 활동을 통해 도입한 "젠더 이데올로기gender ideology"라는 담론은 이제 미국이나 유럽, 아프리카, 아시아 국가에서 극우 단체나 정치인들에 의해 사용될 정도로 확산되고 있다. "젠더 이데올로기"는 명확하게 정의하는 것이 불가능한 용어로, "텅 빈 시니피앙"으로 이용되고 있다. 즉 "도덕적 퇴폐나 중절, 비규범적인 섹슈얼리티, 성적 혼란을 가리키는 유연한 동의어"로

---

47 Ruth Pearce, Sonja Erikainen, and Ben Vincent, "TERF Wars : An Introduction," Ruth, Pearce., Sonja Erikainen, and Ben Vincent eds., TERF Wars : Feminism and the fight for transgender futures, SAGE, 2020, p.7.

서 범용성이 높게 사용되어 다수 집단의 도덕적 패닉을 일으키는 효과적인 도구로 기능하고 있다.

한국이나 대만에서도 기독교 우파 (특히 개신교 우파)에 의해 반동성애 및 반트랜스젠더 담론이 동원되어 성소수자운동이나 권리 보장의 좌절을 이끌어 온 것으로 알려져 있다.[48] 풍부한 자금과 광범위한 네트워크를 가진 기독교 우파는 세속적인 담론을 구사하며 다수 집단의 보수적 가치관에 호소했고, 성소수자에 대한 불안과 증오의 정동을 동원하는 데 성공해 왔다. 2010년대 이후에는 동성혼이나 트랜스젠더의 권리를 표적으로 종교의 테두리를 넘은 보수 시민의 조직화나 동원을 실현해 왔다. 보시아와 웨이스가 지적하듯이 기독교나 이슬람, 불교 같은 세계종교가 성소수자에 대해 본질적으로 배타적인 것은 아니지만, 도덕적 주도권 장악과 정치적 이익 획득을 위해 반동성애 / 반트랜스젠더 담론을 동원하고 있다.[49]

아래에서는 동아시아에서 유통되고 있는 반동성애 / 반트랜스젠더 담론을 바탕으로 백래시에 대해 살펴보고자 한다.

2) "반동성애" 담론의 형성

앞서 언급했듯이 일본에서는 2010년대 후반 LGBT이해증진법 제정 과

48　Ke-Hsien Huang, "'Culture Wars' in a Globalized East : How Taiwanese Conservative Christianity Turned Public during the Same-Sex Marriage Controversy and a Secularist Backlash" Review of Religion and Chinese Society 4(1) , 2017, pp.108~136; Nami Kim, The Gendered Politics of the Korean Protestant Right, Palgrave Macmillan, 2016; 한채윤, 「왜 한국 개신교는 '동성애 혐오'를 필요로 하는가?」, 정희진 편, 『양성평등에 반대한다』, 교양인, 2017, 154~191쪽.

49　Michael J. Bosia and Meredith L. Weiss, "Political Homophobia in Comparative Perspective", Bosia Michael J. and Meredith L. Weiss eds., Global Homophobia, Illinoi University Press, 2013, pp.1~29.

정에서 반동성애 / 반트랜스젠더 담론이 사회를 휩쓸었다. 그 과정에서 종교 우파나 극우 정치인들이 종교의 틀을 넘어 공조하는 움직임이 나타났다. 이 글에서는 그 상징적인 인물로 양상진의 반동성애 담론에 주목해 보고자 한다.

한국 출신의 양상진은 미국 유학 중 원리주의적 입장을 공고히 하고[50], 일본에 온 이후에는 개신교계 전통대학으로 알려진 히로사키가쿠인 대학의 교직에 있으면서, 동성애를 주제로 우파 미디어에 기고하거나 공저 및 단독 저서, 번역서를 자비로 출판해 왔다. 그가 2020년 자비로 출판한 『동성애는 타고난 것인가? 동성애 유발요인에 관한 과학적 탐구同性愛は生まれつきか? 同性愛の誘発要因に関する科学的探求』2020라는 제목의 책은 미국의 화이트헤드 부부가 1999년 출간한 『내 유전자가 나를 그렇게 만들었다*My Genes Made Me Do It*』[51]와 〈바른 성문화를 위한 국민연합〉[52]이 편집한 『동성애에 대한 불편한 새로운 사실正しい性文化のための韓国民連合』을 발췌·번역한 것이다. 원저 모두 성소수자의 권리를 부정할 목적으로 집필되었으며, 특히 동성애의 "치료"전향요법를 권장하는 입장을 취한다. 〈바른 성문화를 위한 국민연합〉에서 대표를 맡고 있는 길원평은 일본어판에 붙인 서문에서 다음과 같이 말하고 있다.

---

50 CHRISTIAN PRESS, 「神道政治連盟 弘前学院大学宗教主任によるLGBT断罪の講演録を配布」, 2022.7.6.

51 네일 화이트헤드(Neil E. Whitehead)와 그의 아내 브라이어 화이트헤드(Briar Whitehead)는 뉴질랜드 출신 기독교인으로 동성애 전향요법을 긍정적으로 논한 이 책으로 세계적으로 알려져 있다. 전향요법을 세계에서 추진하는 단체 〈동성애 연구 및 치료를 위한 전미 협회(National Association for Research & Therapy of Homosexuality)〉의 멤버이기도 하다.

52 〈바른 성문화를 위한 국민연합(正しい性文化のための韓国民連合)〉은 개신교 우파를 핵심으로 2010년 설립된 일본의 시민 단체로, 동성애나 낙태, 포르노에 반대하는 입장을 취한다.

동성애가 선천적으로 결정될 수 있다면 동성애는 윤리·도덕적 문제가 없
는 정상적인 것으로 인정하지 않으면 안 된다. … 반대로, 동성애를 개인의
의지로 선택한 것이라면, 그 선택을 한 사람에게 윤리·도덕적인 책임이 있
는 것은 아닌가. … 만약 동성애가 환경 혹은 학습 / 경험에 의해 발생하는
것이라면, 새로운 환경과 학습 / 경험을 통해 동성애를 고칠 수 있다.[53]

동성애는 선천적인 것이 아니라 "개인의 의사로 선택"된 것이라거나, 그
렇지 않으면 "환경, 혹은 학습 / 경험에 의해 발생한다"는 주장을 통해 길원
평이나 양상진은 "고치는" 것이 가능하다는 입장을 내세운다. 이와 같은 반
동성애 담론은 일본 우파 미디어나 정치인들의 주목을 받게 된다. 실제로
양상진의 반동성애 담론에 주목한 것이 신도정치연맹 국회의원 간담회이
다. 이들은 기관지 『뜻意』215호에 「동성애와 동성혼의 진상을 알다」라는 제목
의 양상진의 글을 게재하고, 그 다음 해인 2022년 2월 7일 양상진을 초청하
여 연수회를 개최했다. 거기서는 동성애가 "후천적인 정신장애", 즉 "의존증"
이라는 점, 따라서 "회복치료"나 "종교적 신앙"을 통한 "변화"가 바람직하다
는 "전문가"의 견해가 소개되었다.

"후천성"에 의거한 "반동성애" 담론은 사실 일본보다 먼저 대만이나 한국
에서 유통되고 있었다. 대만에서는 개신교 우파가 중심이 되어 동성혼에 반
대하는 운동을 시작했다. 그들은 수십억 원이 넘는 풍부한 자본을 바탕으로,
텔레비전이나 신문, 인터넷에 혼인평등에 반대하는 광고를 게재하고, 그 광
고를 붙인 노선버스를 타이베이 시내에서 300대 이상이나 달리게 했다.[54]

---

53 吉源平他・楊尚眞訳, 『同性愛は生まれつきか? 同性愛の誘発要因に関する科学
    的探求』, 株式会社22世紀アート, 2020. p.13.
54 婚姻平権大平台, 「反同謠言漫天飛!同婚公投已進入『宣傳戰』警報!」, 『苦労網』,

여기서는 공민 투표에 맞추어 공개된 〈애가영화 장례편愛家影片 葬禮編〉이라는 제목의 단편 드라마를 분석하여 '반동성애' 담론을 더욱 자세히 살펴보고자 한다.[55]

이 드라마는 게이 남성인 오빠를 자매가 애도하는 장면으로 시작된다. 동성애를 이유로 아버지와 싸우고 헤어져 동성 연인과 동거를 시작한 남성(오빠)이 몇 년 뒤 HIV / AIDS에 걸려 집으로 돌아온다. 남성은 아버지와 어머니의 열성적인 보살핌을 받지만 투병 끝에 세상을 떠나고 만다. 드라마에서는 "2017년에 보고된 HIV 감염자의 86%가 남성 동성 간의 안전하지 않은 성행위에 기인했다"고 설명한 후, 여동생의 결혼식 장면을 삽입하여 "행복은 자연스러운 커플에게만 찾아온다" "일남일녀, 일부일처, 대대로 이어져 내려오는 전통. 집에는 영원한 사랑이 있다"는 내레이션이 흘러나온다. 마지막으로 자매의 자녀를 포함한 대가족의 단체사진이 나오고 "일부일처 가족을 구하라, 자녀에게 LGBT 교육을 받게 하지 마라, 11월 24일 집을 사랑한다면 공민투표에 참여하라"는 자막이 뜨면서 영상은 마무리된다.

이 드라마는 다음 세 가지 측면에서 2010년대 이후 동아시아에서 초국적으로 유통된 "반동성애" 이미지의 전형이다. 첫 번째는 사회질서를 파괴하는 도덕적 타자로서 동성애(자)를 표상하고 있다는 점이다. 기독교 우파는 동성 간 성행위나 동성애자를 HIV / AIDS 와 연관시켜 사회의 위협으로 간주했으며, HIV 바이러스는 남성 동성애자의 몸을 안에서부터 갉아먹어 죽음을 초래할 뿐만 아니라 국가의 근간을 이루는 이성애의 "자연스러운 가족"을 파멸로 이끄는 위협으로 규정했다.

2018.11.1, https://www.coolloud.org.tw/node/91817

[55] 〈애가영화 장례편〉은 다음의 YouTube주소를 참조. https://www.youtube.com/watch?v=1HejZy9Fx-0

두 번째로 동성애(자)에 의해 위협받는 "가족"이란 단순히 남녀의 혼인 관계를 가리키지 않는다. 이 드라마의 진정한 주인공은 이야기 중반에 죽음으로 퇴장하는 아들이 아니라 사실 **동성애자를 아들로 둔 아버지** 쪽이다. 실제로, 드라마의 후반은 아버지의 이야기가 되며, 마지막 장면은 아버지를 중심으로 한 대가족의 단체사진으로 마무리된다[그림 1]. 손자의 돌잔치를 축하하기 위해 모인 대가족의 단체사진이 시사하듯이, 가족의 핵심은 남녀의 혼인 관계가 아니라 그 혼인 관계에서 생겨나는(걸로 생각되는) **가족에게 미래를 가져다줄 자녀와 손자의 존재**다. 즉, 할아버지에서 손자로 이어지는 혈연 관계의 종적스트레이트한 시간성이야말로 "중화의 전통"이고 "전종접대傳宗接代(종족을 이어가고 자손을 낳는 것)"에 다름 아닌 사회가 지켜야 할 규범이다. 따라서 생식에 기여하지 않는 동성애자는 "전종접대"의 근간인 종적스트레이트한 시간성을 교란하는 위협퀴어으로 간주된다. 그리고 동성애자퀴어를 규범적 외부로 타자화함으로써 이성애자스트레이트야말로 결혼의 권리를 누리기에 적합한 시민으로 인식된다. 드라마 말미에 비춰지는 손자의 생일을 축복하는 대가족의 미소 가득한 단체사진은 거기에 부재하는 아들, 즉 재생산에서 배제된 동성애자의 신체의 '부자연스러움'을 반사해서 보여준다.

다만 세 번째로, "사랑을 관철한 오빠를 존경한다"고 말하는 여동생은 오빠가 **동성애자라는 사실**을 부인하지 않는다. 동성애가 후천적으로 학습되는 것인 이상 "가족의 사랑"을 통해 자녀가 이성애자가 되도록 "교정" 또는 "교육"하면 되기 때문이다王怡蓁, 2018. 이러한 담론은 동성애를 "변태성욕"으로 무조건 치부하던 1980년대까지의 담론과는 질적으로 다르다. 하지만 그럼에도 불구하고 드라마에서는 게이 남성이 동성에 대한 욕망을 억제하지 않은 것, 즉 동성애자로서의 라이프 스타일을 **스스로 선택한 것**의 대가로 그가 HIV / AIDS에 걸려 죽는 모습을 그리고 있다. 한편, 드라마 후반에서는 그

<그림 1> 할아버지에서 손자로 이어지는 혈연 관계의 종적(스트레이트한) 시간성의 이미지
출처 : 〈愛家影片 樹葬篇〉

러한 아들을 수용하고 헌신적으로 돌보는 아버지를 그려냄으로써 "자연"이나 "전통", "도덕"에 어긋난 불효자 아들도 포섭하는 이성애스트레이트 가족의 관용이나 돌봄노동을 솔선하는 아버지의 "남녀평등" 의식 (혹은 포스트 남성성)이 강조된다. 여기서는 동성혼을 부정하는 것과 남녀평등이 등호로 묶여 있다.

이런 특징을 지닌 반동성애 담론은 같은 시기 한국에서도 나타났다. 실제로 반동성애 담론의 형성과 유통에 큰 기여를 한 『국민일보』는 동성애가 "후천적 요인"에 의한다거나 "자신의 의사와 선택에 의해 형성된 성적 행동양식"이라는 목사나 "전문가"의 기사를 많이 실었다. 진보언론 『한겨레』가 동성애의 "원인"을 언급하지 않고 "인권" 문제로 보도해온 것과는 대조적으로 『국민일보』는 동성애의 "원인"에 관한 "학설"을 적극 거론하며 '후천설'을 강조해온 것이다(그림 2).

한국의 기독교 내부에는 교의나 신앙, 정치적 견해를 둘러싸고 서로 "이단"이라고 규탄할 정도의 긴장 관계도 존재하지만 "반동성애"라는 기치 아래 공조가 실현되어 왔다. 실제로 정치적 입장이 다른 한국기독교총연합회

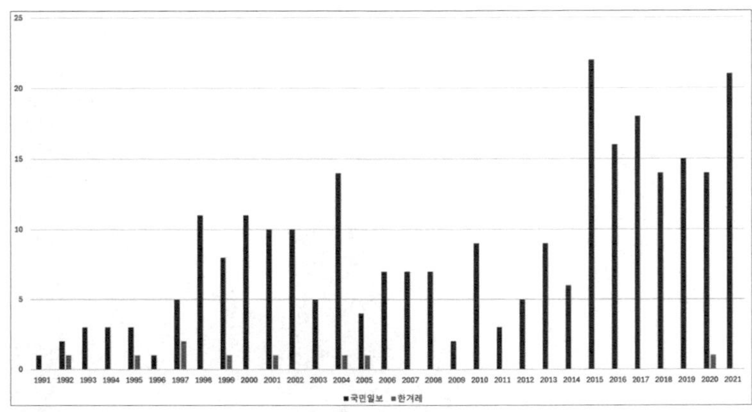

〈그림 2〉 동성애의 "원인"에 관해 언급한 신문기사 수의 추이(1991~2021)
출처 :『국민일보』와『한겨레』데이터베이스를 참조해 필자 작성

와 한국교회연합은 "동성애 문제"를 해결한다는 명목으로 다시 통합을 외치게 되었고, 동성애는 "'공동의 증오'로 기능"하고 있다.[56]

한국이나 대만에서는 일본보다 기독교의 정치적 영향력이 강하기 때문에, 개신교 우파의 동원운동은 2010년대 이후 다양한 정치적 성과를 거두는 데 성공하고 있다. 황커셴에 따르면, 2000년대 이후 대만 사회에서 개신교 우파가 정치 개입을 진행한 배경으로는 세 가지 점—국가 역할의 변화, 동아시아 내 종교 네트워크를 통한 영향, 종교기업가의 대두—이 중요하다.[57]

우선 냉전기 대만에서 정치와 사회를 규정한 친미 반공 이데올로기나 유교 규범은 민주화를 계기로 동요를 보였고, 개신교 우파는 국가가 이러한 변화를 주도한 것에 대해 강한 위기감을 느꼈다.[58] 국민당은 중국 공산당이 문화대혁명 등을 통해 유교 윤리와 도덕을 무너뜨렸다고 국내외에서 떠들썩하게 전하며, 이를 통해 스스로를 중국문화의 정당한 계승자로 규정했다.

---

56   한채윤, 앞의 글, 182쪽.

57   Ke-Hsien Huang, op.cit.

58   Ke-Hsien Huang, op.cit., pp.112~114.

냉전기를 거치면서 교회는 가부장적 가치관과 종교를 보호한 국민당 정부에 대해 우호적인 입장을 취했고, 반공 이데올로기로 얼룩진 도덕 캠페인을 지지했다. 그런데 냉전의 종식이나 민주화를 배경으로 국민당은 스스로의 정당성을 강화하기 위해 중국의 전통적인 도덕문화의 보호자에서 국제 사회의 일원으로서 "민주"나 "인권"이라는 글로벌한 가치관을 중시하는 역할로 이행을 시도하였다. 이러한 사태에 위협을 느낀 개신교 우파는 탈냉전시대의 도래를 상징하는 인권 과제로 자리매김한 동성애에 초점을 맞춰 정치 개입을 추진한 것이다.

다음으로, 2000년대에는 한국이나 홍콩, 싱가포르 등 동아시아권 내에서 개신교의 상호 교류가 활발해졌다.[59] 특히 복음주의의 성공 사례로 국제적으로도 높은 평가를 받은 한국의 영향은 컸고, 복음주의적 비전이나 조직화 전략이라는 점에서 대만의 교회들을 강하게 고무시켰다. 한국의 개신교 우파는 선진국 가운데 동성애자의 권리보장을 억제하는 데 성공한 예외적인 국가로 자국을 내세워 세계에 어필했으며, 대만의 개신교도 이를 본떠 "국가를 이끌고 변혁한다國度轉化"는 통일적인 비전을 제시한 것이다.

마지막으로 2010년대에는 세속과 종교를 통합하는 종교기업가들이 대두되어 종교와 교파를 넘어 보수 시민들을 동원하는데 성공했다.[60] 종교기업가들은 교회의 성장을 달성하기 위해 다음의 세 가지 목표를 내걸었다. 교회와 사회 사이 대화의 장 구축, 사회 문제에 관한 담화 발표, 원활한 의사소통을 위한 언어 개발이 그것이다. 이러한 목적을 달성하기 위해 메가처치 Mega Church의 지도자는 총통과의 교류의 장을 마련해 정치와 교회의 가교를 만들고, 싱크탱크나 학계와 제휴해 신당의 설립이나 데모 개최에 적극적이

---

59   Ke-Hsien Huang, op.cit., pp.116~117.
60   Ke-Hsien Huang, op.cit., p.120.

게 되었다. 또 종교기업가들은 기독교의 정체성을 억제하고 세속적 담론을 만드는 데도 힘썼다. 동성애 혐오적 표현을 자제하고 대신 "가족의 전통"이 나 "자녀의 미래" 같은 세속 도덕과 내셔널리즘을 결합한 담론을 전개함으로써 보수층의 광범위한 시민 동원에 성공한 것이다.

3) "반트랜스젠더"에 의한 단일 전선一点共闘

2010년대 후반에 들어서면서, 안티 젠더운동은 트랜스젠더를 새로운 표적으로 삼아 많은 나라에서 현저한 성과를 올리고 있다. 미국에서는 트럼프 행정부가 트랜스젠더 배제 담론을 적극적으로 동원했고, 2020년대 이후 "스포츠의 형평성을 보호하기 위해"라는 프로파간다 아래 트랜스젠더 어린이나 젊은이의 스포츠 참여를 제한하는 법률이 여러 주에서 제정되고 있다. 그 결과, 트랜스젠더들은 스포츠를 포기하거나 젠더 정체성과 부합하지 않는 팀에서 경기를 하는 것 둘 중 하나를 선택해야 했다. 이러한 법은 단순히 트랜스젠더 청소년을 스포츠로부터 배제할 뿐만 아니라, 트랜스젠더를 이 세상에 존재해서는 안 된다고 믿게 하여 차별을 정당화하는 제도로서 기능하고 있다.[61]

또한, 이제는 "젠더 크리티컬Gender Critical"을 자칭하는 페미니스트나 이에 호응하는 좌파-리버럴 세력 역시 트랜스젠더 혐오를 동원하고 있다. 영국에서는 2017년 〈성별인정법Gender Recognition Act〉 개정을 위한 움직임이 계기가 되어 "(시스젠더) 여성의 권리"와 "트랜스젠더의 권리"를 대립적으로 제시하는 틀이 좌파나 리버럴에 의해 제시되었다. 트랜스젠더 혐오를 동원하는 페미니스트들은 젠더 정체성을 부정하고 대신 "생물학적"으로 정의된 성을

---

61 井谷聡子,「スポーツにおける女性差別とトランスジェンダー排除の関係性」, 『社会学評論』74(4), 2024, 624~642쪽.

특권화함으로써 트랜스젠더가 가짜라고 주장하고 있다.

영국의 페미니스트 사이의 트랜스젠더 배제 담론은, 국제적인 트랜스젠더 배제의 조류, 특히 미국의 그것과 영향 관계에 있을 뿐 아니라, 캐나다나 오스트레일리아, 유럽어권, 동아시아에도 퍼지고 있다.[62] 일본에서도 2018년 겨울부터 2019년에 걸쳐, 영국이나 미국, 한국에서 "이미 사용되고 있던 여러가지 트랜스젠더 차별의 수사"가 "대량으로 동원"되어 "전략적"으로 "수입"되어 왔다.[63]

한국에서는 2010년대의 "페미니즘 리부트"[64]를 살펴보면, 트랜스젠더 배제를 주장하는 래디컬 페미니스트가 존재감을 발휘했다.[65] 이들은 당초 온라인을 중심으로 운동을 펼쳤으나 이윽고 오프라인으로도 운동의 발판을 확장하였다.

2020년 1월 30일, 한 트랜스여성이 숙명여대 입학시험에 합격한 사실이 보도되었다. 그녀는 2019년 태국에서 성전환 수술을 받았고 법적 성별도 이미 "여성"으로 전환했다. 이 보도가 이뤄진 직후 트랜스여성"남성 신체"의 입학으로 인해 여성의 안전한 공간이 위협받는다며 숙명여대를 포함한 6개 여대 소속 21개 학생 단체가 "여성의 권리를 위협하는 성별변경에 반대한다"는 제목의 성명문을 발표했다.[66]

이 여대학생 연합은 래디컬 페미니스트를 자칭하는 그룹으로 구성되었

62　清水晶子,「トランスナショナルな運動としてのトランスフォビア」, 立命館大学国際言語文化研究所講演, 2021.12.18.

63　夜のそら,「お茶の水大学と杉田水脈－LGB(T)の2018」, 2020.12.20.

64　손희정,『페미니즘 리부트－혐오의 시대를 뚫고 나온 목소리들』, 나무연필, 2017.

65　이효민,「페미니즘 정치학의 급진적 재구성－한국 'TERF'에 대한 비판적 분석을 중심으로」, 연세대 석사논문, 2019.

66　진혜민,「'트랜스젠더' 여성 여대에 가다」,『여성신문』, 2020.2.7.

다. 이들은 "여대는 남자가 여자로 인정받기 위한 장이 아니다"라고 주장하며 여대의 트랜스여성 수용에 항의하는 서명운동을 시작했다.^{김주환 2020} 그결과 수험생은 자신의 입학을 반대하는 재학생·졸업생의 배외주의적 주장이나 트랜스혐오론에 공포를 느껴 입학을 단념할 수밖에 없었다.

일본에서도 오차노미즈여대お茶の水女子大学가 2019년 트랜스여성의 수용을 공표한 것을 계기로 트랜스젠더에 대한 혐오 담론이나 트랜스여성의 "여성 공간"으로부터의 배제를 주장하는 페미니스트의 목소리가 높아지고, 그러한 주장이 우파 정치에 합류하는, 한국과 같은 사태를 볼 수 있다. 시미즈가 지적했듯이 트랜스젠더들에 대한 차별이나 폭력은 "일본이라는 하나의 국가나 문화권만의 특이한 것이 아니다. 그렇기는 커녕, 트랜스젠더의 권리 옹호에 대한 반대라고 하는 "단일전선一点"을 향해 페미니스트나 리버럴들이 도덕적, 종교적 보수파와의 "공동투쟁共闘"으로 통합되어 가는 조류는 2020년대를 맞이한 현재, 국경을 넘어 각지에서 관측되고" 있다.[67]

4. 마치며

앞서 이야기한 바와 같이, 2023년에 일본에서 제정된 〈LGBT 이해증진법〉은, 제정 과정에서부터 다양한 비판과 공격을 받았으며, 최종적으로는 (성적) 다수 집단에 초점을 맞춘 '기묘한 대체물'이 되었다.

제정된 〈LGBT 이해증진법〉은 "성적 지향 및 젠더 정체성을 이유로 하는

67　清水晶子,「スーパー・グルーによる一点共闘―反ジェンダー運動とトランス排除」, ショーン・フェイ, 高井ゆと里 訳,『トランスジェンダー問題―議論は正義のために』, 明石書店, 2022, p.382.

부당한 차별은 없어야 한다"제3조고 규정했지만 각종 비판으로 인해 제정 직전까지 거듭 수정되었다. 주요 수정 지점은 **다수 집단**국민이 승인하는 것에 한해서만 성소수자에 대한 차별을 허용하지 않는다는 점이다. 실제로 "모든 국민이 안심하고 생활할 수 있도록 유의한다"는 문구가 법안에 추가되었고, 이로 인해 성소수자가 "국민"의 안전을 위협하는 존재로 비치는 이미지가 형성되었다. 양상진은 LGBT 이해증진법에 반대하는 에세이에서 "성소수자나 그렇지 않은 사람이나 모두 국민이다. 한쪽 의견만 인정하고 다른 쪽 의견은 존재조차 인정하지 않는다면 차별을 해소하기는커녕 반대파에 대한 역차별을 낳을 뿐"이라고 했는데,[68] 바로 이런 주장이 법안에 반영된 것이다. 결과적으로, 〈LGBT 이해증진법〉은 차별금지 이념을 제대로 담아내지 못한 채, 후퇴한 타협의 산물로서 제정되었다.

더욱 우려스러운 점은 이 법이 제정된 직후 자민당 우파 의원들에 의해 〈모든 여성의 안심·안전과 여자 스포츠의 공평성 등을 지키는 의원연맹全ての女性の安心·安全と女子スポーツの公平性等を守る議員連盟〉이 결성되었다는 것이다. 이 연맹은 "스포츠의 공평성"이나 "여성의 안심·안전"을 "지킨다"는 명목을 내세우며, 실질적으로는 트랜스젠더의 배제를 추진하려는 정치적인 움직임을 본격화했다. 주목할 만한 점은 이 의원연맹이 2000년대 젠더 백래시를 주도한 야마타니 에리코山谷えり子에 의해 조직되었다는 것이다. 즉, 2000년대의 백래시와 2010년대의 안티 젠더운동이 "반트랜스젠더"라는 공통점에서 결합된 것이다.

이 글의 중점은 백래시에 대한 비판적 개입의 실천과 그에 대한 호소에 있다. 보다 효과적인 비판을 실천하기 위해서는 성소수자의 성과 삶을 왜소

---

68 楊尚眞, 「自由の危機 LGBT差別解消の美名の下で…」, 『産経新聞』, 2021.7.5.

화하고 말소하려는 백래시운동과 담론을 분석해야 한다. 그러나 그럼에도 중요한 것은, 성소수자의 성과 삶 및 그를 둘러싼 정치나 운동의 역사를 **적절한 방법**으로 이해하는 것이다.

김나미에 따르면 백래시에 대한 비판적 개입은 동성애자의 권리를 "근대성"이나 "민주주의"의 지표로 제시하는 식민주의적·제국주의적 논리에 휩쓸리지 않는 방식으로 이루어져야 한다. 그렇지 않으면 동성애자의 권리를 지지하지 않는 국가는 후진적이고 비문명적이며 비민주적인 국가로 간주되어, 미국을 패권으로 하는 전후 냉전질서와 호모내셔널리즘의 재생산에 동조하게 될 위험이 있다.[69]

이러한 대응이 식민주의·제국주의나 내셔널리즘의 논리에 말려들어가지 않고, 우리의 성 / 삶의 가능성을 확장하는 데 기여하기를 바라며 이 글을 마무리하고자 한다.

69　Nami Kim, op.cit. pp.82~83.

참고문헌

일본어

井谷聡子, 「スポーツにおける女性差別とトランスジェンダー排除の関係性」, 『社会
　　　学評論』74(4), 2024, 624~642.

吉源平他・楊尚眞訳, 『同性愛は生まれつきか? 同性愛の誘発要因に関する科学的探
　　　求』, 株式会社22世紀アート, 2020.

前川直哉, 『〈男性同性愛者〉の社会史－アイデンティティの受容 / クローゼットへの
　　　解放』, 作品社, 2017.

文京洙, 『新・韓国現代史』, 岩波書店, 2015.

日下渉・伊賀司, 「性的少数者をめぐって何が争われているのか－東南アジアの視座
　　　から」, 日下渉・伊賀司・青山薫・田村慶子 編, 『東南アジアと「LGBT」の政治』,
　　　明石書店, 2021, 7~33.

山口智美・斉藤正美・荻上チキ, 『社会運動の戸惑い：フェミニズムの「失われた時代」
　　　と草の根保守運動』, 勁草書房, 2012.

新ヶ江章友, 「ダイバーシティ推進とLGBT / SOGIのゆくえ－市場化される社会運
　　　動」, 岩渕功一 編, 『多様性との対話－ダイバーシティ推進が見えなくするも
　　　の』, 青弓社, 2021, 36~58.

松岡宗嗣, 「「同性愛は依存症」「LGBTの自殺は本人のせい」自民党議連で配布」,
　　　『YAHOO! JAPANニュース』, 2022.6.29. https://news.yahoo.co.jp/expert/arti-
　　　cles/4d75c4cfabdf6554fc8be391287003fa76396c3e

清水晶子, 「トランスナショナルな運動としてのトランスフォビア」, 立命館大学国際
　　　言語文化研究所講演, 2021.12.18.

______, 「スーパー・グルーによる一点共闘－反ジェンダー運動とトランス排除」,
　　　ショーン・フェイ, 高井ゆと里 訳, 『トランスジェンダー問題－議論は正義の
　　　ために』, 明石書店, 2022, pp.381~389.

東京大学, 「東京大学 ダイバーシティ&インクルージョン宣言についての説明文書」,
　　　2022.6.23, https://www.u-tokyo.ac.jp/content/400190761.pdf

福永玄弥, 「性的マイノリティの制度への包摂をめぐるポリティクス－台湾のジェン
　　　ダー平等教育法を事例に」, 『日本台湾学会報』19, 2017, pp.29~49.

______, 『生 / 性をめぐる闘争－台湾と韓国における性的マイノリティの政治と運
　　　動』, 明石書店, 2025.

風間孝・川口和也, 『同性愛と異性愛』, 岩波書店, 2010.

楊尚眞, 『同性愛と同性婚の真相－医学・社会科学的な根拠』, 株式会社22世紀アート, 2021.

______, 「自由の危機 LGBT差別解消の美名の下で…」, 『産経新聞』, 2021.7.5, https://www.sankei.com/article/20210705-HS45RBO4MJIJVMM5XRXDWBO-QFE/

夜のそら, 「お茶の水大学と杉田水脈:LGB(T)の2018」, 2020. 12. 20., https://note.com/asexualnight/n/n67ce635bd72a

尤美女, 鈴木賢・梁鎮 輝訳, 「台湾における婚姻平等化への道」, 『日本台湾学会報』23, 2019, pp.82~96.

日本経済団体連合会, 「ダイバーシティ・インクルージョン社会の実現に向けて」 2017.5.16, https://www.keidanren.or.jp/policy/2017/039.html

鈴木彩加, 『女性たちの保守運動：右傾化する日本社会のジェンダー』, 人文書院, 2019.

CHRISTIAN PRESS, 「神道政治連盟 弘前学院大学宗教主任によるLGBT断罪の講演録を配布」, 2022.7.6. https://christianpress.jp/55004/

ECOZZERIA, 「「丸の内朝大学」×「地球大学」＝丸の内で考える賢いからだ! 為末大さん′細川モモさんを迎えてスタート!」, 2012.11.12. http://www.ecozzeria.jp/archive/news/2012/11/12/asa_chikyu_dai_1209.html

PRIDE JAPAN, 「差別冊子の内容についてキリスト教団体からも抗議の声, 続々」, 2022, https://www.outjapan.co.jp/pride_japan/news/2022/7/19.html#:~:te xt=%E7%A5%9E%E9%81%93%E6%94%BF%E6%B2%B-B%E9%80%A3%E7%9 B%9F%E5%9B%BD%E4%BC%9A%E8%AD%B0%E5%93%A1,%E5%A3%B0%E3%81%8C%E4%B8%8A%E3%81%8C%E3%81%A3%E3%81%A6%E3%81%84%E3%81%BE%E3%81%99%E3%80%822

영어

Bell, David and Jon Binnie, "Authenticating Queer Space : Citizenship, Urbanism and Governance", *Urban Studies* 41(9), 2004, pp.1807~1820.

Bosia, Michael J. and Meredith L. Weiss, "Political Homophobia in Comparative Perspective", Bosia, Michael J. and Meredith L. Weiss eds., *Global Homophobia*, Illinoi University Press, 2013, pp.1~29.

Conrad, Peter and Joseph W. Schneider, *Deviance & Medicalization : From Badness to Sickness*, Temple University Press, 1992.

D'Emilio, John, "Capitalism and Gay Identity", Snitow, Ann., Christine Stansell, and Sharan Thompson eds., *Powers of Desire : The Politics of Sexuality*, Monthly

Review Press, 1983, pp.100~113.

Duggan, Lisa, *The Twilight of Equality? : Neoliberalism, Cultural Politics, and the attack on Democracy*, Beacon Press, 2003.

Florida, Richard, *Who's Your City? : How the Creative Economy Is Making Where to Live the Most Important Decision of Your Life*, Basic Books, 2008.

Fukunaga, Genya, "Queer Politics and Solidarity : Post-Cold War Homonationalism in East Asia", Kawasaka, Kazuyoshi and Stefan Würrer eds., *Beyond Diversity : Queer Politics, Activism and Representation in Contemporary Japan*, Dusseldorf University Press, 2024, 99~115.

Huang, Ke-Hsien, "'Culture Wars' in a Globalized East : How Taiwanese Conservative Christianity Turned Public during the Same-Sex Marriage Controversy and a Secularist Backlash" *Review of Religion and Chinese Society* 4(1) , 2017, 108~136.

Kim, Nami, *The Gendered Politics of the Korean Protestant Right*, Palgrave Macmillan, 2016.

Pearce, Ruth., Sonja Erikainen, and Ben Vincent, "TERF Wars : An Introduction," Pearce, Ruth., Sonja Erikainen, and Ben Vincent eds., *TERF Wars : Feminism and the fight for transgender futures*, SAGE, 2020, 3~24.

Puar, Jasbir, *Terrorist Assemblages : Homonationalism in Queer times*, Duke University Press, 2007.

Sassen, Saskia, *The Global City : New York, London, Tokyo*, Princeton University Press, 2001.

Shimizu, Akiko, "'Imported' Feminism and 'Indigenous' Queerness : From Backlash to Transphobic Feminism in Transnational Japanese Context", ジェンダー研究 23, 2020, pp.89~104.

Shin, Layoung, "Avoiding T'ibu (Obvious Butchness) : Invisibility as a Survival Strategy among Young Queer Women in South Korea", Todd A. Henry ed., *Queer Korea*, Duke University, 2020, pp.295~322.

한국어

국가인권위원회, 「동성애자 인권침해 사건」, 2003.4.2, https://www.humanrights.go.kr/site/program/board/basicboard/view?&boardtypeid=24¤tpage=265&menuid=001004002001&pagesize=10&boardid=554570

김민경, 「성소수자 차별금지 조항 반대에… 흔들리는 '서울학생인권조례'」, 『한겨레』,

2011.11.21, https://www.hani.co.kr/arti/society/schooling/506508.html

김연주·나영정, 「서울학생인권조례 제정운동을 통한 시민권의 재구성」, 『기억과 전망』 28, 2013, 312~358쪽.

김주환, 2020, 「"반대"vs"환대"−성전환 여대생' 놓고 대학가 공방 지속」, 연합뉴스, 2024. 3.1, https://www.yna.co.kr/view/AKR20200204091051004

손희정, 『페미니즘 리부트−혐오의 시대를 뚫고 나온 목소리들』, 나무연필, 2017.

윤상민, 「군형법상 성범죄 규정의 문제점과 개정방향」, 『원광법학』, 28(4), 2012, 185~207쪽.

이효민, 「페미니즘 정치학의 급진적 재구성−한국 'TERF'에 대한 비판적 분석을 중심으로」, 연세대 석사논문, 2019.

정성윤, 「동성애 사이트 '엑스존' 유해매체물 결정은 정당」, 『법률신문뉴스』, 2007.6.28, https://www.lawtimes.co.kr/Legal-News/Legal-News-View?serial=29742

진혜민, 「'트랜스젠더' 여성 여대에 가다」, 『여성신문』, 2020.2.7, https://www.women-news.co.kr/news/articleView.html?idxno=196056

한국동성애자연합, 「'엑스존' 패소 판결에 부쳐」, 『정보인권』, 2003.12.26, https://act.jinbo.net/wp/3077/

한채윤, 「왜 한국 개신교는 '동성애 혐오'를 필요로 하는가?」, 정희진 편, 『양성평등에 반대한다』, 교양인, 2017, 154~191쪽.

중국어

何春蕤, 『性別治理』, 國立中央大學性 / 別研究室, 2017.

婚姻平權大平台, 「反同謠言漫天飛!同婚公投已進入『宣傳戰』警報!」, 『苦劳網』, 2018.11.1, https://www.coolloud.org.tw/node/91817

卡維波, 「粉飾與同性戀民族主義之後−以夷制夷下的知識生產」, 『台灣社會研究季刊』, 111, 2018, 231~248.

司法院大法官, 「釈字第748号解釈【同性二人婚姻自由案】」, 2017, https://cons.judicial.gov.tw/jcc/zh-tw/jep03/show?expno=748

台北市政府, 「台北市政府1040724解釈憲法聲請書」, 2015, https://cons.judicial.gov.tw/jcc/zh-tw/jep03/show?expno=748

王怡蓁, 2018, 「前同志郭大衛−同志不是天生, 只是像抽菸很難戒掉」, 上報, 2024.3.1, https://www.upmedia.mg/news_info.php?SerialNo=51556

陳佩甄, 「現代『性』與帝國『愛』−台韓殖民時期同性愛再現」, 『臺灣文學學報』 23, 2013, pp.101~136.

〈愛家影片 葬樹編〉, https://www.youtube.com/watch?v=1HejZy9Fx-0

초출 일람

각 장의 내용은 아래의 글을 책의 취지에 맞게 수정, 보완한 것이다.

1장

Sung Hyun Kang, "Ramseyer's History Denialism and the Efforts to 'Save Ramseyer': Focusing on Critique of "A Response to My Critics"", *Journal of International al Women's Studies Journal of International Women's Studies* 24, 2022.

2장

조경희, 「인종화된 지식 생산과 혐오 정동의 순환: 램지어 논문 비판」, 『사이間SAI』 34, 2023.

3장

윤석준, 「역사부정을 위한 '당근과 채찍'―프랑스-일본 사사카와 재단의 학술연구 재정 지원과 전략적 봉쇄소송 사례 분석」, 『한국과 국제사회』 9(1), 2025.

4장

홍성수, 「역사부정죄의 정당성 근거―한국 역사부정죄 법안에 대한 비판적 검토」, 『법학논총』 39(1), 2019.

5장

권명아, 「성폭력 부정주의의 정동적 힘과 대안적 정동 생성의 '쓰기'」, 『여성문학연구』 52, 2021.

6장

김성경, 「글로벌 대중문화와 생존자의 이야기―해외출판 탈북 여성 수기의 식민적 시선과 젠더화된 서사」, 『한국여성학』 3 8(2), 2022.

7장

오영숙, 「21세기 한국영화, '가난 혐오'와 청년」, 『영화연구』 95, 2023.

8장

윤영도, 「혐중의 조건과 정동 역학―포스트 세계화와 유튜브를 중심으로」, 『중국현대문학』 110, 2025.

9장

福永玄弥, 『生／性をめぐる闘争―台湾と韓国における性的マイノリティの政治と運動』, 明石書店, 2025.

필자 소개

강성현 康誠賢, Kang Sung-hyun

성공회대학교 동아시아연구소 소장, HK+ 교수로 재직 중이다. 역사사회학을 전공했다. 한국 사상통제, 법과 폭력, 한국전쟁, 제노사이드, 과거청산, 일본군'위안부' 문제, 사진과 영상에 깊은 관심을 가지고 연구하고 있다. 대표 논저로『다시, 제노사이드란 무엇인가』,『작은 '한국전쟁'들』,『탈진실의 시대, 역사부정을 묻는다』등이 있다.

조경희 趙慶喜, Cho Kyung-hee

성공회대학교 동아시아연구소 HK+교수, 열림교양대 학장으로 재직중이다. 사회학 / 일본학 전공. 주요 연구분야는 탈식민주의, 디아스포라, 젠더 등이다. 한반도와 일본을 중심으로 기존 질서를 이동과 경계의 관점에서 비판하는 작업을 진행해왔고, 최근에는 디아스포라 여성들의 정동 정치의 가능성에 주목하고 있다. 주요 저서에『주권의 야만—밀항, 수용소, 재일조선인』(한울, 2017),『'나'를 증명하기—동아시아에서 국적, 여권, 등록』(한울, 2017),『殘余の声を聴く—沖縄、韓国、パレスチナ』(明石書店, 2021), *Displacement, Mobility, and Diversity in Korea : Diaspora Within Homeland*(Routledge, 2024) 등이 있다.

윤석준 尹錫俊, Yoon Seock-jun

성공회대학교 동아시아연구소 및 사회융합학부 정치외교학전공 조교수로, 국제정치, 유럽정치, 공공외교 분야를 주로 연구 및 교육하고 있다. 서강대학교에서 정치학·불문학·경제학을, 이탈리아 볼로냐대학교에서 기호학을, 스위스 제네바대학교에서 유럽학을 공부한 뒤, 프랑스 파리정치대학(시앙스포)에서 정치학 박사 학위를 받았다. 현재 한국국제정치학회 유럽연구분과위원회 위원장 및 통합유럽연구회 연구이사로 활동 중이다. 주요 저서로는『공공외교의 이해』,『유럽정치론(공저)』,『*Palgrave Handbook of EU-Asia Relations*(공저)』등이 있으며, 주요 논문으로는 "EU-MENA의 지속가능한 녹색협력: 지중해연합(UfM)에서 인식 공동체의 역할", "박물관의 '유럽화'를 통한 유럽의 문화정치" 등이 있다.

홍성수 洪誠秀, Hong Sung-soo

숙명여자대학교 법학부 교수, 인권법학회 회장, 한국성소수자연구회 회장, 법과사회이론연구회 부회장, 한국젠더법학회 부회장, 한국법사회학회 부회장. 대표 저작으로『말이 칼이 될 때—혐오표현은 무엇이고 왜 문제인가』,『법의 이유—영화로 이해하는 시민의 교양』,『차별과 혐오를 넘어서―왜 문화다양성인가』(공저),『혐오―우리는 왜 검열이 아닌 표현의 자유로 맞서야 하는가?』(공역) 등이 있다. 기초법(법철학, 법사회학) 전공자로 소수자 인권과 법과 사회변동에 관한 연구를 주로 수행했으며, 소수자 인권의 정치가 법을 수단으로 삼는 과정에서 발생하는 여러 문제들에 주목해왔다. 최근에는 여성 법정책, 혐오범죄법, 법과 정치, 혐오표현, 차별금지법 등에 관한 연구논문을 발표했다.

권명아 權明娥, Kwon Myoung-a
동아대학교 한국어문학과 교수, 젠더·어펙트 연구소 소장, 대표 저작으로는『역사적 파시즘―제국의 판타지와 젠더정치』,『음란과 혁명―풍기문란과 정념의 정치』,『무한히 정치적인 외로움―한국 사회의 정동을 묻다』,『여자떼 공포, 젠더어펙트』,『정동 연구의 지형도 그리기』(근간),『역사적 파시즘 체제의 인종주의와 젠더정치―젠더사로 보는 전시동원 체제』(근간) 등이 있다. 파시즘의 젠더 정치에 대한 연구에서 시작하여, 최근에는 정동 연구를 젠더 연구와 소수자 연구에 기반하여 변용한 젠더·어펙트 연구 방법론을 중심으로 연구에 집중하고 있다. 이를 확장하여 정동적 사회성과 국가의 정동화 과정에 대한 연구를 이어가고 있다. 특히 정착 중심의 거주성에 대해 비판적 연구를 이어가면서 대안적 거주성을 젠더·어펙트 연구에 기반하여 이론화하며 대안적 사례를 구축하는 작업을 이어가고 있다.

김성경 金聖敬, Kim Sung-kyung
북한대학원대학교 부교수. 문화사회학 전공. 주요 연구분야는 탈 / 분단사회, 북한사회변화, 젠더, 이주 등이다. 주요 단독 저서로는『갈라진 마음들―분단의 사회심리학』(창비, 2020),『살아남은 여자들은 세계를 만든다』(창비, 2023)가 있고, 공저로는『한(조선)반도 개념의 분단사―문학예술편』(사회평론, 2018, 2021) 등이 있다. 분단이 지속되는 감정, 정동, 마음을 연구하고 있으며, 최근에는 젠더적 관점에서 한반도 탈/분단과 평화 가능성으로 연구영역을 확장하고 있다.

오영숙 吳英淑, Oh Young-suk
성공회대학교 동아시아연구소 HK+연구교수로 재직 중이다. 영화를 통해 드러나는 시대의 속내와 심리적 현실에 관심을 두고 글을 써왔다.『근현대 한국영화의 마인드스케이프』,『1950년대 한국영화와 문화담론』,『탈북의 경험과 영화 표상』 등의 저서를 펴냈으며, 슬라보예 지젝의『진짜 눈물의 공포(*The Fright of Real Tears*)』와 데이비드 보드웰의『영화의 내레이션(*Narration in the Fiction Film*)』을 번역했다.

윤영도 尹泳裪, Yun Young-do

성공회대학교 동아시아연구소 HK교수로 재직 중이다. 저역서로『만국공법』(2024, 역주), 『근대중국사상의 흥기』(2024, 공역),『정동(情動)하는청춘들－동아시아 청년들의 정동과 문화실천』(2017, 편저) 등이 있으며, 논문으로는「홍콩, 그 지속 가능한 저항적 정동정치에 관하여」(2020),「포스트97 홍콩영화 금상장과 '뉴웨이브'」(2019) 등이 있다. 중국 현대 사상 및 문화사를 탈식민주의적 관점과 정동연구의 방법론을 통해 재조명하는 작업을 진행하고 있다.

후쿠나가 겐야 福永玄弥, Fukunaga Genya

도쿄대학교 교양학부 부속 교양교육 고도화 기구 D&I부문 준교수. 전공은 사회학, 페미니즘·퀴어 연구, 지역 연구(동아시아). 주요 연구분야는 동아시아의 식민지주의·냉전 체제와 성정치이다. 주요 저서에『性 / 生をめぐる闘争－台湾と韓国における性的マイノリティの運動と政治』(明石書店, 2025),「男たちの帝国と東アジア」(エトセトラ vo.10』), 'Queer politics and solidarity : Post－Cold War homonationalism in East Asia,' in Kazuyoshi Kawasaka and Stefan Würrer eds., "Beyond Diversity : Queer Politics, Activism, and Representation in Contemporary Japan"(Düsseldorf University Press) 등이 있다.

박승호 朴承鎬, Park Seung-ho

성공회대학교 국제문화연구학 석사. 성공회대학교에서 이마무라 쇼헤이의 1970년대 동남아시아 다큐멘터리로 국제문화연구학 석사학위를 받았다. 주요 관심사는 일본영화사이며 현재는 언론과 미디어에 관심을 가지고 있다. 성공회대학교 동아시아연구소 학술 총서『포스트 냉전과 팬데믹－오키나와의 코로나 경험과 정동』(소명출판, 2021),『평화로 가는 길』(나름북스, 2024) 등의 번역에 참여하였다.